全国土地估价师资格考试辅导教材

土地估价实务基础

（第4版）

资格考试命题研究中心　编

江苏凤凰科学技术出版社

图书在版编目(CIP)数据

土地估价实务基础/资格考试命题研究中心编.
—南京:江苏科学技术出版社,2014.11
全国土地估价师资格考试辅导教材
ISBN 978-7-5345-9211-9

Ⅰ.①土… Ⅱ.①资… Ⅲ.①土地估价—资格考试
—自学参考资料 Ⅳ.①F301.3

中国版本图书馆 CIP 数据核字(2012)第 034774 号

全国土地估价师资格考试辅导教材
土地估价实务基础(第 4 版)

编　　者	资格考试命题研究中心
项目策划	凤凰空间/翟永梅
责任编辑	刘屹立
特约编辑	翟永梅

出版发行	凤凰出版传媒股份有限公司 江苏凤凰科学技术出版社
出版社地址	南京市湖南路 1 号 A 楼,邮编:210009
出版社网址	http://www.pspress.cn
总　经　销	天津凤凰空间文化传媒有限公司
总经销网址	http://www.ifengspace.cn
经　　销	全国新华书店
印　　刷	天津泰宇印务有限公司

开　　本	787 mm×1 092 mm　1/16
印　　张	18.75
字　　数	480 000
版　　次	2014 年 11 月第 4 版
印　　次	2014 年 11 月第 4 次印刷

标准书号	ISBN 978-7-5345-9211-9
定　　价	45.00 元

全国土地估价师资格考试辅导教材

编 写 委 员 会

魏文彪	周　胜	赵晓伟
潘雪峰	郭俊峰	李奎江
施殿宝	李　伟	张永方
张建边	苗艳丽	李　鑫
高海静	吕　君	王秋艳
闫　盈	姚建国	姜　海

内 容 提 要

本书共分为三个部分：第一部分为大纲详解，主要包括土地估价概念与原则，宗地估价实务，收益还原法，市场比较法，成本逼近法，剩余法，基准地价系数修正法，路线价法，城镇土地分等定级，农用地分等定级，基准地价评估，征地片区综合地价评估与城市地价动态监测；第二部分为模拟试卷。本书可供参加2015 年全国土地估价师资格考试的考生复习之用。

前 言

为规范土地估价师资格考试秩序，加强土地估价专业队伍建设，提高土地估价人员素质和执业水平，根据《中华人民共和国城市房地产管理法》、《中华人民共和国土地管理法》和《中华人民共和国土地管理法实施条例》，制定了《土地估价师资格考试管理办法》，于2006年11月22日由中华人民共和国国土资源部令第35号公布，根据2010年9月26日《国土资源部关于修改〈土地估价师资格考试管理办法〉的决定》（以下简称《办法》）进行修正。该《办法》规定，国家实行土地估价师资格认证制度。通过全国土地估价师资格考试，方可取得土地估价师资格。土地估价师资格考试每年举行一次。考试于每年第三季度在各考区同时举行。考试的具体时间，由全国土地估价师资格考试委员会确定。国土资源部组织全国土地估价师资格考试委员会，对土地估价师资格考试涉及的重大事项进行协调、决策。中国土地估价师协会根据全国土地估价师资格考试委员会的决策，具体组织实施土地估价师资格考试工作。

辅导教材是根据全国土地估价师资格考试委员会编写的《全国土地估价师资格考试大纲》（2015版）而编写的，编写委员会组织全国具有较高理论水平和丰富实践经验的专家、学者编写并审定了《全国土地估价师资格考试辅导教材》。编写人员遵循重在检验应试者解决问题能力的总体精神，使该辅导教材具有较强的针对性、实用性和可操作性。该辅导教材主要供参加全国土地估价师资格考试的考生复习之用，也可作为土地估价类大中专院校师生的教学参考，指导土地估价的日常工作。

辅导教材共5册，包括《土地管理基础与法规》、《土地估价理论与方法》、《土地估价实务基础》、《土地估价案例与报告》、《土地估价相关知识》。

编写委员会专门为读者开通了答疑QQ（1162528052），聘请了全国土地估价师资格考试资深辅导教师为读者解答疑难问题。

在辅导教材编写过程中，由于时间关系，疏漏之处在所难免，恳请广大读者提出宝贵意见。

资格考试命题研究中心

2014年11月

目　录

第一部分　大纲详解

第二部分　模拟试卷

第一部分　大纲详解

第一章　土地估价概念与原则

◎本章要点

本章需要掌握的内容有：土地估价的概念和作用，土地估价的原则与内涵。

第一节　土地估价的相关概念

考试基本要求

掌握：土地估价的概念、作用。

熟悉：土地估价的现实意义，土地估价的使用方向。

了解：我国土地估价的产生背景和发展过程。

一、土地估价的概念与作用

1. 土地估价的相关概念

土地估价是指测估土地价值或价格的行为和过程，是我们对土地价值判断知识和经验的不断积累所产生的一门专业技巧。

通常我们所说的价值是指某物体对某些人所具备的用途或效用，因此，一方面，所谓的价值是客观存在的，并不是人为地计算出来的；另一方面，价值又是变化的，这种变化主要取决于物体所存在的市场环境。对于土地来说也一样，其价值是一种客观存在的事实。一项土地估价值只是估价师根据其所拥有的经验、数据和专业知识，对土地价值所做的一种判断。

从技术层面上看，土地估价仅仅是对土地价值或价格的一种推算，是估价师在充分掌握市场环境状况的基础上，通过分析，模拟不同的土地价格形成环境和机制，并依据一定的原则、理论和方法，将土地价格描述和表达出来的一个过程。比如估价师可以从土地经营者的角度以收益为基础对土地价值进行测算，也可以从土地开发者的角度以土地开发成本为基础对土地价值进行测算，还可以从房屋开发者的角度以房屋开发价值为基础对土地价值进行测算等。但是，无论通过什么方式对土地价值进行判断和表达，都必须建立在对土地条件和市场环境充分了解的基础之上。所以，在估价活动之中，对土地条件和市场环境的充分调查和分析，比价值计算本身更加重要。土地估价过程如图 1-1 所示。

2. 土地估价的特殊性

(1)土地估价必须依据其特定的原则

这些原则充分考虑了土地的市场特性、收益特性和使用特性。所以，在估价开始之前，要分析评估对象，然后建立适当的评估原则。

(2)土地估价要根据不同的对象选择特定的方法

土地虽然像一般商品一样可以交易，但其价值除了受一般市场条件的影响外，还受经济、社会

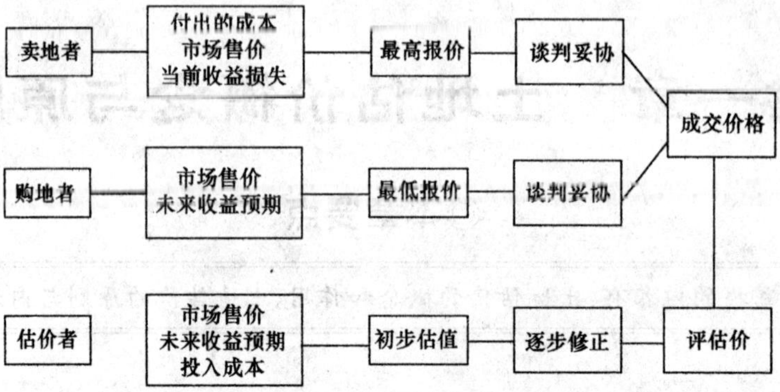

图 1-1　土地估价过程示意图

和自然等诸多因素的影响，与一般商品有所不同，这就决定了土地估价具有自己独特的理论和方法。只有遵循土地估价的原则，正确选择估价的方法，充分考虑各种因素对土地价格的影响，才能准确评估出土地的价值。

(3)土地估价要特别注重针对估价对象的市场环境分析

土地价格形成于市场，要充分掌握市场的交易情况，了解土地的供求关系，掌握土地市场的过去、现在和未来的发展趋势，才能评估出公正客观合理的土地价值。

(4)土地估价必须考虑政府土地政策的影响

如政府的城镇规划对地价可产生巨大影响，同一块土地，规划可使其身价百倍，也可以使其无人问津。如果不考虑政府的政策，地价评估结果很难称得上公正合理。

(5)土地估价要充分了解评估对象地块的各种权利状况

同样一块土地，在不同的权利下价格可能会相差很大。因此在地价评估之前，必须通过查阅土地登记资料和进行现场勘察弄清评估对象地产的各种权利状况。

3. 土地估价的作用

土地估价具有价值信息披露和价值鉴证两大功能(表 1-1)。

表 1-1　土地估价的功能

项　目	内　容
信息披露	价值信息披露功能是满足社会对土地价值状况的了解，包括满足社会对土地个案价值的了解、对区域性土地市场价值水平的了解、对土地价值潜在变化趋势的了解等，属于对土地估价的自由需求。作为一个行业，土地估价的作用之一就是为公众提供有关财产价值方面的指导。很多人因为各种原因，需要了解土地的价值状况，但是自己没有能力、时间和相关知识对价值作出可靠的估算，因而寻求专业人员进行正式或非正式的评估。政府在为公众服务时，也有这方面的需求，要为公众提供土地价值市场指导，建设土地市场竞争机制。 正式的土地估价服务一般通过委托得到，由在土地估价方面受过专门训练的土地估价师或者专业人员承担。正式的土地估价需要系统收集和分析相关的市场数据并在此基础上对土地价值进行估算，最后形成书面的土地估价报告。正式的土地估价中，委托方可以通过土地估价报告了解评估结论及其过程，但在非正式的土地估价中，其结论中不一定有详尽的信息和说明

续表

项 目	内 容
价值鉴证	土地估价的第二个功能就是满足在建立社会和经济秩序中对土地价值状况进行鉴证的需求,包括土地利益关系界定、土地经济责任确定、土地价值争议协调等,是对土地估价的法定需求。为了保持正常的社会和经济运行,商业惯例或法律要求提供公正的价值评估,这种情况下的评估必须是正式的、经得起审查的,并且是书面形式的。正如法庭书记官的记录或公证员的证词一样,由一位评估师所做的正式评估也是一种重要的商业或法律公证文件。 估价制度的产生,源于对资产价值认定中的不信任假定。在市场体制下,作为基本的权利,利益主体各方要求客观地了解资产的价值状况。但是,由于信息透明程度及专业知识的限制,特别是对其他人的不信任,真实客观地了解资产价值状况非常困难。作为第三方,估价的介入,以专业的角色将资产价值信息披露给利益相关者,很好地解决了这个问题。在这里,专业知识固然重要,但是更重要的是作为第三方的估价,具有更可信任的条件。从这一点可以看出,估价在此充当了公信者,所以其诚信很重要。 从服务方向看,土地估价至少在以下三个方面是必要的:一方面是普通的市场交易,这类经济行为对土地估价的需求更多是一种自由需求,是否估价由交易者自行决定;另外两方面分别是涉及政府和涉及公民权利的土地经济行为,对土地估价的需求更多表现为一种法定需求

二、土地估价的对象

土地概念包括土地及土地上的定着物,大多数情况下,作为财产,土地及土地上的定着物是一并处置的。从另一方面看,土地上的定着物对土地的价值具有直接的影响,土地价值很大程度上由已经形成的定着物所决定。无论管理体制上还是财产归属上是否将其分离,至少在估价这一技术层面上不应该简单地将土地与定着物分离。所以,土地估价并不是仅仅指对单一纯粹的土地进行估价。除了土地本身,根据估价目的和其他必要性,土地估价的范围还包括土地的定着物,以及有关联的其他资产。

确定土地估价对象的主要原因有:

(1)基于土地与土地定着物以及有关联的其他资产的实体关系

1)土地一经改良,与其定着物等就构成了一个不可分割的整体。比如说土地在完成房屋建筑开发之后就成为房屋产品,成为一种全新的土地改良品,其价值就会由土地和房屋建筑共同决定。

2)由于土地经过改良后,其作用以及使用程度都受定着物(如建筑物、树木等)所限制,其价值也受定着物的限制。

3)土地与定着物的这种实体关系在现实中很难划分,特别是一些特殊的改良土地,无论是功能上、构成上还是投入成本上都很难划分。比如建筑物占用的空间实际上是对地上空间的划分,反过来没有建筑物地上空间就不能发挥作用。地下建筑物更是如此,它还改变了土地的地下实体状况,也利用了土地的一些地下特殊性。事实上,单一的土地相对较少,大多数的土地都具有定着物。即使是单一的土地,也有规划条件对其使用进行设定。所以估价时必须将定着物一并考虑并整体估价,除非有特殊必要时才将定着物的价值从土地价值中分开。

(2)基于土地与土地定着物以及有关联的其他资产的权利关系

土地经过改良完成后,定着物的产权一般情况下与土地保持一致,只有特殊情况才可能有分开的归属关系,如租用土地修建建筑物等。即使是在这种情况下,土地的使用权或租赁权也是和定着物权利人一致的。我国长期出让的土地使用权能够与使用人的房屋建筑所有权一并登记,尽管目前有些地方实行土地和房屋建筑分开登记,但是这不表示土地和房屋建筑的权利人是不同的。土地与定着物之间的这种权利关系对各自的价值具有相互的影响作用,估价时必须进行整体考虑并作为统一的估价对象。不同的估价专业对土地估价的范围,有不同的设定。

从技术和专业层面看,土地估价是以土地为对象的独立的估价专业,并不与其他估价专业存在冲突或者矛盾。当其他估价专业需要涉及土地估价,或者是其他估价对象与土地具有财产经营管理相关或者是存在权利相关时,土地估价会被不同的估价专业引入。比如,在资产审计时,为了确定某一企业资产中土地的价值,鉴于土地的复杂性和特殊性,需要单独进行评估,这就是土地估价专业与资产评估专业的结合。再比如,当对土地进行估价时,一般情况下设备是作为建筑物的一部分,不单独进行估价。但有可能存在需要单独对设备进行评估的情形,涉及专业的设备评估。一些土地带有特殊的历史价值,在评估时,除了执行一般的土地评估程序外,还需要进行专业的历史鉴定等,实际上为不同估价专业之间的结合。

三、土地估价的服务范围

土地估价作为一项社会行为,本质上是一种服务,主要是为社会经济活动提供土地价值确定、咨询等方面的服务,这些服务表现在以下几个方面。

1. 土地权利转移

土地权利转移的方式很多,购买、出售、置换、捐赠或者征收单一的土地、房屋等,都会发生土地产权转移。土地产权转移案件中会有很多估价事宜可能发生,一是价格的咨询,比如什么价位最合适,如何谈判等;二是价格的鉴证,比如转移过程中价格鉴证时会需要估价师的介入;三是税收价格申报,比如土地转移变更登记时,要申报土地价值量,可能需要评估介入;四是税收,比如当现实价值不清楚或者申报价值不可信时,需要进行土地估价。较常见的服务内容有:

1)为购买土地者提供可接受的最高买入价格。

2)为出售土地者提供可接受的最低卖出价格。

3)为土地交易双方提供谈判的价格基准,这种价格基准更接近于市场平均价格,不同于最高买入价或者交易底价。

4)为土地置换双方提供谈判的价格基准。土地置换不像交易那样追求市场价值,可能更多地考虑土地的使用价值,或是交换后的土地与周边其他土地结合后整体利用价值及市场价值的增长,以及其他一些价值。一般的非专业人员很难进行判断,所以这种评估需求较特别。

5)为土地的捐赠或遗赠提供价值判断。土地的捐赠和遗赠需要账面价值或者申报价值,特别是土地资产属于公有或者共有的情况下,这种估价需求起到一种鉴证的作用。

6)为土地征收提供价值基础。土地征收是一种特殊的土地权利转移,补偿也有一些特别的原则,必须要有专业人员的介入。特别是出现争议的时候,评估尤为重要。

2. 土地资产流动

土地资产流动并不一定涉及权利转移。现代企业中很少有真正独资而不涉及其他人权利的,从上市的股份公司、一般股份公司,到合伙、合作公司等,企业的社会性越来越强,企业的开放程度也越来越高,企业资产的流动或多或少地影响其他人的权益。因此,评估很有必要。常见服务内容如下(表1-2)。

表 1-2　　土地资产流动常见服务内容

项　目	内　容
为入股投资提供土地价值量证明	在投资入股的时候往往要安排土地资产，在和合作方谈判时要有土地资产量的证明，不能自己说多少就是多少。在向工商管理机构登记时，也会要求提供资产量的证明材料，如果有土地就必须进行评估，只提供账面上的数据不足以说明问题
为企业兼并提供土地价值核算依据	企业兼并可能涉及土地权利转移，由于涉及兼并双方利益，争议自然不可避免，因此必须确定价值量
为企业上市提供土地价值依据	企业一经上市就成为若干个股东的公共资产，对其资产的评估非常重要，尤其是土地。各个国家都有相关的法律要求，在我国，由于国有企业较多，土地资产属于国有，所以评估还有另一个作用，就是对国有土地资产的流失和增值保值进行监控
为企业股本变动提供土地价值依据	企业的股本结构是经常变动的，需要不断地对企业资产进行评估，如果涉及土地资产，需要进行评估，而不能仅仅在账面上进行调整

3. *以土地获取贷款和信用*

社会财富的积累最后绝大部分都沉淀并积累在不动产上，所以土地自然也就成为财产实体和信用的代表物，以土地获取贷款和信用已经成为社会经济活动的基本方式。土地的价值量是获取贷款和信用的重要依据，估价是必不可少的。具体需求如下：

(1)以土地进行抵押获得资金，需要对土地价值进行评估

这一评估需求主要由金融机构提出，当然也有一些企业或者个人在贷款之前对土地进行初步估价以便于作全面、合理的融资计划。这一需求也可能是法律的规定，因为政府为了防止金融不良资产的产生及土地价格泡沫的发生，可以要求抵押贷款必须经过专业机构的评估。

(2)以土地进行信用担保获得资金，需要等级评估

信用担保并不是严格按照资产价值确定资金量的，但信用等级的确定必须依据资产量来衡量，所以担保中涉及土地，需要进行评估。

(3)将土地证券化进行融资，需要评估

土地证券化是对土地资产价值量的确定精度需求最高的，因此对评估的要求也最高。

4. *法律诉讼*

当评估机构的公信力与法庭的公信力相结合时，与土地价值相关的诉讼才能真正解决。较常见的具体需求如下：

1)为解决土地权利转移、土地资产流动、土地信用等方面纠纷提供土地价值依据。当土地流动在价值确定、财产处理上发生纠纷难以达成协议时，需要土地估价的专业协助。

2)为土地分割、土地合并诉讼提供土地价值依据。土地分割或者合并会带来土地价值的变化，所以经常会产生纠纷。比如说，一般的人士不会理解土地分割后其价值减少，不愿意以低于原有价值或者是现有市场价值转让土地，因而产生矛盾直至上诉到法院。

3)周边开发对土地价值影响的补偿(环境)估算。一些土地开发会对周边其他土地的价值产生影响，但很少主动提出赔偿，由此产生的纠纷，需要进行土地价值降低状况的鉴定并确定补偿额。

4)为公司解体、合并、清算、破产相关的土地财产分割提供价值依据。公司的解体、合并、清算

及破产等情形中，大多数都伴有纠纷的发生，而且一般涉及面较广，有多方利益相关者涉及其中，较难达成协议，需要中立的机构进行估价。

5)土地租赁中出租人、承租人之间的土地权利诉讼。土地租赁过程中会有一些突如其来的变化，比如出租人中途要求提高租金水平，或者租赁人因为一些原因不能按照合同交付租金等，都会产生对土地进行估价的需求。

6)为土地合作经营收益分摊、土地税收等成本分摊提供土地价值依据。土地合作经营中收益分摊及相关成本分摊一般与土地价值挂钩，但是，很多时候在签订合同时没有考虑到这一点，直至产生利益冲突时才发现应该重新考虑土地价值的问题，由此引出土地估价的需求。

5. 保险

土地资产保险是一种商业行为，保险公司和投保方需要一个明确的赔偿额，以确定准确客观的保险价值，因此必须进行评估。较常见的具体需求如下：

(1)保险价值计算

保险价值涉及保费的多少，必须有一个公允的计算基础，不能简单由一方确定，因此需要评估机构进行评估。

(2)争议处理

发生保险争议的情况往往是在保险价值确定时估价过高或过低，随着市场的变化，其中一方的负担出现明显的不合理增加会产生争议，需要对土地价值重新进行判断。

(3)保险咨询(代理)

保险是有成本的，是否值得保险，值得保多大的险，对于一个土地权利人来说，需在事前做好精确的考量，这就需要进行土地估价。

6. 土地税收

土地税收要做到公正客观，必须依靠专业的土地估价机构。一般情况下由政府组建一个专门的评估机构，但也有委托私营评估机构的。目前我国的土地税收还很少按价征税，但从长远看，在评估的基础上征税将逐渐成为趋势。

(1)税基计算

主要是确定税收计算基准，并对每一种土地的税收价值进行测算。

(2)争议处理

无论是政府自己组建的专业估价机构还是委托的专业估价机构，都是为政府服务的，所以现实中估价机构的定价可能不被纳税人接受，纳税人往往要找第三方对计税价值进行测算，这也是一种土地估价需求。

(3)税务咨询(代理)

政府在决定调整税率或者纳税人要根据纳税情况决定土地资产经营方式的时候，都会涉及税务咨询。在税务咨询中，土地价值的评估是其主要的内容之一。

7. 地役权设定

地役权是不同的产权人之间发生的状况。一般设定地役权的时候除了包括权利界定外，最重要的是要进行价值补偿。由于没有足够的市场案例支撑和情况的复杂难测，地役权的价值确定相对于一般的土地权利价值的确定来说要更为困难一些，往往在补偿数额上存在较大的分歧。土地估价师的介入会有利于这种矛盾的解决。

8. 土地开发与整理

土地开发与整理往往对土地利用状况和权属状况有很大的改变，如果涉及多个产权人的话，会产生补偿、利益分配等问题。较常见的具体需求如下：

(1)补偿的确定

土地开发与整理中会涉及土地征用、置换，或者土地权利的损害，需要进行补偿，其基本依据就是土地价值。要做到客观合理地补偿，就必须对土地进行客观的估价。

(2)开发整理中的土地增值及分配的确定

开发整理一般情况下都会带来土地的增值，这在事前就应该有充分的判断，因为涉及开发后利益分配的问题。增值的判断需要对开发整理前和开发整理后的土地价值进行评估。

(3)土地分割与合并前后价值的确定

土地开发整理会打乱原有的权属界线，有大量的土地分割和合并行为，这一切都涉及利益公平问题。土地分割和合并后的土地价值增减，影响到整理开发后重新确定的土地面积的大小，也会涉及利益的分配问题，所以应该认真对待，不应在价值情况不清楚的前提下开展工作，一般要事先做好估价。

9. 投资顾问与决策

(1)租金的确定

不动产投资顾问与决策中很多时候需要确定土地的租金水平，这也是不动产经营中最关键的问题所在，需要专业的土地估价，所以，一个称职的不动产顾问必须同时也是一个优秀的土地估价师。

(2)投资可行性分析

在不动产投资可行性分析中，需要对很多时间点的土地价值进行判断，比如测算成本时、测算未来价值时、判断价值变化时等，都需要具有土地估价的相关知识。

(3)市场分析

市场分析的最终目标是对土地市场价值的判断，当然需要土地估价。

10. 财务制度

(1)记账

我们对土地资产一直都是按照原始取得成本记账，这种方式只能反映土地价值原始的情况，由于土地价值在不断变化，这种方式已经不能适应新的形势和要求。土地账面价值应该反映当前的市场水平，以评估价值记账，应该是未来的方向。

(2)清产核资

清产核资的目的是真实地反映资产当时的价值，所以土地资产必须通过评估确定其价值。

(3)审计

审计与记账一般具有一定的时间差，审计土地时，如果简单地以记账时的价值为依据，其审计结果可能会出现一定的偏差，通过评估确定其价值是最好的选择。

四、我国土地估价的产生背景和发展过程

改革开放以来，随着我国城镇土地使用制度的改革和土地进入市场进行转让交易，客观上对土地估价中介服务业务提出了客观需要，特别是《土地管理法》颁布后，土地估价中介服务有了更快的发展。

随着市场化改革的进展，对原为划拨土地的存量建设用地，需要通过市场机制进行重新配置；国有企业改革和战略性结构调整中土地资产需要重新盘活；农用地市场开始形成，农村集体建设用地市场已经发育；各级政府逐步提高了土地出让过程中的招标、拍卖比例。这些市场化取向的改革都对土地估价中介服务提出了更多的市场需求，客观上要求土地评估中介服务业务的拓展。

为适应市场上的客观要求，原国家土地管理局制定了《土地估价师资格考试暂行办法》，该办法规定对土地估价资格实行全国统一考试。

土地估价行业是伴随着土地使用制度的改革而产生并发展起来的，到现在已有几十年的历史。在这几十年里，土地估价行业在服务于市场经济建设和国有企业改革、服务于土地使用制度改革与土地市场建设中不断发展壮大，已成为我国市场经济体系中一个重要的中介行业，并取得了辉煌的成就。

1. 建立了与我国市场经济体系相适应的土地估价制度和土地估价师资格制度

在我国土地使用制度改革与土地市场建设过程中，地价问题一直是核心问题和前提条件。从城镇土地分等定级到城市基准地价测算，从出让地价到国企改革中土地资产管理，从土地有偿使用到经营城市，土地估价从无到有，建立了一系列的制度和体系。如：建立了基准地价、标定地价、宗地地价、城市地价动态监测系统、征地区片价等地价体系。

建立了估价机构注册与公示、估价报告备案、土地资产处置审批改革的管理制度。

建立了土地估价师资格考试、继续教育、信息公示等土地估价人员和机构的监督管理机制。

2003 年国务院办公厅转发了《财政部关于加强和规范评估行业管理意见的通知》，明确规定土地估价师是根据目前我国社会主义市场经济发展的客观需要设置的六类资产评估专业资格之一，进一步明确了土地估价师在社会主义市场经济建设中的地位和作用，这是国务院对土地估价行业二十多年来改革和发展的充分肯定。

2. 形成了一整套具有中国特色的土地估价理论方法体系与土地估价的技术标准体系

已先后颁布了《城镇土地估价规程》、《城镇土地分等定级规程》、《农用地分等规程》、《农用地定级规程》、《农用地估价规程》两个国家标准和三个行业标准，以及《土地估价报告规范格式》、《城市地价动态监测技术规范》等技术标准，出版了《土地估价师资格考试系列教材》、《城市土地价格调查与动态监测》、《中国城市地价图集》、《城市地产评估》等专著和众多研究报告。

3. 形成了具有规模、专门提供土地估价中介服务的专业队伍

现在，全国共有 2 万多名具有资格的土地估价师，其中执业注册的土地估价师上万人，执业土地估价机构 2000 家。经过脱钩改制、改革土地估价结果确认和土地资产处置审批制度、改革土地估价人员和机构监督管理方式的三次改革，土地估价行业的人员素质、机构规模、业务能力、竞争风险意识等都有很大的提高，已经形成了一批具有规模的、能够自我发展，自我约束，自主经营，自担风险的土地估价专业队伍。

4. 有力地配合土地使用制度改革和土地市场建设

据不完全统计，1992 年以来，全国土地出让金收入累计达 1 万多亿元。土地出让金收入主要用于了地方城市建设，对改善城市环境、加快城市基础设施建设，推进土地市场建设起了积极作用。这其中出让地价评估和城市基准地价评估是土地使用权出让和土地市场建设的基础工作。

5. 有力地配合国有企业改革

近年来，全国共完成了近 6 万家改制企业的土地评估工作，显化资产几千亿元，仅由原国家土地局和现国土资源部确认和处置的企业数就达 200 多家，涉及宗地超过 10 万宗，其中包括了中石油、中石化、中国联通、中国电信、中国移动通信等特大型集团公司的改制等，在显化国有土地资产，促进国有经济的战略性调整，防止土地资产流失等方面曾发挥了重要作用。

6. 土地估价行业已初步走上政府监管、行业自律、独立公正、自主发展的道路

2002 年，国土资源部按照国务院改革行政审批制度的要求，改革了土地估价行业监督管理方

式，强化了行业自律，有力促进了行业自律组织建设。目前，已有28个省、自治区、直辖市成立了土地估价师协会，仅2004年，就有十多个省市成立了土地估价的行业自律组织。通过几年的改革，土地估价行业已初步走上政府监管、行业自律、独立公正、自主发展的道路。

第二节　土地估价原则

考试基本要求

掌握：土地估价原则的内涵。

熟悉：土地估价各原则的适用范围及注意点。

了解：土地估价各原则的理论依据和产生背景。

一、预期收益原则

预期收益原则认为，土地价值由其未来可获得利益的预期产生。

在市场中，土地的当前价值往往不是依据其历史价格或生产成本确定的，相反，价值决定于市场参与者对未来利益的预期。

我们完全可以根据预期收益去判断土地的价值。在这一原则的指导下，对于土地价格的评估，重要的并非是过去，而是未来。过去收益的重要意义，仅仅在于为推测未来的收益变化动向提供依据。

土地估价中预期收益原则有以下意义：

1)市场竞争中土地在持续使用中会不断带来收益；

2)收益预期的多少决定了人们对土地购买欲望的大小以及支付费用的多少，也就是土地价值的高低。

预期收益原则的意义在于，通过对土地收益的分析能够了解土地价值的真正来源。无论购买土地的动机是什么，可能是供自己居住，可能是用做经营的场地，也可能是用于为他人提供场所收取租金，或者是开发后卖给他人，最终都能为土地产权人带来不同形式的收益。即使只是自己居住，也能够在市场上找到替代品，并用现金进行衡量，最终借以判断土地的价值。

事实上，市场上所有的土地都具有不同形式的收益，这也是土地价值的本源，无论我们采用什么方法进行估价，也离不开土地收益这一价值本源。

在经济泡沫存在的时候，土地的交易价格一般会出现大幅上涨的情况。一般的人只会看见那些不断上扬的成交地价，希望从中获得价差。但是，这只是一种炒作产生的价格，而且维持的时间一定会很短暂。如果去关注一下当时的土地租金，你会发现租金并没有如交易地价那样上涨，因为土地的收益并没有发生大的变化，也就是土地的真实价值并没有多大的变化。而且我们发现，最终土地交易的价格还是会回落到与租金相当的涨幅，甚至更低。土地交易价格总是趋向于土地预期收益。

预期收益原则对于出租性，或者是收益性的土地估价很适用。收益性土地的收益状况比较明确，也易于判读，比如饭店、出租用的写字楼，以及商场等用地，一般需要考虑预期收益原则的应用。但是，这并不是说自用型的土地就不需要考虑预期收益原则，恰恰相反，为了客观地判断土地价值，无论面对的是什么样的土地，对预期收益的考量都是十分重要的。

二、替代原则

替代原则反映的是一种普遍的市场竞争规律，是指在同一商品市场中，在商品（或提供服务）的效用相同或大致相似时，价格最低者所吸引的需求会最大。由于这一现象的存在，市场上的商品价格会自动向最低价者靠近，最终达到基本一致。所以当有两个以上互有替代性的商品（或服务）同时存在于一个市场中时，商品（或服务）的价格会相互影响和相互比较，最终达到平衡和协调。一个通俗的说法就是，相同或者相似的商品，如果在同一市场，其价格应该相同或者相近。土地价格也同样遵循替代规律，即某一地块的价格，受同一区域其他具有相同使用价值的地块，也就是同类型具有替代可能性的地块的价格所决定。换言之，具有相同使用价值、有替代可能性的地块之间，会相互影响和竞争、牵制，使价格趋于一致。

土地估价中的替代原则可概括为：

1）相同或者相似的土地在同一市场中价格水平相近；

2）土地价格是由具有替代性的其他土地的价格所决定的；

3）在同一市场中土地价格可通过比较相同或者相似地块的条件及价格确定。

一般认为，根据替代原则，在土地估价时可以通过比较土地条件和市场因素来确定土地价格。具体说，如果在同一市场供需圈内，可以通过调查近期发生实际交易的、与待估土地有替代可比性的土地的地价和条件，通过与待估地块进行比较来确定待估地块价格。实际上替代原则在土地估价的参数确定中也能有较多的运用。因为任何地块，只要具有相似性，即可通过替代原则确定相应的收益、成本及其他相关费用等，并运用于土地价格的确定。可见，替代原则是最基本的经济行为原则之一，也是人类最一般的和最可靠的思维方式，确实具有广泛的适用性。

但需要注意的是，由于土地具有不可移动性、个别性及交易量少等特性，在估价时很难找到像一般商品那样属性、条件完全相同的替代品。替代原则强调的是市场竞争性，因此，在进行替代性分析与调查时，要抓住土地的主要市场特征和市场的竞争环境，并重点考察土地在市场中的效用，同时还要考察交易时间和交易方式。另外，一些土地的具体条件可能有所差别，但并不是说它们不具有替代性。比如对于投资来说，其替代性可能设定在利润回报上，虽然两块土地具体条件差异很大，但可能产生相等投资报酬。所以，切不可生搬硬套地理解和运用替代原则。

三、最有效使用原则

取得土地的最终目的是为了利用。尽管土地具有用途的多样性，但是不同的利用方式能够带来不同的收益，因此，人们总是遵循着物尽其用的原则，以最可能的方式利用土地，以获取最大的收益。作为土地所有者，也是按照最可能的方式出卖土地，以获取最高的价格。在一个完全竞争的市场，土地的状态总是以最有效使用的状态假定。

最有效使用可定义为土地在合法的前提下，以实体上可以实现、符合市场需求、同时在经营上能够获取最佳利润的方式使用土地，这样的情形下，土地具有最好的价值。所以我们完全可以这样理解，土地需要使用才会有价值，而处于最有效使用状态下的价值才是土地的真实客观价值。

土地估价中最有效使用原则有以下意义：

1）最有效地使用会产生最大的土地价值；

2）市场竞争中土地权利人会最有效地利用土地；

3）符合市场条件的土地，最大价值是最客观的，评估应该体现最有效使用状态下的价值。

首先，遵循最有效利用原则的意义在于，在区位条件及个别因素等客观因素一定的情况下，为土地确定一个客观的利用状态，就是最有效利用，这样使土地更加标准化。如果把土地比做一个产品，那么在这样一个标准的状态下，土地产品的外延和内涵就更加清楚了，其价值也就一目了然。这有利于估价师的判读，至少不会出现什么大的误差。

其次，遵循最有效使用原则，能够最大限度地挖掘出土地的潜在价值。一般情况下，城市内的土地应处于最有效使用状态，但事实是城市许多土地的利用并不一定合理。由于过去长期无偿无限期使用土地制度，土地的利用缺乏竞争，规划也不完全合理，土地的潜在价值一直被严重忽视。

以前，我们习惯于在使用剩余原理估价时才引用最有效使用原则，但事实上，每一宗土地的估价都应该是以最有效使用为原则的，否则我们所得到的就不是一个客观的价值，或者说是不完全的价值。为此，我们在估价一开始时，就需要进行这一基本的假定，即在目前的情况下，土地已经获得了最有效的使用，价值是以土地被合法、充分和可持续利用为基础进行评估的。

四、需求与供给原则

在完全自由的市场中，稳定的商品价格通常在需求与供给的均衡点形成。当需求超过供给时，价格会随之提高；反之，当供给超过需求时，价格会随之下降，这就是供求均衡法则。所以，需求与供给原则说明了以下规律，商品（或服务）的价格与市场需求呈正向变动，与供给呈反向变动，均未必成比例变动。这一原则对土地市场供求与价格的关系也完全适用。土地价格与需求呈正向变动，与供给呈反向变动。

土地价值通常随供给的变动而变动，如果某一用途土地的供给数量与需求相比变多了，均衡价值会下降；相反，如果土地变得更为稀少，即供给相对于需求变少，土地均衡价值会提高。土地供给和需求总是向均衡点变动，在均衡点，土地的市场价值与价格能够达到理论上的相等。

土地估价中的需求与供给原则可概括为：

1）土地市场存在供给与需求关系；

2）供给与需求不断变化导致土地价格的波动；

3）应尽可能在供给与需求的均衡点上判断土地的价值。

需求与供给原则的重要意义在于，它揭示了在不同的供需状况下土地价格可能的变化趋势，这对土地现实价格的确定非常重要。估价师可以根据土地的供需变化状况预测和推断土地价格未来的走势，并推测土地预期收益的状况，分析土地的开发价值。

在进行土地估价时，应首先了解和掌握土地市场的供需情况，特别是变化的趋势，然后再根据供给与需求原则判断和确定土地价格，所得出的结论也应该符合这一规律。如果出现相反的情况，应重新审视和检查，找出问题的所在，并在报告中加以解释。

我国城市土地属国家所有，市场中能够流动的仅是有限年期的土地使用权，土地供方主要由国家控制，这一因素对地价具有至关重要的影响。在进行土地估价时，应充分了解土地市场的上述特性。此外，在进行供求分析时，应考虑时间因素，进行动态分析。

五、报酬递增、递减原则

土地估价的报酬递增、递减原则同样来源于经济学理论。

经济学边际效益递减原则认为增加各生产要素的单位投入量时，生产的纯收益会随之增加，但当投入达到某一数值之后，如果继续追加投资，相应的纯收益不再与追加的投资成比例增加。土地估价的报酬递增、递减原则认为，土地投资同样遵循这一原则，土地价值与投资的关系存在一个理论上的均衡点。如果超过了这个均衡点，追加的费用将不会使土地价值或收入有同样比率的增加。

在土地开发中经常出现这样的情况，土地的开发程度会随着投入的增加而逐步增加，土地价值也会相应同比例增加。但是，当土地开发程度达到“七通一平”时，已经达到最高水平，不可能无限增加，如果继续增加投资可能只是锦上添花，土地的功用不会有根本上的提高。

这时，继续投资的开发费用也就不可能使土地价值同比例增加。在土地上修建房屋也是同样的道理，假定建设一栋高层楼房，随着楼层增加，未来获得的开发收益会相应增加，但当超过某一层数之后，开发收益也很难成比例增加。在这两种情况下，相对于收益来说，开发投资都有一个最佳点，在经济上可以理解为最佳成本。

土地估价中报酬递增、递减原则有以下意义：

1)土地的价值与投入在土地上的成本有关；

2)成本投入有一个最佳经济均衡点，超过这一均衡点土地价值不一定成比例增加；

3)在成本最佳经济均衡点时土地价值最客观。

在现实中我们经常会遇到成本大于价值的情况，比如填海或者开山形成的土地，其投入的成本比一般状况下的土地开发要高很多倍，但是其价值并不一定很高。如果这样的土地没有特别的区位优势，或者没有特别感兴趣的买主，成本将很难收回。为此，评估必须采用一般市场客观成本。所以，报酬递增、递减原则能使我们了解到成本与价值的关系，也使我们能够很理性地分辨什么是必要的成本。

六、贡献原则

贡献原则是依据经济学的边际收益理论确定的一条法则。按照边际收益原则，产品各生产要素价值的大小，可依据其对总收益贡献的大小来确定。依据这一原理，不动产的总收益主要是由土地和建筑物等构成因素共同作用形成的。

事实上，不动产总收益的形成是一个非常复杂的过程，总收益一旦产生，原则上就成为一个不可分割的整体，客观上很难判断每一种要素精确的贡献值。如果说有什么贡献比例或者贡献值，都是人为的结果。但是，这并不是说总收益不能分配。如果确定一个相对合理的分配原则，价值的分割就是可行的。贡献原则就是这样的一个原则，人们相信并遵循它达成一些分配协议，用以解决实际中的问题。在估价中，一般把土地作为一个整体要素进行考虑，其价值可以通过不动产总价值扣除其他要素的价值后估算。

土地估价中贡献原则有以下意义：

1)不动产价值可以依据各要素的贡献大小进行分割和分配；

2)不动产总价值由土地和建筑物等构成因素贡献产生；

3)土地的价值可以在不动产总价值的基础上扣除其他要素价值得到。

贡献原则的意义在于建立了土地等要素在不动产收益或价值中的贡献关系，也就是作用大小的关系，这能帮助估价师从结构上认识不动产价值。在不动产形成过程中，土地是最基本的要素，也是最重要、分量最大的要素，对不动产的价值贡献具有决定性作用，估价师一般会优先看到土地的价值。特别是一些没有被充分利用，或者低效利用的不动产，如果简单按照不动产整体判断，可能会使总价值降低，因为这样做实际上忽略了土地的价值。如果在整体估价的同时，能够单独从土地的潜力入手分析，可能会得出另外一个结论。这提示我们，单独分析每一种要素对不动产价值的贡献都是很有必要的，它能够使我们观察的视野更加全面，判断更加准确。

根据贡献原则，土地可以采用成本估价法。土地开发的诸成本，可以被看做不同的要素，均能按照一定的方式对土地价值产生贡献，所以可以在各个要素的成本基础上估算土地的价值。如果将土地作为一个已知要素，根据贡献原则，又可以在土地价格、建筑物的价格的基础上估算整个不动产价格。反过来，还可以根据整个不动产价格扣减其他要素价值，得到土地价格估算值。

贡献原则还可以运用在土地的合并与分割的估价上。不同的土地合并在一起，可以共同形成新的价值，这一新的价值肯定与原来的每块土地各自的价值有关，并可以以此进行基本的价值判断，当然并不是简单地将各自的价格相加。同样，一块土地如果被分割成几块，每一块土地的新价值则与其在原有土地中的价值贡献有关。

贡献原则还可运用在土地或建筑物的追加投资，不动产的部分改良、改造上，它可根据某一要件对不动产整体价值的贡献大小判断追加投资是否适当。

值得注意的是，贡献原则所反映的贡献关系并不是一成不变的，更不是均等的。随着时间和市场条件的变化，由于建筑物的价值处于不断贬值的状态，土地价格的变化幅度会大大高于建筑物的幅度，也就是说，土地在不动产价值中的贡献比例会逐步增加。特别是在不动产价格出现泡沫时，土地贡献价值的比例会更高。在此种情况下，不能简单地按照一般情况下的贡献比例关系确定土地和建筑物的价格，而是应该进一步分析，找到合理的分摊比例关系，以准确地判断地价的高低。

七、变动原则

一般商品的价格，是随价格构成因素的变化而发生变动的，土地价格也有同样的情形，它是各种地价形成因素相互作用的结果。而这些价格形成因素处于经常变动之中，所以土地价格在这些因素相互作用及其组合的变动过程中形成的。

变动因素包括社会、经济、行政和环境等各方面，其对土地价格的影响持续不断且无法避免。在现实的土地市场中可以看到，经济状况处于时刻变化之中，而相关的法律和管理政策、税费调整方案也在不断产生。市场上，总有新的土地或者不动产进入并不断成交，企业收购、重组也在不断发生，当然也有工厂及商业设施不断被关闭，以及不成交或者违约情况不断发生。总之，社会、经济、行政和环境因素在持续的变化之中，使得土地市场上的各种因素如一般因素、区域因素及个别因素也在变动，进而改变不动产的需求与供给，以及土地的效用、稀缺程度、个别条件及有效需求，最终影响土地的价值。

土地估价中的变动原则可概括为：

1）影响土地价格的市场因素是不断变化的；

2）各种因素的变化趋势会导致土地价格进行调整；

3）土地评估应该在预估一切可能变化的前提下进行。

了解变动原则的意义在于，通过分析市场因素的变化趋势，可以观测和判断土地价格的未来。这一点非常重要，如果一块土地在目前暂时的市场条件下价格水平很高，但一些影响地价的负面因素已经出现，并可能在未来出现变化，或者一些因素已先行变化，这预示着土地价格未来可能要下滑。这种情形下，土地估价师应该有敏锐的判断，不能够对评估对象价格的判断过于乐观，否则会出现不客观的估价。所以，掌握变动原则，有利于增加在土地价值判断上的敏感度，提高土地价值评估结果的精确度。

变动性原则在地价影响因素分析中很重要。平常在撰写估价报告时，对于影响因素的描述一般过于概念化，不太注意对其变化情况进行分析。殊不知，不同的土地在不同的时间点都会有不同的状况，也会有不同的价值，估价师应该将这些可能的变化因素在报告中予以充分地说明，向报告阅读者或决策者披露出来。估价师的责任不仅仅是告诉阅读者一个土地价格或者价值的数值，更重要的是要说明这一“数值”后面的影响因素。

在一些保守性项目的估价中，如涉及土地抵押、税收、成本核算、企业改制、收购等的估价，一定要注意变化原则的使用，因为这些经济活动是一个长期的过程，估价师应该对未来较长时间段影响因素的变化情况进行细致的分析。

在使用一些需要依赖未来情况进行判断的估价方法时，也要充分考虑变动原则，如收益还原法、假设开发法等。收益还原法测算地价是需要通过未来若干年土地收益作为支持的，那么在这个若干年中，土地收益是否稳定，或者是一个怎样的变化趋势，对估价时点土地价格影响是很大的。一般的情况下，我们都是假定土地未来收益是一个很标准的状态，但是事实上并不是这样，会有很多预想不到的情况发生，比如有可能遇到经济危机，也有可能遇到自然灾害。我们当然没有办法完全预见到这些变化的情况，但是可以有一个基本的判断，并认识到影响土地收益的一些因素是不断发生变化的，并在估价中予以适当的设定和说明。

假设开发法测算地价时，需要基于开发完成后的不动产价格，一般开发周期为 2～3 年。这也是一个不短的时期，不动产价格存在很多不确定的影响因素，处于时刻变化之中，估价师应理性分析一切可能变化的因素，并在估价中加以体现。

八、合法原则

合法原则认为，土地有其特性并对其价值高低产生重要的影响。当土地的特性适合市场需求时，其价值才得以实现和稳定。

土地估价中合法原则的内涵可以表述为：

1)每一块土地都具有其内在的特殊性；

2)土地的内在特性对土地价值产生决定性的作用；

3)在竞争条件下，土地的内在特殊性逐步趋向于市场需求；

4)估价应该以符合市场需求的土地特征为基础进行。

土地不同的类型和用途都是根据当地特定需求情况决定的，一般情况下都能够满足人们的要求，并适应市场需求。但是，由于土地利用规划及当地的发展规划、政府的土地使用计划等是土地使用的主要依据，这些基于行政管理的土地使用决定很难完全适应市场的需求，尤其是在我国，指令性的土地利用规划已经与市场需求脱节较严重，选择适合的土地其实是一件比较困难的事情。

一般情况下，生产者会不断调整商品的特征，使其更加符合市场需求。但是，土地的利用方式也不可能轻易改变，不能像普通商品一样对市场具有很好的适应性，所以其特征是否符合市场需求显得尤为重要。一块规划不当或者开发不合理的土地(这样的例子在现实当中并不少见)，表面上看起来和其他土地一样，但是由于不能在短期内进行调整，其价值可能会大打折扣。估价师不能简单地参照其他土地进行估价，可能需要采取更加具有针对性的测算方式。

另外，还要注意市场的需求会不断改变，会不断对土地的价值产生正面或负面的影响。特别是一些已经建成的区位条件很好的土地，例如城市中心地带的居住区，可能由于对变化了的市场新要求整体性地不适合，导致区域性整体地价水平下降，切不可简单地认为，土地区位优越其地价一定就高。

合法原则要求估价师需要特别关注所评估土地自身的条件以及周边整体条件状况，也就是重视土地个别因素的分析，并且要求个别因素的所有分析必须基于是否符合市场需求，使用是否合适和恰当，只有这样，个别因素的分析才能与价值的确定相关。

九、外部性原则

外部性原则说明土地的外在环境因素对其价值可能产生正面或负面的效应。如果说合法原则主要考察土地本身条件对其价值的影响，那么外部性原则则是考察土地周边甚至更远更广区域的相关因素对其价值的影响。

土地估价中外部性原则的内涵可以表述为：

1)土地不是独立的，其与外部环境共同存在；

2)在市场条件下，外部环境因素影响土地的使用方式与价值；

3)土地估价应该在充分分析外部影响因素的前提下进行。

外部因素对土地价值的影响是显而易见的。狭义的外部因素包括很多内容,主要是周边土地利用情况,以及能够为该土地提供直接或者间接效用的设施以及产生障碍的因素。土地利用因素如周边主要的土地用途、建筑容积率、建筑物档次、建筑风格等;基础设施因素如由政府建设的道路、桥梁、广场等,以及消防设施、商业设施、学校、医院等许多重要设施和服务。这些都是正面的外部性,对土地价值有积极的影响作用。负面外部性因素,比如居住用地周围的工厂、垃圾站等,它们有可能违反环保法规倾倒有害废物,增加人们在健康风险方面的担忧,对土地价值产生不利的影响。

广义的外部因素中包括范围更大的与政治、社会和经济层面相关的内容。

在全国层面,一个国家的政治和经济状态会从宏观上影响土地的价格。在社会动荡时期,土地价值肯定不会很高。一个国家的总体生产效率、利率水平、经济发展阶段、速度和总量也会影响土地价格。区域性发展规划,也会对土地需求提出不同的要求,从而影响土地价格。

国家的财政和税收政策也是影响土地价格的重要因素。比如我国没有不动产税,很多人大量购买房屋,或者大量圈地。由于中央和地方财政分灶吃饭的制度,导致地方采取垄断的方式向市场供应土地,使土地的市场价值上升很快。

房地产政策会影响土地价格的状态。在经济发展初期,政府希望以房地产推动经济,给予较宽松甚至刺激的政策,一时间对土地的需求迅速增长,土地价格节节攀升。从资金方面看,如果过多的资金投入到某一类土地,如办公类建筑物的开发,则会造成该类土地空间的过度供给。据有关调查结果显示,目前某些地区办公用土地的供给已经严重过剩,这导致了一般性写字楼的价格低于同一地区的住宅价格,当然这也与住宅市场不正常有关系。

在区域层面,一个城市或者大城市的政策、经济和市场情况也对土地的价值有影响。我们可以看到,在我国一些主要的大城市,特别是具有社会经济资源优势的城市,如北京、上海、广州等,它们的土地价格明显高于一般城市,特别是高于中小城市。主要原因是在发展的初期,由于某种先天性优势,比如政治中心、金融中心、优先的政策开放程度等,给这些城市带来了经济的优先发展,其地价也就随之升高。

总之,外部性可能是指估价对象周边土地的利用情况或者实体的特征,也可能是影响估价对象所在区域市场的经济条件。外部性的范围可以大到国际或国家,小到区域、周边,其影响可能涉及国际局势、外汇、期货或黄金价格,也可能细化到土地开发的社区性标准。

土地相比其他经济物品、服务或者商品来说,因其实体不可移动,外部性影响更为明显。所以,土地估价应该特别注意外部性原则。在实际估价中,外部性原则实际运用在土地一般因素和区域因素的分析中。

十、竞争原则

土地购买者或承租人之间的竞争,是指两个以上或更多购买者或承租人为以最小成本购得或者租得的土地所进行的互动努力。土地出售者或出租者之间的竞争,是指两个以上或更多潜在出售者或出租者为出售或出租土地所进行的互动努力。在自由竞争市场的动态经济体系中,竞争是供给和需求相互联系的基础,土地出售者或出租者代表土地供给一方,土地购买者或承租人代表土地需求一方。

在竞争市场环境中,由于土地购买者或承租人的运作,每一宗土地总是与一定市场区域内相同用途的其他土地竞争,甚至与其他市场区域的土地竞争。例如,回报好的商业土地,面临着最近新开发的商业用地的竞争,现有居住用地与新开发居住用地之间的竞争,市中心商业性土地与城市一般区域或边缘地带的商业中心的土地竞争等。经过一段时间自由竞争，市场中较高的利润一般会逐步降低。一个区域的商业用地增多之后，平均商业利润率会降低，地价也会相对下降。利润是带动竞争的主要动力，但对超额利润的追逐则会导致毁灭性的竞争。

土地估价中的竞争原则可概括为：

1)土地价格产生过程中存在竞争；

2)竞争越充分，土地价格越合理；

3)评估应该尽可能体现充分竞争前提下的土地价值。

竞争原则的意义在于揭示了地价是在不断的竞争中确定下来的。土地的利润及价格与参加竞争者的数量及竞争激烈程度有很大关系，当利用土地能获取平均利润之外的超额利润时，该土地的需求将增加，竞争会加剧，超额利润又会随土地需求提高、地价上涨而消除。这种竞争，对替代性较小的土地来讲，价格更有提高的倾向。如商业用地，由于可供给量少，替代性小，竞争往往比居住等用地激烈，价格上涨也快。所以，一块土地如果参与购买的竞争对手少，或者是收益率高于一般市场水平，价格就可能较高。但这种环境可以随时改变，估价师应该看到这种改变的可能性，并准确作出判断，以确定它的未来价格和收益状况，从而确定其现实价格水平。土地估价结果应该是一个稳定的价格，也就是说必须是一个充分竞争状态下的价格。估价师必须对土地市场的竞争状态有一个完全的了解，了解现实竞争状态与充分竞争状态之间的距离和背景原因。

土地因为具有不动性、不增性、个别性等特点，在供给方面不容易引起竞争，土地的竞争主要是在需求者之间进行。我国土地的一级供给量由政府控制，竞争主要是在土地使用者之间进行。在这种情况下，供给没有太多调控的空间和余地，供需关系要靠需求之间的调整来平衡，所以需求者之间的竞争会更加激烈。需求者之间的竞争往往不如供给者之间的竞争稳定，会有很多不可预测和难以判断的状态出现。需求者往往是被资本所指引和控制，所以表现得很敏感。

竞争原则与替代原则密切相关。对于最有效使用原则来讲，竞争原则也是其基础之一。因为最有效使用是指一定时期内能从土地上获取最大纯收益的利用方式，所以最有效使用应根据其收益量判定。而竞争原则可说明土地外部竞争程度，对收益大小影响至关重要，因此可成为判定最有效使用的一项原则。

十一、均衡和协调原则

均衡是一种力量对抗的结果。均衡原则说明土地价值是在相互对立、相反或交互作用的各因素处于均衡状态时形成和维持的。此原则可应用在分析土地各组成因素间、生产成本和不动产生产力的关系上。土地、劳动、资本和企业家精神为四大生产要素，但对大多数土地资产而言，最主要的组合因素是土地和地上改良物，当土地和地上改良物达到最适当组合时，经济平衡即达成，即当增加另一单位资本时，边际利益或效用为零。

均衡原则也可用来分析土地与其环境间的关系。在某一地区，土地利用有不同类型和地域组合，以形成且维持价值。靠近住宅区的土地，会比靠近垃圾掩埋场的土地有更多的市场吸引力。

协调原则认为，土地总是处于一定的自然与社会环境之中，必须与周围环境相协调。因为土地能适应周围环境，则该土地的收益或效用能最大限度地发挥，所以分析土地是否与所处环境协调，即可判定该地块是否为最有效使用。例如，在低级商业中心内开设高档商品专卖商店，因其与周围环境不协调，就很难获取高的收益。

第二章　宗地估价实务

◎本章要点

本章需要掌握的内容有：宗地估价的基本程序及各步骤的具体内容与要求，土地估价业务受理途径和程序，土地估价目的确定，估价对象的初步界定，土地权利状况的界定与描述内容，一般情况下土地价格定义的各项内容及要求，现场勘察的内容与方法，土地市场调查的内容与方法，土地估价方法的选择。

第一节　土地估价程序与土地估价业务受理

考试基本要求

掌握：宗地估价的基本程序及各步骤的具体内容与要求，土地估价业务受理途径、程序。

熟悉：宗地估价程序之间的逻辑关系，土地估价委托协议（合同）的主要内容。

了解：土地估价业务服务的主要方向。

一、土地估价程序

土地估价的基本程序见表 2-1。

表 2-1　　土地估价的基本程序

项　目	内　容
确定估价基本事项	主要包括确认评估对象，确定委估者估价的目的，确定估价条件，考虑使用年期。其中确认评估对象主要是明确估价对象的实物状况、权益状况和区位状况；常见的土地估价目的有土地使用权出让、转让、租赁、收回、抵押、企业改制、清产核资等
拟定估价作业计划	估价作业计划应当由经验丰富的估价师多人共同拟定，拟定估价计划必须先行调查，在已经确定估价项目的基础上，就各项目的性质、工作量、人员安排、时间、各项目衔接做出统一安排。 包括收集整理委估地产的有关资料、实地踏勘查证，分析价格影响因素及条件、估价方法的选用，试算价格或租金调整、确定估价额、提交估价报告等具体内容和相应的处理计划
收集资料实地踏勘	（1）收集影响地价的三大因素的相关资料：主要是社会、经济、政治、环境等一般因素资料及宗地所处地区的区域因素和个别因素资料。宗地自身条件、权利状况和利用状况，以及与待估宗地相关的土地和房地产交易实例资料等，一般包括：产权

续表

<table>
<tr><th colspan="2">项　目</th><th>内　容</th></tr>
<tr><td colspan="2">收集资料实地踏勘</td><td>登记资料，宗地图、地籍图或地形图等，建筑平面位置图，地价、地租资料，市政管网图件及资料，城镇规划图。
(2)现场踏勘的主要内容有：待估宗地的坐落位置、形状，土地利用状况，基础设施条件，道路交通状况，周围环境及地上建筑物现状、装修等内容</td></tr>
<tr><td colspan="2">分析整理相关资料</td><td>对于收集的资料，应充分分析是否为估价作业必需的充分资料，以及该资料是否存在偏差或不真实，所以有必要对资料进行整理和分析，对针对不同估价方法所收集的资料进行归类；对影响地价的一般因素、区域因素、个别因素等进行分析</td></tr>
<tr><td rowspan="2">选定方法试算价格</td><td>评估对象土地上无建筑物时</td><td>(1)市场比较法。
(2)收益还原法。
(3)比较法。
(4)路线价估价法。
(5)基准地价系数修正法</td></tr>
<tr><td>评估对象土地上有建筑物时</td><td>(1)市场比较法。
(2)利用剩余法从不动产总售价中扣除建筑物现值，推算土地价格。
(3)市场比较法评估的整个不动产价格，扣除成本法评估的建筑物价格。
(4)收益还原法评估的整个不动产价格，扣除成本法评估的建筑物价格。
(5)从整个不动产收益中扣除建筑物收益得到土地纯收益，利用收益还原法评估土地价格。
(6)路线价估价法。
(7)基准地价系数修正法</td></tr>
<tr><td colspan="2">确定宗地估价结果</td><td>估价师根据估价资料、对象、目的、方法、估价原则以及各试算价格的客观分析，结合估价者的知识经验和智慧加以判断，对各试算价格进行调整，进而确定最后估价额</td></tr>
<tr><td colspan="2">撰写估价报告书</td><td>土地估价机构在估价完成后，分别提交土地估价结果报告和土地估价技术报告，前者提交委托估价者，后者由土地估价机构存档和提交土地管理部门确认或备案</td></tr>
</table>

二、土地估价业务受理

1. 土地估价业务获取的途径

(1)政府委托

①政府为了课税的需要，可能委托评估机构对课税对象土地进行估价；②政府为了公示等管理需要，可能委托评估基准地价、监测点地价、征地区片价；③政府为了出让土地，可能委托评估出让底价等。

(2)企业或个人委托

委托估价者可以是土地的占有者或者使用者，也可以不是。他们可能出于一切经济活动的需要，例如合资、购买、转让、抵押、清算、企业改制等，对土地进行估价，也可能出于法律诉讼的需要，需要委托评估。

(3)自有自估

即对自己拥有或拟取得的土地使用权,自己提出估价要求,并自己进行估价。这是对有估价能力者而言的,并且这种估价结果对外一般不具有法律效力,仅供自己掌握以做到心中有数,因此估价任务的主要来源是前两个,即政府委托、企业或个人委托。

对于获取的途径要记忆清楚。根据土地估价业务获取的途径还可以分成被动接受、主动争取、自有自估。

2. 土地估价程序

(1)确定估价基本事项

主要包括确认评估对象,确定委估者估价的目的,确定估价条件,考虑使用年期。

(2)拟订估价作业计划

估价作业计划应当由经验丰富的估价师多人共同拟定,拟定估价计划必须先行调查,在已经确定估价项目的基础上,就执行各项目的性质、工作量、人员安排、时间、各项目衔接做出统一安排。包括收集整理委估地产的有关资料、实地踏勘查证,分析价格影响因素及条件、估价方法的选用,试算价格或租金调整、确定估价额、提出估价报告等具体内容和相应的处理计划。

(3)收集资料实地踏勘

产权登记资料、地籍图、建筑平面位置图、地价、地租资料、市政管网图件及资料、城镇规划图、现场踏勘包括查证地产位置状况、地上建筑物现状、装修及使用情况、勘查地产周围环境景观、地价调查等内容。

(4)分析整理相关资料

主要对经济趋势资料、国际国内经济趋势、地方上经济趋势、法规的影响、物价水平,利率的影响等进行分析。

(5)选定方法试算价格

根据估价目的、估价对象特点、所收集到的资料状况,选择市场比较法、收益还原法、剩余法、成本逼近法、路线价估价法、基准地价系数修正法等几种方法中的一种或几种方法来进行估价,一般不少于两种方法。

(6)确定宗地估价结果

估价师根据估价资料、对象、目的、方法、估价原则以及各试算价格的客观分析,结合估价者的知识经验和智慧加以判断,对各试算价格进行调整,进而确定最后估价额。一般有五种方法,一是算术平均值,二是加权平均值,三是中位数,四是众数,五是以一种价格为主,其他价格进行参考。

(7)撰写估价报告书

土地估价机构在估价完成后,分别提交土地估价结果报告和土地估价技术报告,前者提交委托估价者,后者由土地估价机构存档和提交土地管理部门确认或备案。

从报告格式上看,分为书信式、文字式和表格式。

3. 土地估价委托协议(合同)的主要内容

1)委托方、受托方的名称:必须是双方的全称。

2)评估目的:应注明此项评估是为了满足委托方的何种需要,如抵押贷款、上市、转让、课税、诉讼等等。

3)评估对象:指评估标的的具体范围,具体说明估价对象的面积、土地使用者、用途等。如果评估对象为多项,可列表说明。

4)评估基准日:说明估价结果对应的日期,具体到某年某月某日。(记忆)

5)评估时间:出具评估报告书的时间。(区分)

6)报告使用范围:该使用范围应与评估目的相对应,要注明评估报告仅供委托方为评估目的使用,申明评估报告书的使用权为委托方所有,解释权归评估机构,未经估价机构同意,不得向他人提供和公开或肢解评估报告。

7)评估费的收取:要写明评估费收取的金额、收取的时间和收取的方式。

8)合同有效期:在合同中应写明除双方同意解除合同外,合同的有效期应为完成评估报告书且委托方支付完评估费后,为其合同终止时间。

9)违约责任:在合同中应写明双方违约应承担的责任、应赔偿的损失及产生争议的解决办法。

10)双方的权利、义务:明确委托方的义务是配合评估机构的工作和提供有关的资料,并保证资料的真实性和合法性,及时支付评估费。评估机构的义务是在约定的时间出具报告书,并为委托方保守商业秘密。

11)争议解决:争议解决的办法有协商、仲裁、诉讼。

12)签合同的时间、地点、人物及印章。

4. 土地估价业务受理及应注意的问题

(1)明确双方的权利与义务

要签订正式的估价合同,证明双方权利、义务,以保证合作顺利,减少争议,同时也约定了估价师的任务和工作时限。

(2)合理安排时间及人员

估价任务明确后,要根据估价任务的性质、标的的位置、特性、工作时间的紧迫程度,合理地安排时间和参与的估价师及其他工作人员,要保证估价人员有足够的时间勘察现场及作出相应的市场调查,派出的工作人员一定要保证其独立性,与项目本身没有任何需要回避的紧密联系。

(3)保证估价质量

保证业务的质量是估价机构和估价师的生命线。在工作中,一定要把估价质量放在首位,把避免技术质量风险放在首位。

要保证估价业务的质量,除了估价师自身的素质要保证外,机构本身的自检、互检、审阅、签发报告制度十分重要,从具体经办人、技术部门到机构负责人各个环节都要严把质量关。

(4)适当提供相关附加(增值)业务

估价业务的服务内容不应该局限于提供估价报告,围绕业务的相关经济活动,估价师应发挥专业技术优势,提供相关咨询服务,或是发挥与国土、房产等管理部门较为熟悉、了解办事程序的优势,帮助代为办理抵押登记,完善土地产权等手续。由于提供了这些相关的增值服务,一方面可以增加客户对估价机构和估价师的认同,另一方面,也可以增加相应的收入。

(5)注意适应相关行业的要求

估价报告的应用常常与其他经济活动结合得十分紧密,因此,在出具估价报告时,要考虑相关行业的要求,做好衔接。

(6)注意适应国际规范

国际上很多国家均设有估价师制度,如亚洲的日本、韩国、欧洲的英国等,我国地产市场刚刚发育,土地估价起步更晚,而随着经济体制改革和扩大对外开放,设立三资企业以及股份公司在海外上市等,都要求相应的估价报告送往国外并为国外所认可,因此估价报告已不仅限于国内使用,估价机构必须尽快提高其工作能力和估价质量,以适应估价工作日益国际化的要求。

第二节　确认估价土地

考试基本要求

掌握:土地权利状况的界定与描述内容。

一、土地实体确认

由于土地实体是土地价值、土地权利等的载体,所以,其确认的意义在于,既能够从合法的途径对评估对象进行具象的界定,又能够对土地价值和土地权利等方面进行进一步研究。

估价师在接受委托后,首先应该确定这一宗土地的具体名称、所在位置(地址)、界线,以及宏观区位和微观区位,或者其他必要的描述性特征。工作开始时可以由委托方提供的资料了解情况,但正式开始工作时,必须查阅有关登记资料并进行现场勘测,以便进一步查证与核实。

1. 判断土地实体是否真实存在

这是首先需要明确的问题。最初不必关注土地归谁所有、有多大面积等具体问题,而应该确认土地存在的事实。估价师应该利用自己的信息系统,比如地图,或者经验(最近观察留意过),在最短的时间内查证明确,必要时可以到现场勘察。这一步仅仅需要证明估价对象的存在,可以把它看做是一个点进行考察,在地图上标示出来,并确定它的大致区位。为了能够迅速判断土地的存在,需要估价师平时注意对信息的收集和积累,对所在城市的土地分布情况要非常熟悉。

(1)土地利用现状图

一般的情况下,估价师应该准备一张所在城市的土地利用现状图,用来判断和标注评估对象的位置。图的比例尺可以大一些。如果没有公开的土地利用现状图,可以自己制作,把自己经历过和知道的地块都标注上去,不断地积累。

(2)城市规划图

城市规划图也可以使用,它的好处是能够反映一些没有完全开发的区域,但缺点在于不能很好地反映现状。规划图所展示的部分道路及设施与现状实际情况可能会不一致,易使判断产生偏差。所以利用规划图要谨慎。

(3)城市地籍图

如果有城市地籍图是非常不错的选择,但是,在我国真正能够及时提供地籍图的城市很少。另外,地籍图一般比例尺都很小,如果是纸质的又很难保管,更新起来也很不方便。

2. 土地的具体位置

土地的具体位置,指的是估价对象法定的位置。法定位置必须经过登记机关查询才能确认。一些地块由于推销或者形象的需要,往往以一些特色名词另行命名,或者在委托书中习惯性地以功能或者是机构的名称命名。但一些城市土地登记工作并没有一个完善的系统,很多土地虽然具有合法的取得手续却没有登记,增加了确认的难度。估价师可能要做很多调查,首先应确认资料的真实性,然后再确认情况的真实性。

3. 土地宗数及面积的多少

很多时候,估价对象并不是一宗地,有的分布还很广,面积大小不一,并且相互交叉模糊不清。特别是如油田、通信等全国性的大企业,其土地宗数往往达到数千,分布在全国各地,而且种类多样。在这种情况下,估价师需要做一个明细表,将所有的评估对象分门别类进行统计,然后要求委托方认可。无论是委托方提供的土地宗数和面积，还是估价师自己统计的土地宗数和面积，都必须由委托方认可，这样再进行有效的确认。

4. 土地的边界及四至

边界除了涉及范围，还涉及权利的问题。如果在事前没有清楚地界定，那么到了现场再来解决这个问题就会感到很棘手，甚至严重影响后面的工作。

边界及四至的确认要依赖宗地图。宗地图与地籍图内容基本一致，但是比地籍图要大得多。宗地图中将边界和四邻关系标示得很清楚，现场调查时，我们可以复制一张，然后在上边用带有颜色的笔进行勾画，一目了然。如果没有宗地图或者地籍图，那就需要更加小心谨慎地工作，估价师一定要找到一份最相关的图纸，然后在委托方的指导下将大致的范围确定和标示下来，到现场之后再继续进行修正和完善。如果还做不到，那就必须花一定时间到现场进行调查，但最好有委托人的指示和确认。

5. 土地定着物的种类及数量

土地定着物的种类及数量也必须预先确定。定着物包括建筑物、林木和其他一些相关固定物，并不一定比土地本身简单，有时可能更为复杂。随着时间的延长，登记的情况可能和实际情况相差很远。大多数情况下是先给定一个状况，然后根据现场情况修订，但是结果需要委托方的认可。特别是对于建筑物，价值量巨大，如果发现与委托方提供的资料不一致，应该及时反馈信息，情况清楚后再进行下面的工作。如果出现不同意见，应该要求委托方到现场一并讨论解决问题。

调查完成后应该对土地实体的确认情况作一个总结性的描述。

估价土地名称：某百货大楼用地；

所在位置：中国北京市东城区某大街 203 号；

宗数：1 宗；

面积：8000 m^2；

边界及四至情况：东临某市场，南临某服装店，西临某商厦，北临居民区等；

地上的定着物：建筑物 2 栋，建筑面积分别为 10 000 m^2 和 8000 m^2。

二、土地产权确认

有很多理由需要对产权进行确认。比如，委托方提供的资料往往是一宗土地的全部产权资料，真正需要估价的范围可能只有一部分，此时就需要通过确认将估价范围划分出来。又如，土地产权经常会发生很多变化，或者是共有的，或者附有其他限制条件如地役权、租赁权、空中权或地下权等，或者土地和定着物的产权是分开的等。由于权利的状况决定估价程序、方法以及价值的基本内涵，所以在估价一开始就应确定下来。

与评估对象相关的土地的整体产权也要考察，比如估价对象是一块土地中的某栋楼房，在确认该楼房的权利情况时，也要对所在土地的权利状况进行了解，因为土地的部分产权价值往往由整体产权价值决定，而且有些部分产权价值并不能单独被评估。土地的整体权利价值不一定等于各部分权利价值的总和。

土地权利人可以从协议、登记资料或者是产权证书中得到，如果没有这些资料，则应该设计相应的表格让委托方填写。土地权利人确认首先要明确权利人是自然人还是法人。其次，如果是自然人则要对其身份及状况进行说明，比如姓名、身份证号、性别、国籍、居住地址，以及相关背景资料等；如果是法人除了要明确法人的名称、单位代码、性质、业务或经营方向，以及相关的资料等，此外，还要明确法定代表人的相关资料。

土地权利人不一定只有一个，可能有多个，所以在确认时要注意并明确他们之间的关系。如果是多个权利人，他们之间可能是直接的关系，也可能是隐蔽的关系，比如一些权利人可能只在协议或者是登记文件中才有体现，而在产权证书中并没有载明。估价师应该询问清楚，并在有关文件中要求委托方回答是或者否，并得到确认。完成这一切后，估价师才能进入下一步工作中进行调查和核实。很多时候土地权利人并不是委托方。

土地权利需要确认的内容包括权利的类型、限制及其与实体和权利人的对应关系，这些信息需要从协议、登记资料或者是产权证书中得到。

土地权利确认应该以土地实体为单位开展工作，并将与权利相关的信息罗列出来，比如是否是所有权、是否有地役权、是否有年期限制等。此外，一块土地上可能有多个权利设置，或者一块土地的所有权是甲方，而使用权可能是乙方，实际估价中情况一定更为复杂，都是需要在估价前明确下来的。

三、土地利用状况确认

土地利用是一个动态的过程，不同的时点会出现不同的情况，估价师要及时认定。土地产权人往往也会因为某种利益动机改变土地的利用情况，估价师要对发生这种情况的原因和动机进行调查。土地利用的确认要特别注意增加或减少的部分。此外，土地利用变化有时是合法的，有时是不合法的，也要特别注意。

土地利用的确认要按照规划和现状两种情况进行。规划条件确认可以查阅有关规划文件，如规划条件许可书。一些历史比较长的土地，可能没有相关的规划文件，那么估价师需要查阅当地这一地区的规划文件。

土地实际利用现状并不一定和规划的情况一致，需要进行确认。如果现状与规划不一致，需要分析现状是否为最佳利用，土地价值很大程度受现状条件影响。土地利用现状信息可以通过现有的建筑设计图、竣工验收文件等采集，如果没有，可以设计相应的表格让委托方填写后认定。

土地利用的确认主要包括以下几项。①土地用途：规定用途、实际用途、全部用途和部分用途、用途和面积的对应；②建筑容积率：规定的和实际的容积率；③建筑覆盖率；④高度限制；⑤地下空间限制。

土地确认的基本原则是遵循约定、事实和依法进行。

1. 土地确认要以委托约定为依据进行

在评估尚未正式开始时，委托约定以外的内容不应该在确定的范围内。如果超出约定范围进行确认不仅会耽误工作时间，而且容易使评估对象的范围模糊。但在确认过程中，需要对相关内容进行连带确认，虽然委托书中并不会对这些相关关系进行委托。

土地确认需要有委托书。有一些委托书对评估对象并没有很详细的内容，这个时候，估价师应要求委托方提供关于评估对象界定的附件，如果没有，应该当场询问并做好记录。估价师在进行确认时，将整理好的资料和有关意见写成备忘录，可能的话，由委托方确认签字。当然可以保留委托方在估价过程中作适当变更和调整的权利，因为委托方有时也不能一下子确定估价对象多少才合适，他们往往受财务人员、会计师或者律师的意见所左右。一些有纠纷的土地不能明确最终是否能够进入评估范围。总之，在估价过程中很多不确定的情况都是有可能发生的，但凡产生变化，都应该有记录和说明，并由委托人认可。

2. 土地估价师所确认的必须是事实

估价师不可能对一个虚假或者虚无的委托对象负责，这是绝对不被允许的。事实和委托内容很多时候不能完全一致，有很多原因促成这样的情况发生。比如委托人不了解具体情况，没有做细致的准备；有时是委托人的专业知识不够，一些情况反映不准确；还有时是委托人故意有目的地模糊等。所以，估价师要本着实事求是的原则，确定委托人、委托评估对象、委托评估范围等之间的关系，并初步判定事实。当你不能确定时，要反复核对，并迅速向委托方进行询问。如果双方都不能确认，就应该建议委托方暂时放弃这一部分评估对象。

土地事实确认的关键是，是否存在以及是否符合委托内容，包括三层含义，一是是否有此土地。现实中确实发生过不存在的估价对象（多为诈骗案件），比如伪造土地证件，骗得估价报告。二是土地是否为委托书所约定的权利人所有。委托人不是土地权利人的情况很多，只要它符合委托书所约定的要求即可，但一定要有明确的相关对应人。如果所委托的土地从事实上看与委托人及约定没有关系，那就需要十分谨慎地对待。三是土地的数量、范围及附属物的多少要与委托约定相符，这是一个很烦琐的事情。很多时候由于资料的原因，一时判断不准确，就连委托人也说不清楚，这时候估价师应有耐心，要多多地询问和核实。为了确定事实，必要时还应做一些现场核实、相关访问和确认。

3. 合法性

正规的评估必须具有合法性，其中首先是评估对象的合法性。有一些评估对象是事实，但不一定合法，或者其中一部分合法，另一部分不合法，有一些甚至弄虚作假，这样的例子很多。我们经常遇到要对集体土地进行估价，如果评估目的是上市流通或者入股就会出现问题。依照我国的法律，集体土地必须通过征用后才能进入市场流通，直接进入市场是违反法律规定的。如果有这类的委托则是不合法。

合法性还包括合法范围的扩大，超过了法律的允许。一些土地在申请使用时并没有得到批准，但是种种原因成为了事实，而又没有补办相关法律手续，在城市建设中有很多例子。在城市郊区，每年都有大量的土地被非法转变用途，并没有办理相关法律手续，但在经济活动中，还是被用来私下交易，这就是典型的不合法评估对象。所以在确认土地时，还要询问土地的来源和使用历史。有一些估价师为了拿到评估佣金，对这种情况往往采取回避的态度，或者只是在估价报告中做一些模棱两可的说明，这是不可以的，除非你对估价结果的使用目的进行相应的限制。对一个不合法的评估对象给予一个合法的价值，本身就为不合法的行为，同时这一行为也构成了对相关利益方的欺诈，损害了相关利益人的利益。估价师应该谨记这一原则。

以上三项原则，实际上表明了土地确认的基本程序和逻辑关系。就是要先对委托约定进行分析，列出评估对象的基本内容和相关标准，然后根据委托方提供的相关文件对约定的评估对象进行对比核实，最后进行合法性认证。土地确认中一定要考虑估价目的和价值的使用方向。

土地确认需要有以下步骤：①根据委托协议及相关材料准备一份确认清单；②发送给委托方征求意见；③约见委托方沟通；④双方确认并签字；⑤作为法律文件备案存档。

代征土地是我国征地制度中的一项内容，在征地过程中，如果土地周边有需要建设的道路、绿化用地或者其他基础设施用地，一般的情况下与被征用的土地一并办理征地手续，征地费用由用地单位支付，但是所有权和使用权为国有。支付征地费用的土地使用者对土地没有任何的支配权和处置权。

第三节　土地估价事项界定的内容

考试基本要求

掌握：土地估价目的的确定，估价对象的初步界定。

熟悉：土地估价报告使用方向的规定，特别事项的内容与界定。

一、土地估价的基本界定的关键点

1)确定估价结果使用者以及其他可能的使用者，有时候，委托方并不一定是真正的估价结果使用者;

2)确定估价目的，也就是估价结果将用于哪一种经济活动;

3)界定价值类型和定义;

4)界定估价对象，实际估价的范围并不完全与委托确认相一致，需要特别界定;

5)确定估价的基准日期(俗称期日);

6)确定估价过程中的任何特别假定条件与关系;

7)确定估价结果使用的有关限制。

二、估价目的的界定

估价目的的界定要注意以下几个方面:

1)使用者不一定是委托方。

2)使用方向，说明具体的经济活动内容，比如，买卖、贷款、计税、租赁、清产核资、征收等。

3)估价结果的具体用法。评估结果在一项经济活动中的作用可能并不是只有一种情况，比如在交易中，可以以评估价格作为交易底价、参考价，或者直接作为交易价等;在税收中，评估价可以作为计税基础，也可以用来进行测算税收的咨询等，估价目的应该具体明确，而且一般只有一种。

三、价值定义

价值的定义，有时我们也称作价值内涵。土地价值依据不同的评估要求，不同的评估对象和不同的设定条件而有所不同。这些状况很复杂，所以，如果不界定清楚，可能会对同一评估数值结果产生不同的理解和解释，或者不知道评估数值结果之间所表达的内涵究竟是什么范畴，是否具有可比性。特别是在一些资产会计处理中，如果不明确价值定义或内涵，土地资产与其他资产的价值就没有办法联系和统一。

土地估价最终要估算土地权益的价值，所以必须清楚地确定估价所涉及的土地价值类型和权益类别，以及有关设定。比如说，对一宗已经建有建筑物的土地可以这样定义其价值:在现有建筑状态下的土地使用权的市场价值。这里有三方面的含义，一是说明土地的使用权价值，二是说明估算的是土地的市场价值，三是说明此价值是土地与建筑物共存一体时土地的分摊价值。这与假定没有建筑物的土地交易价值是不一样的。土地分摊价值有可能高于一般没有建筑物或是假定建筑物状态下的土地交易价值，但如果建筑物不合理，土地分摊价值也许就低于土地交易价值。

在对价值进行定义时，权益类别根据具体情况确定。在我国，主要有土地的所有权价值、使用权价值、租赁权价值，以及其他附设的权利价值等。价值的类别主要有市场价值、成本价值、收益价值、抵押价值、投资价值和保险价值等。在相关设定方面，主要要考虑土地形态对价值的影响，是分摊价值还是独立交易价值等。

在价值定义中，市场价值的界定最为重要。市场价值普遍被理解为“在假设买主愿意和卖主愿意的情况下，财产通常的售价”。但是土地市场是一个非常具有地域特征的市场，并且与国家和地区的土地制度有关。所以，在进行市场价值定义时，要注意这一点。所谓的竞争和公开都是有条件的。如果土地评估目的是为一个具有国际性质的经济活动服务，或者土地评估报告可能被不同制度的地区和国家有关人员使用，应该对所在国家的制度和市场环境进行说明。

土地状况的界定，主要用于说明所评估价值对应的土地条件内涵是什么，其包括的内容见表2-2。

表 2-2 土地状况的界定

项　目	内　容
用途的界定	由于现状用途和规划用途在现实中的价值往往会相差很大，如果不界定清楚，既不能确定我们所评估的价值所对应的是什么，也不能反映真实的价值情况。我国将城市土地原则上分为商业、居住和工业三大类，实际上这是一个非常粗略的划分，现实中土地的具体用途千差万别，并且还会不断地产生新的具体用途。每一种用途都具有自己的特征，价值也存在差异，为了评估和表述的方便，具有界定的必要
开发程度的界定	开发程度直接影响到开发成本和土地的利用，从而影响到土地的价值。不同的土地具有不同的开发程度，为了准确描述地价，需要说明价值所对应的开发程度。开发程度界定包括对通路、通电、通水等基本情况，还有燃气、供热、通信、排水，以及土地平整等基础设施情况的描述。开发程度界定一般对宗地外和宗地内分别进行界定，并根据需要进行设定。为了评估和表述的方便，有时也分为设定的和现状的两种情况
使用年期的界定	在我国，土地使用年期是有限制的。一般情况下，商业用地的使用年期为 40 年，居住用地的使用年期为 70 年，工业用地的使用年期为 50 年，这是法定的最高年限。如果是私有制，土地的使用年期可能更多的是无限年期。现实中情况可能比这复杂得多，在不高于最高年期的情况下会有很多种年期的设定，完全根据实际需要确定。新颁布的《中华人民共和国物权法》规定了居住用地的使用年期满 70 年可以续期，这又是另外一种更为复杂的对价格也会具有影响的情况。农用地承包权一般情况下为 30 年不变，这也是法律所规定的

四、土地估价报告使用方向的规定

(1)土地估价报告的限制条件

1)必须在有效期内使用，超过有效期必须进行调整或重新评估，对于报告的有效期一般界定为半年；

2)必须在估价的假设条件成立的情况下使用，假设条件不成立，估价报告的评估结果也无效；

3)必须完整地使用，不能断章取义，不能肢解报告；

4)只供委托方本次的评估目的使用，不得用于其他目的，因为不同的评估目的，有不同的评估结果；

5)只供委托方本次的评估目的使用和报送有关部门，不得公开发表或刊登。

(2)土地估价报告的使用方向

1)最基本的使用方向：保证税赋的公平性，为税收服务。

2)为土地出让、转让、抵押，企业以土地作价入股等交易提供依据。

3)为土地征用、征收、拆迁等补偿提供依据。

4)为解决司法纠纷服务。

5)对涉及土地的遗产、家产分割、赠与等提供依据。由于土地估价机构存档和各级土地管理部门对土地估价结果确认或备案时，对宗地估价技术过程和处理方法、技术参数的选择等，都要有详尽的了解。而委托估价者往往只要了解估价结果和估价的大致过程，同时，估价机构出具的宗地估价报告也应适当保守技术秘密。因此，为满足上述多方面的需要，土地估价机构应在估价完成后，分别提交土地估价结果报告和土地估价技术报告。前者提交委托估价者，后者由土地估价机构存档和提交土地管理部门确认或备案。

五、土地估价中特别事项的内容与界定

1)在计算土地价值时有无扣除相关费用，如拆迁补偿费、安置费用等；

2)土地证登记面积与出让合同不一致，登记面积与附图面积不一致，登记面积中含市政待征地等情况的处理，评估时最终面积的确定在报告需要特殊说明的事项中说明依据；

3)在现有的产权资料中依据最有效的产权资料；

4)对产权不完善(未取得产权证，但有用地批准文件或出让合同，土地证未及时变更名称)、土地利用条件(无规划条件)等估价对象基本状况不明确时的技术处理；

5)在现有的产权资料中依据最有效的，增加相应的证明文件说明产权关系；假设相应的条件，并尽可能符合土地所在区域的有关规定；

6)特殊用途、特殊位置、特殊土地市场等因素对宗地地价评估影响按规范操作时的特殊处理，在报告需要特殊说明的事项中说明依据。

第四节 土地价格定义的界定

考试基本要求

掌握：一般情况下，土地价格定义的各项内容及要求。

熟悉：不同情况下，土地价格定义的区别。

1. 土地价格对应权利内涵的设定

(1)土地使用权价格

常见的土地使用权价格是对企业改制、出让和转让等的评估。

(2)土地抵押权价格

对于抵押贷款的评估，一般是评估土地使用权的公开市场价格，土地抵押权价格由金融机构自行确定。

(3)土地租赁权价格

对于租赁目的的评估，一般是先评估土地使用权价格，然后利用收益还原法，选择合适的计算公式，计算土地租赁权价格。

2. 土地利用条件的设定

利用现状包括估价对象上的建构筑物及其用途、建筑容积率和绿化率等，重要建构筑物应说明建筑物的耐用年限、已使用年限、建筑面积、建筑结构、建筑细部说明、设备和安装状况、成新度、建筑密度、层数以及其他地上附着物状况等。

3. 土地使用年限的设定

(1)土地使用年限的概念

土地使用年限是指土地使用者通过国家授权或以土地出让方式所取得的国有土地的使用权期限。

(2)土地使用年限的设定

根据国务院颁布的《城镇国有土地使用权出让和转让暂行条例》规定：土地使用权出让最高年限按下列用途确定：①居住用地 70 年；②工业用地 50 年；③教育、科技、文化、卫生、体育用地 50 年；④商业、旅游、娱乐用地 40 年；⑤综合或其他用地 50 年。

有效使用年限等于土地使用证或者相关土地权属证明上登载的剩余使用年限或者最高出让年限减去已使用年限。

当以出让方式取得土地使用权时，估价师在土地估价报告中进行土地权利状况描述时必须说明取得时间、出让金数额、批准使用年限、已使用年限和剩余使用年限租赁年限及宗地使用的特殊规定。

4. 土地估价期日的设定

(1)估价期日的概念

估价期日是指估价结果对应的日期，通常具体到某年某月某日。

在土地估价过程中，确定估价期日是重要的内容之一，对估价结果有着直接的影响。

土地估价过程中需根据市场关系和估价需要进行一些基本条件设定，估价期日的设定就属于对土地价格的设定。

(2)估价期日的设定

由委托人确定，或者由委托人与估价师商定。

第五节　土地估价对象资料收集

考试基本要求

掌握：估价对象资料的基本类型、收集方法及要求。

熟悉：不同类型资料的内容及收集要求。

1. 估价对象资料的基本类型

土地估价对象的资料可分为：①产权资料；②土地规划及利用现状资料；③土地开发程度及基础设施资料；④地上建筑物资料；⑤土地历史交易或租赁资料五种类型。

2. 估价对象资料收集的方法与要求(表 2-4)

表 2-4　估价对象资料收集的方法与要求

项　目	内　容
方法	(1)委托估价方提供。 (2)实地查勘和调查。 (3)从政府、专业团体、估价机构取得的各种资料，如社会经济统计年鉴、年度地产市场分析报告等。 (4)土地交易市场调查。 (5)询问有关当事人。 (6)通过行业协会办的网站或数据库查询。 (7)估价师同行之间信息相互交流。 (8)通过各种媒介，包括网络、报纸，特别是政府各部委办的信息公示网站

续表

项　目		内　容
方法		(9)估价师或估价机构自己日常的积累。 (10)与其他机构合作
要求	详细	只有足够的详细才能足以说明是否具有可比性
	准确	任何信息失去了准确性就失去了其价值
	及时	与市场最贴近的最具有代表性
辅助资料		(1)历史地价资料。 (2)土地开发和经营的政策法规、条例、规定。 (3)有关经济指数及建筑材料价格变动指数。 (4)有关土地房屋的税收种类、税率等。 (5)城镇规划等有关资料

3. 产权资料的内容及收集要求

土地权属文件主要包括国有土地使用证、集体土地所有权证、集体建设用地使用证、农村宅基地使用证、土地他项权利证明书或房地合一的房地产权证、房地产证、房地产共有权证、房地产他项权证。对房地合一管理的地方，签订了土地出让合同并获得建设用地批准书也可以确认土地产权，对商品房占地，可以用经鉴证过的商品房销售(或预售)合同及付款凭证确认土地产权；对临时用地和临时建筑，可以采用有关政府部门出具的临时使用土地和临时建筑批准文件。

估价师从中能了解土地及地上建筑物的产权状况、使用者和所有者、取得产权的日期、面积、用途、标定地价、地产等级、宗地范围、所在街道、街坊、地号、地上建筑物状况及相邻地产状况、他项权利登记等。

土地使用权证书、土地出让合同应附有地籍图，利用地籍图估价师可以从中了解地产的界址、方位、坐标、地产临路状况、深度及四至等内容。

产权资料一般向委托方索取，应该保证是委托方保存的原件，经受托估价机构核对无误后复印留存，原件交还给委托方。如果委托方提供的是复印件，受托估价机构应要求核对原件，如果委托方因特殊原因无法提供原件时，估价师应到相关部门查证落实复印件的真实性。

4. 土地规划及利用现状资料的内容及收集要求

查阅城市规划资料，通过城镇规划图，可以从中了解到宗地所在地区域的规划限制，如土地功能分区情况、建筑物高度、容积率、覆盖率限制以及用途和利用限制等内容，而相应的利用现状则必须通过现场踏勘来获得第一手资料；内容包括土地实际用途、开发程度、地上建(构)筑物布局、建筑物高度及容积率、覆盖率等。

5. 土地开发程度及基础设施资料的内容及收集要求

土地开发程度可简单地表示为“几通一平”，主要收集资料有：供电、供水、供气、供暖、排水、通讯等市政管网、道路的连通情况，可通过市政管网图件和相关资料了解各项设施规模、分布及其状况，通过现场踏勘了解土地是否经过平整，地上有无何种定着物以及定着物的具体状况，并了解所在区域公共服务设施的建设和使用状况。

6. 地上建筑物的内容及收集要求

已建成并投入使用的建筑物可以从其房地产权属证书来获得建筑面积、结构、层数、层高、已使用年限等详细情况。

建筑物成新度、建筑密度、设备的安装使用状况须结合现场踏勘情况来确定，在建工程则须收集其建设工程规划许可证、建设工程施工许可证来掌握规划设计条件。利用工程建设图纸可计算工程量，通过平面位置图，估价师可以了解宗地形状，地上建筑物的形状、分布、各层次的构造等内容。

7. 土地历史交易或租赁资料的内容及收集要求

对于委估土地的特征和构成要素的详细描述和分析，有助于估价师选择适宜的估价资料和估价方法，而作为比较的交易资料也应该是资料中最类似委估土地的部分。因此，必须对交易案例资料做进一步详细分析，并对每宗选作比较的土地资料整理出一份包括构成要素的完整资料。

估价师使用的交易资料大部分来自于政府档案资料、出版刊物、公开记录，以及由购买者、出售者、经纪人等提供的信息和估价者收集的尚未列入记录的相关交易资料。

估价师必须根据地方市场状况、委估土地的类型及资料自身的可用性来选择与交易相近案例资料，并尽量保证比较资料的相似性。

当委估土地所在区域内的交易案例资料有限时，估价师应将资料收集工作扩展到与委估土地相似的邻近区域；当所选的交易案例资料不完全适当时，若受条件所限，估价师可勉强采用这些案例资料，并走访经纪人、购买者、销售者、出租者、承租者和有关机构，以发掘市场活动的证据，并对这些资料进行适当调整，进而用作比较案例。

估价师在收集交易案例资料时应包括以下项目：①交易时间；②交易面积；③位置；④宗地条件；⑤地上物状况；⑥购买者和销售者的特征及动机；⑦销售的条件；⑧土地销售前后的利用状况等。

第六节　土地估价现场勘察

考试基本要求

掌握：现场勘察的内容、方法与要求。

熟悉：不同内容的现场勘察要求。

一、土地现场勘察的基本内容

土地现场勘察是对土地进行最详尽的了解，包括显而易见和深藏不露的各种情况，以及委托方披露和没有披露的种种情况。土地现场勘察的目的是，以土地价值的基本约定为基础，进一步确认土地价值的内涵及条件。

一方面，土地价值或者价格有严格的内涵对应性，不做现场勘察不可能将土地价值与估价范围内的土地内涵统一对应起来，在进行价值分析时会出现逻辑上的错误，同时也可能会遗漏很多细节性的但很重要的估价要素及信息。比如一条地下光缆，如果不作特别说明，很容易被估价人员忽略掉，事实上，地下光缆对土地使用具有很大的限制。如果做了现场勘察，估价师会很准确地确定地下光缆的具体情况，以及对土地使用的影响程度，从而确定对土地价值的影响程度。另一方面，土地价值不仅仅是土地本身内涵的反映，也是土地外在条件变化的反映。土地价值与外界影响因素密切对应，土地估价在反映价值的同时必须将价值影响背景描述和反映出来。这些外界影响条件也在不断变化，如果不做现场勘察，可能会将土地价值与土地的外部条件独立开来，从而使土地价值失去现实性。在土地估价中我们也经常发现，在对同一宗土地进行不同时点估价时，如果凭印象去判断，总是找不出土地价值的变化所在；或者知道价值变化了但是不知道价值差异来自何处。其实可能是土地的基本条件发生了变化，而这些变化只有在现场勘察之后才能知道和了解。

土地估价现场勘察还有一个现场验证作用。估价师在估价前期会得到很多相关的资料，这些资料可能是符合实际情况的，也有可能是过期或者造假的，无论其来源于何处，都有必要到现场去进行核实。委托方提供的资料一般是非专业人员采集的，可能在无意之中忽略掉了一些重要的信息，造成资料与实际情况不相符，估价师有责任进行实地勘察和补充。一定要注意，使用真实的资料是估价师的责任所在，因此，对资料的真实性进行鉴别也就成为对估价师的基本要求。

土地估价现场勘察主要有以下三个方面的内容。

1. 对土地实体的勘察

(1)土地的位置

包括所在的方位、所临近的主要道路，以及主要出口的朝向等。

(2)土地的范围

包括面积规模、基本形状、长度和宽度、是否有插花地或者飞地等。

(3)土地的地质地貌

包括土层厚度、土壤种类及适应性、岩层结构、地下水及矿藏、地质灾害、土地坡度及平整情况，以及地表水资源等。

(4)土地定着物

包括建筑的规模、种类、用途和特点，以及其他不可移动的基础设施、林木和作物、绿地、道路等。

(5)土地环境

包括土地内部是否有污染源、垃圾处理情况、污水排放方式、以前是否有污染历史、上风口是否有污染源等。

(6)土地的基础设施情况

包括供水、排水、供电、供暖、通信、供气等情况。

2. 对土地产权状况的考察

(1)土地的界线

包括边界的走向、长度、转折点，以及边界的分割物等。

(2)土地的来源

包括取得方式、原所有者和使用者等。

(3)土地产权纠纷

包括是否有边界纠纷、是否有来源不清的情况、是否有债务，以及是否有共有产权情况等。

(4)土地他项权利

包括是否设定他项权利，他项权利的种类、时间、补偿方式，以及有关限制等。

(5)土地目前的权利状况

包括权利的种类、权利人，以及限制等情况。

3. 对土地利用情况的考察

(1)土地目前的实际用途

包括对估价对象的实际用途进行基本类型辨别、对估价对象的具体用途进行识别和确认、考察土地的用途结构，以及对土地用途的合法性进行核实等。

(2)土地的空间布局

包括观察地块内部各主要功能区的分布及相互关系，考察建筑物的占地及利用情况，对建筑物的利用情况进行考察，以及对配套用地情况的考察等。

(3)土地利用收益情况

包括对土地经营收益方式的考察，对土地收入、投入成本及税收情况的调查等。

(4)土地利用限制性因素

包括观察地上是否有对土地利用不利的因素，勘察地下是否有对土地利用不利的因素、空中是否有对土地利用不利的因素，以及土地周边是否有障碍物等。

(5)土地利用变化历史情况

包括调查土地用途转变的基本过程，调查是否有空间布局上的调整，是否购买兼并相邻土地或者是割让出售土地，土地上是否有最近新建的建筑物以及旧建筑拆除的情况等。

二、土地现场勘察的程序

估价师或是估价机构，都应该将到现场工作按照一定的逻辑关系作一个合理的安排，并形成一种规范。到现场勘察可按以下程序进行。

1. *问题距离*

根据不同的估价对象和目的对所要了解的事件作一个整理和归纳，然后根据各自的重要性和调查的方便性进行排列和组合。大多数时候我们都需要做好有关的表格，这样可以提高工作效率。表格的设计要根据罗列的问题进行，有时候到达现场后才发现预想的和现实不一定吻合，这不要紧，可以临时做一些改变。总之，有准备至少让我们预先有一个分析和判断，总比没有准备到现场要好。

2. *现场观察*

现场观察是关键，可以通过现场查看、询问等方式取得第一手信息和资料。

现场观察应该是全覆盖的。如果是大宗的土地，应该做好勘察计划，在对总体情况进行观察之后，将土地现场分割成若干个小片，编好号，并在工作地图上标示出来，再逐一进行观察。如果面积虽然很大但是情况不太复杂，如大片的农用地或者荒地等，也有一些比较简单的方法，比如可以采取对角线、田字网格，或者是其他一些具有抽样性质的踩点观察法。

现场观察应该从表象开始，比如从已有的权属状况的核实开始，并由外到内，由表及里，先粗略后细致地进行。可以先围绕地块周边勘察一周，再回头逐步仔细查看。对于有疑问的部分，应让同行的估价师或者是估价助理一起考察，直到将疑点降为最低直至消除。

3. *记录描述*

将所观察到的情况记录和描述下来，是重要的一步。记录包括文字资料记录、绘制草图记录和影音资料记录等形式。

文字资料是对肉眼观察到的和听到的信息进行记录，一般在工作底稿和笔记本上记录，对诸如基本情况、开发历史及有关数据、指标等的记录要准确详细。绘制草图是很有效的记录方式，直观而快捷，一般在到达现场之前复制一份工作底图，可以是规划图、地籍图、宗地图，甚至是自制的简易的示意图等，只要能进行现场勾绘就可以。草图记录可以将一些现场分布和形状简单地表达出来，特别是对一些相对关系的直观表达效果很好。影像资料是对估价对象外部形象直接记载，一般的估价报告都需要对地块的外表、建筑物等，特别是一些特殊的地貌和景象附上照片。所以，影像记录是一个必不可少的记录手段，且在一定程度上是最具有真实性的，因而最具有说服力。

记录和描述要准确并符合法律要求，因为一些记录资料会直接作为估价的依据，有的甚至会成为法律性质的附件。符合法律要求的另一个关键就是资料的取得途径要合法。比如说拍照，有些委托者可能有一些特别的限制，比如军事用地，或者是周边有保密要求的，拍照会被禁止，或者是有一定的限制，如果这些是法律许可的，我们就不能够违背；也有因为个人好恶而产生种种禁忌的，估价师应尽量说服对方提供协助，或者是提供其他替代方式，总之要合法地取得相关信息。

4. 现场分析

现场中进行简单分析也是一个必要的过程。对现场观察和记录下来的资料，要有一个简单及时的分析，一是确定调查的内容是否基本完成，如果不全，应立即进行现场补充调查；二是通过简单的分析，可以迅速对估价对象有一个基本的了解，增强现场的感性认识，有利于下一步的估算。现场记录下来的信息和资料一定是零散的，如果不进行现场分析，内业时还原的效果会很差，甚至会失去现场调查的作用。从这一点看，现场勘察并不是简单地收集资料，而是需要有切实的专业过程的投入，这是估价过程中非常关键的一步。所以，现场勘察对专业人员的要求也是较高的，一般情况下要求具有执业能力和资格的专业估价师进入现场，如果经验不足的估价员或者是见习估价师进行现场勘察，必须有执业估价师的带领和指导。

现场勘察的资料要进行整理和建档，这既是估价的需要也是管理的需要，保留档案是估价行为的继续。对于一个估价委托来说，虽然报告完成了，但是估价所涉及的经济行为还只是刚刚开始。在报告的法定有效期内，随时都有可能面临估价技术上的质询，这些调查的资料将会成为最有力的技术证据。

三、土地位置、边界及四邻关系的勘察

1. 土地位置的核实

当来到估价对象现场时，事实上你已经核实它的土地位置，但这还是不够的，专业的估价师应该从以下几个方面开展工作。

(1)核实估价对象的行政位置

这是相对容易的事情，但是需要行政地图的帮助。先将估价对象在地图中定位，然后观察所在的位置，并进行必要的询问，确定与图上标注情况一致即可。一般情况下，到现场应该多准备几份相关图件，如行政区划图、规划图、土地利用现状图、地籍图、宗地图，甚至旅游图等，会对你的工作大有帮助。

(2)核实估价对象的相对位置

行政位置只是确定了一个基本的范围界线，如果行政范围很大，也不便于准确说明其位置，这就需要相对位置的说明。相对位置往往根据估价对象与周边其他地物的相对关系确定。在合适的图上找到估价对象后，观察周边的相关地物，然后与图上情况相对照并确定，比如某某商场西北角。

(3)核实所在的街道及门牌号码

门牌号码是土地登记的重要内容，如果有，要与你收集到的信息进行核对。但要注意，可能会有门牌号码变化了但没有更换的情况，所以要仔细调查询问，并与周边的情况进行比较分析后确认，切不可随意认定。若估价对象是新增的建设用地，根本没有门牌号码，没有关系，你可以查看一下左右相邻地块的门牌号码，推断一下，当然最终还要到登记部门核实。

土地位置核定完成后，要将估价对象的宏观位置、相对位置及具体位置用示意图反映出来，并在估价报告中附上。土地位置的核定，可能是估价师最不以为然的一件事情。但这里要说的是，如果你是专业的土地估价师，就一定要改变这一观念。

2. 土地界线及四邻关系勘察

土地界线反映估价对象的权属边界，由权属拐点和边线组成。一些历史复杂的土地其界线往往也很复杂，主要原因是自由建设及缺乏规划。新的城市土地往往地形规则，权属清楚，所以土地界线很简单。四邻关系不仅仅反映估价对象与相邻土地的参照界线，更重要的是它反映了与相邻土地之间的一种关系。比如说在土地形成历史上与相邻土地之间权属协议关系的形成及变化，可以起到一个相互印证和证明的作用。又比如，土地四邻权属关系的协调程度对土地价值也有一定的影响，如果相对关系简单清楚，土地在权属纠纷方面的风险也会相对减少，未来的土地利用的牵制也会有所较少，所以对其价值会有积极的影响作用。土地界线及四邻关系核对工作从以下几个方面开展。

(1)对土地边界走向、长度及历史变化情况的勘察

这是一个很精准的工作。首先是要确定边界，然后查看边界的走向是否与了解到的情况一致。边界走向的判断很困难，如果是新的、权属简单的土地，可以根据地物进行相对比照确定。如果没有参照地物，则应该通过一定的测量仪器进行，比如可以借助指南针、各种定位仪并通过简图等进行判断和确定。边界走向也可以通过量测土地边界自身的相对角度关系和位置进行判断并确定。一些地块可能与其他地块合并使用，没有明确的界线，这就需要估价师进行周密的分析，在整体踏勘之后再进行判断。

其次是边界的长度。长度的测量很简单，中小地块一般通过皮尺量测即可，大宗土地可能要借助有关仪器进行量测。长度量测一般只是进行基本的判断，不需要十分精准，但是如果是在没有提供准确的产权证明的情况下，测量结果要尽量精确。

土地边界的走向及长度是动态的，并不是一成不变的。土地的分割、合并，以及临时的协议约定都会引起边界的改变，未必都及时进行了变更登记。所以，不能简单地以土地登记状况作为估价对象的实际状况，否则可能会带来判断上的错误。

(2)边界拐点的勘察

边界拐点很重要，它是经过测量确定下来的具有法律效力的土地边界的转折点，一般有准确的坐标位置。当然在现场看到的只是地物，有时甚至连明显的地物也没有。拐点的观察有两个方面，一是相对位置，二是坐标。相对位置通过地物对比有关图件比较进行确认，具体坐标可以通过GPS定位系统进行大致判断。事实上对于一个点的判断比对于线的判断要困难得多。条件复杂的估价对象中，大部分拐点都不会很明显，有的甚至可能已经发生了偏移，有的会被地物覆盖或者遮挡，难以接近。特别是在一些老城区，情况就更为复杂，拐点多而密集，判断难度较大。这时，估价师应该在把握住大趋势的情况下再逐一进行勘察。对于发生变化的拐点，与边界勘察一样，要对其变化过程及相关情况进行询问，并详细记录下来。一些重要的估价对象，应该对所有的，特别是一些有争议的拐点外观进行拍照，以作为档案资料。

(3)边界对应的地物或用地单位的勘察

每一段边界都会对应一定的地物，比如道路、水渠、围墙、建筑以及树木等，勘察时要对其名称、宽度、高度以及相对于边界的距离等进行详细的观察和记录。另外，对周边的用地者也要进行大致的调查。

3. 土地面积勘丈与核实

(1)土地边界围成的形状确定

土地形状影响土地面积，也确定面积的测算方法。一般情况下，土地很少是完全规则的几何图形，多少都会有一些变形。对于现场勘察来说，土地面积并不要求十分精准。所以，对于形状的判断，也不要求十分准确。实际估价时，先要对土地外形进行基本判断，再将看到的土地外形与宗地图或者是所给的其他资料中的描述进行对比，确定是否一致。只有在外形基本一致的情况下，才能保证土地面积的一致性。

(2)土地总面积的匡算

在对土地外形确定核实后，再对土地面积进行匡算。如果是规则的外形，如矩形、三角形、梯形、圆形，或多边形等形状，可以直接按照所对应的几何图形测算面积；如果是不规则的外形，需要将土地分割为若干部分，然后分别计算，最后将各部分相加汇总。

(3)土地内部各部分的面积测算

除总面积之外，还要对土地内部各部分的面积进行匡算。比如一块土地中的建筑占地、绿化、道路占地、未利用面积等，这对下一步土地利用分析，以及各种权利的关系与分配的核定很重要。

此外，很多时候也需要对土地中的某一特定部分进行单独估价，委托方可能只是给定了一个基本范围，具体的面积是多少并没有提供，这就需要进行测量。

4. 地役权及权利纠纷查核

地役权是重点勘察对象。地役权有一些明显的特征，如果有道路、管道、水渠、各种线路(电线、通信线路或者其他特殊线状物)经过估价对象时，要特别留意。有些地役权可能是一种习惯，没有任何协议，或者土地产权人根本不在意，但是这并不代表地役权不存在。因为如果发生交易，新的产权人可能会非常重视原有地役权的影响。所以，对于估价师来说，无论地役权是否有协议，都应该进行现场勘察。

(1)要考察土地被其他土地使用的情况，确定其类别，以及对估价对象影响的程度

比如是短期的还是长期的，是独立的还是共同的。一般情况下，短期的占用或者使用土地构不成地役权。共用的也不能够形成地役权，比如一条道路，虽然相邻土地在使用，但是对于本土地产权人来说也是必需的，所以也不能算为地役权。因此，估价师在现场要做一些辨别工作，将地役权的基本情况调查清楚。

(2)对地役权所涉及土地的长度或宽度及土地面积进行量算

不同的地役权对土地影响范围不一样，比如，高压电线或者电缆用地除了需要直接的占地面积外，还需要有一个安全的范围设置；但过路权却只是道路本身，并且有很明确的界线；而一些管道埋在地下，对地上的活动并不产生实质性影响。所有这些都没有统一的规定，基本上是根据土地使用者之间的具体协议确定。在进行有关长度及宽度量测时，要充分了解土地使用者之间的约定。当然，作为估价师，除了要尊重这些协议外，更应该尊重客观的事实，也就是地役权对土地价值所带来的实质性影响。

(3)对有关协议的履行程度进行调查和询问

一些协议履行得可能并不到位，随着时间的推移，土地周边条件可能发生了变化，对土地的利用方式也会发生变化，地役权也会发生变化，也许会有一些新的权利纠纷产生。

5. 土地取得历史的询问

土地取得的历史很重要，要通过对委托方或者土地使用者进行询问核实。

1)土地的来源，比如前一个土地使用者或者土地所有者是谁、原来的用途是什么、权利状况及使用状况如何、土地原有的环境如何、土地取得之后是否经过改造等。

2)土地取得方式的核实，包括是否采用出让、转让，或者是租用等方式，当时土地取得成本如何、取得后有哪些投入、取得时原土地使用者的生产或经营状况如何、是否有特别的出售土地的动机。

3)对目前土地是否有纠纷，以及费用交纳情况进行核实。其中纠纷情况可以访问相邻土地使用者，费用交纳情况可以通过要求查看土地使用者有关账目和单据进行。

四、土地自然条件勘察

在土地现场勘测中应认真确定并说明哪些因素影响土地总体效用并具有最重要作用的物理

特征。一般而言，以下一些特征对土地价值的确定较为重要，必须在现场查勘清楚。

1. 土地规模大小勘察

前面已经对土地面积核查进行了说明，但是对土地面积的规模大小也要有一个判断。土地面积本身并不影响土地市场价值，但是如果面积过大或者过小可能都会对土地价值产生影响。

1）对评估对象的面积与当地周边类似效用土地面积大小进行比较，简单判断一下是在平均状况之下、之上、还是一般水平。如果是在平均状况之下或者之上时，要进一步确认相差多少。当地的平均状况可以通过对周边的情况调查后确定，如果有地籍图或者是土地利用现状图可以采用简单的方法进行量算后再进行统计，并不要求一定十分精确。

2）对土地使用面积限制进行核实。很多地方对土地使用在面积上有一定的要求和限制，要进一步确定估价土地面积离这一限制条件有多远，如果土地面积规模超过限制条件过远，则应该注意这一土地是否不能被充分使用。

3）除了土地面积之外，还应该注意查看建筑密度或者容积率。在一些地区，虽然土地面积不是太大，但是容积率却很高，使得土地的实际使用规模加大。这种情况下，土地会因为容积率或者建筑密度等原因提高或者降低效用和潜在使用价值。

4）还要注意土地的有效使用规模。在很多情况下，一块土地的总面积并不能代表土地实际有效规模。一些情况下，土地的可使用面积可能受不利的地形以及其他物理特征、规划要求的影响，即便是在很大的地段中也可能只有一个较小的使用面积。

2. 土地的形状勘察

形状是土地的重要特征，因为它可能影响一块土地的使用面积和总体效用。形状指土地的几何平面特征，一般包括土地的宽度、深度、几何特征，以及规则程度等方面。一些地块由于太窄，一些地块又太不规则，都影响地块的充分利用。

1）要观察土地的基本形状是否规则，一般情况下，从利用率看，不同形状的土地从大到小的排序为矩形、平行四边形、梯形、多边形、圆形、三角形、狭长带形等。当然，这也与土地的面积大小有关。面积越大，形状的限制就会越小。在观察土地形状时，还要观察边线是否直或者平滑。

2）观察土地的临街线，临街线是面临或临近一个街道或公路的地块边界。临街线影响着一块土地的效用和价值，特别是商业用地，它直接影响着土地与外部接触面的大小和向外的通道。在一般的情况下，对于商业用地来说，临街线长一些要比短一些要好。当然对于居住用地可能不一定看重临街的边长。

3）观察土地的深度，土地的深度也很重要，它影响着一块土地的预计用途。对于一块深度较大的土地，如果是商业用地，可能超过一定深度后，土地面积为一种无效面积。但是对于居住用地来说，可能就不存在这样的问题，人们更愿意住得离道路远一点。

观察土地宽度及深度的重点在于判断其相对深度的有效性，情况很复杂，但对土地估价很重要。一块土地相对深度的有效性不仅随着用途的不同而有所不同，而且还随着时间的不同而不同，以及随着区段的不同而不同。经过长期的观察和研究，目前已对地段价值是如何随深度而变化有了一定的了解，并形成了各种深度表，为同一区域大量的评估，如使用路线价评估地价，提供了很好的技术参数指标。但是，由于深度系数通常只反映一个时间期限、一个土地用途或一个区域的状况，其可靠性通常由于与被研究的特定市场之间缺乏联系而受到限制。

3. 地貌特征勘察

在研究了地块的大小和形状后，评估师应考察现场的地貌情况。地貌是指地块的立体表面特征，包括基本的自然地物、植被及构造与分布，如是否为平地，是否有坡度，各点的基本高程和相对位置如何，植被种类、状况及其分布情况等。对于一些大片土地，还可能包括平地、山体、山谷、河流、小溪、湖泊、沼泽地、峡谷、悬崖和斜坡等。

地貌对土地利用影响的负面作用与正面作用同在。如果地貌复杂，可能要限制土地利用的布局，并提高土地的利用开发成本。比如在不规则地貌的土地上建房子，如果地貌复杂，需要进行大量的平整工作。如果有山体或者是深沟，平整成本会成倍增加，比一般土地上的建设成本显然要高。但是地貌对土地利用的正面作用也不可忽视。一是自然地貌能够为土地利用提供一些特有的功能，比如地块中有一条小溪经过，能够通过自然的方式排放雨水，当然不能用于排放污水。再比如，如果土地的某一侧有一片土壤或者是岩石等形成的高地，可以成为一种自然的屏障，对于风沙或者其他有害影响具有一定的抵御作用。地貌的这种自然功能如果利用得当，比起人工的设施要好得多，既减少开发成本也减少维护成本。二是自然地貌在土地利用中对景观的营造非常有利。地貌天生就是美丽的风景，一道土坎，或者一道水沟，如果和我们的建筑物进行有机组合，会带来非常美观的效果。如果土地中有一段坡地，还可以使建筑物错落有致，增加建筑物的节奏和韵律。

地貌的作用主要取决于地块的用途。比如，如果是修建住宅，一块斜坡地可能使住宅具有特别的景色而吸引更多有眼光的购房者，从而提升了房屋的价值。但是对于工业用地来说，可能情况就完全不一样。斜坡可能影响生产设备的布局，还可能影响运输，从而增加额外的成本。所以，地貌对土地价值的影响是相对的，应该根据不同的用途和评估目的进行判断。任何地貌特征都会对土地价值具有影响，估价中要认真地进行考察和优劣比较。

在考察地块的地貌时，首先要对土地整体平展程度进行基本判断。一是要观察土地的高低凸凹起伏程度，是不是具有普遍的高低不平特征。可以根据经验设定档次和分类进行判断，例如基本平展、部分平展或者局部平展等。二是要观察最高点和最低点之间的高程落差，用实际观察的数据表示，这需要结合地形图核查一下高程。

其次是坡度。如果土地有一定的坡度，一是要观察坡向，如南高北低，东高西低，或者是中间高两边低等，进行整体判断。二是观测坡度，进行大致测量，可以在高的区域找到一个具有代表性的点，在低的区域也找一个代表性的点，然后运用几何三角原理进行简单测算和判断，或者干脆凭借经验进行判断。

再次是地物的观察。一块土地的地物可能多种多样，无论是哪一种，不外乎对其位置、长度、宽度、高度或深度、面积、体积和形状及特征的观察和量测。比如一个水池，要查看其在所处地块的方位，是什么形状（自然的水池一般不规则的较多），基本的长宽关系，水池的深度是多少，储水量是多少，水质如何，水源在哪儿，是否有污染的可能，水中有什么生物，是否具有观赏价值或者其他实用价值，一般时候水温是多少等。

4. 土壤和地质条件勘察

土壤对于农业用途土地来说尤其重要，其质量和特征决定农作物的产量，因而影响土地价值。对于建设用地来说，地质条件又是最重要的，一般而言，地质条件决定了对土地建筑的支撑能力。

(1)土壤状况勘察

1)土壤的种类。根据当地提供的土地资料和实际查看的情况判断，了解土壤的名称，以及是否为本区域的主要土壤种类；不同种类土壤的质地、结构都会不同，会影响土地的承载特性。

2)土壤的适宜情况，判断土壤是否适宜种植。适宜种植时，又最适宜种植什么作物或者是植物。可以按照一般农作物、蔬菜、一般林木、园林、牧草等，以及不适宜种植几个方面进行分类，如果需要，也可以对是否适宜建造建筑物进行判断。

3)土壤的肥沃程度。对于农用地，土壤的肥力判断很重要，如果土壤很肥沃，可能要求的补偿会较高。肥沃程度可以与当地土壤有机质含量等因素的平均水平进行比较后判断，设定为一般、较肥沃、肥沃和肥力较低、贫瘠几个等级。

4)土壤的水分涵养状况。土壤的水分涵养可以分为水分适当、较低、过低和较高、过高等几个等级进行评价与判断。

如果是针对农业估价，对土壤的调查可能要更加专业一些，可以参照专业的土壤标准进行调查，或者聘请专业的土壤学研究人员参与调查。对土壤状况考察时，可以以当地的土壤图作为依据。一些地块可能因为大规模开发，使土壤状况发生了很大的变化，那么必须对新的情况进行调查。

(2)地质条件勘察

对于地质条件的观察，主要从以下几个方面重点考察。

1)土层的厚度、结构及特征等；

2)岩石层的种类和深度；

3)地下水的质量和深度；

4)地质灾害方面，如是否易受到滑坡、塌陷、泥石流等灾害的危害。

地质条件考察要重点关注地质条件对建筑物承载的能力。在外业现场，地质状况是很难直接观察的，要查看专业的调查资料，或者是以前的设计施工方面的相关资料。如果没有可以查找的资料，要通过周边用地的有关情况进行判断，最好有地质专家的参与。

五、土地环境质量勘察

无论是建设用地还是农业用地，土地所处的环境质量状况均很重要。土地估价师在现场勘察中，应该全面调查、收集和分析土地的环境因素。

土地环境质量因素包括自然的因素和人工的因素两大类，可能来自土地本身，也可能来自外部直接相关的环境因素。环境因素对土地价值既有正面的影响因素也有负面的影响因素。正面的影响因素如新鲜的空气，或者是优美的自然景色在居住建设用地中会有助于地价的提高；负面的影响因素，如受生活、工业污染的土壤或者是水流，会对土地价值有降低的可能。

1. 土地污染勘察

土地污染勘察的各个方面见表 2-5。

表 2-5　　土地污染勘察的各个方面

项　目	内　容
污染种类	一般有农药污染、生活垃圾污染、工业化学排放(包括固体物、废水、废气等多种形式)污染，以及微生物和自然盐碱扩展等方面的污染。生活垃圾污染、工业化学排放污染很直观，也很好辨认，一般在土地的表面就能够看到，但是也有埋在土壤下面的，应引起特别的注意。在城镇周边地带，很多早先作为生活垃圾的场地，后来由于城市扩展的需要又被规划为建设用地。生活垃圾可能是一些疾病的发源地，如果没有被清理，严格意义上不适合再作为建设用地。即使是清理改造过的垃圾场所，也要经过严格的消毒，间隔观察一定年期之后才能使用。随着工业化进程的加快，工业化学排放污染的现象越来越多，情况也很复杂。工业对土地的污染主要是对土壤、空气和水的影响，有辐射或者毒副作用，杀伤力大，持续时间长，消除也很困难。农药污染、微生物和自然盐碱扩展等方面的污染，不太好发现和辨认，可能需要查阅相关资料和辅以访问才能够进行。由于这些污染的产生都具有很特殊的背景，所以从有关资料中一般能够找到答案。农药污染对建设用地影响很大

续表

项　目	内　容
污染源	有的来自土地本身，有的则来自外部，这对于正在继续的污染尤其重要。来自土地本身的污染源要查清楚其具体位置、范围以及清理难度和成本；来自外部的则要确定距离的远近，消除的可能性、方式及成本。有一些污染源可能是隐性的，如辐射、自然有毒气体等，要根据其他一些情况进行判断
污染程度	可以根据污染的范围、环境质量检测数据、污染类别，以及污染对人们使用土地心理上的影响力等进行分析，以正常无污染为判断基准，分为无污染、有一定污染、较多污染和严重污染等情况。一些看不见的污染可能比看得见的污染更加严重，同样，一些看起来影响不大的污染，其清理的成本可能更高。针对各种复杂情况，估价师要收集详细的调查资料
污染趋势	是继续加重还是在逐渐减轻，要对污染产生的方式、时间的长短，以及未来的变化情况等进行分析。很多污染是暂时性的，比如周边的工厂，可能随着规划的实施，会在不久搬离本区域，那么它所带来的一些污染可能会随之消除，估价师需要对这样的计划或者安排及可能性进行深入的调查，据此判断对土地未来价值的影响程度

2. 土地的自然灾害情况勘察

(1)要观察自然灾害可能发生的种类，涉及面积、危害程度等

土地的自然灾害主要包括水灾、地质灾害、沙漠化、水土流失、风灾、盐碱化、干旱、火灾等。不同的地区，土地自然灾害的种类不同，对土地的影响也不一样，应该结合当地的实际情况，通过当地的灾害历史进行调查，了解最可能发生的自然灾害情况。

(2)要对灾害发生的频率进行勘察

小的灾害如果发生的频率高，其危害程度和对土地利用及价值的影响程度实际上要比低频率的大灾害更大。在调查时，注意有些灾害是一年多次，而有的灾害是多年一次。灾害不一定发生在调查地块上，可以根据地块所在区域的情况进行判断。要特别对历史上灾害发生的数据进行调查和分析，并对未来可能的情况进行判断。

(3)灾害的强度

灾害的强度可能有多种划分标准，主要是依据灾害的不同种类进行区分。在土地估价中，可以根据当地的标准和估价师的操作规范进行分析，并确定相应的评判标准。

(4)灾害所带来的影响

灾害对土地带来的影响是最重要的，有直接的影响和间接的影响。直接的影响可能会给土地带来明显的损坏，改变土地的使用条件和用途，比如塌陷的土地上修建建筑物可能需要改变地基的位置，或者需要增加建筑成本；沙漠化的土地不适合继续种植农作物等。间接的影响主要是体现在土地利用的环境上。当然，一种灾害可能对不同用途的土地具有不同的影响，比如土层流失，也许并不会对建筑有太大的影响。

(5)灾害的预防及保险设施与措施，会大大减轻灾害对土地的损害程度

查看土地周边是否有针对性的防护坡、排水沟以及隔离设施等。防护坡是经常能够看到的，在道路边、房屋旁，主要目的是为了抵挡泥土的坍塌给土地使用带来的危害；当人们使用或开发土地时，为了减轻水流对土地的冲刷，会对自然水流的方向进行控制和改造，如修建地下排水沟、管

道和成行的沟渠;当有严重的污染临近时,会修筑一定的隔离体,比如土坝等,将土地与污染物分隔开来。这些设施的位置、长度、宽度、高度,以及结构等对灾害的防护有不同的作用,所以要进行仔细勘察,并充分分析这些设施在目前和未来是如何影响土地的使用规划的。

不同情况下,如水边、山边的土地所面临的灾害的可能性及程度是不一样的,估价师可能会发现估价对象位于陡山脚下或者洪水区,会有泥石流、水灾,以及水污染的情况,估价调查人员应该根据土地不同的位置和环境进行有针对性的调查,对每一种发生自然灾害的可能都要做充分的了解和评估。

六、土地基础设施条件勘察

1. 道路情况的勘察

道路包括外部连接的道路和内部使用道路。几乎所有的土地都有与外部连接的道路,土地内部道路主要是一些规模较大的土地,在对道路考察时,可以从以下几个方面进行。

(1)道路的级别、修建时间及权属

城市道路分为主干道、次干道、支线道路和生活道路等,还有一般人行道路。在城市外,道路有高速公路、快速公路、国道、省道、一般公路和乡间道路等。调查时要查清道路的级别,可以根据交通图进行判断,然后对道路修建时间、改造或者维修情况,以及归属情况进行调查。

(2)道路的宽度、长度及路面质量

对道路的宽度、长度及路面质量进行调查,是为了考察估价对象土地外部连接的可靠性。如果一条道路的宽度及质量较差,一定会影响土地外联的效果。道路的宽度可以根据道路的等级进行判断,一般情况下,采取目测的方式即可。但是一些道路的宽度并不一定按照规格修建,特别是比较偏僻的区域道路,没有经过规范的设计,所以在现场观察和测量也很重要。道路的长度不一定实地量测,可以在委托方提供的数据基础上进行核实。道路的质量与使用时间有关系,因此观察道路的质量一般可以根据使用时间长短进行基本的判断,另一种方法就是现场根据道路的实际成新状况进行判断。另外,除了道路本身外,对道路的配套设施也要进行考察,比如道路标志、照明、排水,以及路面维护水平等。

(3)道路的方向

道路的方向反映了土地的物流和人流方向,有时候会据此作出有利和无利的判断。比如一块河边的土地,它的外部连接道路一般只能在背离河道的另外几个方向,因此它向河对岸外运和通行的便利就受到了限制。一是观察道路相对于估价对象的方位。一般情况下,道路总是有一端或者一段与地块相联系,道路的方位根据道路与地块接触部分所在的具体位置确定,可以按照东南西北进行方位描述。二是要观察道路的方位指向。一条道路总是要通向另一个地方,这就是道路的指向,可以用方位词描述,也可以用地名描述,比如西北向,或北京方向。三是道路的网络关系描述,比如所处道路体系的名称,下一端连接的道路名称等。

(4)道路的共用情况、使用限制

实际上一般很少有独自使用的道路,即便是私家道路,如果有必要的话,也要在一定程度上让别人使用。如果道路的使用者很多,而道路的等级或者质量不是太好的话,肯定会影响土地的外部联系。如果道路的所有权不属于土地使用者,那么可能还会存在一定的限制,比如对通过车辆种类的限制,或者是在通行时间上的限制等,也会影响土地的对外联系。考察道路的共用情况和使用限制,主要包括道路的公用单位数量、交通流量,以及管理者对时间等方面的限制等,另外,还要特别关注道路是否收费,以及收费标准是多少。对道路的考察,还要注意道路是否满足消防的需要,是否有其他备用道路等。

2. 电力供应及设施情况勘察

电力供应能力是土地最基本的基础设施条件之一，调查的内容有以下几个方面：

(1)电力的来源

一般情况下，电力来自外部供电网，当然也有一些土地的供电是自己解决的。首先要判断电力来自什么电网，属于哪个供电管理部门，由什么变电站接入等。电力的来源，最好来自较大的供电网，供电稳定性较好，用电成本也会更低一些。在外来电力中，一般民用电力都是通过高压电缆，有可能埋在道路底下，不容易被发现，所以，需要对照有关设计图进行查看。

(2)供电能力的大小

供电能力一般按照千瓦表示，首先要调查清楚该区域总的供电能力，然后调查能够提供给估价对象土地的供电能力。无论是地区的供电能力还是估价对象具有的供电能力，委托方不一定了解得很清楚，必须到当地所在电力部门进行调查。有些估价师会想当然，或者简单地听取委托方的描述和介绍，这种做法很不可靠。另外，要区分设计能力和实际能力，现场勘察应该以实际能力为准。在进行调查时，还要关注一下该地区的供电规划，以及政府对电力建设的投入状况，以便判断估价对象未来用电容量增加的可能性及方便程度。

(3)供电保障程度

供电保障有技术性的也有管理制度方面的。在技术方面，不同用途的土地对用电量的要求会有所不同。一些估价对象设计需求可能超过了所在地区的供电能力，所以会造成供电不足。实地调查时可以粗略地进行核算，看看提供的电力是否能够满足估价对象的需要。在管理方面，由于能源紧张，总会有区域性限电情况发生。也就是说，一块土地的供电并不能够百分之百地实现。如果限电比较频繁，会严重影响生活和生产。特别是一些工业用地，如果限电过多，企业必须自备发电系统，所以会有额外的成本投入。同时也会因为限电产生一些相应的损失。

(4)供电设施

供电设施状况也反映供电能力和保障，具体包括供电线路、供电房、变压器等。可以对现场作一个整体描述，比如所在位置、修建年期、成新度等。调查时需要进行现场拍照。

(5)使用费用

现场要了解平均电价，以及取得用电权需要缴纳的基本费用，同时还要调查委估对象的年度耗电量及电费。

3. 供水能力及设施情况勘察

无论是农用地还是建设用地，供水状况的好坏在很大程度上决定了土地质量的好坏。供水情况的调查可以从以下几个方面进行：

(1)供水来源勘察

对于农用地来说，供水可能直接来自河流、水库或者地下水源。城市建设用地水源一般来自城市的供水网络，而城市供水网络的水又来自于河流、水库和湖泊，也有城市水源来自地下水。每一个城市必须具有自己的水源，否则会危及到城市的发展以至生存。

水源地储水量大小、水质状况、可使用量、使用限制，以及离估价土地的远近等，都是非常重要的调查内容。对于一块土地来说，供水来自哪个网络，或是供水站，或是自己供水，供水的状况均会有所不同。在调查水源的时候，要注意水源的质量。对于农用地来说，供水质量最基本的要求是没有化学污染。对于建设用地来说，不同的用途会有不同的水质要求。生活用水要求最高，其水源地要受到严格的保护；如果是居住用地，其水源必须来自自来水供应系统。当然在独立居住区或者是农村居民点，采用自来水可能就是很高的标准了。工业用地用水要求会低一些，城市绿化用水要求又会更低一些，现在很多城市都使用循环水。

(2)供水系统勘察

有些农用地可能没有供水系统，完全依靠自然降雨，但大多数农用地是有供水系统的。在中国的南方，依靠自流供水系统的农用地比较常见；而在北方，大部分是依靠机电输送水流。相对来说，城市建设用地的供水系统很简单，一般是依靠城市基础供水系统，而且，一定区域内基本状况一致。但在有些城市或地区，供水系统又分为一般用水供应系统和饮用水供应系统。供水系统状况对土地开发投资成本的影响很大，输水距离、输水渠道或者管线质量及其造价、使用年期、成新度、输水效率、管理成本等，都对土地供水成本有影响，估价师应全方位了解。

(3)供水能力勘察

供水能力实际上与供水源及供水系统都有直接的关系，如果供水源及供水系统都很好的话，供水能力就会很高。但影响供水能力的很多因素都是管理方面的，比如供水配额的高低、供水的限制条件等。估价师除了到现场勘察外，还应到当地供水管理部门了解情况。

(4)供水保障程度勘察

供水保障程度可以从几个方面衡量，首先是实际配额是否能够满足设计供水量。设计的供水量当然是最佳的供水量，但是由于各种条件限制，可能实际配额达不到设计标准，会对土地的使用带来一定的影响。其次是实际供水额是否达到了供水配额量。由于管理问题或者其他技术上的原因，比如设备老化等，经常会出现供水流量减少的情况，导致供水不能达到配额标准，估价师要对此进行调查。最后是时间上的保障，比如一年中停水，或者水量较小的天数。另外，估价师对一些意外影响用水的事件也应该进行访问和调查，比如水污染情况、供水管网破裂发生的频率等。

(5)供水费用状况勘察

现场勘察中要了解平均水价，以及取得用水权需要缴纳的基本费用，同时还要调查委估对象的年度用水量及水费情况。

4. 排水及设施情况勘察

对于一块土地来说，排水情况勘察的内容有以下几个方面：

(1)地块产生污水的情况

污水一般有生活污水、雨水、工业污水等几类。生活污水与居住的人口数量有关系，如果人口密度大，生活污水的量也一定大。调查时，估价师要了解调查区域的人口状况，采取一些简单的计算模式进行估算。对于雨水，则与所处区域的气候条件有关，如果在北方，雨水相对要少一些，而在南方，则要大很多。此外，雨水量还与土地面积有关，面积大则更容易积水，对排水设施的要求也就更高一些。地形也影响雨水的排放，如果土地平坦，积水的可能性更高，但是产生冲刷的可能性较小；反过来如果土地有一定的坡度，雨水的突发性破坏力更强一些，对土地的影响会较大。估价师要结合区域降水量、土地是否平坦，以及面积大小等情况对雨水排放情况进行调查，并重点判断是否与排水设施相匹配。

工业污水是一个特别需要重视的问题，因为它具有很强的污染能力，甚至有毒，不仅会对土地之外的区域有影响，如果排水设施不健全，也会对估价对象土地本身造成危害。估价师要特别注意调查工业污水的类型和排放量，并需要一个明确的界定和准确的数据。

(2)排水设施及能力

正常情况下，生活污水、雨水、工业污水应该有不同的排水系统。估价师要实地了解排水设施的系统结构、设计排水能力、实际排水能力、排水设施建设的年代、成新情况，是否能够满足未来排水的需求等。对于工业排水来说，一般有专门的排水设施，需要进行更加专业的勘察。

排水设施调查除了要查看有关设计图纸外，还要了解其建设过程，包括投资情况、建设承担单位以及验收的情况等，也要了解在完成后维修的情况，包括维修的原因、维修的位置，以及维修效果及投入等。排水系统的调查还应该对外观情况进行勘察，主要看有没有污水以及异味泄漏。

(3)排水保障程度

土地排水设施出现的保障性问题来自多方面，或者是设施老旧失修，不能满足设计的排水能力；或者是实际排水量增加，而排水设施没有扩容；或者是城市基础设施系统的改变，比如修建道路，对原有设施有一定的破坏性、衔接不好等。应该重点针对排水设施发生漏水、堵水、跑水、异味泄漏等事件发生的频率、破坏和影响程度进行调查。

5. 电信设施情况勘察

(1)电信网络体系

无论是电话和有线电视、因特网线路，一般都属于某个运营公司建设。不同的运营公司会有不同的市场品牌，提供的服务内容和服务质量也有差异。估价师首先应该了解估价对象接受哪几种电信服务，然后确定来自于哪个系统。有的土地上同一类电信可能有几家公司提供服务，可以自由选择，比如因特网服务系统就是这样，很多城市土地上的用户都能够自由选择服务商。此外，估价师还需要了解这些电信服务体系的市场状况，包括服务商的名称、性质、公司历史、覆盖区域、服务形象，以及未来服务的可持续性等，由此来判断估价对象电信状况的好坏。

(2)电信设施及保障程度

对于土地来说，电信服务设施都不是自行建设的，完全依赖于服务商。一般情况下，固定电话的调查需要了解设施建设的年代、容量，后期是否有过扩容，是否满足目前土地的实际需要。对于住宅用地来说，家庭数量与固定电话的需求有关，每一户至少应该有一部固定电话。电话线路架设的质量也在勘察范围之内，新建居住小区的电话线一般是由地下管道引进。但是，一些老城区或者是缺乏规划的区域，以及一些偏远的区域，固定电话线一般架设在空中，其稳定性肯定不如地下管道引入的电话线。

6. 热力供应能力及设施情况勘察

(1)热力的供应

一是供热的来源，比如是来自于大市政供热系统，还是小范围的供热系统，大市政的供热系统相对稳定，而小范围的供热系统则相对灵活，如天气还没有完全暖起来时可以适当延时供热。二是热能类型，比如是烧煤还是烧气，烧煤的污染显然要大一些，特别是小范围的供热系统，如果是烧煤，对区域的环境影响较大，可能会带来其他一些负面的影响。热源的远近也是一个需要调查的问题，如果估价对象离热源较远，由于热能损失，会降低供暖效果，这是需要考虑的。所以，估价师调查时，要了解供热单位的名称、在城市供热体系中的位置，供热的方式、供热服务水平，以及离估价对象的距离远近等。

(2)供热保障程度

居住区在冬天最害怕供热发生故障或者是暖气温度不高，所以供热的保障程度非常重要，一般从供热是否准时、供热温度是否正常、供热故障率高低等几个方面可以反映。

(3)供热设施

供热设施一般是埋在地下的管道，现场勘察也很难看到。估价师不必进入地下管道系统观察，一般通过查阅有关资料取得相关信息即可，但要访问一些知情者进行核实。这方面需要了解的信息有供暖设施修建的年份、各类管道的规格、管道材质、针对土地的建设投资量，以及是否发生过破坏、是否有维修记录、设计的使用寿命和预计实际剩余使用的寿命等。

(4)供热费用

估价师还应调查估价对象及所在区域居民每年缴纳热使用费的情况，并与其他地区进行比较。

7. 燃气供应能力及设施情况勘察

在大城市，一般都建设有燃气供应系统，特别是那些人口密集的居住小区，均能集中供应燃气。燃气供应状况勘察可以从以下几个方面进行：

(1)是否有燃气供应系统

事实上，在大城市的边缘地带以及一些小城镇，并不一定具有燃气供应系统，所以估价师有必要对城市供气的整体情况进行了解和调查，包括燃气来源、配输网络布局与建设情况，以此了解估价对象所在区域是否处于燃气输配体系之中。调查时，估价师应该在土地现场进行用户访问，以便对所了解情况进行确认。

(2)判断燃气的种类

燃气分为煤气和天然气，大城市基本上使用的是天然气，来自于天然气开采基地；小城市以煤气为主，一般由煤气生产厂输配；有些城市可能是天然气和煤气两者并用。由于煤气和天然气在使用效果上有一定的差别，价格上也不同，使用成本会有差别。

(3)燃气的配输设施

燃气的配输设施主要是输气管道以及压力控制设施。燃气管道一般铺设在地下，不能在地上直接观察到，勘察时需要查看相关设计图纸并询问有关管理和技术人员，了解管道的管径、材质、长度、覆盖范围，还有建设年代、维修记录等。

(4)燃气的保障程度

主要通过询问用户，了解燃气使用中故障出现的频率、原因，以及维修服务水平等。

七、土地利用现状的现场勘察

土地利用调查的内容很多，包括土地目前的实际用途调查、土地的空间布局调查、土地利用收益情况调查、土地利用限制性因素调查、土地利用变化历史情况调查等。

1. 土地目前的实际用途勘察

(1)对估价对象的实际用途进行基本类型辨别，以确定土地的使用方向

一般可以从外观上，并依据土地利用分类标准进行判断，例如是否属于农业、林业、居住、工业或者商业用地等。土地基本类型的确定，要以估价对象的主体部分，或者是多数部分的用途确定，如果土地有两种以上的主要用途，则应分别确定用途进行估价，而不应该模糊地确定为商业或者写字楼。

(2)对估价对象的具体用途进行识别和确认

目前的土地估价对具体用途的确认不是特别重视，往往只是按照大的类型进行区分，比如建设用地中，一般只是按照商业、居住和工业三种用途界定，实际上具体用途之间土地价值的差异还是很大的。

(3)对于大宗复杂的土地，还要考察土地的用途结构，也就是我们所说的用地结构

大多数情况下，土地内部的用途都是混合型的，不同部分总有一些区别。比如居住小区中，往往会有配套设施用地，如幼儿园、社区医疗中心、储蓄所等。估价师在调查时要充分了解、记录这些具体内容，并标示在调查地图上。土地的不同用途除了体现在平面的分布上，还可能体现在立体的分布上。比如，在一栋楼上，下面是商场，上面则是写字楼，这是两种区别很大的土地用途。这时，估价师要逐层地勘察和核对确认，并将细节记录下来。

(4)对土地用途的合法性进行核实

很多土地的用途与规划都存在不一致的情况，现场勘察时应该进行核实。比如，土地的整体外观是单一用途，但是，其内部却有部分改变为另一种用途。又比如，一些区位条件较好的临街居住楼，下面部分楼层已经改做商业用途，或者是中间有部分楼层已被商业公司所用，即所谓的商住两用。估价师也应该对此进行充分的了解和核对，核实的办法就是查阅有关规划批准文件进行比对，对于那些有用途变化迹象和可疑的地方，估价师更应该谨慎对待。

2. 土地的空间布局勘察

土地的空间布局调查主要是了解土地内部各组成部分之间的相互关系，这有利于分析土地利用的合理性。对于一块建设用地来说，可以从以下一些方面进行考察。

1)观察地块内部各主要功能区的分布及相互关系，包括这些功能区域所处的位置、占地面积、基本形状等。比如在一块大型的宾馆用地中，一般会有住宿区、餐饮商务区、休闲娱乐区、服务管理区、停车场等，各种功能区的位置、形状及占地面积大小，都是土地使用者按照建造初期的最佳方案设计和布局的。但是，由于社会经济环境的变化，当时的最佳并不一定适应当下的情况，因此也就并不一定是目前最佳。当然，一些小型的宾馆用地则没有这样明确的分区，功能配置上会受到相应的限制，所以不能达到最大的利用效果，所以其土地价值也会受到负面影响。估价师在调查时，要了解土地内部布局与现实需求之间的差异。考察时要将土地内部基本的布局关系描述清楚，并用简图勾画出来。

2)考察建筑物的占地及利用情况。对于建设用地来说，建筑物是主要的占地项目，也是决定土地利用的重要因素。由于建筑物的不可逆性，一旦建成，整个地块的布局就基本定型，也很难改变，这一特点对土地的使用及价值具有决定性影响。考察建筑物占地情况有下面的一些值得关注的重点，包括建筑占地总面积、占土地面积比例，各建筑物占地面积、占总建筑面积比例，土地的建筑容积率、各建筑物高度，建筑物密度、建筑物之间的距离等。

3)对建筑物的利用情况进行考察。建筑物的利用情况很大程度上反映了土地的利用情况，比如一家商场，如果由于建筑设计不合理，可利用率较低，其营业面积一定会较低，那么销售收入和效益也会相应较低。建筑低效利用实际上就是所在土地的低效利用。

4)对配套用地情况的考察。配套用地包括道路、绿地、各种基础设施等用地。配套用地比重过大会浪费土地，降低土地收益，从而影响整体土地价值。现场勘察时，应主要了解的问题包括道路面积大小以及所占比例，绿地面积大小以及所占有比例等。

3. 土地利用收益情况勘察

对土地利用收益情况的考察很重要。一些土地表面上看起来利用很充分，建筑密度很高、容积率也很高，但房屋的出租率却很低，收益状况不好。土地收益状况可以从以下一些方面进行考察。

(1)土地经营收益方式的考察

土地经营收益方式对土地收益有影响，比如，自用型土地，由于缺乏市场竞争的压力，往往利用程度较低，收益率也相对较低。一般情况下，经营收益方式有以下一些形式：①自己将土地开发直接经营，从经营收益中得到土地收益；②将土地开发后出租给别人经营，通过不动产租金获取收益；③将土地直接出租给别人开发经营，通过土地租金获得收益；④将土地作价入股给别人经营，通过分红获取收益等。当然，还有很多土地，比如自己居住房屋所在的土地是没有直接收入的。一些土地可能兼有几种不同的收入形式，应该分别调查各自的面积和比例关系。另外一个很重要的调查内容是土地使用中的经营管理水平，以及每年收益的保障程度、风险状况等。

(2)土地收益、投入成本及税收情况的勘察土地收益、投入成本及税收情况是与收益方式相对应的,调查时需要注意的是,首先数据应该是近几年连续的数据,其次,数据应该来源于原始账簿,而不是简单的介绍资料。所以,在做这项工作时,应该具备账目审核的相关知识,或者聘请相关专业人士到场参与工作。

另外,在面对不同的估价对象时,有一些内容需要特别注意:比如,如果是写字楼用地,需要考察房屋的出租率、租金水平;如果是宾馆,需要考察其入住率、房租水平;如果是饭店,需要考察其每天的客流量、毛收入水平;如果是商场,需要考察其每大的客流量、营业额、柜台租金水平等。

4. 土地利用限制性因素勘察

(1)观察地上是否有对土地利用不利的因素

地上一般可能出现的不利因素有已有的建筑物、各种阻隔体、危险地质地貌条件,以及需要保护的对象等。其中,已有的建筑物对于土地的重新规划有不利的影响,而各种阻隔体如通过地块的小型河流、湖泊、道路、铁路、山体等,也会降低土地的利用率,不过这些因素在完善景观上可能又有积极的作用。危险地质地貌条件,如陡坡、地质塌陷区等,对土地利用具有破坏性的作用。一些保护物,如各类历史遗址、古建筑,以及需要保护的小生态环境,从表面上看会影响到规划布局,但从长远看会增加土地的旅游开发价值。

(2)勘察地下是否有对土地利用不利的因素

地下对土地利用不利的因素主要有地下水、矿藏、文物、地下通道、地下设施等。其中,地下水、矿藏、文物等是国家所有的资源,不得随意侵占、开采和破坏,所以,对地上建筑的地下设施建设不利。已有的地下通道、地下设施等,一般为共用设施,如果经过估价对象的地下,也是需要保护不得损坏,对地上及地下建设均有限制作用。

(3)勘察土地空中是否有对土地利用不利的因素

空中对土地利用不利的因素一般有高压线、航空管制区域、城市景观保护控制区域等因素,主要是限制土地空间向上的拓展。由于土地空中发展受到限制,只能加大地面的建筑密度,这会对土地功能布局有一定的影响。实际上,大多数土地内部的建筑密度也是有规定的,所以,空中发展受到限制,最后会影响到土地的利用率。

另外,土地周边是否有障碍物,对于土地的价值也会产生一定的影响。假如一个酒店计划从四星升格为五星,需要增加相关设施,但是,由于所在土地的一边是湖泊,其他方向是已有的建筑物,最终不可能实现扩建的计划。

5. 土地利用变化历史情况调查

1)调查土地用途转变的基本过程,包括土地历史上用途转变和调整的过程、现在使用者取得土地时的用途、目前的用途,中间是否有整体用途调整,或者是部分调整,以及每一次土地用途发生调整的原因等情况的发生。

2)调查是否有空间布局上的调整,主要调查现在使用者取得土地后对用地结构进行的调整,包括调整的位置、面积,及调整的原因、效果等。

3)调查是否购买兼并相邻土地或者是割让出售土地,以及相应的原因。

4)调查是否对土地进行过重新开发,如果有,要了解开发的原因、投入,以及开发的具体内容等情况。

5)调查土地上是否有最近新建的建筑物以及旧建筑物拆除的情况,如果有,要了解相关的原因、投入,以及建设及拆除的具体内容等情况。

第七节 土地市场调查与分析

考试基本要求

掌握:土地市场调查的内容、方法与要求。

熟悉:土地市场不同内容的调查要求。

一、土地市场调查分析

1. 土地市场调查分析的目的

土地估价中市场分析的最主要目的是建立一个以估价对象为中心的研究区域,寻找、发现影响估价对象市场价值的因素,帮助判断估价对象的市场价值。所以,其核心是要解决价格问题,而不像开发可行性研究,还要解决销售、竞争对手等方面的问题。

所以,对于土地估价来说,市场调查具体有三方面的任务:①收集估价对象所在区域的交易价格及相关数据;②通过分析确定所在区域的价格水平;③对土地市场状况和发展趋势进行判断。

其中,交易价格采集的数据除了交易案例外,还包括相关的技术性参数、指标、标准,以及区域性社会经济信息等,并且因为估价对象、估价方法,以及估价目的等不同而有所差异。所采集的数据具有不同的用途,比如,当估价对象为住宅用地时,其所在区域的住宅用地交易案例、租金收入水平、开发成本、市场供需数据以及税收政策等在地价测算中可以直接引用;而所在区域的基础设施水平、环境条件、社会经济状况水平等数据则可能用于地价的修正,相邻区域的一些住宅方面的数据可能对所估价值最后的调整和平衡有所帮助。

市场调查分析可以通过观察当前供需状况及价格表现来判断估价对象的价格水平处于一个什么范围,确保所估价值不至于偏离市场的客观状况。市场当前的价格表现是一个直接指标,具有标志性和代表性,而市场供需状态则反映了土地供应与需求究竟谁占据主导地位及变化方向。

在对市场状况和发展趋势的判断方面,市场调查的作用也非常关键,不仅需要当前的市场数据,还需要大量的历史市场数据,以便寻找时序上的规律,对未来的情况进行预测。市场数据的收集、观察和分析,是土地估价的重要工作内容。

2. 土地市场的特点对调查分析的要求

(1)土地市场及交易内涵

狭义的市场是用来交换商品和服务的场所,比如百货市场、农贸市场、劳务市场等;而广义的市场则是指一种公开的供需关系体系,比如某市的大米市场,是指该城市大米供应与销售的整体关系和体系。我们所说的土地市场一般是广义的概念,指一定区域范围内土地供需关系及相关环境。

土地市场交易的对象是土地权利,包括所有权、使用权,以及其他相关权利。这些权利是经过约定确定的,比如,所有权有永久使用权和阶段所有权,而使用权则可以是某一用途的使用权。除此之外,还可以对处置方式和使用程度进行约定,比如是否可以转让、建筑容积率控制在多大范围之内等。我国的土地所有权包括国有和集体所有两种,没有土地所有权私有的情况。从现行的法律来看,只有国有土地使用权及相关权利能够正常交易。

在市场中,土地产权的权能及经济价值的大小,并不一定与权利种类相匹配,比如说,土地的所有权价值并不一定就比使用权大,这取决于限制和约定的多少。在某些情况下,所有权有可能成为一个空壳。

所以，土地权利的内涵很重要，这是市场交易的核心。土地交易中，拟定并签署完整细致的契约，将土地权利的内涵界定清楚，是交易的实质性内容。

(2)土地市场交易双方及买卖动机

在土地市场中，最主要的参与者是买方和卖方，估价师需要对买卖双方有比较全面的了解，如他们在市场中所起的作用，以及他们的实力、偏好和行为方式等。卖方是当前的产权人，而买方则是未来的产权人，两者具有平等的市场地位，公平交易。我国的国有土地交易市场分为出让市场和转让市场，其中，出让市场的卖方是国家，一般由地方政府代表，买方是法人或者自然人，而转让市场的卖方和买方均为一般的自然人和法人，当然，政府也可以参与土地使用权的转让。

估价师进行调查和分析时，还需要注意第三方的参与对土地成交价格高低的重要影响。虽然土地权利最终还是依托于土地实体，但是土地交易的虚拟性很强，土地权利不能像一般商品那样由购买者随身带走或者保存在另一个地方，所以在交易过程中很容易产生不信任甚至欺诈的现象。为了防止这种情况发生，土地买卖双方中间必须具有见证者，或者引入公证程序和相关证明机制。因此，土地市场的参与者实际上还有第三方，那就是专业的公证方，这也是保证公平交易的必要形式。

在土地市场中，买卖的动机各种各样。比如，用于经营的、用于投资的、用于投机的、用于自用的、用于捐赠的，以及满足于某种特别喜好的等，都不同程度地影响交易的价格水平。

(3)土地交易过程及市场环境

为了把握市场，估价师还需要对土地交易过程进行了解。土地买卖一般经过广告或者申请、咨询评估、谈判或竞价、签署协议、登记等程序。土地不能像一般商品一样摆在商场出售，交易者需要将买卖意愿以广告的方式进行公示，报纸、网络及相关杂志都是这方面较好的媒体，所以，对于估价师来说，浏览相关媒体是了解土地市场信息的一个重要途径。

协议签署和登记是交易中关键的一步。一些国家的法律甚至规定，如果仅仅是签署协议不进行登记，可以视为交易无效，即强制登记制度。实际上，签署协议是买卖双方为达成交易的约定进行确认的法律程序，一般需要公证人员的介入。但是，如果没有公证程序，登记就成为解决公证的方式。我国的土地登记是政府行为，即政府为土地交易的真实性、公平性等提供法律意义的担保和保护。图 2-1 为土地交易过程示意图。

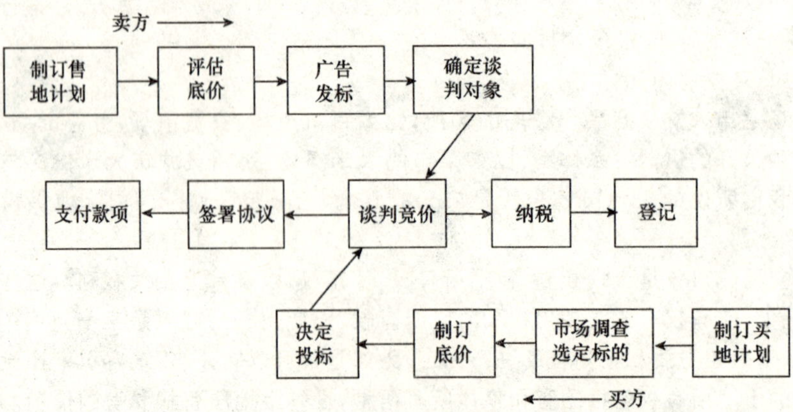

图 2-1　土地交易过程示意图

由于土地的特殊性，土地市场并不可能做到完全开放、均衡和充分竞争；在土地市场中，每块土地都不一样，专业性很强，买卖双方在信息和专业知识上也做不到完全对等，公平交易的难度较大，价格也难以达到真正客观。由于土地具有公共资源特性，政府对其价格干预一般较多。

总之，土地市场中包含很多特殊而复杂的情况。比如，在信息不透明的情况下，某些人提前获取一些信息，就能够以更低的价格购入土地或者以更高的价格卖出土地，从中谋取利益或好处，当然这对另一方是不公平的。问题的关键是，这种情况下形成的价格肯定是一个不真实的价格，如果仅仅依据这些表面的市场信息进行判断，很难得到一个客观的评估价格，这对市场调查提出了严格的要求。

土地市场独特性的表现见表 2-6。

表 2-6 土地市场独特性

项 目	内 容
替代性差，自由竞争程度受限制	在一般商品或者劳务市场，交易品本质上是同质产品，彼此容易替代。但是，土地市场中每一宗土地都是唯一的，而且其区位固定，没有两宗土地在实体上完全相同，权利上也不一定完全相同。虽然一些土地可能在功能上、价值上相似，而且可能彼此替代，但是在地理区位上它们仍然是不同的，不可替代的，环境会赋予它们不同的特性。由于缺乏替代性，土地之间的可比性较差，一个购买者不可能轻易舍弃 A 土地而很快选择 B 土地，有时候购买者不得不为“中意的土地”付出更高的价格，这是估价师需要注意的。比如，估价师在观察一个交易案例时，要看看同期可出售的这类土地有多少，如果属于极个别的交易，则需要慎重使用
交易率低	购买者大量参与的可能性小，影响竞争程度。一个市场如果有大量购买者和出售者参与，会创造出竞争、自由的环境。一般情况下，参与者越多，市场受个别交易者控制的可能性就越小，竞争的程度也就越高。土地市场的情况有所不同，一般只有少数购买者和出售者，并且分散在某价格区间或某区位内或某类用途的土地上，越是价值高的土地，参与的购买者越少。估价师在研究土地市场时，要观察其市场活跃程度，如果买方或者卖方人数偏少，则应该对市场价格水平的真实性和客观性进行进一步的考察，看看是否有人为控制和操纵的情况
价格受金融环境影响较大	由于土地价值量大，购买主要依靠金融系统的支持，比如抵押贷款，实际上是由银行先支付开发商的钱，然后购买者再分期偿还银行。土地购买的难度实际上取决于银行的态度。比如银行提供融资的类型、可运用抵押贷款额度、利率、定金支付条件及还款期限等都会影响土地购买的决策。如果无法获得有利的融资，一般无法买卖土地。所以，金融机构放款的可能性越低，购买者成功购买土地的概率也就越低。这与一般商品市场不一样，购买意愿不受其他体系的制约，更大程度上取决于自身。所以，土地市场中，土地价格高低有可能因为金融环境的宽松程度而不同，比如，信贷政策宽松时，一般购买者会增多，这样土地需求增加，价格自然要整体提高。估价师应该了解土地价格后面的金融政策背景，判断这种金融环境的正常性和持续性，以及对未来土地整体价格的影响程度

续表

项　目	内　容
制度及政策的限制作用	土地属于公共资源，对社会公平和社会服务等方面影响作用巨大，因此制度、政策等对其引导和限制较多。比如，房价较高的时候，政府可能会出台增加土地供应的政策，这时土地价格就会下降。反过来，法律对某一类土地开发进行限制，则会引起该类土地产品价格上升。一般的市场基本上能够自我调整和规范，公开和自由竞争很少受限制，但是土地市场不可能做到这一点。估价师在研究市场时，要特别关注政策环境，了解政策实施的原因，影响是长期的还是短期的，并比较政策出台前后土地价格的差异
土地供给缺乏弹性，市场需求难以平衡	一般的市场，供给和需求从未远离平衡点，因为供需都是充足自由的，能够自由调整，所以在竞争机制的作用下易于趋于平衡。虽然说土地的供给和需求也应该趋向均衡，但这只是理论上的。一方面土地供给的弹性本身很小，土地供给不会无限制增加；另一方面，即使土地供给可以根据需要增加，如果要调整到对应的供给量，速度也很缓慢，不会像非耐用产品的供给那样快速调整，可能需要拆迁、基础设施更新，以及其他开发过程等，需要较长的时间才能完成。另外，一般当新的土地供应产生后，原来的需求又可能发生变动，可能会造成过度供给，这又会使土地供应者在决策时持非常谨慎的态度，影响土地的供应。估价师需要仔细观察供需的平衡，找到真实的平衡点，对土地价格进行调整
土地市场难以达到高度透明	土地的位置不能移动，不能像一般商品一样在货架上展示，大多数土地购买者并不经常购买土地，也不能充分了解土地市场及土地自身的有关信息和专业知识，比如市场其他购买者、过去市场活动、土地条件、类似的土地，以及购买程序、政策等一般很难了解清楚。这些都会影响购买者的开价、还价以及最后达成交易的行为

二、土地调查分析的基本方法

1. 土地市场类型确定

确定土地市场的类型，是调查工作的关键一步。对于土地估价来说，一般根据用途对土地市场的类型进行区分更为适用。从大的用途划分来看，可以将土地市场划分为下列五种类型：

(1)居住用地市场

我国城市居住用地大多是公寓式的住宅，很多家庭居住在同一栋楼上，所以土地基本上是共有的。城市中独栋单户住宅较少，但农村居民住宅一般是独栋的。城市居住土地一般由政府出让给开发商，开发商建成房屋后卖给购房者，开发商之间可以相互转让土地。一般自然人难以直接购买到土地，只能从开发商手里或者从其他房屋所有者手中购买房屋获取土地使用权。所以，居住用地市场可以分为两个层面：一个是单一的土地交易市场，主要参与者实际上是政府和房地产开发商；另一个是以房屋为交易对象的市场，主要参与者是房地产开发商和购房者。农村居民住宅不能成为市场，一般按照一户一宅的原则通过申请得到。

(2)商业用地市场

商业用地包括很多具体用途，比如办公用地、金融服务业和邮电服务等专业用地、零售商场用地、批发市场用地、宾馆用地、饭店用地等。商业用地使用权一般可以由商业经营者向政府购买，称为出让，也可以通过其他商业经营者转让得到。商业用地市场的参与者基本上是政府和商业经营者，少部分自然人会通过购买商业房屋获取商业土地使用权。

(3)工业用地市场

工业用地包括制造业工厂用地、仓库用地、矿及石油开采用地、产品研究和开发用地等。和商业用地一样，工业用地使用权一般由工业企业经营者向政府购买，市场的参与者基本上是政府和工业企业经营者。工业用地租赁的情况比较多见。

(4)农业用地市场

农业用地包括农用地、果园、牧地、牲畜养殖场、林地等。在私有制国家，农用地是可以买卖的，但是在我国，由于制度的原因，农业用地市场还没有完全建立起来，买卖还存在一定的障碍，所以，农业用地流转更多的是通过租赁方式。由于我国农业用地属于农村集体所有，所以，出租者一般是农村集体，市场主要参与者是农村集体组织和用地者。

(5)特定目的用地市场

比如公共建筑物用地、飞机场用地、集会广场用地、主题公园用地、高尔夫球场用地等。这些用地市场都比较独特，而且数量少，土地交易也非常少，考察时需要特别对待。

2. 市场区域范围的划定

土地市场调查分析最先面对的任务就是确定一个市场范围。市场本来是没有边际的，但是，为了调查研究的方便，必须确定一个比较明确的区域。这个区域是一个与估价对象密切相关的区域，进一步说，在这个区域内，一定要能够找到一部分与估价对象具有替代关系的土地。对一块土地来说，与之具有替代关系区域的范围是有限的，所以，这里所说的土地市场范围不可能是无限大，一些特大城市可能需要分割成几个不同的市场范围，而中小城市可能不需要分割。

土地市场区域范围可以依据不同的因素界定，不同类型的市场区域有可能重叠。市场区域范围的划定与下列因素有关。

(1)与土地类型有关

比如超级市场，一个城市不可能太多，规划上是全市范围总体布局的，一般不会按照更小的区域布设，所以土地市场一般是覆盖全市范围。而一般的商业用地市场可能是以某一商业中心辐射区域为范围的；工业用地市场则会以产业发展区域为范围。

(2)与不同的购买目的有关

土地购买目的不同，区域范围也会不一样。如果是居住用地，对于自住的购房者来说，因为习惯、工作距离、子女上学等原因，会趋向于在某一区域内选择，能够寻找替代土地的范围会小一些，所以市场范围可能会在一个相对较小的区域；但是对于一般投资性的购房者来说，主要关心的是投资回报问题，价值增长潜力则是最为重要的，区域范围完全可以放得更开一些，所以，市场范围可能会在一个相对较大的区域。对于开发商来说，其购买土地的目的是获取利润，加上开发项目本身影响的范围就比较大，所以，选择面更具战略性，可替代的面也更宽一些，市场范围会更大些。

(3)与土地的价位有关

土地的价位也可能是市场范围确定的原因，比如，城市郊区的建设用地相对便宜，处于统一竞争和替代关系之中，在基本用途一致的前提下，容易被划分为同一市场调查和分析的区域范围。

(4)与土地面积规模的大小有关

如果土地面积过大，其一次性购买的资金门槛较高，在小范围很难找到购买者，所以必须将市场范围扩大。

(5)与可替代同类土地数量有关

一般的情况下，在某一区域，相对于某一类土地来说，可替代的土地越少，其市场范围可能会越大。

值得注意的是，我国的居住用地市场是一个引致市场，其购买者并不是真正居住者，而是由房地产开发商购买。这就成为一个特殊问题，需求更多是来自投资，居住只是间接的需求。市场区域具体边界可以参照下面的因素确定：

1）自然条件，比如山冈、河流、湖泊，以及一些历史、自然保护区会分割市场。一些自然因素，特别是体量比较大的自然因素，会破坏土地利用的连续性，也会对城市交通形成阻隔，使土地利用的方便性降低，影响市场购买力。山、水等自然因素还会将土地分为阳面或者阴面，形成自然条件差异，影响市场购买力。另外，自然障碍因素会加强人们的心理距离，对购买力和购买取向有一定的影响。

2）人造工程，比如铁路、高架桥、输水渠、城墙、高压线走廊等，除了对土地利用有阻断作用外，还有一定的危险性。例如，从媒体上经常看到关于火车道口出现交通事故的报道。这些人造工程对购买力的影响可能要大于一些自然因素，比如现在城市内的小河流基本上不会对土地利用有负面影响，一些开发者甚至尽量将一些水域和小山规划进居住区，以提高小区的环境档次。

3）行政边界对于市场的范围有一定的影响，主要是在土地供应方面。不同的行政区域土地供应政策和计划可能有所区别。特别是在中国，土地市场受政府控制程度比较高，不同的行政区域土地供应政策往往差异较大，会影响土地区域价格。

4）重点发展类型区的边界，比如高新技术发展区、现代产业发展区、工业园区、经济开发区、汽车工业区等的边界。这些区域对土地的作用和使用方向都有统一的安排，在同一个重点发展区域，土地的可替代性很强，所以，市场竞争性也很强，将它们划入同一个市场分析范围很有必要。这些区域大部分具有明确的界线，也有一部分只有大致的界线，可以结合前面的其他因素进行划定。

5）人口分布规律，土地的市场购买力最终与人口有关系，所以，人口分布规律也是划分市场范围的依据。如果一个区域是人口居住密集区，这里可能是小型商业用地的市场范围。对于不同的居住区来说，如果居住人群的收入水平相差不大，则他们所选择的居住用地的条件和建筑档次也应该差不多，所以，这些居住区的人口密度也应该差不多，如果这些小区比邻，则可以将它们划入同一个土地市场范围。

3. 市场调查

(1)制订工作计划

对调查工作进行布局，将调查任务一一分解，并将重要的、难点的、特别的调查任务罗列出来，按照一定顺序排列，选择相对应的有经验的专业人员分别进行调查。重要的调查任务是需要确保的，并优先完成的任务，比如土地交易案例、土地开发案例、土地闲置率、房屋空置率、土地使用成本等，需要配备助理调查力量，一般由项目主要技术负责人承担。一般性的任务，比如到有关部门收集历史交易数据、查阅人口变化和状态、调查区域内的市场租金和售价等，可以委托估价助手完成。调查中的难点任务一部分可以在准备工作中遇到，更多的是在前期调查之后才能被发现，而且需要讨论，所以一般应该安排在主要任务完成之后进行。

(2)做一些前期准备工作

如果调查研究区域比较大，需要以相关性大小为原则，将区域细划成若干个不同的区片，以便在此基础上，由近及远、逐步向外扩散地分区片进行调查。这种“地毯式”的调查方式，对于情况不太熟悉的区域来说，是非常必要的。在寻找替代案例的时候，这种方法非常有效。一些估价师在调查案例时，采取的“信手拈来”方式，是非常缺乏专业性的。

调查工作应该借助工作底图，这样比较直观并有效率。在图上研究时，可以将调查区域细划为若干网格，然后在网格中抽样选取调查的对象，以便再到实地进行调查。这种做法适合可替代土地较多的情况，能够优先考虑数据在布局方面的均衡性。

(3)到实地观察调查对象

①要对研究区域进行走马观花式的体验和感受，尤其是对于不太熟悉当地情况的估价师或者是经验欠缺的估价师，这一步骤很有必要，能够帮助估价师对调查区域建立一个整体的印象。②对所选择的重点调查对象，比如案例、竞争对手的土地进行现场观察，以便得到一些有用的信息，比如现场照片、售价或租金的广告等，应该对产权人或者使用者进行简单的访问，了解一些基本情况，有必要和可能的话，还要约定下次进一步调查的时间。

(4)到有关部门查询数据

每一笔土地交易的详细数据、交易的统计数据、土地供应计划、规划方面的数据、人口状况数据等，几乎所有表面上的数据和需要在政府部门办理登记的数据，都可以到不同的部门查询。比如交易统计数据及每一笔土地交易的详细数据可以到市场交易监管部门查询，而人口方面的数据则应该到政府统计管理部门查询。

到管理部门查询数据要事先做好准备，因为那里数据多，而且涉及范围广，人手又有限。在查询前应列好要查询的数据，采用填空的方式，提高效率。管理部门的数据也存在缺陷：一是一些最新的数据可能还没有公开，或者没有上报；二是有些数据比较抽象，特别是个案数据比较简单，找不到详细的背景。

(5)需要走访一些专业机构和专业人员

一是专门研究土地市场的机构，他们会有一些市场方面的数据和信息，也可以提供更加详细的咨询。这些数据、信息及咨询一般是有偿的，所以比较容易获得。二是土地交易方面的专业人士。每一宗土地交易总是有专业人士的支持，估价师要想办法联系到这些人员，以便从他们那里获得支持。一般而言，专业人员不太愿意泄露与工作相关的数据，因为这样可能涉及商业秘密，但请他们介绍一些相关情况是可以的。因此估价师不仅要有专业水平，还要掌握访问技巧。

(6)访问当事人

除了访问专业机构和专业人士外，访问当事人，也就是调查土地产权人或使用者，也是获得数据和信息的重要渠道，但这也是最为困难的。一些与估价师熟悉的当事人，或者是估价师曾经为其提供过服务的当事人，访问起来比较容易，还可以通过他们介绍或者帮助访问其他相关当事人，但从那些没有任何关系的当事人口中得到真实情况的可能性比较小。所以，有些专业调查人员就采用角色扮演法，即假扮成购买者或者是租赁者进行访问，但这是在迫不得已的情况下才使用的方式，而且也只是适合了解市场基本行情的调查。

(7)问卷调查

问卷调查适合于需求分析方面的，可以进行一些定量分析，比如电话、互联网，以及常见的拦截式面谈方式。无论是哪种方式，都必须有很好的针对性和间接易于回答的问题，调查人员必须根据成本和时间的因素选择适当的方法。其中，邮件调查的成本比较低廉，但是回应率比较低，而且缺乏代表性；电话调查成本要高一些，需要支付电话费及电话访问员的工资，而且回应率也不是很高；网上调查成本低，回应率较高，但是仅仅局限于网民；拦截式面谈方式成本相对较高，需要提供一些鼓励物品，而且面对面的访问数量一般不可能达到很多。

另外，对于那些没有调查到、不符合要求但又是必要的数据，需要重新进行调查或者是补充调查并进行完善。

4. 市场分析

市场分析主要针对土地供给、需求和价格等进行，通过对调查所得数据和信息的研究，根据调查分析的目的，寻找所需要的规律。

对市场而言，所谓规律，其实质就是差异，而对于土地市场来说，就是土地的需求及价格等在不同位置和时间上表现出来的差异性。比如不同位置居住用地的供需及价格情况会有一定的差异;而某一居住用地的供需及价格情况在不同时间点又会有一定的差异,这些差异正是估价师在市场分析过程中所要寻找的。

所以,分析的主要任务是对每一个调查对象进行研究,寻找差异,并将差异与相关变动因素对应起来,发现其中的互动关系,然后反过来依此判断估价对象土地的价格变动趋势。实际操作时,可以按照以下步骤进行:

1)对调查所得数据进行准确性和客观性分析。在这一过程中,应该按照一定的标准将调查数据进行整理,剔除不符合要求的部分,需要补充调查的,应该在此之前完成。

2)进行分析,一是针对所选调查范围土地市场的一般性或综合性分析,包括区域内影响所有类型土地市场状况的主要因素,如人口、就业、收入等未来发展趋势,以及政策走向等;二是进行供需关系专项分析,包括供给、需求变化,以及供需之间的对比差异、价格水平等;三是对估价对象自身的相关状况进行分析,包括估价对象在市场中的竞争潜力、被需要程度和可能达到的价格水平等。

在分析中,可以制作相应的表格,以位置关系和时间关系为主线进行设计,比如在以位置关系为主线的表格中,可以将不同位置土地的供应、需求、价格水平及人口、经济等相关信息罗列出来,以便于下一步的分析。

反向分析的过程也很重要,比较适合研究的各因素对土地价格变化的影响,例如当价格差异与因素变化对应关系建立起来后,可以反向观察每个因素变动的方向、力量大小,以及变化频率等方面的情况,并以此判断土地价格的未来走势。

当然,上面的方法只是一个简单的描述,实际的分析过程可能非常复杂,需要因势选择不同的方法进行。分析中,定量和定性两种方法都可以运用,还可以采用综合的分析方法。参见图 2-2。

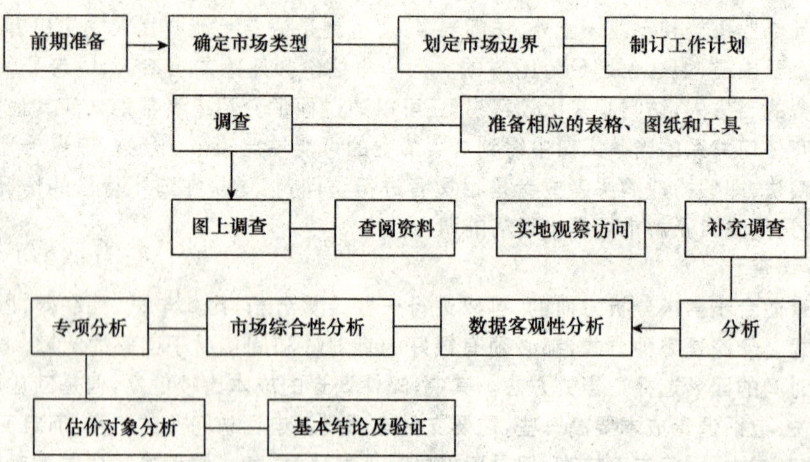

图 2-2 土地市场调查分析流程框图

三、土地市场调查分析的内容

1. 土地需求分析

分析土地需求的目的,是发现存在哪些需求,其中哪些是潜在的,不同的需求会对土地价格产生什么样的影响。如果需求增长过于旺盛,则很有可能会造成供小于求,地价就有继续上涨的动力。或者虽然处于供大于求的状态,但需求增长的潜力较大,平稳的地价可能即将被打破出现上涨趋势。客观的估价应该将这一情况反映出来,客观的价值也应该包含潜在的市场价值。

土地需求增长或者减少,来自于购买力的变化。那么土地的购买力又来自于哪里呢？主要是土地的使用需求,也包括一部分投资需求。

土地的使用需求首先来自于有人使用,其次是有能力使用。所谓"有人使用"就是有人需要购买,"有能力使用"就是购买得起,两者合起来就成为有效需求。如果仅仅有使用需求,但是支付不起土地价款,还是不能形成购买力。

所以,分析影响土地的使用需求,要从分析需要使用的人及其购买力情况入手。如果是一般居民,反映需要使用土地的人的相关指标有区域居民人口总量、人口结构,而反映购买能力的指标有就业情况、居民收入情况、个人购房信贷难度、税收情况等指标。如果是企业可能还需要包括产业发展政策、企业融资环境等。

投资性购地需求主要是受资金量的影响。如果融资环境好,就会有更多的资金流入到土地市场上来,形成购地需求。作为企业,可能融得更大规模的资金,可以直接购买土地使用权;而个人,所融资金量有限,只能购买小块土地使用权或者通过购买房屋持有土地使用权。另外,土地持有税收成本也会影响购买土地的积极性。参见图 2-3。

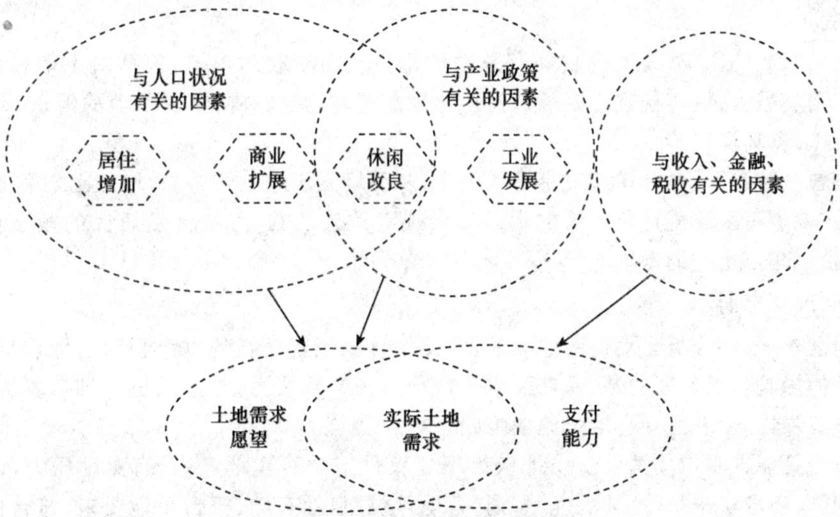

图 2-3　土地需求关系图

综合起来看,影响土地需求方面的因素主要有以下几点:

(1)人口总数

人口的增加会对居住及商业服务用地产生需求。同时,居民还有就业的要求,政府会通过产业的调整满足就业需求,比如新建工厂等,有可能造成对土地的需求。总之,居民人口数量的变化会影响土地需求。

(2)人口的结构

不同的人对土地需求有不一样的要求,比如高收入者希望住房面积大一些,所以对土地需求要多。老年人多的区域,住房需求不会有大的变化,土地需求也比较稳定。另外,流动人口较多,说明区域内对土地购买的比例较低而租赁的比例较高。所以,研究人口结构,对土地需求的未来变化趋势有一定的参考作用。

(3)就业率

就业率一方面反映区域内居民收入是否稳定,另一方面也反映该区域对外来人口的吸引力。一般而言,居民收入稳定则增加了土地或房屋的消费能力,外来人口增加后也会带来使用土地和房屋的需求。

(4)居民收入水平

如果居民收入水平较高,一方面反映了区域居民的土地购买能力会较大,另一方面,收入水平的高低,决定了居民消费房屋及土地的能力和层次。如果是棚户区,由于居民收入水平低,很多居民买房还需要政府的补贴,或者只能居住廉租房,这些区域显然不会有高的购买能力。

(5)个人购房信贷难度

个人购房信贷是支持居民购房的金融工具,如果购房信贷比较容易的话,可以大大提高居民购房的能力。但是,个人购房信贷并不是每个区域所有时间都很容易得到,受政府政策限制。当房地产投资比例过大时,购房贷款信贷就会收紧,主要目的就是为了通过限制购房能力达到减少购房需求。

(6)产业发展政策及规划

产业政策及规划能够改变一个区域的经济状况,比如中关村地区,原来只是一个高校集中区,后来调整发展方向,成为现代高新技术产业发展区,一下子聚集了众多的技术、资金和人才,人口密度也大大增加,同时也带动了其他服务业的发展,对土地的需求与日俱增,地价快速增长。

(7)税收

高税收具有制约作用,而低税收具有激励作用,所以,税收对投资,包括对土地和房屋的投资具有调节作用。另外,提高税收可以增加持有土地的成本,减少并降低对土地的需求。

(8)企业融资环境

企业的融资容易了,也会增加对土地的投资,从而增强土地的购买力,增加土地需求。

另外,区域或者区域周边有大量的拆迁工程或者改造工程,可能涉及居民的搬迁和企业的搬迁,也会产生一些对土地的需求。

2. 土地供给分析

和土地需求一样,分析土地供给的目的,主要是寻找哪些潜在的供给会对土地价格产生影响,产生什么样的影响。所不同的是,潜在需求来自于潜在的购买力,更多的是一种自发的过程,不像需求那样具有弹性,主要是受土地资源的限制。

土地供给更能左右市场关系。土地供给不仅仅是一个有卖地意愿、有卖地压力,以及应该供多供少的问题,还取决于"有地可供"。所谓"有地可供"包括有地、符合用地要求、符合供地规划和计划等含义。因为土地是一种公共资源,即使是私有性质,也不可能随便转换用途和随意建设,其供给受到用途转变、建设规划、建设许可等多方面的限制。

也就是说,土地供给并不是一个单纯的个人或企业行为,还要受到公共制约。如果某块土地有出售的意愿,这只是供地动力的一部分,这种动力还需要得到有关公共管制的许可之后才能变为真正的供应,而公共管制的许可并不一定符合企业或者个人的意愿,所以,土地实际供给一般小于意愿供给,在公共管制比较严格的国家更是如此,这也是为什么我们感到土地的供给总是不能完全满足市场需求的原因之一。

土地供给可以分为直接的土地供应和通过房屋间接供应两种途径。其中直接的土地供应又来源于两部分,一部分是非建设用地,比如农用地或林地转变而来的,需要用途转变许可;另一部分是闲置未用的,或者是拆迁改造的建设用地,只需要规划和建设许可即可。房屋供应分为新开发房屋和二手房两部分,基本不受公共管理制约。

在调查土地供给时,可以从以下几方面着手考虑:一是新增建设用地供应、已有建设用地转让和房屋销售三个来源;二是卖地或卖房的促进因素和限制因素两个方面。概括起来影响土地供给有以下一些因素:

(1)短期可转变为建设性质的土地

土地利用规划会确定哪些土地可能在短期内转变为建设用地,而哪些土地属于保护对象,在短期内不能被占用。一个区域可转变为建设用地的土地是增加建设用地的供应来源,这样的土地面积越多,说明土地供应增长的可能性越大。在城市边沿地带,建设用地具有一定的增量空间;但是在城市中心地带,建设用地新增的可能性就很小。

这些信息在规划中应该是公开的,但是,土地利用规划常常会有一些变更和调整,如果不注意,很容易被疏忽掉,调查人员在这方面需要特别注意。特别是处于快速城市化阶段,城市边界的规划几乎是年年都在调整,而且调整的幅度比较大。所以,当从规划文本中得到有关信息后,估价师应该立即到土地管理部门和城市规划部门查看有关文件进行确认。土地供给关系见图 2-4。

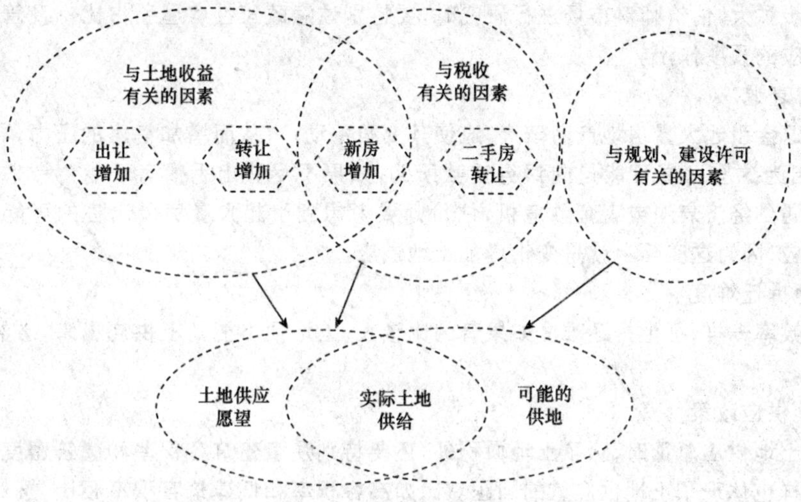

图 2-4 土地供给关系图

(2)存量建设用地

存量建设用地就是已经转变性质,并获得许可的建设用地。比如没有使用的闲置土地,或者是重新确定用途的土地,如工厂拆迁后建设写字楼或者住房等,这些信息需要在规划的调整方案中查找。

空置房屋也是需要关注的。空置房屋数量过大时,会相对扩充现有的土地供给量,因为空置房屋本身会消化一部分土地需求。

(3)供地计划

在我国,政府每年都有土地供应计划,这个计划既包括新增建设用地,也包括已有的建设用地供应安排,一般按照年度进行。做供地计划的好处是政府能够增加供地的主动性,因为计划是根据上一年用地需求情况和当年需求等因素确定的。但是,如果计划做得比较紧,可能又会使供地变得被动,引起供地不足。

值得注意的是,供地计划中还包括非市场供地,比如城市基础设施用地和一些公共设施用地,对市场影响不大,需要进行区分。

此外,土地供应并不是完全按照供地计划进行,还会受到很多方面的制约,需要做一些调整,所以,估价师不能简单地以此作为供给土地的依据。

(4)土地开发和房屋开发效率

如果大量土地被购买者囤积起来不进行开发,或者是房屋开发商不将房屋迅速投放到市场,那么,土地实际上没有被使用起来,其实质性供应就没有实现,所以,土地开发和房屋开发效率影响土地供应的效率。

严格来说，正在开发中的土地和房屋都是已经供给的土地，但是，由于没有被使用，所以对土地供需没有起到平衡作用。

(5)政策性房屋建设计划

政策性房屋包括廉租房、经济适用房、限价房等多种形式，旨在解决中低收入者的住房问题。政策性房屋由政府建设，土地供给必须保证，并且是刚性指标。它一方面释放了一部分用地需求，另一方面，也削弱了一部分土地供给的市场份额。

所以，如果一个城市中政策性房屋建设计划过大，则土地供给的弹性会越来越小。当然，土地的需求也会较低，市场的活跃程度也将随之降低，房价可能会因此受到平抑。我国的政策性住房比例正在逐步扩大，估价师对市场进行研究时，要特别注意政策性房屋所占比例及管理方式，及时修正土地供应的预期作用。

(6)经济衰退

经济衰退会引起大量房地产商破产，迫使其变卖不动产，从而增加售房的压力，导致大量房屋降价出售，因为这些房屋可能是向银行贷款所购，如果不尽快出手很有可能会带来巨大的损失。如果是突然遇到经济衰退或者金融危机，估价师要考虑到引起大量房屋出售的可能性，以便及时调整土地供应，因为这实际上就是变相增加土地供应。

(7)征地拆迁难度

和开发效率一样，征地拆迁难度如果普遍比较大，土地便不能马上供应出来，必然影响土地供应的有效性。

(8)土地供应政策

在研究土地供应总量时，除了土地面积外，还要特别注意建筑容积率和建筑密度等指标，因为这些指标同样也体现了土地供应量的问题。比如高容积率和低建筑容积率相比，虽然占用土地面积少，但实际建筑面积可能多，在建筑面积能够得到满足的同时，用地需求没有大的增长。所以估价师在研究供地量时，应该特别注意建设容量的相关信息，这样才能获得更加准确的判断。

3. 土地市场的均衡分析

土地市场是由若干个不均衡组成，从一个长时间看趋于均衡，并且这种均衡呈周期性。土地市场和其他商业市场一样，也具有扩张、高峰、萎缩和低谷等阶段。不同类型的土地市场有不同的周期和阶段特征。比如，居住用地市场中，处于扩张阶段时，可能是由于地区经济及就业形式较好，吸引更多的人进入该地区寻找就业机会；或者是某一地区居住和生活环境的改变，也能吸引更多的居民进入该区域，导致对居住用地的需求。当需求和供给都处于最活跃阶段时，土地市场就到达了这一周期的高峰期。

所以，研究土地市场的均衡性，首先应判断，市场正处于周期的什么阶段，不同的时期地价会有不同的预期，比如，如果处于扩张期，需要注意是否由于过度竞争产生了地价泡沫；如果处于低谷期，则要注意是否出现了恐慌性的地价下跌。其次要注意均衡点变动的方向。在任何一个阶段，均衡都有可能发生反方向逆转，虽然处于一个扩张期的高位，但是，均衡点的运动方向有可能向下，表现在地价上就是价格下降。

最后要注意的是均衡的稳定性。稳定性显示供需关系均衡的程度，如果市场稳定程度高，反映地价在较长一段时间可能会处于稳定状态。这是最值得估价师注意和研究的一种情形，具有价值判断的实际意义。不过，土地市场均衡处于稳定状态，并不代表供需关系不变化，也不代表价格一成不变，供需关系和价格可能是围绕某一数值在摇摆或者上下波动。

判断均衡性的指标见表 2-7。

表 2-7　　判断均衡性的指标

项　目	内　容
土地闲置率和房屋空置率	土地闲置率和房屋空置率低，显示土地供给被吸纳率高，土地需求处于一个旺盛状态，这时的土地市场可能正处于一个扩张期或者高峰期。如果与此同时供给比较充裕，则能够确切表明土地市场已经逼近高峰期，而且处于一种不稳定的状态。如果土地闲置率和房屋空置率高的话，说明市场可能正处于低谷期
实际供给率	实际供给率表示土地的实际成交情况，如果市场推出 100 块土地全部被买走，那实际供给率为 100%，表明供给与需求均很旺盛。如果土地闲置率和房屋空置率均很低的话，市场可能处于扩张期或者高峰期，而且均衡状况好
投资需求的比例	如果土地市场上投资比重过大，市场一定是处于不稳定的扩张期或者高峰期，确定估价值时应该适用保守原则

4. *价格水平分析*

土地市场调查分析最终要落到价格水平上来。价格水平分析的内容包括价格水平、价格变化趋势等内容。

(1)价格水平

市场的价格水平是一个区域平均值，通过分析，能够看到不同区域、不同类型土地在不同时间段的价格水平差异。同时，还可以看到，价格水平是怎样随着土地供需状况，以及一些重要、关键因素的变化而调整的。

价格水平可以通过交易案例、现有的统计及监测分析数据、现有的公示地价，比如基准地价、区片地价、路线价、标定地价等进行分析。

(2)价格变化趋势

通过研究地价变动，可以获取更多的信息，比如可以观察到地价变化的方向，以及变化的速度，还有不同类型土地价格变化的差异等。地价的变动方向和速度，能够显示估价对象所在区域市场的坚挺程度。地价变动分析的重点是要与市场影响因素进行对比，这样能够进一步理解什么因素在导致地价变化。此外，将当前价格变化的方向和速度与过去的情况对比，能够看到地价变化的轨迹与对未来变化的趋势进行判断，以及对估价对象价格变化的影响。

研究地价变动的指标有变动方向、变动幅度和变动频率，比如地价指数和地价增长率就是反映地价变动的具体指标。

四、土地市场需求分析要点

1. *居住用地市场需求分析要点*

居住用地需求在土地需求中所占比重最大，总体来说，一般与一个区域的社会经济发展规模和速度有关。一定区域内的社会经济处于不同发展阶段，其产业和商业发展处于不同的状态，最终导致就业、收入以及人口增长处于不同状态。比如，在社会经济稳定成熟阶段，一定区域内的经济增长比较缓慢，就业机会也不会很多，居住人口相对稳定，对居住土地的需求相对较少。但是新的产业发展区则完全不一样，由于产业发展的带动，一切都处于增长阶段，人口自然会大量流入，居住土地的需求也会比较旺盛。所以，在居住用地需求的背后，并不仅仅是人口的增长，最重要的是促进人口增长的相关因素。

居住用地的市场范围，一般以潜在住宅购买者区域为研究对象，可以时间或者距离进行量度，比如就业平均花费的适当时间、最佳距离等。

由于居住是人的基本需求，所以居住用地市场需求必然与人口状况有关，所以其分析的主要依据应该是人口状态。一般可以通过对人口总数量、家庭总数量、预期购买房屋家庭数量、有支付能力的购买房屋家庭数量、市场空置率等指标的分析，并结合其他因素影响系数的调整后确定。

(1)具体可参考的测算方法

1)要确定市场范围内目前人口数量和未来规划人口数量；

2)在人口数量的基础上，再依据一定原则测算目前和未来预期家庭总数量；

3)在家庭总数量中，分离出目前已有房屋和租赁房屋、预期准备购买房屋和承租房屋的家庭数量或比例；

4)依据收入水平，抵押付款条件、利率及其他住宅成本负担等，对预期购买房屋家庭进行分析，确定有支付能力的购房家庭数量；

5)在有支付能力的购房家庭数量的基础上，参照家庭单位需求土地面积，测算研究市场范围内居住用地预期面积；

6)根据市场空置率、土地利用率、配套用地比例等相关因素，修正并确定研究市场范围内居住用地预期面积。

需要说明的是，这样的计算方法只是市场需求测算的方法之一，选用什么样的路径与所获得和选择的计算基础资料有关。

(2)居住用地市场需求分析最重要的因素

1)所在市场范围的人口状况，包括人口数量、人口组成、人口年龄分布、人口增减率，以及家庭数量、家庭结构等；

2)收入，包括家庭收入、人均收入等；

3)就业类型和失业率等；

4)房屋购买与承租比例；

5)购房贷款环境，包括贷款机构数量、贷款利率、贷款比、购房贷款首付额度等；

6)区域社会经济程度、产业发展方向与土地利用规划；

7)区域及周边自然和生态因素，包括气候、地势、排水、岩层和自然或人为障碍等；

8)区域及周边基础设施、公共服务设施，包括文化、教育、卫生和医疗设施，以及防火和治安等；

9)历年居住用地增长情况；

10)区域税收及行政管理环境。

2. 商业用地市场需求分析要点

服务性商业用地，包括零售业、餐饮业、酒店业等用地，其需求的多少，是现代城市社会经济综合发展的重要指标。商业的发展，反映了城市消费能力的上升，而消费能力又来自收入、财富的增加。

商业用地的布局有其自身的特点，就是具有规模效应，相对集中，而且面积规模相对于居住社区来说要小。所以，商业用地的市场范围一般比较明确，为 1～2 个街区。虽然也有一些零星分布的商业用地，但不具有竞争关系，所以在划分市场范围时可以不予考虑。

不同等级和不同性质的商业中心会有不同的商业辐射范围，比如，城市级商业中心辐射能够覆盖全市范围，但并不是说城市级商业中心的市场范围就应该是全市范围。

商业用地是为消费提供场所的，所以其市场需求分析一定与影响消费能力方面的指标有关，比如辐射区内的人口数(对于市级商业中心来说，除了常住人口还要考虑流动人口)，具有商业收益的人口数，区域人均收入，区域人均可支配收入，人均可支配收入中可用于商业服务的消费比例、贷款消费的比例，目前单位商业土地消费额等因素。

(1)具体的测算可以参照的方法

1)确定辐射区范围(注意不是市场调查范围)以及其中的人口总数(对于市级商业中心，除了常住人口还要考虑流动人口)，并确定具有收益的人口数；

2)按照一定比例测算进入该商业中心消费的人口数；

3)根据人均收益、人均可支配收益和可用于商业服务的消费比例，以及进入该商业中心消费的人口数，测算可流入商业中心的消费额度；

4)以可流入商业中心的消费额度为基础，考虑因为贷款可能增加消费的比例，以及外部流入人口增加消费的比例等因素，修正并确定可流入商业中心的消费额度；

5)根据目前该商业中心单位土地面积消费额度，以及预期可流入商业中心的消费额度，测算可增加的商业用地面积；

6)结合当前的土地闲置率、房屋空置率、土地利用率，以及配套土地比例等多种因素，修正确定需要增加的商业用地面积。

(2)商业用地市场需求分析最重要的因素

1)商业中心辐射范围内的人口状况，包括目前及预期常住人口数、流动人口数、人口年分布及其增减率等；

2)收入状况，包括人均收入、人均可支配收入、人均可支配收入中可用于商业服务的消费比例等；

3)进入商业中心消费的人数比例，以及商业中心单位土地面积消费额度等；

4)外来人口消费所占比例；

5)贷款消费所占比例；

6)当前的土地闲置率、房屋空置率、土地利用率、配套土地比例等；

7)区域社会经济程度、商业发展方向与土地利用规划；

8)区域及周边交通、公共设施的便捷与配套情况；

9)影响零售业中心吸引力的有关因素；

10)历年商业用地增长情况；

11)区域税收及工商管理环境等。

3. 办公用地市场需求分析要点

办公用地也就是所说的写字楼用地，一般是为社会经济提供服务的场所，比如商贸公司、金融业、中介业、网络服务业、媒体行业，以及满足科研开发等需要的办公用地，此外，一些社会团体、事业机构，甚至行政机关也购买或者租赁写字楼办公。

办公用地市场相对比较稳定，主要是因为其需求量有限，在整个土地需求中所占比例较小。另外，办公楼用地利用程度和利用率都较高，所需的土地也相对较少，而且办公楼用做他用的可能性也较小，所以一般不会有大量的增加或者减少，这也是其需求较为平稳的重要原因。比如，一般情况下，办公楼用地的建筑容积率就要比商场及居住用地的高，同等情况下土地的需求较少。同时，由于办公楼一般以租赁的方式使用，房间周转较快，空置的时间少，利用率高，会减少新的土地需求。

办公楼分布在特定的地点或地区，但是一般来说，分布比较分散。一般情况下，可以根据办公楼的使用人或承租人的类型，以及这些人所吸引的客户群来细分。例如，律师事务所、中介、咨询机构可能在高级别的、位于城市中心的大楼寻找空间，而其他类型的服务企业，可能喜欢有充足停车设施和租金合理的近郊区。另外,办公楼还偏好分布在行政办公区域。所以,对于办公楼市场范围的确定要因具体情况而定。

办公楼用地的需求,与社会经济的活跃程度有关。一个区域内,不同行业从业人员每年应该有一个预期数量和增减比例,考虑大的就业率,可以确定所需要增加的办公空间,从而测算出对土地的需求。一些新开发地区,可能完全处于办公楼空白状态,尽管近期没有从业人员的大量增加,但是从未来的趋势看,还是需要办公楼用地的。

(1)具体的测算可以参照的方法

1)研究区域范围内不同行业从业人员总数、预期数量和增减比例,考虑大的就业形势和就业率,确定该区域可能增长的办公人数;

2)根据现有的人均办公占用面积,以及可能增长的办公人数,推算所需办公空间及土地面积需求;

3)结合当前的办公土地闲置率、办公楼空置率、土地利用率,以及配套土地比例等多种因素,修正确定需要增加的办公楼用地面积。

(2)办公楼用地市场需求分析最重要的因素

1)区域范围内办公楼主要使用者或租赁者及总数、预期数量和增减比例;

2)人均办公占用面积;

3)当前办公楼的空置率、土地闲置率、土地利用率、配套土地比例等;

4)区域社会经济程度与土地利用规划;

5)区域及周边交通、公共设施的便捷与配套情况;

6)影响办公楼用地价格的有关因素;

7)历年办公楼用地增长情况;

8)区域税收及工商管理环境等。

4. 工业用地市场需求分析要点

工业用地具有以下特点:一是分布较广而且分散;二是面积规模相对较大;三是在选址和适宜性上有很大的差异;四是需求较有限。

工业用地在选址和适宜性上存在较大差异。一些企业货运量大,比如粮食加工企业等粗加工型工业,一般偏向于选择在交通条件较好的区位。一些污染较大的企业,如水泥厂,则会偏向选择在离城区较远的地区。而有些企业由于属于劳动密集型企业,考虑到企业员工的上下班方便,偏向于选择离城市近的区域。总体上看,工业企业选址正在逐步郊区化,分布也各具特点,这既是特定位置偏好的要求,也是由地价成本所决定的。这也导致了工业用地之间在区位方面的竞争性并不是那么强。

尽管现阶段工业用地的增加较多,但是,从成熟市场经济体看,工业用地总的需求相对于居住用地来说,要稳定并且小得多,这也使得工业用地的竞争性不强。一方面,一个城市或者一个区域,同类的工业不会太多。另一方面,当市场没有过大增长的情况下,工业产品的需求不会大幅度增长,特别是一些区域性消费产品,比如牛奶等食品产品,由于饮食习惯和保鲜等,一般只是供应本城市及周边一些城市,市场范围的扩展是很有限的,要增加一个新的加工厂很有可能会让另一个加工厂倒闭,所以,建设新工厂的需求一般不会太多。

所以,工业用地市场,一般以城市甚至更大的范围确定,可以参考当地的区域性产业发展规划来确定。

由于工业用地的需求取决于产品的市场销售情况,产品销量好,就会有新建工厂的可能。随着交通条件和保鲜工艺的不断改进,现在销售市场的范围越来越大,工厂的选择越来越看重地价和劳动力成本，所以，工业用地的竞争不仅仅在本地存在，很大程度上在相似的城市或区域之间也存在竞争。

(1)工业用地市场需求具体的测算可以参照的方法

1)研究区域范围内工业销售量、工业产值及增长情况；

2)研究现有工业生产最大能力，并与销售量进行比较，确定是否需要新增生产能力，以及新增生产能力的量和新增工业产值；

3)研究当前单位工业产值所占土地面积，结合新增工业产值，确定需要新增的工业土地面积；

4)考虑应为区域之间的竞争优势，每年产品销售增加的成分，修正需要新增的工业土地面积；

5)考虑当前工业土地闲置率、厂房空置率、土地利用率，以及配套土地比例等多种因素，修正确定需要增加工业用地面积。

(2)工业用地市场需求分析最重要的因素

1)区域范围内工业销售量、工业产值及增长比率；

2)工业生产最大能力；

3)单位工业产值所占土地面积；

4)区域之间竞争优势产生的每年产品销售增加比例；

5)当前厂房空置率、工业土地闲置率、土地利用率、配套土地比例等；

6)区域社会经济程度、工业发展方向与土地利用规划、优势工业；

7)区域及周边交通、公共设施的便捷与配套情况；

8)历年工业用地增长情况；

9)环境保护有关因素；

10)区域税收及工商管理环境等。

5. *农业用地市场需求分析要点*

农业用地比较特殊，尤其是在我国，实际上还不存在农业用地市场。

在完全自由市场经济体制下，农业用地市场的供给除了天赋条件和环境保护的限制外，基本是自由的。农业用地的需求，主要取决于农产品的生产需求，而农产品生产需求大致分为两部分，一部分是农村人口自给的需求，另一部分是市场的需求。其中，市场需求又取决于国家的农产品政策。如果国家需要保护农业生产，会减少农产品进口，用于生产农产品的土地需求就会增加。反之，则会减少。为一些加工企业，比如粮食加工厂、牛奶场、酒厂等定向生产农产品的区域，农业用地的需求可能与这些企业的数量和规模有关。

农业用地需求分析，一般需要考虑以下主要因素：

1)区域内农村从事农业生产的居民、农场主数量；

2)区域内市场农产品需求量；

3)单位农产品需要土地面积；

4)地区农产品加工相关企业的数量和规模，以及农产品的需求数量；

5)国家指定农产品生产量；

6)农业补贴政策、农业发展政策；

7)农用地质量、环境保护要求等；

8)社会经济发展水平等。

第八节　土地估价案例的调查

考试基本要求

掌握：估价案例的类型及特点，估价案例真实性、可靠性的基本要求。

熟悉：不同估价方法估价案例的调查内容及规范。

一、估价案例的特点

案例调查是指关于委估不动产状况、可比较的交易案例、租赁用不动产状况及地方上的市场特性等方面的详细资料。

这些资料有助于估价师选择有关销售、租金和地方市场特性资料进行分析，并推导出特定的成交价格、交易条件、租赁条件、收益及费用、投资收益率、建筑成本、经济耐用年限及年折旧率等数据，以保证评估委估不动产价值的需要。

二、估价案例真实性、可靠性的基本要求

对于估价案例资料要注重对真实性、可靠性的把握。因为在资料搜集时，可能由于种种原因，致使所搜集的资料存在一定的遗留、虚假和错误。如交易动机影响交易行为，导致交易价格偏差。对于虚假、错误或不全的资料，要及时安排补充调查和搜集，或予以更正，或予以剔除，为了确保估价案例资料的可靠性，必须剔除那些存在偏差和不真实的资料。

估价师所使用的交易资料主要来自于公开记录，政府档案资料，出版刊物，由购买者、出售者、经纪人等提供的信息以及估价者搜集的尚未列入记录的相关交易资料。当所选的交易案例资料不完全适当时，若受条件所限制，估价师可勉强采用这些案例资料，并走访经纪人、购买者、销售者、出租者、承租者和有关机构，以发掘市场活动的证据，并对这些资料进行适当调整，进而用作比较案例。

三、市场比较法中比较案例的调查内容

比较案例的一般情况，包括交易价格、交易时间、交易情况、当时市场行情。

(1)比较案例的区域因素

商服繁华程度、交易条件(道路通达度、交通便捷度)、基础设施配套状况(供水、供电、供气)、公用设施配套状况、环境状况。

(2)比较案例的微观因素

1)宗地状况(名称、坐落、面积、形状、四至、土地级别、基准地价、土地使用权出让年限，剩余使用年限、允许容积率、地形地质条件、临街状况、生熟程度)。

2)建筑物状况(名称、面积、结构设备、装修、平面布置、楼层、朝向、建成年代、新旧程度、利用现状、配套程度)。

3)周围环境。

(3)其他资料

其他资料主要包括融资条件、企业资质与信誉。

四、收益还原法中租金案例、经营收益案例、经营成本案例的调查内容

1)与估价对象同一供需圈内同类型前三年的不动产市场租金、空置率水平。

2)与估价对象同一供需圈内同类型前三年不动产平均经营收益水平。

3)同类型的不动产经营成本与费用,包括土地使用权出让年限、剩余使用年期、面积、房屋结构类型、耐用年限、建成年代、成新度、建筑面积、设备、装修、房屋重置价格等间接资料,以测算纯收益。

4)估价对象所在地区一年期存贷款利率、同行业平均收益率与风险水平、同类物业租售比率。

5)竞争性物业与互补性物业情况。

五、剩余法中不动产价格案例、建筑开发成本案例的调查内容

1)有关不动产建设项目的批准文件,如土地使用权出让合同、建设用地规划许可证、施工许可证等。

2)建设用地规划资料,包括土地面积、用途、使用年期、建筑密度、容积率、绿地率。

3)建筑设计资料,包括建筑面积、结构、类型、高度、层数、式样、装修、设备、建设工期。

4)建筑造价资料,包括土地取得成本、前期工程费、市政公建设施费、建筑安装工程费、利润率、税金、分年度投资计划。

5)同一地价区段同类型物业的市场交易价格、租金水平、空置率和贷款利率。

六、成本逼近法中征地成本案例

土地开发成本案例的调查内容及规范与估价对象位于同一供需圈内的地价资料,包括名称、坐落、位置、面积、形状、四至、土地级别、土地使用权出让年限、剩余使用年限、允许容积率、地形地质条件、临街状况、生熟程度。

七、基准地价、路线价有效性的基本要求

当基准地价或路线价所在区位条件或街道、城市规划及土地市场发生变化以及由此导致地价水平发生变化时,须及时对基准地价进行更新。一般三年更新一次。

八、建筑物重置成本价等其他补偿标准有效性的基本要求

建筑物重置成本价一般一年更新一次。

九、案例调查的方法

1. 土地开发及建筑物成本资料收集分析

该类资料主要包括土地征用、拆迁费用资料、土地开发费用(三通一平、五通一平或七通一平资料)、土地开发合理利润率、开发周期、不同结构建筑成本、建筑材料价格变动指数、建筑行业合理利润率、管理费用、专业费用、建筑税、销售税标准等,这些资料是应用成本逼近法、剩余法等方法评估地价的基础。

估价师可以从土地管理部门、城建管理部门、房产部门、税务部门、建筑定额站、建筑材料供应商、建筑承包商、开发公司等处获取上述资料。估价师应将收集到的实际成本资料及时进行分析、归纳,并按不同的类别归档,如住宅建筑成本资料、工业建筑成本资料等,并在此基础上编制估价师自己的成本手册和成本指数表。

在实际估价中,估价师可根据委估对象的建筑设计图、开发状况、用途等,利用上述成本资料,作为成本逼近法的基础。

2. 收益及费用资料收集与分析

收益及费用资料是采用收益还原法估价的基础,这类资料包括租赁收益、房屋折旧、维修费用、重置造价、管理费、保险费、租赁税费、空置率、工商企业生产经营利润、资金占有量、工资支出、营运费用等资料。

估价师可根据收集的收益性不动产交易资料和费用资料，以及房产部门、税务部门、管理部门所提供的有关资料，加以归纳整理，并按房龄及不动产类型建档，以便估价时查阅利用。

3. 还原利率资料收集与分析

还原利率是地产估价的基本资料之一。估价师应充分收集当地市场上银行和私人借贷利率、存款利率水平、各行业投资收益率，以及不同类型的不动产租金和交易价格资料，并进行整理、归纳，进而推导出各类型不动产不同条件适宜的还原利率，作为地产估价的基础资料。

第九节 土地估价方法的选择

考试基本要求

掌握：土地估价方法选择需要考虑的因素、原则与要求。

熟悉：土地估价方法选择中相关性、适宜性、可行性分析的内容。

一、土地价值状态分析

现场调查和市场调查完成之后，需要对土地价值的形成及基本状态进行分析，以便在精确测算前对土地价格水平有一个基本的判断。同时，土地价值状态的分析，也是土地估价原则及方法选择的基础。土地价值分析可以从以下几个方面进行，一是土地权利；二是土地利用；三是土地市场。

1. 土地权利对价值影响分析

(1)要明确估价对象的权利性质

比如是所有权还是使用权，或者是租赁权、承包权等，估价师可以依照估价对象的土地权利类别对其所具有的权能进行分析，从而确定对土地价值的影响程度。

(2)明确权利结构

每一种土地产权都是由不同的权利束组成的，所以，同一宗土地，不同的部分或者不同的时间段，可能具有多种不同的权利组合，这是需要精确调查和分析的。比如一栋楼房中，可能有的房屋是买卖关系，而有的则是租赁关系，时间上也存在一些不同的约定。

(3)明确土地权利的限制条件及其对价值的影响

土地权利的限制条件很多，有法定的，也有约定的。法定的限制如土地转让条件、土地的年限等；约定限制如地役权等。其中约定性限制依据具体情况而不同，调查很困难，除了查询有关资料外，还需要对一些当事人或者是相关机构进行访问。

2. 土地利用状况对价值影响分析

(1)土地的利用现状对价值影响分析

在大多数情况下，土地的价值是受利用现状所制约的。现状是一种既成事实，一般不容易改变。特别是建设用地，往往都伴随着大量投入，而且自成体系，除非事前就已经有预见性的安排，否则要改变起来成本非常高。而高的改造成本自然会影响投资效益，从而影响土地的市场认可程度，也就影响了土地价值。我们经常看到，城市中心很好区位的土地，由于拆迁投资量过大，往往无人问津，土地价值很难在市场中得到实现。

利用现状不仅仅影响土地投资成本，其已经形成的利用体系相对于新的土地利用规划来说总是落后一些，其投资效率也相对要低一些。

土地利用现状分析主要针对土地的具体用途、土地建筑容积率、建筑覆盖率、利用率、目前的经营方式、收益情况等。

(2)土地的最佳使用情况对价值影响分析

土地利用现状并不一定都是价值最大化的。投资能力、暂时的市场环境、未解决的纠纷、经营水平不高、持有成本低廉等原因都会使土地处于低效利用的状态。

除此之外,土地利用状况分析还有以下几个方面的内容:土地规划的分析,包括规划用途、规划限制条件、规划建筑容量、其他规划要求等;土地利用潜力的分析,包括用途改变的可能性、规划限制调整的可能性等;土地的经营方式、收益方式,以及投入成本等情况的分析。

3. 土地市场情况对价值影响分析

土地价值最终由市场决定,市场对价值影响分析的主要内容如下:

1)所在地区整体社会经济状况对价值的影响。如果一个地区的经济处于健康发展阶段,那么土地市场至少是平稳的,土地总体价格也不会有较大波动。在这种情况下,市场的风险会相对较少,对估价师确定土地还原率等估价参数时非常有帮助。

2)土地的市场供需状况对价值的影响分析,主要观察市场供需双方的供应量及变化趋势,如果供需双方数量差异较大,就要考虑未来土地整体价格水平的变化方向,这对判断估价对象土地的价值状况很重要。具体分析时,要特别注意对过去情况的比较分析,以及对未来变化情况的预测。

3)估价对象土地的竞争力对价值的影响。土地的市场竞争力分析首先要观察估价对象土地的稀缺程度,以及类似土地的市场交易情况、收益情况等。

二、估价原则的确定

估价原则是为整个估价行为服务的,具有准则性意义,也可能具有模式作用。在确定估价原则时,须做好以下事项。

1. 要对估价目的进行充分的分析

通过分析,将委托方的一般需求转变为专业的操作方式。比如,委托方需要提供某种市场环境下的交易价格,那么就要将估价重点建立在市场交易的基础上进行,显然应该建立能够体现和反映市场状态的估价原则。一般情况下,估价目的对估值都有一个暗含的市场性假定,如果是买卖交易目的,会考虑底价、最可能价、最好价、最高价等的区别;如果是投资目的,可能会有短期、中长期和长期之分,对价格的市场特性要求也有所不同;如果是税收目的,则会根据税种的覆盖面有所区别,覆盖面越大的税收估价,对市场特性的要求会越低。

如果估价目的对市场特性要求较高,即使不能够选择市场比较法,但替代原则在估价的过程中也是必需的。所以,估价原则并不完全依附于某一种方法。估价师在分析估价目的时,需要与委托方进行充分的沟通,切不可望文生义,否则可能与委托方的期望值相差很大。

2. 要对估价对象进行特性分析

估价对象的特性会影响估价行为,比如,收益性土地资产,不可能像土地买卖那样在较短的时间内实现其价值。由于其利用方式已基本确定,对其价值的判断要通过收益进行。那么,对使用程度是否最佳化?未来是否具有稳定的收益?市场又是否有变化?等等,还可以根据具体的情况列出很多有关的估价原则,这都是估价师应该在估价中予以考虑的。

每一个估价对象都会有自己的特点,它们可能是某一个单一的类型,更多情况下可能都是复合的类型,这就需要准确地判断和把握。一栋住宅,可以是自住的,也有可能是开发商准备售出的,还有可能是购买后自行经营出租的。每一种方式下,其所对应的价值形成模式可能都不一样,估价原则也会有所区别。

3. 要对估价方式或者估价路线进行判断

要判断出估价方式是独立估价，还是部分估价，是合并估价，还是分割估价等。不同的估价方式可能会涉及不同的价值贡献方式以及分摊等情况，需要选择例如贡献原则、生产力原则等。

4. 要确定所选择的估价原则

哪些原则应该排在前面，是主要的，需要优先考虑；哪些原则应该放在后面，是次要的，只作为辅助性原则。不是所有的原则都不可或缺，一定要选择几个关键的，即指导该项估价的根本性原则。估价师应该掌握每一项原则在该估价事项中的重要性，并将它们排队罗列，断然去掉那些排在队尾，可有可无的原则。

三、估价方法的选择

估计方法的选择见表 2-8。

表 2-8　　土地估价方法的选择

项　目	内　容
寻找理论上适合的估价方法	主要依据估价原则和估价对象的特点来确定，一个估价对象理论上是有多种估价方法适用的，应该尽量地罗列出来。选择过程中要对各种方法进行初步分析，然后依次排列，一宗地一般应确定 2～4 个初选方法。 基本的估价方法有市场比较法、收益还原法、成本逼近法、剩余法、基准地价系数修正法等
对确定的初选方法进行适用性分析	在这一过程中，要分析所选择的方法与估价对象价值判断的相关性。比如，如果确定选择市场比较法，那么，就要说明估价目的的要求，以及估价对象的特征与市场比较法条件的契合程度。假如估价目的是交易，而且估价对象也是可以交易的，所在的市场条件基本正常，那么，这一估价目的适宜使用市场比较法。与此同时，通过分析，也可以对一些不适合的方法进行排除
根据实际情况和资料情况，对初选方法进行进一步筛选	很多方法在理论上可行，但实际中却不能使用。比如上面所说的市场比较法，通过分析很适用，但当地的市场虽然存在，可由于一段时间市场比较冷清，一是市场的条件不能够反映客观的情况，二是也很难找到交易的案例，所以，仍然不能使用市场比较法。值得注意的是，使用资料进行筛选时，不能仅仅根据手头的资料，一些信息可能获得的难度大一些，但并不是不存在，不能轻易地以资料不足为由否定一种方法
及时增补新的方法	如果经过筛选后发现估价方法不足两个，要及时增补新的方法。 新的方法可以在初选中被排除的方法中恢复选择，也可以另辟蹊径寻找方法
要对所选方法进行组合	所选择的方法究竟哪种方法放在主要的位置，它所占的权重初步设定为多少，这些需要事先安排。测算完成后，可能还会有一些变化。因为在估价的过程中，可能收集到更有用的信息，或者以前预设的信息没有采集到，或者事先的分析出现了偏差，这一切都可能使估价结果偏离事先的选择。但即使这样，仍然需要在方法选择之前进行基本定位并有所考虑

续表

项 目	内 容
要对所选方法进行组合	当遇到待估宗地相似且数量较多,或者是连片的多宗地,或者是在一栋大的建筑物用地中评估某个单元时,可能还要对整体的估价思路进行合理设计。这种情况,可以有一些灵活而合理的简化操作方式,但是估价师必须提前考虑好,最好是经过有关技术主管人员的同意,并且在估价报告中进行说明和交代此外,由于估价的每一种方法都具有一定的偏颇性,按照专业要求,一宗地至少要采用两种方法进行估价,对可能发生的偏差进行纠正。所以,对所选定的方法要说明其作用和意义,这可能是委托方或者技术鉴定者需要了解的内容,估价师最好在技术报告或者是估价技术底稿中记录下来。 在方法选择过程中,还应该制订一个备用方案,以备应用既定估价方法估价的结果偏离实际情况太远,或者出现其他意外时使用

第十节 土地估价结果分析与确定

考试基本要求

掌握:估价检查、调整和估价值确定的原则、内容、方法。

熟悉:估价检查、调整中的适应性、准确性、可靠性原则。

一、估价检查、调整的内容

(1)估价过程的检查、调整

对各种估价方法的结果要进行检查、比较。检查的主要内容有:方法选择是否适宜、公式运用是否恰当、基础数据是否准确、参数选取是否合理、计算过程是否有误、是否符合估价原则等。通过检查,如果认为某种方法不适宜或参数不恰当,需要补充估价资料重新计算,调整估价结果。

(2)不同方法估算值的检查、调整

估价方法不同,估价结果往往也不相同,因此需要对各评估方法的结果进行分析、调整,确定最终的评估额。估价结果最终取值可以取算数平均值,也可取加权平均值,甚至可以取众数或者其中某一价格。应检查对不同估价方法结果赋予相应权重的原因有无说明、取值是否合理,确定最终地价的依据与方法是否科学。

如果对不同估价方法结果赋予的权重值不合理,或不同估价方法估价结果差异太大,需要调整权重值或试算价格。估价师必须衡量各试算价格的相对重要性、可用程度及可靠性,进而确定最后的估价额。尽管调整过程是估价师的判断过程,但估价师的判断必须基于对每一估算价格形成过程的分析,这些分析判断必须基于估价结果与委估地产的吻合程度和适宜性。

(3)引用数据的审查

1)市场比较法主要技术参数确定中应注意的问题。

①因素指数幅度要与当地公布或采用的基准价报告中的宗地因素条件修正系数表中的内容相同或相近,且修正幅度应参考基准地价计算宗地地价的因素修正系数表中的幅度。

②指标量化要科学合理。在确定修正幅度时，不同用途，其地价影响因素、影响程度不同。

2)收益还原法主要技术参数确定中应注意的问题。

①要具体说明实际总收益和客观总收益及估价时采用的收益额和相应的条件，容易出现的问题有：

a.收益的确定不是采用客观收益，而是采用实际收益；

b.收益不是长期可固定取得的收益，也不是安全可靠的收益；

c.未明确收益内涵、取得收益的方式；

d.忽略了其他衍生收益，如租赁过程中承租方所支付押金的利息收益、企业经营生产过程中的副产品销售收益等；

e.未考虑房屋的闲置。

②总费用中涉及的项目和条项标准，要具体说明其确定的依据、确定方法和各项参数的选取标准，容易出现的问题有：

a.未考虑收益的方式，盲目地确定费用；

b.确定年折旧费时，缺少对房屋结构、耐用年限、已使用年限、尚可使用年限、残值率等的说明，同时在计算年折旧费时，对折旧年限把握不准；

c.将利息计入总费用中。

③说明纯收益的测算依据和方法。

④明确说明还原利率(如建筑物还原利率、土地还原利率、综合还原利率)的确定方法、依据和具体标准。

⑤明确说明土地使用年限、收益还原公式选取和收益价格确定。

3)剩余法(假设开发法)主要技术参数确定中应注意的问题。

①通过分析估价对象条件、利用现状等，考虑到规划利用及管理等限制条件，确定土地的最佳利用方式，包括确定土地的用途、土地覆盖率、建筑物容积率、建筑高度等内容。

②明确待估宗地开发完成后的利用方式(买卖、出租等)及依据目前市场状况估算的不动产总价，并说明估算方法及依据。

③对计算中所采用的建筑费、专业费用要说明其确定的方法和依据；对开发周期、税费、利息、手续费和开发商利润等要说明其选择依据和标准。

4)成本逼近法主要技术参数确定中应注意的问题。

①要详细说明土地取得费的各组成项目及费用标准，并说明其确定的依据。

②明确待估宗地的开发期限、开发状况和相应的开发费用标准，并说明依据。

③有关税费、贷款利息及投资回报率的确定，要在技术报告中说明依据的资料及其来源、分析计算过程及结果。

④说明成本价格基础上的土地增值标准的确定方法和依据。

5)城镇基准地价系数修正法主要技术参数确定中应注意的问题。

①说明待估宗地的各项因素具体条件，应按因素修正系数表的内容具体列出。

②要说明年期、期日及其他影响因素之间的差别和相应的修正系数。

③对基准地价修正得到宗地地价。

④多数情况下，需要进行容积率修正。

二、估价检查、调整的原则

(1)适应性分析

估价师要根据适应性来判断每一种估价方法是否与其估价目的、用途相配合。估价方法的适宜性与地产的类型和市场状况息息相关。

(2)准确性分析

估价的准确性由估价师本身对资料、各种估价方法的估计、交易案例价格调整准确程度确定。

(3)可靠性分析

估价结果的可靠性由估价收集资料、估价方法选用及估价值的调整决定。

三、土地最终估价值确定的方法

土地最终估价值确定方法有四种。

(1)各试算价格的算术平均值

设 $v_1,v_2,\cdots,v_n$ 为试算出的 n 个价格，则求取简单算术平均数时依下列公式计算：

$$v=\frac{v_1+v_2+\cdots+v_n}{n}$$

(2)各试算价格的加权平均数

在计算各试算价格的平均数时，为了考虑到每个价格在总量中所具有的重要性不同，可分别给予不同的权数，即赋予每个价格不同的权数，然后综合出一个价格。设 $v_1,v_2,\cdots,v_n$ 为试算出的 n 个价格，$f_1,f_2,\cdots,f_n$ 依次为 $v_1,v_2,\cdots,v_n$ 的权数，则求取加权算术平均数时依以下公式计算：

$$v=\frac{v_1f_1+v_2f_2+\cdots+v_nf_n}{f_1+f_2+\cdots f_n}$$

通常对于评估对象最适用、可靠的估价方法所计算出的价格，赋予较大的权数，反之则赋予较小的权数。

(3)各试算价格的中位数

将计算出的所有价格按大小顺序排列，当项数为偶数时，则以中间两项的平均数为中位数；当项数为奇数时，取其中项为中位数。

(4)各试算价格的众数

在计算出的所有价格中，以价格相同、项数最多的为众数。

第十一节 土地估价报告撰写

考试基本要求

掌握：土地估价报告的撰写内容、规范格式。

熟悉：土地估价报告的类别、形式与使用规定。

一、土地估价报告的作用

1)估价报告是一个载体，能够将土地估价目的、估价对象情况、估价过程及估价结果等有关情况通过文字反映出来。我们知道，土地估价是一个具有特定约定、特定范围、特定规范的行为，每一个估价结果都对应不同界定的土地，情况比较复杂。要准确清楚地表达估价过程及结果，必须有规范的土地估价报告。估价报告已成为一种制度，并有严格的写作规范，准确地反映估价过程及结果，是土地估价报告的基本作用。

2)估价报告能够作为估价意见的专业凭证。对于委托方来说，基本目的是要从估价师那里获得有关估价对象的专业意见。当估价过程完成后,这个专业意见怎样传递给委托方,传递给委托方后又有什么依据,均需要依靠估价报告。当估价师将一份正式的估价报告文给委托方时,就表明估价师向委托方表达了对估价对象价值的专业意见。所以,从某种意义上说,估价报告承载了估价师的专业责任和信用。委托方如果对估价结果及估价师有任何怀疑或者意见,也会依据估价报告去判断并以此作为依据。

估价报告也代表估价师对估价过程的专业承诺。一旦出具之后,报告上的每一个文字都会与估价师建立一种法律关系,表明估价师对估价过程及价值判断的肯定。估价报告中需要有估价师的亲笔签名,意味着估价师承诺对估价的全过程及结果负责。

接受委托之前签署的估价协议只是对估价行为的一种约定,对估价结果和专业意见没有太多具体的约定,只是对估价报告的使用、解释以及作用等方面作一般性规定。但是,估价过程是否恰当,以及结果是否合理,则全部由估价报告体现。估价报告与估价协议一并构成了完全的估价约定。

3)估价报告是经济活动过程中土地价值的法律证明。在特定的时间段之内,估价报告的内容具有法律效力,估价报告会成为某项社会经济活动中关于土地财产价值的法律性文件。比如在国有土地出让的过程中,规定必须对出让底价进行评估,最终交易价格不得低于所评估的底价。在这一过程中,底价评估报告会作为一种确定交易底价的法律依据,并且会作为一种具有法律效力的文件予以留档,当对土地的交易价格产生质疑时,评估报告是最有效的证明材料。

综上所述,估价报告的作用是多层面的,有技术层面、操作层面,还有法律层面等,是土地估价师表达估价的行之有效的必要工具,也是社会经济活动中不可或缺的法律媒介。在实际工作中,估价报告还有很多具体的用途。认真写好估价报告,也是对一个专业土地估价师最基本的要求。

二、土地估价报告的基本内容

土地估价报告一般分为土地估价结果报告和技术报告两大类。结果报告一般提供给估价委托方,而技术报告一般提交估价机构审查和存档,或者提供给有关审查部门。由于两者的阅读对象不一样,所以,结果报告和技术报告在内容上也有很大的区别。

1. 土地估价结果报告的内容

估价结果报告是我们所说的一般意义的估价报告,是交付给估价委托方的报告书。报告以委托方为阅读对象并根据委托方的需求设定内容,主要任务是把估价结果及估价师的意见准确完整地传达给委托方。估价结果报告有以下基本内容。

(1)对估价行为的基本情况说明

1)对委托人情况的说明,实际上也是确定委托方对报告的法定使用权。前面我们说过,估价报告是估价师交给委托方的估价意见的专业凭证,所以,估价报告中说明委托方的另一个目的是明确估价师与委托方的这种关系。

关于委托方的基本情况,首先需要说明委托方的法定名称。如果是单位或者机构,要求使用登记注册的全称,一般不能用简称,也不能用其他代号。要求注明法定代表人的法定姓名,如果是自然人,必须是经过身份登记的姓名,不能是单名,更不能是昵称或别名。另外,委托方的注册地址必须有,要与注册登记资料一致,包括所在城市、区、街道或街区、门牌号和邮政编码等信息。为了联系方便,有时还要求将委托方的联系方式也在报告中予以说明。这些信息由委托方提供,可以在委托协议中说明,也可以通过另外的文件进行说明,但是无论是哪种情况,估价师必须进行核实。

2)对估价人情况的说明。估价人可以是估价机构也可以是估价师,不过在我国只有注册的估价机构才有资格进行估价活动，所以估价人一般就是估价机构。估价人是估价报告的专业责任人，在估价报告中予以说明，也是为了突出其法律责任，与委托方一样，必须说明其法定名称及相关信息。估价机构还要求说明估价机构的执业资质情况和从业范围等。

3)说明委托估价的目的。估价目的要说明估价为什么而作、估价报告的使用方向，以及特别要求等。估价目的对土地估价结果影响很大，因为出于不同的目的，土地的交易行为会受到不同的影响。比如出于抵押目的，委托方(一般为银行)会担心抵押物不够抵偿所贷出去的款，因而，愿意对抵押物进行保守估价，而不愿意完全根据当时过于好的市场行情进行估价。

(2)对委托估价对象的基本情况进行说明

估价报告应该对估价对象的基本情况进行详细、准确的说明。土地价值是抽象的，它完全来自于土地的状况，包括土地实体和权利、利用状况等方面。特别是土地的权利和利用方面的情况，个体差异性比较大，如果没有明确的说明，就不可能知道它的范围，也无法了解所估价值是否与之相匹配。

关于估价对象的基本情况，一般要描述登记情况、权利情况、利用情况、来源等。

1)土地登记情况包括土地使用者、土地面积、地理位置、用途、四邻关系、权属性质、土地等级，以及与登记证书有关的情况，如登记时间、宗地号等。

2)土地权利情况包括土地权利的类别，是所有权还是使用权；土地是通过何种方式和途径取得的，如出让还是转让；土地取得的时间、取得的使用年限，以及相关的权利限制，如抵押、担保，或者地役权等。

3)土地利用情况包括土地利用现状和历史变迁情况等，土地的实际用途、实际使用方式、使用面积的结构，土地上的建筑物的容积率、覆盖率等；还有土地规划安排条件以及目前的利用率等，以及土地上的建筑物的具体情况，如高度、建筑面积、层数、建筑结构、成新度、建筑密度、设备及成新度、安装情况等。

(3)对价格影响因素进行说明

估价报告还需要对价格影响因素进行说明。除了一般性影响因素外，还要注重对估价对象有特别影响力的因素的说明。比如，某个时期土地市场处于泡沫时期，可能使得地价上涨过快，因此估价结果可能受此影响有一定的提高。这种影响因素就应该在估价报告中予以说明。由于不同的阅读者对土地泡沫及其风险的理解和判断不一样，因此对估价结果的理解可能也不一样，所以，说明这些因素，可以为报告阅读者提供一个对估价结果的自我判断参照。再比如，假定估价对象处于一个隐性的污染区，估价中予以了郑重的考虑，所以使得价值偏低，如果不在报告中进行说明，报告阅读者就会产生较大的疑问，不利于估价结果被正确引用。

(4)对估价过程进行说明

土地估价结果是在一定的技术体系下产生的，要准确理解结果，应该对估价的技术过程有所了解。所以，土地估价报告必须告诉报告阅读者，整个估价过程中估价师遵循的是什么估价原则，主要依据是什么，采用的估价技术思路和技术方法是什么，一些相关技术问题的处理方式是什么等。其中：

估价原则的说明主要包括估价行为应该遵守的工作原则和估价过程中需要遵守的技术原则。

估价依据的说明包括估价活动本身的依据、估价过程中对估价对象界定的依据、估价技术处理依据、相关的市场及估价政策等方面的依据。其中，估价活动本身的依据指确定进行估价的相关文件或者委托书、协议等，比如企业改制时有关部门的批准，或者企业决策层的会议纪要等；估价对象的界定依据主要是产权和利用方面的有关资料，比如规划批准书、产权证明文件或者登记材料等；而技术处理依据指的是有关技术规程、规范和要求及标准等。此外，对地价评估有重要影响的政策性文件也是要列入估价依据的。

估价方法的说明包括选择的技术思路和方法的依据、技术方法的基本原理、技术方法运用的基本估算过程。除此以外，还要说明主要技术参数及指标的选择及适用。

(5)对价值界定与估价结果进行说明

价值的界定在估价报告中很重要，是必须说明的内容。一份估价报告，如果没有价值界定和相关假定说明，尽管当事的估价师很清楚，但是会让报告阅读者无法确认估价结果。

价值的界定和估价对象的界定是对应的，包括价值所对应的时点、权利状况、开发程度、利用状况等情况。但是，价值的界定又不仅仅是这些，还有一些重要的假定和说明，那就是估价的基本前提、市场假定、资料假定，以及政策法规方面的假定等。

估价结果的说明还包括评估价值量及计量单位等方面的情况。

(6)对估价报告的使用的说明

根据约定，估价报告可以设定使用范围，以对报告出具者的知识产权进行保护，以及对其责任风险进行控制。除此之外，估价报告的使用在技术层面上的要求也需要进行说明，比如当估价市场环境改变后，报告值必须进行调整后才能使用等。

估价报告使用说明具体包括估价报告的法律效应、使用条件与限制、有效日期、所有权及使用权等。

2. 估价技术报告的基本内容

估价技术报告是给相关技术人员，一般是技术审查、审裁和备案部门的人员准备的。

估价技术报告自成体系，尽管与结果报告有一些内容相同，但是描述方式或者详细程度会有一定的差别，归纳起来有以下几点。

(1)描述估价对象

该部分与土地估价结果报告的内容基本相同，包括土地登记情况、土地权利情况、土地利用情况等。

(2)分析地价影响因素

这部分主要说明影响估价对象地价水平的因素，包括一般因素、区域因素、个别因素等，所不同的是，上述因素分析与土地估价结果报告中的因素说明有所区别。土地估价报告中影响地价的因素说明侧重于对有关影响因素的陈述，估价技术报告则侧重于对地价影响因素进行分析，其中对地价影响大的重要因素必须进行分析，与本次估价相关性小或无关的因素仅为参照。因土地的特殊用途或其他原因而影响地价的特殊因素，要在估价技术报告中说明并进一步分析。

在对地价影响因素进行分析时，通过定性和定量分析，着重分析这些因素对地价可能产生的影响程度及影响趋势，并与土地估价过程中有关方法选择、参数确定、因素分析和比较内容等相对应。对地价影响因素的分析要与估价结果的确定联系起来，做到分析合理、参数有据、估价得当，不能前后矛盾。同时，对地价影响因素的分析，必须做到客观描述，用语规范，内涵准确，能够定量反映的必须用定量数据表述。

(3)说明估价原则

与土地估价结果报告基本相同。

(4)说明估价方法与估价过程

需要说明估价方法的选择依据和全部的估价过程，一般根据估价对象的特点及项目的实际操作情况进行描述，包括以下内容：

1)估价方法选择的依据的说明；

2)估价方法选择的分析及确定过程的说明；

3)估价技术思路和方法的说明；

4)实际估价中重要指标和参数的确定过程说明；

5)估价中重要技术问题的处理过程说明;

6)采用不同方法的估算过程的说明;

7)估价结果的分析与调整说明;

8)最终估价结果确定过程的说明。

三、土地估价报告的基本形式

1.叙述式报告

叙述式报告是使用最多的报告形式。在叙述式的土地估价报告中,估价师能够充分说明、论证并解释其意见及估价结果。事实上,估价中很多内容通过简单的表格是不能够表达清楚的,必须通过叙述的方式进行定义和描述。叙述式报告在内容上是最完整的,通常委托人更愿意接受这种报告形式,并可能因此对估价结果和估价师产生更大的信任度。所以,一般情况下,叙述式报告是估价师最佳的选择。

在叙述式报告中,集中了估价师在评估确定土地价值及其结论的整个过程中所使用的实际资料、估价方法与技术及分析判断,所以,这种报告能够充分反映土地估价师的工作能力。

在叙述式报告中,一般包括事实性描述和分析性解释的内容。事实性描述内容如土地状况、有关估价事项的定义等;分析性解释内容如价格影响因素说明、市场状况、价格判断等。事实性描述应该准确客观,而分析性解释应该简明而具有较强的逻辑性。事实性描述通常出现在报告的前半部分,以突出主要内容;分析性解释一般在报告的后半部分,重点是对估价背景和相关参数指标的确定及计算过程的叙述。

叙述式报告不是随意写作的,除了最低内容外,不同的地区或者行业都有一定的要求和规范。估价师应该遵守这些相应的要求和规范。

叙述式报告在写作时应当注意的问题有:

1)首先要了解估价的类型所对应的基本规范,如果违反了必要的规范,再好的叙述也是不妥的。

2)充分了解估价委托方的要求,但是要注意要求的合理性。如果要求不合理,应该解释并坚持基本的规范,有必要的话可以将报告格式进行约定并写进协议。

3)要有逻辑性,并且语言要简练。

4)由于叙述式报告篇幅较长,一般要提供摘要,有必要的话可以设置目录。

5)为了清楚表达,可以适当加入图表,其中图表、图解应与文字有较好的对应关系,与报告没有直接关联的图表应置于附录中。

6)报告的纸张、封面及装订应保证质量和美观。

2.表格式报告

表格式报告是较为简单的估价报告,一般适合资产量小而数量多的估价对象,如单元住宅评估,特别是金融、保险和税收等涉及的小规模估价。这些估价项目本身比较简单,并且具有很大的相似性,一个估价机构短时间内可能接受大量的这类委托单。对于银行或者管理部门来说,面对大量需要审阅的估价报告,标准的表格式报告可提高工作效率,增强工作便利性。我国的城市地价监测规范对监测点估价报告要求就相对简单,其中技术部分采用的就是表格式。

表格式报告可以看做最低内容报告,因此,在完成一份表格式报告时,估价师应确保审阅者所要求的项目内容没有遗漏。表格式估价报告并不是估价全部,如果一份表格式报告过于简单,不能清楚说明估价方面的问题,也未能包括估价师认为必要的所有资料,那么估价师可以补充附加一些相关的信息及说明。除此之外,所有的表格式报告,都应包括一份正确的书面声明及对限制条件的说明。

四、土地估价报告的规范格式

土地估价结果报告的结构如下：

第一部分，摘要；

第二部分，土地估价对象说明；

第三部分，土地估价结果、结果及报告使用说明；

第四部分，附录。

土地估价技术报告的结构如下：

第一部分，摘要(总述、概述)；

第二部分，土地估价对象描述；

第三部分，土地价格影响因素分析；

第四部分，土地估价过程说明；

第五部分，附录。

第十二节　土地估价报告审核

考试基本要求

掌握：土地估价报告审核的内容。

熟悉：土地估价报告审核的要求、土地估价报告审核的目的。

一、土地估价报告审核的目的

为保证土地估价报告的质量，估价机构应建立估价报告内部审核制度，由资深估价人员按照合格估价报告的要求，对撰写出的估价报告进行全面审核，并确认估价结果的合理性。

对土地估价报告进行审核，类似于对生产出的产品在出厂之前进行质量检验，是防范估价风险的最后一道防线。

二、土地估价报告审核的内容

土地估价报告审核的内容主要有：

1)估价人员资格；

2)估价对象界定；

3)估价所依据的资料的质量；

4)估价假定前提和限制条件；

5)市场分析；

6)估价技术路线、方法选择及运用；

7)地价确定的理由；

8)估价结果；

9)估价报告的逻辑性。

第十三节　常见目的下土地估价、用途土地估价及其他土地权利估价

考试基本要求

掌握：常见土地估价目的和相应评估价格类别的判断，居住、工业、商服用地估价的特点、价格影响因素、估价技术思路和估价方法应用，承租土地使用权、土地租赁权估价方法的选择与应用。

熟悉：各种常见土地估价目的下土地估价的主要原则确定、估价方法选择、主要技术参数选择、价格确定方法的特点，公共管理与公共服务用地、交通运输用地估价的特点，价格影响因素、估价技术思路和估价方法应用，地役权估价方法的选择与应用，划拨土地使用权益价格评价方法与应用。

了解：农用地(耕地、园地、林地、草地等)估价的一般特点、价格影响因素、估价技术思路与方法应用，设有租赁权、地役权的土地使用权估价方法的选择与应用。

一、常见目的下土地估价

1. 各种常见的土地估价目的

土地估价目的是为了保证国家土地所有权在经济上的实现以及利用经济手段强化土地资产管理；促进土地使用制度改革，有偿出让、转让国有土地使用权，加强国家对土地市场的管理，促进正常交易；全面、科学、合理地使用土地。

各种常见的土地估价目的如下。

(1)集体土地使用权

以集体土地所有权征收补偿、集体土地使用权作价入股和转让等为目的的土地估价。

(2)国有土地使用权

以国有土地使用权出让、转让、租赁、收回、收购储备、作价入股、清产核资等为目的的土地估价，包括国有土地使用权招标、拍卖、挂牌出让价格评估。

(3)使用权抵押

以土地使用权抵押为目的的估价。

(4)企业活动

以企业设立、重组、改制、上市、增资扩股、产权交易、资产置换、合并、分立、破产、关闭、清算等经济活动为目的的土地估价。

(5)确定和更新

以确定和更新城镇基准地价、标定地价为目的的土地估价。

(6)城市地价动态监测

以城市地价动态监测为目的的土地估价。

(7)农用地分等定级

以农用地分等定级和划分农用地综合区片价为目的的土地估价。

(8)征税

以土地增值税等有关不动产税费征收为目的的估价。

(9)司法

以司法鉴定为目的的土地估价。

2. 各种常见土地估价目的下土地价格类别的判断和估价的主要原则确定

(1)租赁价格

主要包含两种形式:①承租土地使用权价格,一般承租土地使用权的租赁价格与完全的市场价格之间存在一定的差值;②土地使用权出租价格,土地使用权的出租价格则是市场价格的另一种表现形式。

(2)买卖价格

出让、转让、作价入股、改制上市、资产置换等目的下采用的价格为买卖价格,它是土地权利和预期收益的公平市值。估价中主要原则是体现完全的公开、公平、公正市场下的价格,即评估的是公允市值。

(3)清算价格

企业破产、关闭、清算等经济活动中应存在各种限制因素,需要对企业的土地价值进行清算,清算价格一般会低于市场价格。

(4)抵押价格

以抵押方式提供债务履行担保的土地在评估基准日的市场价格是抵押价格,其应遵循保守原则。

(5)征收价格

征收价格指征用、征收土地时给予的补偿,主要考虑其补偿性,即原使用者获得同等生活保障下的成本。

(6)课税价格

课税价格指政府为征收有关土地税收而评定的土地价格,一般低于市场价格。

(7)公示价格

公示价格是政府为了明示土地价格、为其他价格类型提供参考而设立的价格,标定地价、监测点地价、农用地基准地价和农地综合区片价等均属于公示价格。

二、常见用途土地估价

1. 商服用地估价

(1)商服用地特点

商服用地的特点是:收益高,集中分布在城区人流量大的区域,市场活跃,价值量大,附属设施较多。

(2)商服用地主要价格影响因素(表 2-9)

表 2-9 商服用地主要价格影响因素

项目		内容
一般因素	自然因素	城镇地理位置及与经济发展的关系、气候条件等
	社会因素	人口数量与家庭规模、城镇发展与公共设施建设、居民生活方式等
	经济因素	城镇的性质与国际化程度、地区经济增长、财政金融状况与利率水平、交通体系、物价水平、就业与居民收入水平、产业结构与商业服务业的发展前景
	行政因素	土地利用规划与管制、建筑规划与管制、房地产租金与税收政策等

续表

<table>
<tr><th colspan="2">项 目</th><th>内 容</th></tr>
<tr><td rowspan="7">区域因素</td><td>自然因素</td><td>区域在城镇中的位置等</td></tr>
<tr><td>社会因素</td><td>常住人口及流动人口数量、社会人文环境等</td></tr>
<tr><td>交通状况</td><td>街道状况、道路状况与交通便捷程度等</td></tr>
<tr><td>基础设施状况</td><td>供水、排水、供电、供气、供热、通信等基础设施与公用服务设施状况等</td></tr>
<tr><td>商业繁华程度</td><td>距商业中心的距离、商务设施的种类规模与集聚程度、经营类别、客流的数量与质量等</td></tr>
<tr><td>行政因素</td><td>区域经济政策、土地规划及城镇规划限制、交通管制等</td></tr>
<tr><td>环境因素</td><td>区域环境与景观、噪声空气污染及危险设施或污染源的临近程度等</td></tr>
<tr><td colspan="2">个别因素</td><td>宗地地形、地质、地势、日照、通风、干湿、宽度、深度、面积、形状、临街状况、邻接道路等级、通达性、宗地利用状况、与商业中心的接近程度、与客流的适应性、相邻不动产的使用状况、规划限制、地上建筑物的成新度、土地权利状况及使用年限等</td></tr>
</table>

(3)商业用地估价的技术思路

商业用地,宜采用市场比较法、收益还原法、剩余法和基准地价系数修正法估价。

(4)商业用地估价方法选择与应用

1)各类商业用地价格评估必须区分因土地利用方式的差别所带来土地收益的差异。一般适宜选用收益还原法及市场比较法。

2)各类旅游用地评估,应注意国家旅游区评价标准,宜选用收益还原法评估。

3)办公用地介于住宅用地和商业用地之间,宜采用市场比较法、收益还原法、剩余法和基准地价系数修正法估价。

2. *居住用地估价*

(1)居住用地特点

居住用地的特点是:开发量大,分布广,主要集中在城区,而且也具有一定收益性,市场活跃。

(2)居住用地主要价格影响因素(表 2-10)

表 2-10　居住用地主要价格影响因素

<table>
<tr><th colspan="2">项 目</th><th>内 容</th></tr>
<tr><td rowspan="4">一般因素</td><td>自然因素</td><td>城镇地理位置及与经济发展的关系、气候条件、发生自然灾害的概率等</td></tr>
<tr><td>社会因素</td><td>人口数量与家庭规模、城镇发展与公共设施建设、居民生活方式等</td></tr>
<tr><td>经济因素</td><td>城区经济增长、财政金融状况与利率水平、交通体系、物价水平、就业与居民收入水平、住宅的供给与需求、住宅的租赁比率等</td></tr>
<tr><td>行政因素</td><td>土地利用规划与管制、建筑规划与管制、房地产租金与税收政策、住宅政策等</td></tr>
<tr><td rowspan="3">区域因素</td><td>自然因素</td><td>区域在城镇中的位置、自然条件及发生自然灾害的概率等</td></tr>
<tr><td>社会因素</td><td>社区规模功能与安全保障、人口密度、邻里的社会归属文化程度及生活方式等</td></tr>
<tr><td>交通条件</td><td>距社会经济活动中心的距离、道路状况与交通便捷程度等</td></tr>
</table>

续表

项 目		内 容
区域因素	基础设施状况	供水、排水、供热、供电、供气、通信等基础设施与公用服务设施状况等
	经济发展水平	区域经济发展规模及水平、居民收入水平等
	行政因素	区域经济政策、土地规划及城镇规划限制
	环境因素	区域环境与景观、噪声空气污染及危险设施或污染源的临近程度等
个别因素		宗地地形、地质、地势、日照、通风、干湿、宽度、深度、面积、形状、临街状况、邻接道路等级、通达性、规划限制、宗地利用状态、地上建筑物的成新度、土地权利状况及使用、与交通设施的距离、与商业设施公共设施及公益设施的接近程度、与危险设施及污染源的接近程度、相邻土地利用等

(3)居住用地估价的技术思路

居住用地估价，宜选用市场比较法、剩余法、收益还原法和基准地价系数修正法，对新开发完成的居住用地，可以使用成本逼近法。

(4)居住用地估价方法选择与应用

1)评估别墅等独立居住用地，应重点分析：城镇地理位置与气候条件、居民生活方式、地区经济增长、财政金融状况与利率水平、景观、人文环境、建筑密度与间距、容积率、绿化率等因素对地价的影响。一般应首选市场比较法，但如极具特性则不宜采用。

2)评估高档公寓用地，应重点分析：居民生活方式、人文环境与景观、基础设施与公用设施状况、交通通达程度、规划限制、容积率、地形条件等因素对地价的影响。一般应首选市场比较法，辅之以收益还原法、假设开发法或基准地价系数修正法。

3)评估普通居住用地，应重点分析：城镇人口数量与家庭规模、经济发展水平、居民收入与消费水平、居民住房条件、政府的住房消费政策与住房金融政策、区域位置、公交便捷程度、基础设施与公用设施状况、规划限制、容积率、宗地面积、形状、地形及地质条件等因素对地价的影响。一般应首选市场比较法，辅之以收益还原法、假设开发法或基准地价系数修正法。对新开发土地，可以用成本逼近法。

4)对于待拆迁改造的危旧居住用地，如无特殊需要一般不得依现状用途评估，而应按规划用途评估。

3. 工业、仓储用地估价

(1)工业、仓储用地的特点

工业、仓储用地的特点是：宗地面积大，收益小或者收益不明显，主要分布在城市郊区及经济开发区。

(2)工业、仓储用地的主要价格影响因素(表 2-11)

表 2-11　　工业、仓储用地的主要价格影响因素

项 目		内 容
一般因素	自然因素	城镇地理位置、水文气候条件等
	社会因素	城镇发展与公共设施建设等

续表

项目		内容
一般因素	经济因素	地区经济增长、财政金融状况与利率水平、交通体系、产业政策、产业结构、技术创新、物价工资及就业水平、此类市场状况等
	行政因素	城镇土地利用规划、房地产租金与税收政策等
区域因素	交通状况	对外交通便捷程度、交通管制、距货物集散地(车站、码头、机场)距离及货物集散地的规模档次、道路构造及档次、道路体系等
	基础设施状况	供水、排水、供热、供电、供气等状况
	环境状况	污染排放及治理状况、距危险设施或污染源的临近程度、自然条件等
	工业区成熟度	相关产业的配套及集聚状况、工业区的未来发展趋势等
	行政因素	规划限制、政府的特殊政策、产业管制等
个别因素		地形、地势、地质、水文条件、面积、临路状况、位置、土地使用限制、土地开发程度、土地权利状况及使用等

(3)工业、仓储用地估价的技术思路

工业、仓储用地估价宜采用市场比较法、成本逼近法和基准地价系数修正法。在特殊情况下，也可采用收益还原法。

(4)工业、仓储用地估价方法选择与应用

1)投资利息率、利润率、土地增值收益率及土地还原利率的确定，应把握不同工业行业的投资风险、资金利润率及土地增值的客观差异。

2)矿井、矿区用地价格评估，宗地外开发程度依政府投资的实际配套状况设定，最低应设定为达到可开工条件。当矿产资源可开采年限低于出让年限时，年期修正应依资源可开采时间确定。

3)高新技术企业用地价格评估，应根据其高技术、高附加值、污染小、环境较好、土地利用程度较高等特点，进行合理的估价。这类土地的增值收益较普通工业用地高。

4)对于仓储业用地价格评估，其土地利用的机会成本及对相关企业收益的影响程度是应重点考虑的因素。

5)机场、码头用地由于其具有垄断性质，在收益还原法以外的评估方法运用中，应考虑垄断地租修正。

6)在工业类用地价格评估中，当同一区域宗地数量较多时，可选择某一至两宗标准宗地进行评估，其他宗地价格依个别修正系数确定。

4. 公共管理与公共服务用地估价

(1)特点

该类用地的特点是：收益很小或无收益，且所处位置多位于市(县、镇)中心。

(2)主要价格影响因素

参照居住、工业和商业的影响因素，根据实际情况选择确定。

(3)估价的技术思路

该类用地适宜采用成本逼近法、收益还原法及基准地价系数修正法评估。

(4)估价方法选择与应用

1)采用成本逼近法评估时,土地取得费的确定一般取城镇拆迁安置补助费,利润率、土地增值收益率等参数,并应比工业用地的相应参数要高。

2)区域位置较好的,可参照同区域地价水平相近用途(商业、住宅)的基准地价进行估价,考虑年期和用途修正(进行减价修正);一般参照工业用地基准地价进行评估,不进行年期和用途修正。

3)采用收益法时使用的是整体收益。

5. 交通运输用地估价

(1)特点

数量多、分布广、面积小,无法单宗地测算收益。

(2)价格影响因素

参照居住、工业和商业的影响因素,根据实际情况选择确定。

(3)估价的技术思路

该类用地宜选择基准地价系数修正法和成本逼近法进行评估。

(4)估价方法选择与应用

1)位于城镇中心内的交通运输站场用地,应根据当地的实际情况,参照同区域地价相近用途的可比交易案例或基准地价进行评估,并进行年限和用途修正;位于城镇中心外围或边远的交通运输站场用地,优先选用成本逼近法,其次可参照当地最末一级地价相近用途的基准地价进行评估,并进行开发程度和年限、用途等修正。

2)收益体现的是整体收益,很难将收益分摊到每宗土地上,不适宜采用收益还原法估价。

3)港口、码头用地通常通过特许经营权获取收益,具有一定的垄断性,可以选择收益还原法评估;在同一区域同类型用地有正常交易案例的,也可采用市场比较法评估。

6. 农用地估价

(1)特点

该类地的特点是:价值主要体现在自然质量上,面积大,分布于城市边沿。

(2)主要价格影响因素

1)自然因素。气候条件、地貌、土壤条件、水文状况、农田基本设施状况等。

2)社会因素。社会经济发展条件、土地制度、交通条件等。

3)特殊因素。特殊的气候条件、土壤条件、环境条件、环境污染状况等。

(3)估价的技术思路

该类用地适宜采用收益还原法、市场比较法、成本逼近法、剩余法和评分估价法、基准地价系数修正法等。

(4)估价方法的选择与应用

1)由于农用地的特殊性,国内农用地市场尚处于封闭状态,市场交易案例很少,难以满足市场比较法测算地价的要求。农用地的自然属性和不可再生性也局限了成本逼近法和剩余法测算地价的应用。

2)评分估价法是指按照一定的原则,建立影响农用地价格的因素体系和因素评分标准,依据因素评分标准对待估农用地的相应条件进行评价赋分,按其得分值的大小,乘以客观的农用地单位分值价格,从而得到农用地价格的一种估价方法。但是单位分值的难以确定使得该方法的应用受到一定的局限。

3)考虑农用地资料的可获取性、政策法规的控制性、评估结果的应用性,目前在评估宗地农用地质量价格时,收益还原法是常用的主要方法之一,即根据当地的农用地投入产出水平和待估宗地的实际情况，估算出待估农用地的客观预期收益，以适当的土地还原率还原，确定宗地农用地质量价格。

4)对于已建立农用地基准地价的地区，可采用基准地价系数修正法、定级指数模型评估法、基准地块法评估得出宗地农用地质量价格。

三、其他权利土地估价

其他权利土地估价见表 2-12。

表 2-12　　其他权利土地估价

项　目	内　容
承租土地使用权和土地租赁权的估价方法选择与应用	承租土地使用权是指国家将国有土地出租给使用者使用，由使用者与县级以上人民政府土地行政主管部门签订一定年期的土地租赁合同，并支付租金的行为。 土地租赁权是指土地使用者作为出租人将土地使用权随同地上建筑物、其他附着物租赁给承租人使用，由承租人向出租人支付租金的行为。 承租土地使用权是从一级市场取得，承租土地使用权关系出租方只能是作为土地所有者的国家，具体为市县以上人民政府，承租方是实际土地使用者，既可以是公司、企业，也可以是其他组织和个人，并且政府规定要尽可能采用招标、拍卖或双方协议方式；土地租赁权的取得是从二级市场通过正常市场方式取得，土地租赁双方都是土地使用者，目前更多的是采用协商的方式
土地租赁权的估价方法选择与应用	土地租赁权估价是带有租约的土地转让、收回、征收或调整租金时，对剩余年期的租赁权价格进行的评估。二者都可采用市场比较法和收益还原法进行评估
地役权估价方法的选择与应用	地役权是为自己土地使用方便而在他人土地上设定的权利，如通过权、通行权等。一般在地役权设定、转让、收回、征收及调整地役权租金时需要进行地役估价。 可采用市场比较法、收益还原法等
设有租赁权的土地使用权估价方法的选择与应用	设有租赁权的土地使用权价格评估，先评估不考虑租赁权的情况下的土地使用权价格，再进行加减修正。 采用收益还原法估价时，在租赁期限内的土地收益依租赁合同租金标准来确定，超出租赁期限的土地收益，按土地剩余使用年限内最佳利用方向的未来的土地收益确定。采用市场比较法，需要考虑各比较实例与待估宗地间因租赁期限不同所带来的影响
设有地役权的土地使用权估价方法的选择与应用	设有地役权的土地使用权价格评估，先评估不考虑地役权的情况下的土地使用权价格，再进行加减修正

第三章　收益还原法

◎本章要点

> 本章需要掌握的内容有：收益还原法的概念、公式、估价步骤、应用要求及各种参数的确定方法。

第一节　收益还原法基本概述

考试基本要求

掌握：收益还原法的概念、公式。

熟悉：收益还原法的适用范围及基本条件。

一、收益还原法的定义

收益还原法是土地估价中最常用的方法之一，它也是对土地、房屋、不动产或其他具备收益性质的资产进行估价的基本方法。收益还原法是在估算土地未来每年预期纯收益的基础上，以一定的还原率，将评估对象未来每年的纯收益折算为评估时日收益总和的一种方法。

二、收益还原法的基本原理

由于土地具有固定性、不增性、个别性、永续性等特性，使用者在占有某块土地时，土地不仅能提供现时的纯收益，而且还能期待在未来年间源源不断地继续取得。当将此项随时间延续而能不断取得的纯收益，以适当的还原利率折算为现在价值的总额（称为收益价值或资本价值）时，它即表现为该土地的实质价值，也是适当的客观交换价值，这就是收益还原法的基本原理。

假设有一宗土地，每平方米每年可产生 1000 元的纯收益，土地所有人对此宗土地的纯收益只要能以 5%的资本年利率还原即能满意，那么该所有者的土地收益价格应该是每平方米 20 000 元。即地价＝土地年纯收益÷土地还原率。

再假设此人另以 20 000 元货币以年利率 5%存入银行，此人每年得到的利息（货币纯收益）与上述的每平方米土地的收益是等额的。因此，对该土地所有者来讲，每平方米土地与20 000元货币，其资本价值相等。

上述对收益还原法的表述，只是在土地纯收益每年不变，土地还原率每年不变，且在土地使用年期为无限年情况下的一种特殊形式。如果三个因素发生变化，土地收益价格的计算公式都将发生变化。

三、收益还原法的基本公式

1. 土地年纯收益不变

土地还原率保持不变且大于零，土地使用年期无限的土地价格计算公式为

$$P=\frac{a}{r} \tag{3-1}$$

式中 P——土地价格；

a——土地纯收益；

r——土地还原率。

2. 土地使用年期有限且其他因素不变的土地价格计算公式

当 a 每年不变；r 每年不变且大于零；土地使用年期为 n 年时，其计算公式为

$$P=\frac{a}{r}\left[1-\frac{1}{(1+r)^{n}}\right] \tag{3-2}$$

式中 n——使用土地的年期或有土地收益的年期；

其他符号意义同前。

3. 土地纯收益在若干年内有变化的土地价格计算公式

(1)土地使用年期无限

当 t 年以前(含第 t 年)纯收益有变化，其值为 a_i；t 年以后纯收益无变化，其值为 a；r 每年不变且大于零，土地使用年期无限时，土地价格的计算公式为

$$P=\sum_{i=1}^{t}\frac{a_i}{(1+r)^{i}}+\frac{a}{r(1+r)^{t}} \tag{3-3}$$

式中 a_i——第 i 年的纯收益；

t——纯收益有变化的年限。

其他符号意义同前。

(2)土地使用年期有限

当 t 年以前(含第 t 年)纯收益有变化，其值为 a_i；t 年以后纯收益无变化，其值为 a；r 每年不变且大于零；土地使用年期为 n 年时，土地价格的计算公式为

$$P=\sum_{i=1}^{t}\frac{a_i}{(1+r)^{i}}+\frac{a}{r(1+r)^{t}}\times\left[1-\frac{1}{(1+r)^{n-t}}\right] \tag{3-4}$$

式中 P、a、r、a_i、t、n 意义同前。

4. 未来若干年后的土地价格已知的条件下的计算公式

当未来某年的土地价格已知，而已知土地价格的年份以前的纯收益有变化(不变时是特例)，r 每年不变且大于零时，土地价格的计算公式为

$$P=\sum_{i=1}^{t-1}\frac{a_i}{(1+r)^{i}}+\frac{P_t}{(1+r)^{t}} \tag{3-5}$$

式中 t——未来土地价格已知的年限；

P_t——未来第 t 年的土地价格；

其他符号意义同前。

5. 纯收益按等差级数递增或递减的土地价格计算公式

(1)土地使用年期无限时的计算公式

$$P=\frac{a}{r}\pm\frac{b}{r^{2}} \tag{3-6}$$

式中 b——纯收益的等差级数递增或递减的数额，如纯收益第一年为 a，则第二年为 $a\pm b$，第三年为 $a\pm 2b$，第 n 年为 $a\pm(n-1)b$，公式中符号，当纯收益按等差级数递增时取加号，递减时取减号；

其他符号意义同前。

(2)土地使用年期有限时的计算公式

$$P=\left(\frac{a}{r}\pm\frac{b}{r^2}\right)\times\left[1-\frac{1}{(1+r)^n}\right]\mp\frac{b}{r}\times\frac{n}{(1+r)^n} \tag{3-7}$$

式中符号含义同前。

公式中符号的选取，当纯收益按等差级数递增时取上面的符号，递减时取下面的符号。

6. 纯收益按一定比率递增或递减时的土地价格计算公式

(1)土地使用年期无限时的地价计算公式

$$P=\frac{a}{r\mp s} \tag{3-8}$$

式中　s——纯收益逐年递增或递减的比率，如纯收益第一年为 a，则第二年为 $a(1\pm s)$，第三年为 $a(1\pm s)^2$，第 n 年为 $a(1\pm s)^{n-1}$；

其他符号意义同前。

公式中的符号，当纯收益按等比级数递增时取减号，递减时取加号。r 不变，递增时 $r>s$，递减时 $(r+s)>0$。

(2)土地使用年期有限时的地价计算公式

$$P=\frac{a}{r\mp s}\left[1-\left(\frac{1\pm s}{1+r}\right)^n\right] \tag{3-9}$$

式中符号含义同前。

公式中的符号，当纯收益按等比级数递增时取上面的符号，递减时取下面的符号。r 不变，递增时，$r\neq s$；递减时，$r+s\neq 0$。

7. 纯收益、还原率有变化的土地价格计算公式

$$P=\frac{a_1}{(1+r)}+\frac{a_2}{(1+r_1)(1+r_2)}+\cdots+\frac{a_n}{(1+r_1)(1+r_2)\cdots(1+r_n)} \tag{3-10}$$

式中　$a_1,a_2\cdots,a_n$——分别为未来各年的纯收益；

$r_1,r_2\cdots,r_n$——分别为未来各年的还原利率。

本公式实际上是收益还原法基本原理的公式化，即收益还原法公式的最一般形式。

四、收益还原法的特点与适用范围

收益还原法的特点与适用范围，见表 3-1。

表 3-1　收益还原法的特点与适用范围

项　目	内　容
收益还原法的特点	1)收益还原法具有严格的理论基础。地租理论和生产要素分配理论是收益还原法的理论依据。土地、劳动、资本等生产要素组合产生的收益，应由各要素分配。归属于土地的收益应是地租和利用土地资产带来的纯收益。它可以采取从总收益中扣除其他生产要素产生的收益后得到，然后，将土地的收益以一定的还原率还原，即为土地的价格。 2)收益还原法以收益途径评估价格，所以求得的价格称为“收益价格”。收益还原法将土地的价格视为一笔货币额，如将其存入银行，每年可以得到一定的利息，这个利息可相当于土地的纯收益。所以，从确定土地收益入手，即可求得土地价格

续表

项 目	内 容
收益还原法的特点	3)收益还原法评估结果的准确度,取决于土地的纯收益及还原率的准确程度。土地纯收益测定是否准确,还原率选择是否合适,直接影响土地价格的评估结果。所以求取土地收益及确定还原率是收益还原法的关键
收益还原法的适用范围	收益还原法以求取土地纯收益为途径评估土地价格,它只适用于有收益或潜在收益的土地和建筑物,或是房地产的估价。例如,租赁用房地产或企业用房地产的估价均可采用此法。收益还原法是具有理论依据而应用面很广的一种估价方法,而对于没有收益的不动产的估价,例如机关、学校、公园等公益用地的估价则大多不适用。同时,由于收益还原法主要适用于有收益或潜在收益的土地或房地产,而关于收益性土地的稳定纯收益和适当的还原率的求取,要受一般的经济行情和工商企业以及房地产市场的发展、变化的影响,确定它也是一件困难的事。这是收益还原法的一个缺点

第二节 收益还原法估价的程序与计算方法

考试基本要求

掌握:收益还原法的估价步骤、应用要求及各种参数的确定方法。

一、估价程序

1. 计算总收益

总收益是指以收益为目的的土地及与此有关的设施、劳力及经营等要素相结合而产生的总收益。计算总收益首先要分析可能产生的各种收益,然后按客观、持续及稳定等原则来确定土地的总收益。

2. 计算总费用和折旧费、房屋收益或其他资产的收益等

总费用是指为创造收益所投入的直接必要的劳动费用与资本费用。总费用在不同情况下,所包含的项目也有所不同。因此,计算总费用,首先要分析可能的各种费用支出,然后在全面分析的基础上,计算加和一般正常合理的必要年支出,即得总费用。

3. 计算土地纯收益

从总收益中扣除总费用和房屋折旧费、房屋收益等,即为纯收益。

4. 确定合适的还原率

还原率是影响地价高低的重要因素,必须慎重选择。一般首先要通过各种途径,确定各种可能的还原率,然后再经过综合分析、比较,确定可采用的还原率。

5. 选择公式求算地价

根据公式适用评估对象和评估目的等条件,选用相应的计算公式,将纯收益用相应的还原率进行还原,即得土地或房地产的收益价格。

二、总收益的产生及计算方法

土地的收益也可以分为有形收益和无形收益。有形收益是可以用货币形式表现的收益，无形收益则难以用货币形式表现。

在计算收益价格时，应根据一定原则全面分析各种收益，确定合理的客观收益。确定客观收益一般要考虑以下条件：

从客观上看，土地的总收益是由具备良好素质及正常使用能力者使用而产生的收益；收益必须是持续且有规律地产生的收益，即采用长期可以固定取得的收益；收益是安全可靠的收益，是指必须符合国家规定和批准的经营项目所产生的收益，那些未经批准的，甚至是违法的经营项目收益不能作为计算客观收益的依据。

根据土地参与生产经营过程的形式和业主以土地取得收益的方式不同，总收益产生的形式有以下几种情况。

1. 土地租金

是指直接通过土地出租，每年获得租金收入，包括在土地租赁过程中承租方所交纳的押金或担保金的利息。

2. 房地出租的租金

是指房地一起出租过程中，出租方从承租方处取得的租金及有关收益。一般根据实际的租赁合同金额和当地的房地产租赁市场状况，确定客观收益水平。

3. 企业经营收益

是指企业在正常的经营管理水平下每年所获得的客观总收益。在分析企业经营的客观收益时，首先可以根据企业的财务报表进行分析，客观的财务报表是企业经营状况的基本反映，但是由于企业在经营过程中往往会受到经营管理水平、不合理的人为干预等偶然因素的影响，造成企业财务报表不能客观地反映企业经营状况和土地及有关资产的收益能力，因此在利用企业财务报表进行企业经营收益分析时，应进行适当调整，调整为正常经营管理水平下的客观收益；其次还可以根据企业的经营项目，按照其生产的产品或提供的服务项目及其相应的市场价格，分析计算其客观总收益。

在计算总收益时，还应准确分析测算由评估对象所引起的其他衍生收益，如租赁过程中承租方所支付押金的利息收益、企业经营生产过程中的副产品销售收益等，确定的原则是只要由评估对象所产生的并为其产权主体所取得的收益均应计入总收益之中。

另外，还应充分考虑收益的损失，如出租房屋的闲置(即房屋未租出去)，一般以出租率或空房损失率折算总收益。

三、总费用的计算

总费用是指业主为取得总收益而必须支付的有关费用。根据总收益的产生形式不同，总费用的计算也分为以下几种情况。

1. 土地租赁中总费用的计算

(1)管理费

指管理人员的薪水及其他费用。一般以年租金额的3%计算。

(2)维护费

指维护土地使用所发生的费用，如给排水及路的修缮费等。

(3)土地税

指因土地使用和租赁发生的,由评估土地负担的税赋。如我国的城镇土地使用税等。

2. 房地出租中总费用的计算

依据房地出租中租金的构成因素分析,计算土地纯收益时的总费用包括以下几项。

(1)管理费

指对出租房屋进行的必要管理所需的费用。分为两部分:①出租经营过程中消耗品价值的货币支出;②管理人员工资的支出。

管理费的计算有两种方法:①依管理面积平均计算;②依租金的一定比例计算,通常以年租金的2%～5%计。

(2)维修费

指为保证房屋正常使用每年需支付的修缮费。其计算方法比较复杂,一般有造价比例法、定期轮修法、经验估计法等,为计算方便,通常可按建筑物重置价的1.5%～2%计算。

(3)保险费

指房产所有人为使自己的房产避免意外损失而向保险公司支付的费用。一般可按房屋重置价或现值乘以保险费率计算。我国房屋的保险费率是1.5‰～2‰。

(4)税金

指房产所有人按有关规定向税务机关缴纳的房产税和营业税等。关于税收标准,国家及各城市均有规定。一般月租金在120元以下者只缴纳12%的房产税。月租金在120元以上者除缴纳房产税外,还要按租金额缴纳营业税5%、附加城建税0.35%、教育税0.05%等。

(5)计算房屋折旧费

折旧费是指房屋在使用过程中因损耗而在租金中补偿的那部分价值。其计算公式为

$$\text{年折旧费}=\frac{\text{房屋重置价}-\text{残值}}{\text{耐用年限}}=\frac{\text{房屋重置价}\times(1-\text{残值率})}{\text{耐用年限}} \tag{3-11}$$

式中,房屋建筑重置价、耐用年限和残值是随房屋结构及等级不同而变化的,一般各城市均有规定标准。

如果房屋耐用年限超过了出让的土地使用权年限,即土地使用者可使用土地的年期小于房屋耐用年限,根据《城市房地产管理法》和国务院(1990)55号令规定,土地使用期满而使用者未申请续期的,土地使用权由国家无偿收回,关于地上建筑物的处置,《城市房地产管理法》未作具体规定,而国务院55号令则规定由国家无偿取得。因此,土地使用者可使用房屋和土地的年限不能超过土地使用权出让年期。这样,当房屋耐用年限超过土地使用权出让年期时,按土地使用权出让年限调整确定房屋可使用年限,在计算年折旧费时也不应考虑残值。相应的计算公式为

$$\text{年折旧费}=\frac{\text{房屋重置价}}{\text{房屋可使用年限}} \tag{3-12}$$

$$\text{房屋可使用年限}=\text{土地出让前房屋已使用年限}+\text{土地出让年限} \tag{3-13}$$

3. 企业经营费用的计算

企业经营费用是指在企业经营过程中为获取经营收益而必须支付的一切费用,通常包括原料费、运输费、折旧费、工资、税金、应摊提费用以及其他应扣除的费用。

根据企业生产经营的方式不同,一般可分为经营性企业和生产性企业两大类。经营性企业在经营过程中的总费用主要包括销售成本、销售费用、经营管理费、销售税金、财务费用和经营利润

等；生产性企业在经营过程中的总费用主要包括生产成本(包括原材料费、人工费、运输费等)、产品销售费、产品销售税金及附加、财务费用、管理费用等。

企业生产经营费用的计算通常有以下两种方法：

(1)根据企业的财务报表进行分析调整计算

客观的企业财务报表是企业生产经营过程的基本反映，因此可根据企业财务报表中的损益表及有关财务资料分析计算企业经营总费用，但需要详细分析企业生产经营和管理的整个过程，扣除不正常的生产经营和管理费用，计算客观的生产经营费用。

(2)根据企业生产经营或服务的项目计算企业经营费用

如工业企业可根据其生产的各种产品的平均成本计算总成本，采用这种方式计算总费用，需要详细了解企业的生产经营过程和各种成本费用的支出状况。

四、土地纯收益计算

土地纯收益的计算可以根据具体评估对象的不同和总收益、总费用的计算方式不同采用不同的计算方法。

(1)土地租赁中的土地纯收益求取

$$\text{土地纯收益} = \text{年租金总收入} - \text{年总费用} \tag{3-14}$$

(2)房地出租中的土地纯收益求取

$$\text{土地纯收益} = \text{房地纯收益} - \text{房屋纯收益} \tag{3-15}$$

$$\text{房地纯收益} = \text{房地出租年总收入} - \text{房地出租年总费用} \tag{3-16}$$

$$\text{房屋纯收益} = \text{房屋现值} \times \text{建筑物还原率} \tag{3-17}$$

$$\begin{aligned}\text{房屋现值} &= \text{房屋重置价} \times \text{房屋成新度}\\ &= \text{房屋重置价} - \text{房屋总折旧}\end{aligned} \tag{3-18}$$

房屋重置价也称房屋重置成本，是指根据估价期日的人工和建筑材料价格，并按照目前的材料、标准与设计，建造功能相同的建筑物所需的建造成本，一般根据当地同类建筑物的建造成本进行分析计算；房屋成新度是指房屋建筑物在估价期日的新旧状况；房屋总折旧是指房屋建筑物在已使用年限内由于物理、经济和功能等因素引起的房屋折旧总额，通常采用平均折旧法计算，其计算公式为

$$\text{房屋总折旧额} = \text{房屋年折旧额} \times \text{已使用年限} \tag{3-19}$$

(3)企业经营中的土地纯收益求取

$$\text{企业经营纯收益} = \text{年经营总收入} - \text{年经营总费用} \tag{3-20}$$

$$\text{土地纯收益} = \text{企业经营纯收益} - \text{非土地资产纯收益} \tag{3-21}$$

(4)自用土地或待开发土地的纯收益求取

自用土地或待开发土地的纯收益可采用比较法求取，即比照类似地区或相邻地区有收益的相似土地的纯收益，经过区域因素、个别因素的比较修正，求得其土地纯收益。

五、土地还原率的确定

1. 土地还原率的概念

土地还原率是用以将土地纯收益还原成土地价格的比率。在采用收益还原法评估土地价格时确定适当的还原率，是准确计算土地价格的非常关键的问题。

2. 土地还原率的种类

在运用收益还原法评估不动产的价格时，按照评估对象的不同(单纯的土地估价、建筑物的估价或房地产的估价)，可以将还原率分为以下三类：

(1)综合还原率

是求取土地及其地上建筑物合为一体的价格时所使用的还原率。即如果运用收益还原法评估的是土地及建筑物合为一体的价格，所使用的纯收益必须是土地及建筑物合为一体所产生的纯收益，同时，所选用的还原率，必须是土地及建筑物合为一体的还原率，即综合还原率。

(2)建筑物还原率

是求取单纯建筑物价格时，所应使用的还原率。这时所对应的纯收益是建筑物本身所产生的纯收益，不包括土地产生的纯收益，因此选用的还原率，也应是建筑物还原率。

(3)土地还原率

是求取纯土地价格时，所应使用的还原率。这时所对应的纯收益，是由土地所产生的纯收益，这个纯收益不应包括其他方面带来的部分。所选用的还原率，是相应的土地的还原率。一般情况下，土地还原率比建筑物还原率低 2～3 个百分点。

综合还原率、建筑物还原率、土地还原率三者虽有严格区分，但又是相互联系的。若知道其中两个还原率，便可求出另一个还原率。计算公式为

$$r=(r_1L+r_2B)/(L+B) \tag{3-22}$$

$$r=[r_1L+r_2(L+dB)]/(L+B) \tag{3-23}$$

式中　r——综合还原率；

r_1——土地还原率；

r_2——建筑物还原率；

L——地价；

B——建筑物价格；

d——建筑物折旧率。

式(3-22)适用于建筑物折旧后的纯收益的情况；式(3-23)适用于建筑物折旧前的纯收益的情况。

3. 求取还原率的几种观点

利用收益还原法评估土地或房地产的价格，影响评估结果最大的一个因素是还原率。还原率随房地产的种类不同而不同，对投资风险大的房地产，其还原率高，反之，风险愈小，还原率愈低。选择的还原率不同，评估出的收益价格就会产生很大的差别。如表 3-2 所示，对于纯收益同是 10 万元的土地，当选取的还原率为 2% 时，评估额为 500 万元；当选取的还原率为 6% 时，评估额为 166.67 万元。因此还原率确定的准确与否对估价结果的准确性有着非常重要的影响。

表 3-2　　产生定额纯收益的房地产在不同还原率下的评估价格

纯收益/万元	还原率/(%)	房地产价格/万元
10	2	500.00
10	3	333.33
10	4	250.00
10	5	200.00
10	6	166.67
10	8	125.00

续表

纯收益/万元	还原率/(%)	房地产价格/万元
10	10	100.00
10	12	83.33

1)马克思对地租资本化中的利息率的一些论述。关于地租资本化中的利息率,马克思在《资本论》中同时提到5种利息率的可能性:①平均利息率;②资本投在有息证券上的利息率;③借贷资本的利息率(即贷款利息率);④普通利息率;⑤资本增值率。同时,马克思还提到,地租资本化的利息率比长期投资的利息率要低。

2)日本杉木正幸著的《不动产价格》一书中,总结了以往学说上关于决定还原率的种种主张。主要有:①地方的一般利率说;②地方的习惯利率说;③地方的土地利率说;④普通一般利率说;⑤长期投资利率说;⑥相当于抵押贷款利率与剩余贷款利率的复合利率说;⑦相当于纯粹利息与风险贴补金的复合利率说。

3)美国雷利·巴洛维教授在《土地资源经济学——不动产经济学》一书中指出,确定还原率主要采用3种方法:①加总法;②"投资分段理论";③对比选择法。另外,他补充提到了第4种方法,即银行家利率选择法。雷利·巴洛维的加总法与柯傅义的重叠法是一回事,"投资分段理论"与投资组合法是一回事,对比选择法与市场投资品质比较法是一回事,仅是由于用词或翻译的不同。

4)日本有关不动产估价法规中规定了求取还原率的方法。日本《不动产鉴定评价基准》规定:还原率应以最具一般性的投资利润率为标准。

4. 还原率的确定方法

(1)纯收益与价格比率法

即采用市场上相同或相似不动产的纯收益与价格的比率来确定还原率。为避免偶然性,常常需要考察多宗不动产(一般至少3宗以上),求其纯收益与价格的平均值。具体方法是:选择3宗以上最近发生的,且在类型、性质上都与待估不动产具有相似特点的交易案例,以案例的纯收益与其价格的比率的均值作为还原率。

(2)安全利率加风险调整值法

即还原率=安全利率+风险调整值。所谓安全利率是指无风险的资本投资利润率,可以选用同一时期的一年期国债年利率或一年期的银行定期存款利率为安全利率。风险调整值应根据估价对象所处地区的社会经济发展和土地市场等状况对其影响程度而确定。

(3)投资风险与投资收益率综合排序插入法

具体的方法是,将社会上各种类型的投资(如银行存款、贷款、国债、债券、股票等)收益率按其大小从低到高排序,然后根据经验判断所要评估的不动产的投资收益率与风险应该落在哪个范围,从而确定所要求取的还原率的具体数值。

六、土地价格确定

在土地纯收益确定以后,可以根据收益变化状况和土地使用权年期等条件,选择适当的土地还原率和公式,即可计算得到土地的试算收益价格。

若要用收益还原法评估不动产价格,则应选用综合还原率对房地产纯收益进行还原而求取。

通常选取多个可行的还原率,计算得到几个价格,并从中比较分析确定可能的价格水平。同时,也应根据具体情况,在可能的条件下,采用其他的估价方法,例如采取市场比较法试算地价作为评估结果的验证。

第三节 收益还原法的应用

一、利用收益还原法评估土地价格

某公司于1995年11月以有偿出让方式取得A地块50年使用权，并于1996年11月在此地块上建成建筑物B，当时造价为1200元/m²；其经济耐用年限为55年，目前该类建筑重置价格为1500元/m²，残值率为10%，A地块面积450 m²，建筑面积为400 m²，目前该建筑全部出租，每月实收租金为10 000元。据调查，当地同类建筑出租租金一般为每月30元/m²，土地及房屋还原率分别为5%和6%，每年需支付的土地使用税及房产税为每建筑平方米20元，需支付的年管理费为同类建筑年租金的4%，年维修费为重置价的2%，年保险费为重置价的0.2%。试根据上述资料估算A地块在1999年11月的土地使用权价格。

估价过程分如下几个步骤。

1)该宗土地与房屋出租，有经济收益，适宜采用收益还原法进行估价。

2)出租总收益：

收益应采用客观收益，即每月30元/m²。

年总收益＝30×400×12＝144 000(元)

3)出租总费用：

总费用包括以下几项。

①年税金＝20×400＝8000(元)

②年管理费＝30×400×12×4%＝5760(元)

③年维修费＝1500×400×2%＝12 000(元)

④年保险费＝1500×400×0.2%＝1200(元)

⑤房屋年折旧费。

房屋年折旧费应根据房屋重置价、耐用年限、残值率等进行计算。但本案例中土地使用权出让年限，即土地使用者可使用土地的年期小于房屋耐用年限，而根据《中华人民共和国城市房地产管理法》和国务院55号令规定，土地使用期满而使用者未申请续期的，土地使用权由国家无偿收回，关于地上建筑物的处置，《中华人民共和国城市房地产管理法》未作具体规定，而国务院55号令则规定由国家无偿取得。因此使用者可使用房地产的年限不能超过出让年期。对本案例而言，使用者可使用房产的年期为50－1＝49(年)；而房屋的残值在使用期满时也并不能由房产主取得。因此，整个房屋重置价必须在可使用期内全部收回，以回收整个投资。因此本案例中房屋年折旧费为

$$\text{房屋年折旧费}=\frac{\text{房屋重置价}}{\text{房屋可使用年限}}=\frac{1500\times400}{49}=12\ 245(\text{元})$$

所以总费用＝8000＋5760＋12 000＋1200＋12 245＝39 205(元)

4)房屋出租年纯收益：

①房屋现值＝房屋重置价－年折旧费×已使用年限

＝1500×400－12 245×3＝563 265(元)

②房屋年纯收益＝房屋现值×房屋还原率

$$=563\ 265\times 6\%=33\ 795.9(\text{元})$$

5)土地年纯收益：

土地年纯收益＝出租总收益－出租总费用－房屋出租年纯收益

$$=144\ 000-39\ 205-33\ 795.9=70\ 999.1(\text{元})$$

6)确定1999年11月的土地使用权价格：

土地在1999年11月的土地使用权剩余使用年期为46年，因此土地使用权价格为

$$\text{土地使用权价格}=\frac{a}{r}\left[1-\frac{1}{(1+r)^n}\right]$$
$$=\frac{70\ 999.1}{5\%}\times\left[1-\frac{1}{(1+5\%)^{46}}\right]$$
$$=1\ 269\ 496(\text{元})$$

二、利用收益还原法评估房产价格

某不动产的土地使用权通过有偿出让方式取得，占地面积为1万m^2，出让年限为50年。该宗地上有一座饭店。在2000年8月尚可有效使用50年，容积率为3。据当地市场资料用比较法评估的宗地在2000年8月50年期土地使用权价格为600元/m^2(容积率为1时)。据当地资料，容积率每增加1，地价增长60%。该饭店每月的客观净收益为11万元。已知土地还原率$r_1=6\%$，该饭店的建筑还原率$r_2=8\%$。根据下述材料估算房屋(该饭店)的价格。

1)采用收益还原法测算房价。

2)房地年纯收益：

房地年纯收益＝11×12＝132(万元/年)

3)土地价格：

土地总地价＝600×10 000×2.2(容积率修正)＝1320(万元)

4)土地年纯收益：

$$\text{土地年纯收益}=\frac{1320\times 6\%}{1-\frac{1}{(1+6\%)^{50}}}=83.75(\text{万元/年})$$

5)房屋年纯收益：

房屋年纯收益＝房地产年总纯收益－土地年纯收益

$$=132-83.75=48.25(\text{万元/年})$$

6)计算房屋价格：

$$\text{房价}=\frac{\text{房屋年纯收益}}{r_2}\times\left[1-\frac{1}{(1+r_2)^{50}}\right]$$
$$=\frac{48.25}{8\%}\times\left[1-\frac{1}{(1+8\%)^{50}}\right]=590.27(\text{万元})$$

三、利用收益还原法评估不动产价格

不动产为地下一楼、地上十楼的钢筋混凝土建筑，用途为办公楼，占地面积及各层楼地板面积如下所述。

土地部分：A为176.66 m^2，B为49.58 m^2，合计为226.24 m^2。建筑物部分：1楼为209.49 m^2；2楼为204.07 m^2；3至10楼为208.59 m^2；地下一楼为209.49 m^2；合计为2291.77 m^2。

目前该不动产出租情况见表3-3。

表 3-3 不动产出租情况

楼层	出租面积/坪	契约期间	月租金/元	押金/元	保证金/元
10	56.221		477 878	—	14 055 250
9	56.221		534 099	3 204 594	1 000 000
8	56.275		434 200	—	8 141 250
7	56.221	各楼层出租	477 878	—	14 954 786
6	56.221	时间从	477 878	—	14 000 000
5	56.221	1974 年到	499 768	2 979 700	—
4	56.221	1911 年不	499 768	1 619 160	—
3	56.221	同,略计	477 028	—	14 954 786
2	56.221		505 989	—	16 866 300
1 B[1]	107.45		891 835	—	16 117 500
计	611.493		5 176 321	7 803 454	100 089 872

其他条件:保证金于解除契约时,可以扣除10%;契约原则上三年更新一次,更新时,更新费可以征收一个月租金;7 楼现为空屋,计算时,按已出租计。

1)估价目的:作为购买价格(含土地及地上建筑)的参考值。

2)估价期日:1988 年 9 月 30 日。

3)估价日期:1988 年 9 月 1 日—10 月 30 日。

4)估价方法:采用收益还原法等方法估价。

5)估价过程:

①总收益计算。

租金总额为

5 176 321×12=62 115 852(元)

押金运用收益为

7 803 454×0.07(利率)=546 241(元)

保证金运用收益为

100 089 872×(1−0.1)×0.07=6 305 661(元)

保证金运用额及运用收益为

100 089 872×0.1×0.1423(年赋均等偿还率)=1 424 278(元)

更新费消除额及运用收益为

5 176 321×0.8162(7%的 3 年复利现值率)×0.3810(7%的 3 年的年赋偿还率)=1 609 691(元)

空房等损失额以 1 个月的租金计,计为 5 176 321 元。

则年总收益合计为

62 115 852+546 241+6 305 661+1 424 278+1 609 691−5 176 321=66 825 402(元)

②总费用计算。

折旧费:建筑物的耐用年限主体为 25 年,设备耐用年限平均为 7.5 年,残值率为 0。

主体:179 216 000(建筑物价格)×0.65(主体所占比例)×1/25=4 659 616(元)

设备:179 216 000×0.35×1/7.5=8 363 413(元)

小计:4 659 616+8 363 413=13 023 029(元)

维持管理费:按建筑物造价的2%计为

179 216 000×0.02=3 584 320(元)

租税:4 219 160(元)

保险费:201 600(元)

总费用合计为13 023 029+3 584 320+4 219 160+201 600=21 028 109(元)

③纯收益计算。

纯收益=总收益-总费用=66 825 402-21 028 109=45 797 293(元)

④收益价格计算。

不动产收益价格=不动产纯收益÷综合还原率(取0.0889)

$$=45\ 797\ 293\times\frac{1}{0.0889}=515\ 155\ 000(\text{元})$$

6)估价结果:确定不动产总收益价格为515 155 000元。

四、利用收益还原法评估承租土地使用权价格

1. 承租土地使用权的概念

承租土地使用权是指在国有土地租赁中,国家将国有土地出租给使用者,使用者所取得的土地使用权。其中国家将国有土地出租给使用者使用,由土地使用者与县级以上人民政府土地行政主管部门签订一定年期的土地租赁合同,并支付租金的行为称为国有土地租赁。

1998年颁布的《中华人民共和国土地管理法实施条例》已经将国有土地租赁明确规定为国有土地有偿使用的一种方式。1999年国土资源部发布的《规范国有土地租赁若干意见》(国土资发[1999]222号)进一步明确:国有土地租赁可以根据具体情况实行短期租赁和长期租赁;国有土地租赁的承租人取得承租土地使用权。承租人在按规定支付土地租金并完成开发建设后,经土地行政主管部门同意或根据租赁合同约定可将承租土地使用权转租、转让或抵押。因此,国有土地租赁有别于出让土地使用者向第三方出租土地的行为,在国有土地租赁过程中,承租者取得的是承租土地使用权。

2. 承租土地使用权价格

关于承租土地使用权是否有价,国内尚有不同意见,一些人以其债权性质而否认其有价,但一些地区,则一致认为承租土地使用权是有价的。那么,既然承租土地使用权是一种土地使用权,权利人有使用、收益和一定的处置权,就应有相应的价格(尤其对于长约年租制而言),例如,出租人将租约未到期的承租土地使用权提前收回时,必须给予承租人补偿;承租土地使用权人将土地使用权转让时往往可取得一定的权利金等。

判断承租土地使用权是否有价具体可从实际缴纳租金与市场租金的关系进行分析,对于国有土地出租,如果承租土地使用权人实际支付的租金比市场租金低(绝大多数情况),使用权人就会获取一定的租金净收益;即使当时实际支付租金与市场租金水平一致,由于租金要3～5年才调整一次,当市场租金上升而实际租金尚未调整或者租金的调整赶不上市场租金的上涨时,二者之间就会有差值;此外,承租土地使用权人有一些其他的优先权,如在租约期间可以优先取得出让土地使用权,在租约到期前可以优先续约等,因此,承租土地使用权应当是有价的。

3. 采用收益还原法评估承租土地使用权价格的原理

采用收益还原法评估承租土地使用权价格,又称差额租金还原法,是将市场租金与实际支付租金之间的差额采用一定的还原率还原求取相应的价格,即未来若干年租金差额的现值之和,这

一点在《规范国有土地租赁若干意见》中明确规定为“承租土地使用权只能按合同租金的差值及租期估价”。租金差额还原法可用公式表示为

$$P=\frac{PR}{r}\times\left[1-\frac{1}{(1+r)^n}\right] \tag{3-24}$$

式中　P——承租土地使用权价格；

PR——盈余租金，即市场租金与实际支付租金的差额；

r——承租土地使用权还原率；

n——收益年期。

需要注意的是，由于承租土地使用权作为财产比出让土地使用权投资风险大，收益不确定性高，因此在采用收益还原法评估时，所选用的还原率一般应比出让土地使用权还原率高1%左右。

4．收益还原法评估承租土地使用权价格实例

某企业于10年前以国家出租方式取得某商业用地使用权，目前实际支付的年租金是6万元，该租约尚有10年到期，余期租金不再调整。据调查，目前同类商业用地市场年租金为8万元，根据测算承租土地使用权还原率为8%，请计算该企业所拥有的承租土地使用权价格。

采用差额租金还原法评估步骤如下：

1)计算年租金差额(租金盈余)。

根据题意，在余下的10年租期内，租金不再调整，每年均为6万元，而市场同类商业用地年租金为8万元，因此年租金差额(租金盈余)为

$$PR=8-6=2(\text{万元})$$

2)题目给定承租土地使用权还原率为8%。

3)计算承租土地使用权价格。

承租土地使用权价格$=2\div8\%\times[1-1/(1+8\%)^{10}]=13.42$(万元)

第四章　市场比较法

◎本章要点

本章需要掌握的内容有：市场比较法的概念、原理、公式及估价步骤，主要参数的确定方法。

第一节　市场比较法基本概述

考试基本要求

掌握：市场比较法的概念、原理、公式。

熟悉：市场比较法的特征、适用范围及应用要求。

一、市场比较法的定义

市场比较法，又简称比较法，是土地估价方法中最重要、最常用的基本方法之一，也是国外通用的经典估价方法之一。

市场比较法的基本含义是：在求取一宗待评估土地的价格时，根据替代原则，将待估土地与在较近时期内已经发生交易的类似土地交易实例进行对照比较，并依据后者已知的价格，参照该土地的交易情况、期日、区域以及个别因素等差别，修正得出待估土地的评估时日地价的方法。这里的“类似土地”，是指土地所在区域的区域特性，以及影响地价的因素和条件均与待估土地相类似的土地。

二、市场比较法的原理

市场比较法是以替代原理为主要理论依据，其基本原理如图 4-1 所示。

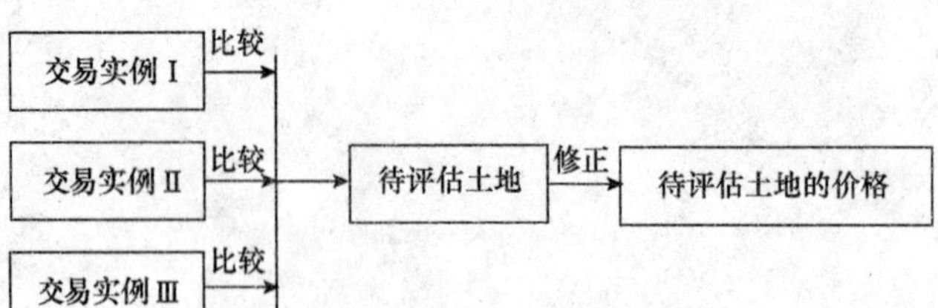

图 4-1　市场比较法原理示意框图

市场比较法是以替代原则为理论基础，因此具有现实性和富有说服力。同时，只要有类似的土地买卖实例可以适用，不仅可以评估土地价格，还可以利用相应的租赁实例，测算土地的租金，这就是租赁实例比较法。当然，市场比较法要求土地市场比较发育，可以获得足够的比较实例，因此它更适宜于市场比较发育地区的经常性交易的土地价格的评估。

三、市场比较法中的相关概念

(1)类似土地

是指其所在地区的区域特性以及其影响地价的因素和条件相同或相近的土地。

(2)比较宗地

是指选定的与待估宗地具有替代关系的比较交易案例的宗地或地块。

(3)标准宗地

是指一定区域内设定的,具备的条件在一定范围内有相应的代表性,可起示范及比较作用的若干宗地。

(4)估价期日

是指决定待估土地价额的基准日期。

(5)交易情况修正

是指排除交易行为中的一些特殊因素所造成的交易价格偏差。

(6)容积率

指一定区域范围内,建筑物的总建筑面积与整个宗地面积之比。

(7)区域因素

是指土地所在区域的自然条件与社会、经济、行政、文化等因素相结合所产生的地区特性对土地价格水平产生影响的因素。

(8)个别因素

是指土地的个别特性(宗地条件)对其价格的影响因素。

(9)地价指数

是指运用一定的统计方法将特定区域一定时期内的地价水平换算成相对于某一基准日期地价水平相对百分比的指数。

(10)区域分析

是指分析判定待估宗地所处区域的类型、特性,以及这些特性对待估宗地价格所产生的影响等。

(11)同一供需圈

是指与待估宗地能形成替代关系,对待估宗地价格产生显著影响的其他土地所在的区域。

(12)相邻区域

针对宗地而言,相邻区域是指待估宗地所处的、以某一特定用途为主的一定范围区域;针对区域而言,相邻区域是指紧邻该区域周围的其他区域。

(13)类似区域

指与待估宗地所隶属的相邻区域相类似的、同一供需圈的其他区域。

四、市场比较法的基本公式

市场比较法根据实际中比较基准的不同,可以分为直接比较分析和间接比较分析。直接比较是以待估土地的状况为基准,把各交易案例与其逐项比较,然后将比较的结果转化为修正价格。间接比较是以一个标准宗地或条件俱佳的土地为基准,把交易案例和待估土地均与其逐项比较,然后将结果转化为修正价格。

根据直接比较、间接比较的要求,市场比较法的计算过程表现为以下两种形式。

1. 直接比较过程

比较案例宗地价格 ⟶ 情况修正 ⟶ 期日修正 ⟶ 区域因素修正 ⟶ 个别因素修正 ⟶

[…] 待估宗地价格

式中省略号表示如果在一评估事务中，除进行以上四项基本修正以外，还要强调个别特殊情况的修正，可以增加的若干修正项目。如要强调容积率及使用年期的修正，则表现形式可转变为：

比较案例宗地价格 ⟶ 情况修正 ⟶ 期日修正 ⟶ 容积率修正 ⟶ 区域因素修正 ⟶ 个别因素修正 ⟶ 使用年期修正 ⟶ 待估宗地价格

以上表现形式可用公式表示为

$$P_D = P_B \times A \times B \times D \times E \tag{4-1}$$

式中 P_D——待估宗地价格；

P_B——比较案例宗地价格；

A——$\dfrac{\text{待估宗地情况指数}}{\text{比较案例宗地情况指数}}$

B——$\dfrac{\text{待估宗地估价期日地价指数}}{\text{比较案例宗地交易日期地价指数}}$

D——$\dfrac{\text{待估宗地区域因素条件指数}}{\text{比较案例宗地区域因素条件指数}}$

E——$\dfrac{\text{待估宗地个别因素条件指数}}{\text{比较案例宗地个别因素条件指数}}$

2. 间接比较过程

如果城市中已设定标准地块，也可以以标准地块为比较基准，确定待估宗地的价格。这时如果收集的比较交易案例正好为标准地块，则修正仍按上述形式进行，只是不需进行标准化修正；如果比较案例不是标准地块，则要先进行标准化修正，然后再用以比较确定待估土地价格。具体形式为

$$P_D = P_B \times A \times B \times C \times D \times E \tag{4-2}$$

式中 C——$\dfrac{\text{标准宗地条件评价系数}}{\text{比较案例宗地条件评价系数}}$；

其他符号意义同前。

公式(4-1)、(4-2)中的有关指数，应当通过掌握的交易实例资料中交易价格与各类地价影响因素的相关关系分析，找到地价影响因素与地价的作用规律，进而确定相应的各类因素条件指数。如可设比较案例宗地或待估宗地的某因素条件指数为基值100%，然后利用经验判断，若待估宗地或比较案例宗地的该因素条件较优，则其条件指数>100%；若待估宗地或比较案例宗地该因素条件较劣，则其条件指数<100%；然后根据地价影响因素的作用规律，确定各条件指数的准确值后，代入公式计算即可。这样公式(4-1)、(4-2)也可表示为公式(4-3)：

$$\text{待估宗地价格} = \text{比较案例宗地价格} \times \frac{100}{(\quad)} \times \frac{(\quad)}{100} \times \frac{100}{(\quad)} \times \frac{100}{(\quad)} \tag{4-3}$$

式中第一项分子100，表示以正常买卖情况或待估宗地估价情况指数为100时，要确定比较交易案例发生时的情况指数；第二项分母100，表示以买卖当时的价格指数为100时，要确定估价期日的价格指数；第三项分子100，表示以待估宗地的区域因素条件指数为100，要比较确定比较案例宗地的区域因素条件指数；第四项分子100，表示以待估宗地的个别因素条件指数为100%时，要比较确定比较案例宗地的个别因素条件指数。

或公式(4-4)：

$$\text{待估宗地价格} = \text{比较案例宗地价格} \times \frac{100}{(\quad)} \times \frac{(\quad)}{100} \times \frac{(\quad)}{100} \times \frac{(\quad)}{100} \tag{4-4}$$

式中第一、二项含义同上，后两项分母100，表示比较案例地块的区域因素或个别因素条件指数为100时，要比较确定待估宗地的区域因素条件指数或个别因素条件指数。

或公式(4-5)：

$$\text{待估宗地价格}=\frac{\text{标准}}{\text{宗地价格}}\times\frac{100}{(\quad)}\times\frac{(\quad)}{100}\times\frac{(\quad)}{100}\times\frac{(\quad)}{100}\times\frac{(\quad)}{100}\tag{4-5}$$

式中第一、二项表示同上，后三项分母 100，表示标准地块的条件指数为 100 时，要确定待估宗地的相应因素条件指数，若待估宗地因素条件优于标准宗地，则其对应的因素条件指数大于 100。

对于上述公式中的区域因素和个别因素修正，当因素内存在多个不同因子影响时，可根据因子条件指数确定的途径，采用两种方式确定区域因素条件指数和个别因素条件指数。

1)若区域因素和个别因素中的各因子条件指数是采用单因子与地价相关关系分析后确定的，则应采用积算的方式确定待估宗地和案例宗地的因素条件指数后比较确定相应的修正系数，即有

$$D=\frac{\text{待估宗地区域因素条件指数}}{\text{比较案例宗地区域因素条件指数}}=\frac{\prod_{i=1}^{n}\text{待估宗地区域因子条件指数 }D_i}{\prod_{j=1}^{n}\text{比较案例宗地区域因子条件指数 }D_j}\tag{4-6}$$

式中　n——区域因素中所包含的因子数。

$$E=\frac{\text{待估宗地个别因素条件指数}}{\text{比较案例宗地个别因素条件指数}}=\frac{\prod_{i=1}^{m}\text{待估宗地个别因子条件指数 }E_i}{\prod_{j=1}^{m}\text{比较案例宗地个别因子条件指数 }E_j}\tag{4-7}$$

式中　m——个别因素中所包含的因子数。

2)若区域因素和个别因素中各因子的条件修正系数是在确定因素修正总幅度的基础上进行因子分解后确定，则应采用因子修订系数加和的方式确定因素修正幅度，进而确定因素条件指数和因素修订系数，即有

$$D=\frac{\text{待估宗地区域因素条件指数}}{\text{比较案例宗地区域因素条件指数}}=\frac{1+\sum_{i=1}^{n}\text{待估宗地区域因子修正系数 }D_i}{1+\sum_{j=1}^{n}\text{比较案例宗地区域因子修正系数 }D_j}\tag{4-8}$$

式中　n——区域因素中所包含的因子数。

$$E=\frac{\text{待估宗地个别区域因素条件指数}}{\text{比较案例宗地个别因素条件指数}}=\frac{1+\sum_{i=1}^{m}\text{待估宗地个别因子修正系数 }E_i}{1+\sum_{j=1}^{m}\text{比较案例宗地个别因子修正系数 }E_j}\tag{4-9}$$

式中　m——个别因素中所包含的因子数。

五、市场比较法的特点与应用范围

1. 市场比较法的特点

(1)市场比较法具有现实性，有较强的说服力

市场比较法利用近期发生的与待估土地具有替代性的交易案例作为比较标准，修正推算待估

土地的价格，能够反映近期市场的行情，也使测算的价格具有较强的现实性，容易被接受。

(2)市场比较法以替代关系为途径，所求得的价格称"比准价格"

市场比较法是通过已发生的交易案例的价格，利用其与待估土地之间的替代关系，比较求算待估土地的价格，所以也称"比准价格"。

(3)市场比较法以价格求价格，在不正常市场条件下难以与收益价格相协调

采用市场比较法评估土地价格，是以市场交易案例为基础，通过对交易案例价格的修正求取评估对象价格，虽然反映市场规律，但如果在不正常市场条件下，如市场低迷或市场过度炒作、出现"泡沫"经济等，会使得估价结果容易偏离土地资产的本身特征，无法与收益价格相协调。

(4)市场比较法需要估价人员具有较高素质

应用比较法需要进行市场情况、交易日期、区域因素及个别因素等一系列项目的比较修正，这就要求土地估价人员要具备多方面的知识和丰富的经验，否则难以得到客观准确的结果。

(5)市场比较法以替代原则为基础

正确选择比较案例和合理修正交易价格是保证评估结果准确性的关键。因此要求评估人员要全面准确地调查市场资料，合理选择比较案例，并将比较案例与评估对象进行全面、细致的比较，确定适当的修正系数，以保证评估结果的准确性。

2. 市场比较法的适用条件

在替代原理指导下，利用市场比较法，必须以发育健全的地产市场为基本条件，并掌握充足的交易实例资料。正是由于市场比较法的应用基础是发达的不动产市场及丰富的交易案例资料，所以比较法仅适用于市场比较稳定且有大量交易案例的地区，并且交易案例与待估地块应有相关性和替代性，交易案例甚少或无交易案例的地区则不适用。具体来说，市场比较法的适用条件如下：

(1)要有足够数量的比较案例

国外不动产市场比较发达的国家(如德国)，一般要求至少要选择 10 个可比较的交易案例，由于我国土地市场正处于发育和发展阶段，市场资料不够充分，为了满足市场比较法使用的需要，要求市场比较交易案例至少 3 个。

(2)交易案例资料与待评估土地具有相关性和替代性

充足的市场交易案例资料固然很重要，但是，这些交易案例还必须与待估土地具有相关性，如用途应相同、所处位置应是相邻区域或类似区域、交易时间应相近等，通常情况下这种相关程度越大，比较评估的效果也就越好。

(3)交易资料的可靠性

交易案例资料的可靠性是提高比较评估地价精确度的保证，所以，一要保证资料来源的可靠性；二要对交易案例资料的数据信息进行充分的查实和核对，包括交易案件的交易情况、交易价格、交易物的权属和实体状况、是否有附加条件的交易以及各种影响因素的条件等资料，都必须是准确可靠的。

(4)合法性

利用比较法评估地价时，不仅要排除不合理的地产市场交易资料，而且要注意研究有关法律的规定，如城市规划法对土地的用途、容积率等的限制性规定，必然引起交易地价的变动，造成地价的显著差异。所以，用比较法估价时，应注意选择与待估土地的法律规定相似的交易案例资料作为分析、比较的依据。

3. 市场比较法的适用范围

从市场比较法的适用条件来看，市场比较法主要用于地产市场发达、有充足的具有替代性的土地交易实例的地区；从评估目的和评估结果的形式来看，市场比较法除可直接用于评估土地的价格或价值外，还可用于评估土地或房地产的租金，以及用于其他估价方法中有关参数的求取。

第二节 市场比较法估价的程序与计算方法

考试基本要求

掌握:市场比较法估价步骤,主要参数的确定方法。

市场比较法估价的程序为:

收集交易资料 → 确定比较交易案例 → 进行市场交易情况修正 → 期日修正 → 区域、个别因素修正 → 使用年限修正 → 容积率修正 → 土地价格的确定

一、收集交易资料

收集大量的房地产市场交易的“初级资料”,是利用比较法评估土地价格的基础和前提条件。如果资料太少,则会使评估的结果不够准确,甚至会使比较法无法采用。

收集交易案例,其内容一般包括土地坐落、用途、面积、形状、地段交通条件、交易价格、成交日期、交易双方基本情况,以及交易市场状况等。具体可参照表 4-1。

表 4-1 交易案例调查表

<table>
<tr><th colspan="2">项目</th><th>状态</th><th colspan="3">项目</th><th>状态</th><th colspan="2">项目</th><th>状态</th></tr>
<tr><td colspan="2" rowspan="2">坐落</td><td rowspan="2"></td><td rowspan="36">区域因素</td><td rowspan="6">距商业服务中心距离</td><td rowspan="2">市级</td><td rowspan="2"></td><td rowspan="27">个别因素</td><td rowspan="3">地形、地质</td><td rowspan="3"></td></tr>
<tr></tr>
<tr><td colspan="2" rowspan="2">使用类别</td><td rowspan="2"></td><td rowspan="2">区级</td><td rowspan="2"></td></tr>
<tr><td rowspan="3">面积</td><td rowspan="3"></td></tr>
<tr><td colspan="2" rowspan="2">权利状态</td><td rowspan="2"></td><td rowspan="2">小区级</td><td rowspan="2"></td></tr>
<tr></tr>
<tr><td rowspan="6">交易价格</td><td rowspan="2">总价</td><td rowspan="2"></td><td rowspan="4">距公共设施距离</td><td rowspan="2">文体设施</td><td rowspan="2"></td><td rowspan="3">宽、深度</td><td rowspan="3"></td></tr>
<tr></tr>
<tr><td rowspan="2">土地价格</td><td rowspan="2"></td><td rowspan="2">公用设施</td><td rowspan="2"></td></tr>
<tr><td rowspan="3">形状</td><td rowspan="3"></td></tr>
<tr><td rowspan="2">建筑物价格</td><td rowspan="2"></td><td rowspan="4">道路状态</td><td rowspan="2">宽度</td><td rowspan="2"></td></tr>
<tr></tr>
<tr><td rowspan="6">建筑物概况</td><td rowspan="2">面积</td><td rowspan="2"></td><td rowspan="2">车流量</td><td rowspan="2"></td><td rowspan="3">临街类型</td><td rowspan="3"></td></tr>
<tr></tr>
<tr><td rowspan="2">结构</td><td rowspan="2"></td><td rowspan="4">公交状况</td><td rowspan="2">线路数</td><td rowspan="2"></td></tr>
<tr><td rowspan="3">临街位置</td><td rowspan="3"></td></tr>
<tr><td rowspan="2">用途</td><td rowspan="2"></td><td rowspan="2">线路流量</td><td rowspan="2"></td></tr>
<tr></tr>
<tr><td colspan="2" rowspan="2">交易形式</td><td rowspan="2"></td><td rowspan="8">距对外交通设施的距离</td><td rowspan="2">火车站</td><td rowspan="2"></td><td rowspan="3">临街深度</td><td rowspan="3"></td></tr>
<tr></tr>
<tr><td colspan="2" rowspan="2">交易日期</td><td rowspan="2"></td><td rowspan="2">汽车站</td><td rowspan="2"></td></tr>
<tr><td rowspan="3">容积率</td><td rowspan="3"></td></tr>
<tr><td colspan="2" rowspan="2">交易情况</td><td rowspan="2"></td><td rowspan="2">码头</td><td rowspan="2"></td></tr>
<tr></tr>
<tr><td colspan="2" rowspan="2">基准地价</td><td rowspan="2"></td><td rowspan="2">机场</td><td rowspan="2"></td><td rowspan="3">其他</td><td rowspan="3"></td></tr>
<tr></tr>
<tr><td colspan="2" rowspan="2">调查日期</td><td rowspan="2"></td><td colspan="2" rowspan="2">给水、排水</td><td rowspan="2"></td></tr>
<tr><td colspan="2" rowspan="3">规划限制</td><td rowspan="3"></td></tr>
<tr><td colspan="2" rowspan="8">其他</td><td rowspan="8"></td><td colspan="2" rowspan="2">供电、供热</td><td rowspan="2"></td></tr>
<tr></tr>
<tr><td colspan="2" rowspan="2">供气</td><td rowspan="2"></td><td colspan="2" rowspan="3">使用限制</td><td rowspan="3"></td></tr>
<tr></tr>
<tr><td colspan="2" rowspan="2">电信</td><td rowspan="2"></td></tr>
<tr><td colspan="2" rowspan="3">备注</td><td rowspan="3"></td></tr>
<tr><td colspan="2" rowspan="2">其他</td><td rowspan="2"></td></tr>
<tr></tr>
</table>

对于收集的每个交易案例都要认真查证，以保证资料的准确性。

收集交易案例的可能途径有多种，一般有：①查阅政府有关部门的房地产交易资料；②查阅各种报刊有关房地产交易的消息；③查访房地产经办人，了解各种信息；④通过市场调查，直接调查交易双方；⑤查阅当地评估机构所掌握的交易资料；⑥其他途径。

对于收集的交易资料，应按照地籍档案制度，进行登记、归档，以利于资料的保存和利用。

二、确定比较交易案例

选择比较参照的交易案例时，应符合下列具体要求：

(1)与待估土地用途应相同

这里的用途指具体的利用方式，如办公楼(写字楼)、酒楼、零售店面、旅馆、住宅、仓库等。

(2)与待估土地的交易类型应相同

这里的交易类型主要指买卖、租赁、抵押、入股等形式。

(3)交易案例必须为正常交易，或可修正为正常交易

所谓正常交易是指交易应是公开、平等、自愿的交易。

(4)与待估土地所处地区的区域特性及宗地的个别条件要相近

由于比较法是以替代原理为理论依据的，所以用来比较的交易案例应与待估土地具有替代关系。用来比较的交易案例应与待估土地处于具有相同特性的同一地区，或处于同一供需圈的类似地区，且其宗地的个别条件应相近。

(5)交易时间与待估土地的估价期日应接近或可以进行比较修正

估价期日是指决定待估土地价额的基准日期。一般情况下如果市场比较稳定，比较的有效期可以延长，即可以选择几年前的交易案例用于比较。如果市场变化较快，则比较的有效期要缩短。一般应选择 2 年内成交的不动产交易实例，最长不超过 3 年。

比较案例选定以后，还应根据各案例的情况，建立价格比较基础，如统一付款方式、统一币种和调整货币单位、确定统一的面积内涵和面积单位等，通过统一调整，建立一致的比较基础。

三、市场交易情况修正

1. 市场交易情况修正

市场交易情况修正，是指排除掉交易行为中的一些特殊因素所造成的交易价格偏差。由于房地产市场的特殊性质，如交易物的不可移动性、市场的不完全性等，其交易价格是随个别交易而形成的，往往容易受当时的一些特殊因素的影响形成偏差，不宜直接作为比较对象。因此，运用比较法评估土地价格时，必须进行交易情况的比较、分析。

交易行为中的特殊因素主要有以下几种：

1)有一定利害关系的人们互相间的交易。如亲友之间、有利害关系的公司之间、公司与其职员之间的土地交易活动等。这些交易通常都以低于市价的价格进行，所以不宜直接作为比较交易案例。

2)急欲脱售或急欲购买的交易，前者易造成价格偏低，后者则偏高。

3)买方或卖方不了解市场行情，使交易价格偏高或偏低。

4)交易双方或者一方有特别动机或者特别偏好的交易。

5)受债权债务关系影响的交易。

6)相邻地块的合并交易。

7)特殊交易方式的交易。

8)交易税费非正常负担的交易。

9)其他非正常的交易。

2. 市场交易情况修正方法

关于情况修正,需要估价人员具有丰富的经验,对市场行情有充分的了解,所以能否准确地进行情况修正,很大程度上依赖于估价人员的经验。

一般的修正程序包括以下几项:

1)剔除非正常的交易案例。即要将那些已不属于或已超出可以进行修正范围的案例排除掉。

2)测定各种特殊因素对正常土地价格的影响程度。即要分析在正常情况下和这些特殊情况下,土地价格可能产生的偏差的大小。测定方法可以利用已掌握的交易资料分析计算,确定修正系数,也可以由估价师根据长期的经验积累,判断确定修正比例。

3)利用修正系数,修正具体的交易案例。计算公式为

$$\begin{matrix}\text{情况修正后的}\\ \text{交易案例价格}\end{matrix} = \text{比较交易案例价格} \times \frac{\text{待估宗地情况或正常情况指数}}{\text{比较案例宗地情况指数}} \tag{4-10}$$

四、期日修正

1. 实质

交易案例的交易日期与待估土地估价期日是有差异的,一般前者发生在先,后者发生在后。在此期间,土地的价格很可能会发生变化,所以要进行期日修正,以使比较案例的价格符合估价期日的实际市场情况。

2. 修正方法

关于期日修正,可以采用地价指数或房屋价格指数的变动率来分析计算,将交易价格修正为估价期日的价格。计算公式为

$$\begin{matrix}\text{修正为估价期日}\\ \text{的交易实例价格}\end{matrix} = \begin{matrix}\text{交易实}\\ \text{例价格}\end{matrix} \times \frac{\text{估价期日的价格指数}}{\text{交易时期价格指数}} \tag{4-11}$$

五、区域因素修正系数

1. 实质

区域因素是指土地所在地区的自然条件与社会、经济、行政等因素相结合所产生的地区特性,并对土地价格水平产生影响的因素。区域因素包含的内容主要有地区的繁华程度、交通状况、基础设施状况、区域环境条件等。不同用途的土地,影响其价格的区域因素也不同,区域因素修正的具体内容应根据估价对象的用途确定。

1)地区的繁华程度指商业服务业的规模等级及其对土地利用的影响程度。一般商业服务业的规模等级越高,土地利用的集聚效益越高,且随着距离商服中心距离的增加,土地效用呈现递减的趋势。

2)交通状况指地区的道路通达度、公共交通的便捷程度以及对外交通的便利程度等。良好的交通状况,土地利用效益高,地价亦高,所以交通条件的优劣直接影响土地效用的高低。

3)基础设施状况主要指地区的生活设施状况及公用设施状况,如地区的给排水、供电、供热、供气、电信及中小学、影剧院、医院等设施是否齐备、服务的技术等级及服务保证率等,这些设施条件如何也直接影响土地的利用效益。

4)区域环境条件主要指地区的环境优劣程度以及环境的绿化、美化程度,也是影响土地效用的重要因素。

通过对区域因素的修正,可以将交易案例土地与待估宗地由于地区特性不同产生的价格差异剔除掉。因此,区域因素修正是市场比较法中的一个基本修正,也是市场比较法的难点和重点之一。

2. 修正方法

市场比较法中的区域因素修正包括以下几个步骤：

(1)确定比较因子

即根据具体的评估对象，选择确定区域因素中的比较因子内容。比较因子项目可参见调查表4-1。

(2)评价各因子的比较修正系数

对区域因素的比较修正，在确定了比较因子项目后，必须把各因子条件转化为可比的定量指数，进而采用公式(4-6)或公式(4-8)计算区域因素修正系数。一般来说，定量确定各比较因子定量指数的方法有以下几种：

1)以距离为比较尺度，如比较距商业服务中心的距离，距某公共设施的距离等，以距离为依据进行比较。

2)以数学公式或经验公式计算的影响分值为比较尺度，即利用一定的公式计算因素的影响分值，并以分值为比较依据。

对于因素中各因子的比较方式可以采用直接比较法，也可以采用间接比较法。直接比较法，就是直接评价待估宗地与比较案例宗地的差别，确定比较修正系数，如可以待估宗地的某因子条件指数为基数——100％，比较评定交易案例宗地该因子的条件指数，因子优于待估宗地的，比较案例该因子条件指数＞100％，因子劣于待估宗地的，则比较案例该因子条件指数＜100％。间接比较法，是通过对待估宗地及比较案例宗地与标准宗地(地块)的比较，建立待估宗地与比较案例比较关系的方法，如可以标准宗地的某因子条件指数为基数——100％，同时评定待估宗地与交易案例宗地因子的条件指数值，并通过标准宗地建立待估宗地与比较案例宗地的比较关系。

3)在地价和各影响因子相关关系分析的基础上，总结出各因子条件量化标准和规律，在具体估价时，根据各因子指标条件对照上述规律和标准，并借助估价者的经验，应先确定各因子的条件指数和修正系数，编制出城市或区域的区域因素修正系数表。

(3)利用计算出的区域因素修正系数，进行区域因素修正

计算公式为

$$\begin{matrix}\text{区域因素修正后}\\\text{的比较案例价格}\end{matrix}=\text{比较交易案例价格}\times\frac{\text{待估宗地区域因素条件指数}}{\text{比较案例宗地区域因素条件指数}}\qquad(4\text{-}12)$$

六、个别因素修正

1. 实质

个别因素是指构成宗地的个别特性(宗地条件)，该因素会对价格产生影响。个别因素比较的内容，主要有宗地(地块)的位置、面积、形状、宗地基础及市政设施状况、地形、地质、临街类型、临街深度、临街位置、宗地内开发程度、水文状况、规划限制条件等。

1)宗地的面积直接影响对土地的使用。不同的土地用途，一般都有其最适合的面积要求，面积过小，不利于使用；面积过大，又会影响使用效益。所以面积是否合适，是分析土地有效使用的重要标志。

2)宗地的形状不同，也影响土地的利用效果。一般情况下，矩形或方形地块要较三角形或不规则形状地块更利于使用。

3)宗地的地形、地质条件，也直接影响对土地的使用，如平缓的地形与良好的地质条件会提高对土地的利用效用。

4)宗地所临街道类型不同，也会影响到土地的利用效用。如商业用途的宗地，其所临道路若为

交通型干道或生活型干道,其利用效用会产生很大差异。

5)地块的利用效用一般与其临街深度呈递减变化规律。在一定宽度条件下,临街深度越深,土地效用越差;且在宽、深比达到适合状态时,土地的利用效用最佳。

6)地块所处街道的位置不同,对其效用亦有影响,一般从商业用途来看,位于街角地的地块要比普通沿街的地块效用高得多,且位于十字路口街角地与位于丁字路口街角地的效用也存在差别。

个别因素修正的目的,就是要通过修正,将待估宗地与比较案例宗地之间由于个别因素差异而产生的价格差别剔除掉,以便准确评估待估宗地的价格。

2. 修正方法

个别因素的修正方法包括:①确定比较因素;②评价各因素的比较修正系数;③利用比较修正系数表评估地价等步骤。方法程序及计算公式基本同于区域因素的修正方法。

由于个别因素对土地利用影响有其相应的特点,评价各因子比较修正系数的方法,与区域因素的评价方法不完全相同。除可以采用经验判断打分为比较尺度以外,还可采用对个别因素中各因子与地价相关关系分析的方法,确定个别因素对地价的影响系数,编制出城市或区域的个别因素修正系数表。

例如,某城市确定商业用地个别因素比较项目有临街位置(拐角形式)及临街深度,并测算出各因子指标的条件指数标准如下表4-2及表4-3。

表4-2 临街位置(拐角形式)条件指数表

拐角形式 \ 道路类型	生活型道路	混合型道路	其他型道路
非拐角	1.00	1.00	1.00
丁字交	1.10	1.30	1.10
十字交	1.40	1.50	1.20

表4-3 临街深度条件指数表

道路类型 \ 进深/m	0~3	3~5	5~7	7~9	9~10	10~12	12~14	14~16	16~20
生活型	0.85	0.80	0.75	0.80	0.90	1.00	0.90	0.80	0.70
混合型	0.90	0.85	0.90	0.95	1.00	0.90	0.80	0.70	0.60
其他型	0.95	0.95	0.90	1.00	0.95	0.9	0.75	0.60	0.60

若经选定的比较宗地的价格为1000元/m^2,个别因素条件指数为1.20,而待估土地个别因素条件指数为1.40,则修正后的价格为$1000\times\frac{1.40}{1.20}=1167$(元/$m^2$)。

七、土地使用权年期修正

1. 实质

土地使用权年期是指土地交易中契约约定的土地使用权年限。土地使用权年期的长短,直接影响可利用土地并获相应土地收益的年限。如果土地的年收益确定以后,土地的使用期限越长,土地的总收益越多,土地利用效益也越高,土地的价格也会因此提高。因此,通过土地使用权年期修正,可以消除由于使用期限不同所造成的价格上的差别。

2. 修正方法

1)计算使用年期修正系数。年期修正系数可按下式计算:

$$K = \frac{1 - 1/(1+r)^m}{1 - 1/(1+r)^n} \tag{4-13}$$

式中 K——将比较案例年期修正到待估宗地使用年期的年期修正系数;

r——土地还原率;

m——待估宗地的使用权年期;

n——比较案例的使用权年期。

2)利用年期修正系数对交易案例地价进行年期修正,即

$$\text{年期修正后地价} = \text{比较案例价格} \times K \tag{4-14}$$

八、容积率修正

不同的城市地区,城市规划对该地区的容积率都有一定的规定限制。容积率的大小直接影响土地利用程度的高低。一般来说,容积率越高,土地利用效益就越高,从而地价也就相应地提高。所以在评估地价时要进行容积率的修正,通过容积率修正,消除由于容积率的不同而造成的地价水平的差异。

容积率修正的具体修正方法,同样用修正系数来修正地价。容积率修正首先要利用土地登记的资料,查询了解城市规划关于评估宗地所处地区的容积率规定指标以及容积率的现状水平。其次,根据容积率与地价水平的相关分析,确定容积率与地价相关系数,制定容积率修正系数,最后利用容积率修正系数修正调整地价。

容积率修正可采用下式计算:

$$\begin{matrix}\text{容积率修正后的} \\ \text{交易案例价格}\end{matrix} = \begin{matrix}\text{比较宗} \\ \text{地价格}\end{matrix} \times \frac{\text{待估宗地容积率修正系数}}{\text{比较案例宗地容积率修正系数}} \tag{4-15}$$

九、土地价格的最终确定

通过对所选择的市场交易案例分别进行情况修正、期日修正、区域因素和个别因素修正、使用权年期修正、容积率修正等因素调整后,即可得出待评估土地的试算比准价格。

由于在市场比较法评估过程中,要选择多个比较交易案例,这样通过修正后会得出对应的多个试算比准价格,而最终待估宗地的比准价格只能是一个,所以要对每个试算比准价格进行比较分析,综合确定待估宗地的合理比准价格。

对多个比准价格处理,综合确定地价的基本方法有三种:

(1)简单平均法

直接以多个比准价格的平均值作为最后的综合结果。

(2)加权平均法

对多个比准价格赋予不同的权重,权重大小应反映该价格与待估土地价格的接近程度的大小,然后加权平均计算出综合值为最终的待估土地比准价格。

(3)取交易案例多个比准价格的中位数或众数,作为地价的综合结果

在实际评估中,采用市场比较法,其最终合理比准地价的确定应该是根据数学处理后,再加上多方面的经验分析和判断来确定。

第三节　市场比较法的应用

一、市场比较法应用范围

市场比较法可以运用于不动产的买卖、租赁、抵押等各种交易形式的价格及租金确定。对于各种形式价格的评估，只要有适合的具备替代关系的交易案例资料，就可以通过比较修正，确定待估不动产相应形式的价格。

1. 利用市场比较法评估土地的价格

方法应用时要选择同类型的土地交易案例，修正时所考虑的因素也要以影响土地利用效益的因素为主。这样进行比较修正，才能够准确评估待估宗地的价格。

这种方法前面已详述。但值得注意的是所评估的对象问题，即评估的是土地的价格。但是其地上是可能存在各种建筑物的，只不过是在评估过程中，可以计算出建筑物的价格以及建筑物的存在对土地利用效益产生的增减影响，并可以将其从总价中扣除，而不影响对土地价格的评估。

2. 利用市场比较法评估建筑物的价格

同样，方法应用时要选择同类型的交易案例，并采用修正计算确定待估建筑物的价格。但由于评估的对象是建筑物，所以比较修正因素除要考虑一般因素以外，还要增加反映建筑物特性的因素，如建筑物面积、结构、材料、楼层、装饰、设备状况、成色及使用条件等因素，以利于准确评估建筑物的价格水平。

3. 利用市场比较法评估土地及建筑物为一整体的价格

评估方法基本同前，只是在进行比较分析时，要注意考虑土地及建筑物的权属问题，因为具体权利关系的差异，也会影响总体价格水平。

4. 利用市场比较法评估租金

市场比较法确定租金，就是利用比较方法，以条件类似的土地租赁实例与待估宗地加以对照比较，以求取待估宗地租金的一种方法。该方法适合于对新订约租金及续约情况下租金的评估，是评估不动产租金的基本方法之一。该方法适合市场发达、租赁案例丰富、待估土地与租赁实例相关程度合适的地区。

在用市场比较法评估租金时，首先要选定评估确定租金的内容。租金按其内容可划分为实质租金与支付租金。实质租金通常由纯租金及租赁不动产所需的各项费用两方面构成。支付租金指各支付时期支付的租金额。它不包括制订契约时所收取的具有预租金性质的保证金、押金等一次性费用。实质租金与支付租金的关系可由下式表明：

$$实质租金(月或年)=支付租金(月或年)+保证金等\times月(年)利率 \quad (4\text{-}16)$$

在运用市场法评估不动产租金时，一般应选择实质租金进行比较分析。

运用比较法评估租金，其基本理论依据仍是替代原理。即具有同等效用的不动产之间，只要人们依据经济原则行事，就会由于替代原则的作用，使租金趋向一致。这样，就可以利用已发生的与待估宗地具同等效用的租赁案例土地的租金，比较确定待估宗地的租金。

运用市场比较法评估租金的步骤见表 4-4。

表 4-4　　运用市场比较法评估租金的步骤

项　目	内　容
收集租赁案例资料	收集租赁案例的内容除包括比较法要求的一般项目以外，还要注意契约中关于一次性支付预付租金的说明，如预付租金的项目、折价计算方式等
确定比较租赁案例	确定的比较租赁案例，应符合比较法要求的基本条件。除此之外，还要注意选择与待估宗地租赁契约内容相近的租赁案例为比较案例
差异修正	主要进行情况修正、期日修正以及区域因素及个别因素的修正等
确定合理的试算租金	依据各项修正指标，修正比较租赁租金为待估宗地的租金

二、市场比较法应用实例

例 1　在某一城市，需要评定的地块为 W，现收集到与待估地块类似的 7 宗土地，条件如表 4-5 所示。

表 4-5　　与待估地块条件类似的 7 宗土地的条件

项目	宗地成交价/(元·m^{-2})	交易时间	容积率	位置比较	形状比较	区域因素比较	个别因素比较
A	580	1987	1.3	0	−5%	0	0
B	620	1988	1.2	3%	0	0	−4%
C	660	1988	1.4	0	−2%	0	0
D	700	1989	1.4	0	0	−3%	0
E	680	1989	1.3	0	0	+3%	0
F	730	1990	1.2	+2%	0	−5%	0
G	740	1990	1.3	0	0	0	−3%
H		1990	1.0	0	0	0	0

现假设该城市地价指数以 1987 年为基期，每年增长数同 1987 年相比增长率为 12%。对于容积率，此类型地块的最低容积率为 1，据统计分析，该城市此类型地块的土地，当容积率每增加 0.1，宗地单位地价比容积率为 1 时地价增加 5%。对位置、形状、区域因素、个别因素对地价的修正，都与待估地块比较，表中数字为负的，表示成交宗地的条件比待估宗地条件差，表中数字为正的，表示成交宗地的条件比待估宗地好；数值表示对宗地地价所修正幅度。根据上述条件，试计算 1990 年宗地 W 的评估价格。

土地估价过程：

1)计算该城市地价指数。

按给定的条件，该市的地价指数为表 4-6。

表 4-6　　该市的地价指数

年代	1987 年	1988 年	1989 年	1990 年
地价指数	100	112	124	136

2)计算该城市容积率修正指数。

按条件,该市的容积率修正指数为表 4-7。

表 4-7　　该市的容积率修正指数

容积率	1.0	1.1	1.2	1.3	1.4
修正指数	100	105	110	115	120

3)计算位置、形状、区域因素、个别因素对地价的修正。

按条件,以待估宗地的条件为标准,因素条件指数计为 100,则表中数字为正,表示比较案例条件比待估宗地好,其条件指数大于 100,表中数字为负的,则表示比较案例的因素条件指数小于 100。

4)计算各案例宗地修正后的价格。

期日修正　容积率修正　位置修正　形状修正　区域因素修正　个别因素修正

A. $580\times\frac{136}{100}\times\frac{100}{115}\times\frac{100}{100}\times\frac{100}{95}\times\frac{100}{100}\times\frac{100}{100}=722.01$(元/$m^2$)

B. $620\times\frac{136}{112}\times\frac{100}{110}\times\frac{100}{103}\times\frac{100}{95}\times\frac{100}{100}\times\frac{100}{96}=692.17$(元/$m^2$)

C. $660\times\frac{136}{112}\times\frac{100}{120}\times\frac{100}{100}\times\frac{100}{98}\times\frac{100}{100}\times\frac{100}{100}=681.49$(元/$m^2$)

D. $700\times\frac{136}{124}\times\frac{100}{120}\times\frac{100}{100}\times\frac{100}{100}\times\frac{100}{97}\times\frac{100}{100}=659.57$(元/$m^2$)

E. $680\times\frac{136}{124}\times\frac{100}{115}\times\frac{100}{100}\times\frac{100}{100}\times\frac{100}{103}\times\frac{100}{100}=629.64$(元/$m^2$)

F. $730\times\frac{136}{136}\times\frac{100}{110}\times\frac{100}{102}\times\frac{100}{100}\times\frac{100}{95}\times\frac{100}{100}=684.87$(元/$m^2$)

G. $740\times\frac{136}{136}\times\frac{100}{115}\times\frac{100}{100}\times\frac{100}{100}\times\frac{100}{100}\times\frac{100}{97}=663.38$(元/$m^2$)

5)评估宗地 W 的地价。

将收集的宗地进行修正后,各宗地地价偏差不大,故采用算术平均数计算宗地价格。

$$W:(A+B+C+D+E+F+G)\div 7=676.16(元/m^2)$$

所以,宗地 W 在 1990 年时的地价为 676.16 元/m^2。

例 2　某城市内,有一宗住宅用地需要评估,现根据当地条件,选择了与之类似的四宗已成交案例,几宗地块的交易情况与待估地一致,其他条件比较如表 4-8 所示。

表 4-8　　其他条件比较

项目	待估土地	比较案例 A	比较案例 B	比较案例 C	比较案例 D
用途	住宅	住宅	住宅	住宅	住宅
成交日期	评值期日 1994.10	1993.10	1993.12	1994.8	1993.4

续表

项目		待估土地	比较案例 A	比较案例 B	比较案例 C	比较案例 D
成交价格			1200 元/m^2	1300 元/m^2	1400 元/m^2	1000 元/m^2
容积率		2	3	3	4	2
区域条件	位置	0	−2%	−3%	0	−3%
	基础设施	0	−1%	−2%	+2%	0
	交通	0	−2%	0	+3%	−2%
个别条件	地势	0	−2%	+1%	0	−2%
	形状	0	+3%	0	+5%	−4%
	其他	0	−3%	−3%	0	−2%

对区域因素和个别因素对地价的影响，待估地块条件与案例地块条件比较结果如表 4-8 所示，表中数字为正值，表示待估地块优于成交地块，数字大小表示优劣的程度。

又知该城市地价指数在 1993 年 1 月为 100，以后每月上涨一个百分点，容积率修正系数如表 4-9 所示。

请按以上条件，估算该住宅用地在 1994 年 10 月的单位地价。

表 4-9　　容积率修正系数

容积率	1	2	3	4	5
修正指数	1	1.8	2.4	3.0	3.5

估价过程：

根据上述条件，应采用市场比较法进行评估。

1)交易情况一致，免于进行交易情况修正。

2)编制当地地价指数表。

根据所给条件：1993 年 1 月的地价指数为 100，以后每月上涨一个百分点，则当地地价指数表如表 4-10 所示。

表 4-10　　当地地价指数

时间	1993.1	1993.2	1993.4	1993.10	1993.12	1994.1	1994.8	1994.10
地价指数	100	101	103	109	111	112	119	121

3)容积率修正已有相应的修正系数表。

4)确定区域因素和个别因素的条件指数。

根据题目条件，表中数字为待估地块与各案例地块比较的结果，即分别以案例地块区域和个别条件为 100，待估地块与各案例地块分别相比，数字为正表示待估地优于案例地，即因素条件大于 100。又因本题中是以待估地与成交地块的区域因素和个别因素相比较，而区域因素和个别因素中又分别包含多个因子，因此这两个因素的修正适用于本章的公式(4-8)和公式(4-9)。

5)计算各案例地价修正后的价格。

情况 期日 容积率 区域因 个别因
修正 修正　修正　素修正 素修正

A. $1200\times\frac{100}{100}\times\frac{121}{109}\times\frac{1.8}{2.4}\times\frac{95}{100}\times\frac{98}{100}=930.15$(元/m²)

B. $1300\times\frac{100}{100}\times\frac{121}{111}\times\frac{1.8}{2.4}\times\frac{95}{100}\times\frac{98}{100}=978.50$(元/m²)

C. $1400\times\frac{100}{100}\times\frac{121}{119}\times\frac{1.8}{3.0}\times\frac{105}{100}\times\frac{105}{100}=941.66$(元/m²)

D. $1000\times\frac{100}{100}\times\frac{121}{103}\times\frac{1.8}{1.8}\times\frac{95}{100}\times\frac{92}{100}=1026.74$(元/m²)

6)确定待估地块单价。

因为上述4个试算价格差别不大,采用算术平均法得待估地块单价为

$$\frac{1}{4}(A+B+C+D)=972.01(元/m^2)$$

第五章　成本逼近法

◎本章要点

本章需要掌握的内容有：成本逼近法的概念、公式、估价步骤及各项成本预算。

第一节　成本逼近法基本概述

考试基本要求

掌握：成本逼近法的概念、公式。

熟悉：成本逼近法的应用特点、适用范围及应用限制。

一、成本逼近法的概念和基本公式

1. 成本逼近法的概念

所谓成本逼近法，就是以开发土地所耗费的各项费用之和为主要依据，再加上一定的利润、利息、应缴纳的税金和土地增值收益来推算土地价格的估价方法。这种成本逼近法，与一般房地产估价中的成本法不同。后者亦称原价法、承包商法、合同法或加法。它是以建筑物或建筑改良物重新建造的费用，经减折旧后求得建筑物价格，然后加上土地价格，最终得到整个不动产的价格。可见，该方法实际上是假设地价为已知。而成本逼近法却是用来推算土地价格的，所以两者的实际运用范围和估价程序、方法都不同。

2. 成本逼近法的基本公式

成本逼近法的基本思路，是把对土地的所有投资包括土地取得费用和基础设施开发费用两大部分作为“基本成本”，运用经济学等量资金应获取等量收益的投资原理，加上“基本成本”这一投资所应产生的相应利润和利息，组成土地价格的基础部分，同时根据国家对土地的所有权在经济上得到实现的需要，加上土地所有权应得收益，从而求得土地价格。

因此，成本逼近法的基本公式即为

$$土地价格=土地取得费+土地开发费+税费+利息+利润+土地增值收益 \quad (5\text{-}1)$$

二、土地价格构成

根据成本逼近法的计算公式，土地价格一般由土地取得费、土地开发费和土地增值收益构成，类似于商品价格构成，因此，常常有人也把它们称为土地价格的构成。所以探讨分析成本逼近法，就涉及土地价格的本质和构成等问题。

从理论上讲，土地价格不外是资本化的、并提前支付的地租。所以对土地价格构成的考察应结合地租来进行。

土地本身是一种自然物，但由于土地所有权的垄断，使用土地本身是要支付地租的。而且除了这种真正意义的地租外，因开发而投入土地的资本的利息，也往往以地租的形式表现出来，在地租总额中作为一个外来组成部分。所以地租就包括了真正的地租和土地投资的折旧及利息两部分。土地价格即以地租的资本化和土地投资的折旧及利息两部分构成。对地租的考察就应从已利用土地——既是土地自然物，又是土地资本物这两个角度入手。在分析土地价值时，把土地区分为土地物质和土地资本两个范畴；根据土地资本与土地物质(土地实体)有不可分离的特性，把握土地资本改变了土地物质的性能，造成了土地收益的增加，土地发生增值，从而地租上涨，地价随之上升的过程，分析计算地价。

因此，如果从地租地价的"增值"过程看，就可归纳出这样的公式：

改良后土地的地租＝原土地的地租＋土地开发投资的年收益＋增值的地租 (5-2)

将地租资本化，则上式就可变为土地价格的计算公式，即

改良后土地的价格＝原地租的资本化＋土地开发投资现值＋增值地租的资本化 (5-3)

若将上式变形，便可成为一般理论意义上的土地价格公式，即

土地价格＝地租的资本化(含原地租的资本化＋增值地租的资本化)＋土地开发投资现值 (5-4)

若再从地产经营者的角度将其变形，就又可成为所谓成本法计算土地价格的公式，即

土地价格＝投入的成本(含原土地购买价格或原地租的资本化＋土地开发投资现值)＋利润(投资的资金回报)＋土地增值收益(增值地租的资本化) (5-5)

根据上述分析，我们可以得出有关土地价格构成的某些启示：首先讨论土地价格构成不能笼统地谈地价构成，而必须针对具体的土地条件进行探讨，如开发前的土地、开发完成后的土地，这样才能在一定程度上讲清地价的理论构成(因为地价是土地预期收益的现值和，取决于土地条件优劣，而与具体宗地的前期投入成本高低并无必然联系)；其次要从地租的形成和变化过程中去考察分析土地价格，对一定条件土地的地价，理论构成虽然存在，但彼此在量上难以截然分清。下面主要针对开发后的土地价格的主要组成部分逐一加以分析。

三、成本逼近法的特点和适用范围

成本逼近法的特点与适用范围见表 5-1。

表 5-1　成本逼近法的特点和适用范围

项目	内容
成本逼近法的特点	1)成本逼近法一般适用于新开发土地估价，不适用于建成区域已开发土地估价； 2)成本逼近法适用于工业用地估价，对商业及住宅用地则多不适应； 3)成本逼近法一般仅用于地产市场狭小，缺乏交易实例，无法采用其他方法进行估价的土地； 4)成本逼近法以成本累加为途径，而成本高并不一定表明效用和价值高，因此，其评估结果只是一种"算术价格"，对土地的效用、价值及市场需求方面的情况未加考虑，这也正是成本逼近法的限制； 5)成本逼近法虽有缺陷和限制，但可作为投资者衡量投资效益、进行土地开发可行性分析等的重要方法，同时也是估算土地成本价格的一种途径
成本逼近法的适用范围	成本逼近法一般适用于新开发土地的估价，特别适用于土地市场不发育、土地成交实例不多、无法利用市场比较法等方法进行估价时。同时，对于既无收益又很少有交易情况的学校、公园以及公共建筑、公益设施等特殊性的土地估价也比较适用。但由于在现

续表

项 目	内 容
成本逼近法的适用范围	实生活中土地的价格大部分是取决于它的效用，并非是它所花的成本，也就是说，土地成本的增加并不一定会增加它的价值，尤其是土地实际开发成本的增加，不一定带来高的土地价格，但对于社会客观平均开发成本而言，成本已为社会接受，应在价格中得到相应的体现。所以，尽管成本逼近法在土地估价中的应用受一定限制，且有一定的争议，但仍不失为推算土地价格的方法之一

第二节　成本逼近法估价的程序与计算方法

考试基本要求

掌握：成本逼近法估价步骤及各项成本预算。

一、计算土地取得的费用

凡新建工业项目首先需获得土地，或征地或拆迁。关于征地费用各项标准《中华人民共和国土地管理法》有明确规定：征用耕地的补偿费，为该耕地被征用前 3 年平均产值的 6～10 倍；征用耕地的安置补偿费，按照需要安置的农业人口数计算。需要安置的农业人口数，按照被征用的耕地数量除以征地前被征用单位平均每人占有耕地的数量计算。每一个需要安置的农业人口的安置补偿费标准，为该耕地被征前 3 年平均年产值的 4～6 倍。但是，每公顷被征用耕地的安置补偿费，最高不得超过被征用前 3 年平均年产值的 15 倍。被征用土地上的附着物和青苗的补偿标准及应用其他土地的土地补偿费和安置补助费标准，由省、自治区、直辖市规定。征用城市郊区的菜地，用地单位应当按照国家有关规定缴纳新菜地开发建设基金。

按照上述标准支付土地补偿费和安置补助费，尚不能使需要安置的农民保持原有生活水平的，经省级人民政府批准，可以增加安置补助费。但是，土地补偿费和安置补助费的总和不得超过土地被征用前 3 年平均年产值的 30 倍。

对于占用耕地的，还应按照《中华人民共和国土地管理法》第 31 条规定的"占多少，垦多少"原则，计算耕地开垦费。耕地开垦费的计算，一般可按占用耕地的面积、质量及新开垦耕地的难易程度进行确定。当地有缴纳耕地开垦费标准规定的，应当依据其规定标准进行确定。

对于市内国有土地拆迁情况，关键是搞清当地拆迁费用项目和标准。由于成本的增加并不一定提高效用和价值，尤其是对单宗地而言，征地、拆迁等土地取得费用是对原土地使用者失去原土地收益的补偿，而不是依据新土地用途和未来土地收益的高低确定的，征地、拆迁等土地取得费用高并不表明该宗地的效用和价格高。因此，征地、拆迁等取得土地的费用资料应从测算待估宗地所在区域平均土地取得费用入手进行计算。

土地取得费各项费用的计算应以当地正在执行的征地补偿费和拆迁安置补助费的有关规定标准计算。

二、计算土地开发费用

获得土地后，对其开发的费用有三种：基础设施配套费、公共事业建设配套费和小区开发配套费。

1. 基础设施配套费

对于基础设施配套常常概括为“三通一平”和“七通一平”。“三通一平”指:通水、通路、通电,平整地面。“七通一平”指:通上水、通下水、通电、通信、通气、通热、通路,平整地面。作为工业用地“三通一平”只是最基本的条件,还不能立即上工业项目,只有搞好“七通一平”,项目才能正常进行。因此,作为基础设施配套费应以“七通一平”为标准计算。

2. 公共事业建设配套费

这与项目大小、用地规模有关,各地情况不一,不便作统一规定,各地视实际情况而定。

3. 小区开发配套费

同公共事业建设配套费类似,各地根据用地情况确定合理的项目标准。

在计算土地开发费过程中,首先必须准确确定土地开发程度。所谓土地开发程度,是指土地的基础设施建设和开发的状况,一般包括道路、供电、供水、通信、排水、通气、供暖和场地是否平整等,这就是通常所说的“七通一平”。“七通一平”的说法实际上最早来源于房地产开发和土地开发区的开发,比如在开发区的开发建设过程中,政府或开发商通常应实现开发区内的“三通一平”、“五通一平”或“七通一平”等,但这种开发程度对开发区来说,是指区内的“通”和“平”,而具体对于开发区内某一块地(宗地)来说,各种设施一般只建设到宗地红线外,而宗地内若还没有建成房屋等建筑物的话,一般来说是不通的,但通常应达到平整。这是指在正式的开发区内,土地开发程度一般来说比较容易分析,而在一般地区,尤其是独立工矿区的土地开发程度设定通常就比较困难了。在实践中确定土地开发程度,主要应注意如下两方面问题。

(1)准确区分宗地内和宗地外的开发程度

对于一般地区来说,由于有关土地开发设施不是由专门的开发商进行开发建设的,因此,许多开发设施并没有真正建设到宗地红线,有的可能距离几十米,有的距离几千米、十几千米、甚至几十千米,在这种情况下,一般企业要进行生产和建设,通常由企业自行将这部分没有到达宗地红线的设施建设到红线及红线内。在这种情况下,一般可以根据投资主体的不同,区分宗地内外的设施状况,由市政投资建设的应属于宗地外,由企业投资建设的应属于宗地内。

(2)宗地红线内外的开发程度不一致

由于在土地估价中设定土地开发程度应区分宗地红线内外,因此经常出现宗地红线内外开发程度不一致的现象,尤其是独立工业(矿)区。通常有以下几种情况。

1)红线外开发程度比红线内低:这种情况主要是由于有的设施是企业自建,如供水设施为企业自建的水井,而宗地所处区域又没有供水设施,这就需要宗地内有供水,而宗地外无供水。

2)红线外开发程度比红线内高:这主要是宗地所处区域(红线外)有各种设施,但该宗地内没有用,如煤矿的矸石山,其红线外可能有通信、供水设施,但矸石山不用,内部也没建设。

3)某种设施红线内有,红线外也有,但宗地内的设施并不是依赖于红线外的设施建设的,如某位于北方某市市中心区的体育馆,该酒店为了满足经营的需要,其供暖设施是企业自建的,而该宗地所处区域也有市政供暖设施,可是红线内外就是不搭界,在这种情况下,按照客观估价的原则,应确定宗地红线内外均有该设施。

确定了土地开发程度后,应根据土地开发程度状况和当地有关土地开发费用标准,合理确定土地开发费。

这里需要注意的是土地开发费用的分摊问题。如道路不是只让某个项目使用,其他行业可能也会受益,绿地、公园是周围的单位和个人共同受益,因此要根据实际受益程度作必需的费用分摊。分摊的基本原理为:应分摊费用＝受益程度×设施总费用。

三、计算税费

税费是指在土地取得和土地开发过程中所必须支付的有关税收和费用。根据有关法律规定，在土地取得和开发过程中税费主要有耕地占用税、新菜地开发建设基金、土地管理费等，耕地占用税只对占用耕地征收，新菜地开发建设基金只对占用城市郊区的蔬菜基地征收。另外，部分省、市、自治区还规定收取教育附加、南水北调费等等。在估价过程中，税费项目和标准应依据国家和地方的有关规定确定，应有明确的法律和文件依据。

四、计算投资利息

计算投资利息就是在评估土地或不动产时要考虑资金的时间价值。资金的时间价值，简单的理解就是将资金存入银行，经过一段时间会产生利息或者将资金投向某行业经过资金周转循环，最后产生利润。资金经过一段时间的周转产生了增值。这一增值就是资金的时间价值。在土地评估中，投资者贷款，需要向银行偿还贷款利息，利息应计入成本；投资者利用自有资金投入，等于将自己的银行存款取出，损失了利息，从这种意义上看，也属投入，也应计入成本。

成本逼近法中，投资包括土地取得费、土地开发费和有关税费。由于各部分资金的投入时间和占用时间不同，土地取得费及其税费在土地开发动工前即要全部付清，经历整个开发期，在开发完成销售后方能收回；土地开发费及其税费在开发过程中逐步投入，销售后方收回。因此各部分投入的时间价值也不同。目前常见做法是：土地取得费及其税费利息是以整个取得费为基数，计息期为整个开发期。开发费及其税费利息可采用两种方法计算：一是以整个开发费为基数，计息期为开发期（或资金投入期）的一半；二是以开发费一半为基数，计息期为整个开发期。

另外，如果开发费是以当地收取的基础设施配套费标准计算的，由于基础设施配套费一般需在土地开发前一次性支付，因此这一部分开发费的计息期也应是整个开发期。

土地开发周期一般根据开发土地的面积规模和开发的难易程度确定；利息率可选用评估期日的银行贷款利息率。如果土地开发周期超过一年，通常还应考虑计算复利。

五、计算投资利润

投资的目的是为了获取相应的利润，作为投资的回报，对土地投资，当然也要获取相应的利润。成本逼近法中利润计算的基数包括土地取得费和土地开发费，利润计算的关键是确定利润率或投资回报率。投资回报率的确定通常考虑以下三方面因素：一是开发土地的利用类型，一般商业用地开发利润率较高，住宅用地开发次之，工业用地开发利润率最低，因此，如果是某一个宗地的单一利用类型的开发，应考虑该利用类型的投资回报率状况，如果是区域性的开发，有多种利用类型，应综合考虑各种利用类型的投资回报率状况，确定一个综合的回报率；二是开发周期的长短，一般开发周期越长，占用资金时间也就越久，总的投资回报率也就应该高一些；三是开发土地所处地区的政治经济环境，一般经济发达地区的投资回报率较高，有地区性特殊优惠政策的土地开发投资回报率也较高。在确定土地开发投资回报率时，可综合考虑上述三方面因素适当确定。

投资利润的计算公式为

$$投资利润=(土地取得费+土地开发费+税费)\times 投资回报率 \quad (5\text{-}6)$$

六、确定土地增值收益

一般情况下，政府出让土地除收回成本外，同时还要使国家土地所有权在经济上得到实现，即获取一定的增值收益。根据成本逼近法的计算公式（式 5-1），以上前五项之和为成本价格，成本价格乘以土地增值收益率即为土地增值收益。土地增值收益率理论上应等于“增值地租”在总地价中的比例，或出让价格与成本价格差值占成本价格的比例。

土地增值收益计算公式为

土地增值收益=(土地取得费+土地开发费+税费+利息+利润)×土地增值收益率 (5-7)

七、计算、修正和确定估价结果

根据上述各步的计算结果,采用式(5-1)计算土地价格。

通过上述步骤计算的土地价格,还应根据评估对象的具体情况和评估目的,考虑是否进行以下几方面的修正,最终确定估价结果。

1)根据待估宗地在区域内的位置和宗地条件,进行个别因素修正。

2)成本逼近法求取有限年期的土地使用权价格时,应进行土地使用权年期修正。其年期修正公式为

$$K = 1 - \frac{1}{(1+r)^n} \tag{5-8}$$

式中 K——年期修正系数;

r——土地还原率;

n——土地使用权年期。

是否进行年期修正要具体分析:

①当土地增值收益是以有限年期的市场价格与成本价格的差额确定时,年期修正已在增值收益中体现,不再另行修正;

②当土地增值收益是以无限年期的市场价格与成本价格的差额确定时,土地增值收益与成本价格一道进行年期修正;

③当待估宗地为出让土地时,应进行剩余使用权年期修正。

3)如果采用成本逼近法测算的是某一小区(或开发区)的平均土地价格,还应考虑小区的土地利用率或可出让土地的比率,进行公共设施的占地面积和公用面积的分摊,因为这些公共设施的占地面积(如道路、公共绿地等)是不能卖出去的,其土地价格和有关土地开发的投资成本应分摊到可出让的土地中。计算公式为

$$\text{可出让土地的平均单价} = \text{土地总平均单价} \times \frac{\text{总土地面积}}{\text{可出让的土地面积}} \tag{5-9}$$

4)宗地成熟度修正。由于土地开发程度通常设定为宗地红线外的开发程度,而对宗地红线内的开发状况没有考虑,因此对于宗地内的开发和建设状况也应进行适当修正。当然,这种宗地内的开发和建设,对于出让土地来说,应是由出让方的开发和建设引起的宗地开发程度的改善。

根据上述各步的修正调整后,最终确定成本逼近法的评估结果。

需注意的是,这种方法算出的地价是从土地所有者的角度得到的,而土地使用者(受让人)能否接受此价格,需要土地使用者分析预期的土地收益或同已发生的交易价格比较后,确定自己对宗地价格的认同标准。因此,成本逼近法计算出价格后,还需通过市场资料进行比较修正,使其接近实际水平。

第三节 成本逼近法的应用

一、应用成本逼近法应注意的问题

1)土地取得费和土地开发费均应是评估期日的重置费用,即应是按照评估期日的有关规定和物价水平确定土地取得费和土地开发费的计费项目和取费标准,而不能按照企业实际取得和开发

利用土地时的实际投入计算,因为企业可能是十几年前,甚至几十年前取得的土地,如果按照当时的标准则难以进行计算,而且也不符合土地估价的原则。

2)各项费用的取费标准应有足够的依据和充分的分析。一般情况下,各地政府在不同时期均根据当地当时的情况制定征地费用的项目和标准,在评估过程中应首先依据这些规定标准进行计算;对于实行征地费用包干的地区,可通过全面调查各种类型的征地费用案例,采用比较的方式确定。而且不管采用什么方式确定,均要进行充分的分析。

3)成本逼近法评估结果一般作为投入成本价格分析,用于作为市场交易价格应慎重。在市场经济条件下,决定商品价格的重要因素是商品的效用和供求关系,而不是商品的成本,相反地,如果商品的成本受到不合理的增加,会由于其投入成本过大而失去市场竞争力,最终导致其价格进一步下跌。因此,利用成本逼近法评估出的土地价格作为分析企业在开发和取得土地过程中的成本支出是非常好的方法,而且企业并不是为了土地买卖交易,只是为了核定土地资产和进行账务处理,都可以直接应用其评估结果,但如果直接用其作为市场交易的成交价格,则必须要慎重,尽量补充进行充分的市场分析,甚至要采用市场比较法或其他的方法的评估结果,进行相互校核和验证。

二、成本逼近法例题

例 1 某地征地、安置、拆迁及青苗补偿费用每亩为 6 万元(1 亩=666.67 m^2),征地中发生的其他费用平均每亩为 2 万元,土地开发费平均每平方千米为 2 亿元,当地银行贷款年利率一般为 12%,每亩征地完成后,土地开发周期平均为两年,且第一年开发投资额一般占全部开发费用的 30%,开发商要求的投资回报率一般为 15%,当地工业用出让增值收益率为 10%。采用成本逼近法估算上述土地价格。

估价过程如下所示。

1)计算土地取得费:

土地取得费包括征地、安置、拆迁、补偿费用和征地中发生的其他费用,因此

$$\begin{aligned}\text{土地取得费}&=6+2\\&=8(\text{万元/亩})\\&=120(\text{元}/m^2)\end{aligned}$$

2)计算土地开发费:

$$\begin{aligned}\text{土地开发费}&=2\text{ 亿元}/km^2\\&=200(\text{元}/m^2)\end{aligned}$$

3)计息投资利息:

本例题中投资包括土地取得费和土地开发费,土地取得费利息的计息期为 2 年,土地开发费又分为两部分,其中 30%为第一年投入,计息期为 1.5 年;另外 70%为第二年投入,计息期为 0.5 年,因此投资利息为

$$\begin{aligned}&120\times[(1+12\%)^2-1]+200\times30\%\times[(1+12\%)^{1.5}-1]+200\times70\%\times[(1+12\%)^{0.5}-1]\\&=30.528+11.118+8.162\\&=49.808(\text{元}/m^2)\end{aligned}$$

4)计算开发利润:

全部投资按回报率 15%计,可得

$$\text{开发利润}=(120+200)\times15\%=48(\text{元}/m^2)$$

5)计算土地价格:

因当地土地出让增值收益率为 10%，则

无限年期土地使用权价格＝(土地取得费＋土地开发费＋投资利息＋开发利润)×(1＋10%)

＝(120＋200＋49.808＋48)×1.1

＝459.59(元/m^2)

例 2　某开发区土地总面积为 5 km^2，现已完成了“七通一平”开发建设，开发区内道路、绿地、水面及其他公共和基础设施占地 1.5 km^2。该开发区现拟出让一宗工业用地，出让年限为 50 年，土地面积 10 000 m^2。根据测算，该开发区每亩征地费平均为 5 万元，完成 1 km^2 的开发需投入 2 亿元。一般征地完成后，“七通一平”的开发周期为两年，且第一年的投资额占总开发投资的 40%，全部土地投资回报率为 20%，土地出让增值收益率为 20%，当年银行年贷款利息率为 10%，土地还原率确定为 7%。试估算出让该宗土地的单位面积价格和总价格。

采用成本逼近法的估价步骤如下所示。

1)土地取得费：

征地费 5 万元/亩，合 75 元/m^2。

2)土地开发费：

2 亿元/km^2，合 200 元/m^2。

3)利息：

$75\times[(1+0.1)^{2}-1]+200\times40\%\times[(1+0.1)^{1.5}-1]+200\times60\%\times[(1+0.1)^{0.5}-1]$

＝15.75＋12.3＋5.86＝33.9(元/m^2)

4)利润：

(75＋200)×20%＝55(元/m^2)

5)计算土地增值收益：

(75＋200＋33.91＋55)×0.2＝72.78(元/m^2)

6)计算土地价格：

75＋200＋33.91＋55＋72.78＝436.69(元/m^2)

7)进行可出让土地比率修正：

由于开发区内道路、绿地、水面及其他公共和基础设施占地是无法出让的，因此这些土地的地价要分摊到可出让土地的地价中，计算方法为

开发区可出让土地比率＝(开发区总面积－不可出让的土地面积)/开发区土地总面积×100%

＝(5－1.5)/5×100%＝70%

可出让土地的平均单价＝436.69/70%＝623.84(元/m^2)

8)进行土地使用权年期修正：

50 年土地使用权价格＝$623.84\times[1-1/(1+0.07)^{50}]$＝602.66(元/$m^2$)

9)计算土地总价格：

土地总价格＝602.66×10 000＝6 026 600(元)

第六章　剩余法

◎本章要点

本章需要掌握的内容有：剩余法的概念、公式、估价步骤及各项参数的求取。

第一节　剩余法基本概述

考试基本要求

掌握：剩余法的概念、公式。

熟悉：剩余法的应用特点、适用范围与限制条件。

一、剩余法的概念

剩余法又称假设开发法、倒算法、残余法或余值法等。从发展的观点看，土地之所以有价，完全在于其可以开发、利用、建房，并可从中获取收益。为了获得土地而支付的地价，显然是在预计的不动产总价中扣除成本费用和社会平均预期收益后的“剩余价格”，即地价等于土地与建筑物出售价格减去建筑物本身的价格。因此剩余法是在估算开发完成后不动产正常交易价格的基础上，扣除建筑物建造费用和与建筑物建造、买卖有关的专业费、利息、利润、税收等费用后，以价格余额来确定估价对象土地价格的一种方法。

二、剩余法的基本原理

剩余法更深的理论依据完全类似于地租原理，只不过地租是每年的租金剩余，剩余法是一次性的价格剩余。

根据马克思的土地价格理论，“一切地租都是剩余价值，是剩余劳动的产物”。具体地看，地租由土地产品的价格所决定，是扣除了其他生产费用的余额。从纯理论上说，地租不仅是扣除成本、利润后的余额，而且还是扣除利息、税收后的余额。用公式表示即为

$$地租量=市场价格-正常成本-正常利润-正常利息-正常税收 \tag{6-1}$$

剩余法的计算与此类似，其基本思想早在杜能的《孤立国同农业和国民经济的关系》一书中就有，书上写道：“有一田庄，庄上全部房屋、树木、垣篱都遇焚毁，凡想购置这一田庄的人，在估值时首先考虑田庄建设完备之后，这块土地的纯收益是多少，然后扣除建造房屋等投资和利息，根据剩余之数确定买价”。从这一思路出发，剩余法还可以作如下进一步的表述：如果有一不动产购买者想购买一块土地进行开发，期望得到不小于将资金投入其他方面所能取得的正常利润，这时他愿意为这块土地支付的最高价格等于楼价（预测的未来房地混合价）减去建筑费、专业费、利息、利润和税收之后所剩的余额。

所以，剩余法与地租量的计算原理是一致的，只不过是在剩余法的计算中，以不动产出售价格

或楼价以及建筑总成本代替地租计算中的市场价格和正常成本而已。

此外，剩余法还可以通过求取残余的纯收益后，再进行资本还原，求得土地或房屋的价格。

剩余法的基本思想可以表述为：根据收益还原法以外的方法，例如市场比较法或成本估价法，先求得基地或建筑物任何一方的价格，再据此价格求得归属于基地或建筑物的收益，然后从房地总纯收益中，扣除归属于基地（或建筑物）的收益部分，求得属于建筑物（或基地）的纯收益，最后将此残余的纯收益进行资本还原，即可求得建筑物（或基地）的收益价格。所以，残余法往往也会被认为是收益还原法中的一种。剩余估价法还可分为土地残余法和建筑物残余法两种。

剩余法除适用于土地估价外，还大量应用于房地产开发项目评价和投资决策，具体可应用于以下三个方面：

1）确定投资者获取待开发场地所能支付的最高价格。对于每一个开发项目，投资者必须分析和预测开发完成后的不动产价值、开发成本和他所应获取的正常利润，进而确定他所能承担的场地最高价格，投资者的实际购买价格应低于或等于此价格，以保证其正常收益。

2）确定具体开发项目的预期利润。当场地取得后，此时的场地取得费为已知费用，从总的开发价值中扣除场地购置费、开发成本等后的剩余值，即为该开发项可取得的利润。若该利润高于或等于投资者的期望利润，则该项目可行，否则该项目就应当推迟进行或暂时取消。

3）确定开发项目中的最高控制成本费用。当场地购置费和期望利润确定后，即可用剩余法测算出开发过程中各成本费用的最高控制数，以保证开发过程中的各项成本费用得到有效的控制。

三、剩余法的计算公式

根据剩余法原理，利用剩余法评估土地价格的基本公式为

$$V = A - (B + C) \tag{6-2}$$

式中 V——购置开发场地的价格；

A——总开发价值或开发完成后的不动产资本价值；

B——整个开发项目的开发成本；

C——开发商合理利润。

实际估价工作中，常用的一个具体计算公式为

$$\text{土地价格}=\text{房屋的预期售价}-\text{建筑总成本}-\text{利润}-\text{税收}-\text{利息} \tag{6-3}$$

在一些地区剩余法的计算公式为

$$\text{地价}=\text{楼价}-\text{建筑费用}-\text{专业费用}-\text{利息}-\text{发展商利润} \tag{6-4}$$

或

地价＝总开发价值－开发费用×（含拆迁费和对现有承租者的补偿、基建费、业务费、财务费、应急费、代理及法律事务费用）－开发者的收益－取得土地所需的费用　　(6-5)

对公式(6-5)，国内有的学者根据理论推算认为存在一定偏差，并进行了适当的修正，其修正公式为

地价＝楼价－建筑费－专业费用×（建筑费×i）－利息×[（建筑费＋专业费＋地价）×r]－利润×[（建筑费＋专业费用＋地价）×p]

即

$$\text{地价}=\frac{\text{楼价}-\text{建筑费}(1+i+r+p+ir+ip)}{1+r+p} \tag{6-6}$$

式中 i——以建筑费为基数的用来得出专业人士费用的百分比；

r——正常利息率；

p——正常利润率；

税收负担这里暂不涉及。

需要指出的是，这一公式是在未考虑地价及各项开发费用发生时间不同的情况下推导出来的，即未考虑各项费用的时间价值不同，而在实际估价工作中，对地价及各项费用的投入时间及收益取得的具体时间必须加以认真考虑，因此不能直接使用这一公式。

在日本剩余法实则为原价法的倒算法，公式为

$$X=\{A\times\frac{f}{100}-[(B+K)(1+np)+c]\}\times\frac{1}{1+n'p}\times\frac{1}{(1+r)^m}\times D \tag{6-7}$$

式中 X——开发前素地价格；

A——开发土地的销售价格；

f——有效宅地化率；

B——开发工事费；

K——各种负担费；

c——间接费用；

n——开发工事费利息负担月数；

n'——至开发土地销售完所需月数；

p——资本月利息率，为成熟度修正率；

D——个别因素修正率；

m——成熟度年数。

四、剩余法的特点与适用范围

剩余法的特点与适用范围见表 6-1。

表 6-1　剩余法的特点与适用范围

项　目	内　容
剩余法的特点	根据剩余法的原理和计算公式，剩余法估价是从开发商的角度分析，测算其所能支付的最高场地购置费用。其可靠性如何，取决于以下几点：①是否根据土地估价的最有效使用原则和合法原则，正确确定了土地最佳利用方式（包括用途、使用强度、建筑物的式样、外观、内部设计与布局等）；②是否正确掌握了地产市场行情及供求关系，并正确判断了开发完成后的土地连同建筑物的售价；③是否正确确定了土地开发费用和正常利润等。 需要注意的是剩余法估价有以下几个假设和限制条件： 1）尽管不动产总价或租金的取得以及各项成本的支付都发生在将来，但剩余法估价中所采用的所有不动产总价、租金和成本数据都是根据当前数据水平确定未来的数据。这是因为作为估价师很难准确预测未来的成本和租金、价格水平的细微变化，同时在开发期间不但租金和售价会上涨（下降），各类开发成本也会上涨（下降）。因此，剩余法估价隐含着这样一个假设：剩余法估价中涉及的这些关键变量在开发期间不会发生大的变化。当然，若采用估价法进行项目可行性研究或投资决策分析，也可通过周密的市场调查和分析，对预期租金、售价及成本数据作出预测，或采用更准确考虑支出和收益变化的现金流量法或贴现现金流量法进行评估。 2）假设租金和不动产交易价格在开发期间不会下降，并且不考虑物价上涨的影响

续表

项 目	内 容
剩余法的特点	3)假设在开发期间各项成本的投入是均匀投入或分段均匀投入。以上这些假设条件在国外的剩余法估价中表现得更为明显。国内一些估价人员则往往混淆了估价与项目可行性分析的区别,因而往往忽视了这些假设与限制条件
剩余法的适用范围	从剩余法的计算公式和特点可以看出,剩余法主要适用于下列几种类型的土地估价: 1)待开发土地的估价; 2)待拆迁改造的再开发房地产的估价,这时公式中的建筑费还包括拆迁费用; 3)仅将土地或房产整理成可供直接利用的土地或房地产的估价,此时公式中的楼价为整理后的土地价格,建筑费为整理费用; 4)现有新旧房地产中地价的单独评估,即从房地产价格中扣除房屋价格,剩余之数即为地价。 需指出的是,在第 4)情况下,即在土地或建筑的价格依其他方法不能明确把握时,剩余法是有效的方法。例如,要对附有建筑物的土地进行估价时,虽然依买卖实例比较法可求得空地价格,但对于因附有建筑物而使得土地价值降低的情况,究竟应该减价多少,这时仅依靠买卖实例比较法确实难以获得正确答案,而运用土地剩余法,则可求得附有建筑物的土地价格。不过,只有建筑物比较新且处于最有效使用状态时,剩余法才是最有效的方法;否则,运用这种方法也不一定能保证求得适当价格。前面提到此法对于附有建筑物的土地评估也是有效的,这在理论上确实如此,但实务上多数情形却难以求得适当的价格。例如,在房屋建筑不久,且不是最有效使用时,以土地残余法求适当的土地价格是比较困难的;若建筑物已陈旧,且租金低廉时,归属于土地的纯收益已有偏差,则求取适当的土地收益价格也有困难。 在剩余法估价中,由于包含了较多的可变因素,因此,不同的估价人员对于同一宗地的估价结果有时相差很大,这便体现了经验与资料的重要性。就目前的地产市场来看,当土地具有开发或潜在开发价值时,剩余法不失为一种可靠、实用和重要的估价方法

第二节 剩余法估价的程序与计算方法

考试基本要求

掌握:剩余法的估价步骤及各项参数的求取。

剩余法估价的基本程序为:

调查清楚待估宗地的基本情况 ⟶ 确定土地的最佳开发利用方式 ⟶ 估计开发完成后的不动产总价 ⟶ 估计建筑费、专业费、利息、税费、租售费用和开发商应得的利润等 ⟶ 测算土地价格

一、查清待估宗地的基本情况

1)调查土地位置,掌握土地所在城市的性质、在城市中的具体坐落位置及其周围的土地条件和利用现状,为选择最佳利用方式提供依据。

2)查清土地面积大小、形状、平整情况、地质状况、基础设施状况,为估算建筑费用提供依据。

3)调查土地利用要求,掌握政府对此宗地的规定用途、容积率、覆盖率、建筑高度限制等,为确定建筑物的规模、造型等服务。

4)调查此地块的权利状况,包括弄清权利性质、使用年限、能否续期,以及对转让、出租、抵押等的有关规定等。查清这些权利状况,主要是为确定开发完成后的不动产价值、售价及租金水平等服务。

二、确定最佳的开发利用方式

根据调查的土地条件、土地市场条件等,在政府规划及管理等限制所允许的范围内,确定地块的最佳利用方式,它包括确定用途、建筑容积率、土地覆盖率、建筑高度、建筑装修档次等。

在选择最佳的开发利用方式中,最重要的是要选择最佳的土地用途。土地用途的选择,要考虑到土地位置的可接受性及这种用途的现实社会需要程度和未来发展趋势,即要分析当地市场的接受能力,究竟市场在项目建成这段时间里最需要什么类型的房地产。

三、确定开发完成后的不动产总价

根据所开发不动产的类型,开发完成后的不动产总价(总开发价值)可通过两个途径取得:

1)对于习惯出售的不动产,如居住用商品房、工业厂房等,应按当时市场上同类用途、性质和结构的不动产的市场交易价格,采用市场比较法确定开发完成后的不动产总价(总开发价值)。

2)对于习惯出租的不动产,如写字楼和商业不动产等,其开发完成后的不动产总价的确定,可根据当时市场上同类用途、性质、结构和装修条件的不动产的租金水平和出租费用水平,采用市场比较法确定所开发不动产出租的纯收益,再采用收益还原法将出租纯收益转化为不动产总价。具体确定时需要估计以下几个要素:

①单位建筑面积月租金或年租金;②不动产出租费用水平;③不动产还原利率;④可出租的净面积。

例 根据当前房地产市场的租金水平,与所开发不动产类似的不动产月租金水平为每建筑平方米 250 元,其中维修费、管理费等出租费用为 30%,该类不动产的还原率为 8%,总建筑面积 40 000 m^2,可出租率为 85%,则所开发不动产的总价可确定为

$$250\times(1-30\%)\times12\times40\ 000\times85\%\times\frac{1}{8\%}=89\ 250(\text{万元})$$

四、估计建筑费、专业费等各项成本费用和开发商的利润

1. 估算开发建筑成本费用

开发建筑成本费用包括直接工程费、间接工程费、建筑承包商利润及由发包商负担的建筑附带费用等,可采用比较法来算,即通过当地同类建筑当前的平均或一般建筑费用来推算,可采用建筑工程概预算的方法来估算。建筑成本费用往往通过建筑面积和单位建筑面积成本计算出来。

2. 估算专业费用

专业费用包括建筑师的建筑设计费、预算师的工程概预算费用等,一般采用建筑费用的一定比率估算。

3. 估算不可预见费

剩余法估价中为保证估价结果的安全性,往往预备有不可预见费,一般为总建筑费和专业费

之和的2%～5%。

4. 确定开发建设周期,估算预付资本利息

开发建设周期是指从取得土地使用权一直到不动产全部销售或出租完毕的这一段时期,可分为三个阶段:规划设计和工程预算期(自取得土地使用权至开工建设)、工程建设期(自开工建设至建设竣工)、空置或租售期(自工程竣工至销售完毕)。开发建设周期应根据项目可行性研究、项目的特点、工程技术要求及不动产市场的状况等综合确定。

利息即开发全部预付资本的融资成本。不动产开发的预付资本包括地价款、开发建筑费、专业费和不可预见费等,这些费用在不动产开发建设过程中投入的时间是不同的。例如:地价款是取得土地使用权的代价,在取得土地使用权时即要付出;开发费、专业费及不可预见费则是随着工程动工开始投入,并随着工程建设进展逐步投入,直至工程竣工,这部分费用停止投入。这部分费用可以理解为在建筑期内均匀投入或在开发期内分段均匀投入。这些预付资本都是在租售完毕才全部回收,因此,这些费用在开发建设过程中所占用的时间长短也各不相同。在确定利息额时,必须根据地价款、开发费用、专业费用等的投入额、各自在开发过程中所占用的时间长短和当时的贷款利率高低进行计算。例如:预付地价款的利息额应以全部预付地价款按整个开发建设周期计算;开发费、专业费在建筑期内的利息以全部开发费、专业费按建筑期的一半计算或以全部开发、专业费的一半按全部建筑期计算(若有分年度投入数据,则可进一步细化,如建筑期两年,第一年投入部分计息期为一年半,第二年投入部分计息期为半年等);开发、专业费在建筑竣工后的空置及销售期内应按全额全期计息。

5. 估算税金

税费主要指建成后不动产的销售的营业税、工商统一税、印花税、契税等,应根据当前政府的税收政策估算,一般以建成后不动产总价的一定比例计算。

6. 估算开发完成后的不动产租售费用

租售费用主要指用于建成后不动产销售或出租的中介代理费、市场营销广告费用、买卖手续费等,一般以不动产总价或租金的一定比例计算。

7. 估算开发商的合理利润

开发商的合理利润一般以不动产总价或预付总资本的一定比例计算(按预付总资本的一定比例计算利润,该比例常称作投资回报率),比例高低随地区和项目类型不同而有所不同。

五、计算和确定估价额

计算时通常将上述数据直接代入原始公式进行计算,即

$$\text{地价}=\text{不动产总价}-\text{建筑开发费}-\text{专业费}-\text{不可预见费}-\text{利息}-\text{租售费用}-\text{税金}-\text{开发商合理利润} \tag{6-8}$$

此时虽然公式右边的利息中也含有地价未知数,利润若按投资回报率或年利润计算则也会含有地价未知数,但等式中只有地价这一未知数,因此,并不影响地价额的计算。在剩余法估价计算中,也可采用另一种方式计算,以避免出现等式两边都含有未知数的情形。即在计算利息时只考虑建筑开发费和专业费、不可预见费的利息,地价的利息暂不计,然后将各项数据代入上式即可得到地价额,只不过这一地价额是不动产开发完成时的地价额,只需将这一数额贴现即可得到当前的地价值。这是一种国外剩余法估价计算中经常采用的方法,在国内也有采用。需要指出的是:这两种计算方法的实质完全相同,即等式两端的值应在同一个时点,其计算结果也应完全一致。

按照上述公式测算出的剩余值是开发商当前取得待开发场地所能支付的最大费用。由于开发商在取得场地使用权时除了支付地价款外,还要支付取得土地使用权的相关法律手续费用、土

地估价费用及登记发证费用等。因此，必须从计算出的剩余值中扣除上述费用，才能得到所估土地的地价额。上述扣除费用，一般以未知地价的一定比例计算。

第三节　剩余法估价的具体应用

一、利用剩余法评估土地价格

待估宗地为“七通一平”的待建筑空地，已得到规划许可修建写字楼，允许总建筑面积为8000 m^2，土地使用权年限为50年，现在招标出让。某开发公司希望参与此地块投标，要求估算其目前所能投标的最高地价额。

估价过程：

1)选择估价方法。该宗地为待开发空地，适宜采用剩余法估价。

2)确定最佳开发利用方式。根据城市规划要求，该宗地的最佳开发利用方式为修建8000 m^2的写字楼。

3)市场调查，确定建设期、开发价值和投入成本等。根据该开发公司所进行的市场调查和项目可行性分析显示，该项建设开发周期为2年，取得土地使用权后即可动工，建成后即可对外出租，出租率估计为90%，每建筑平方米的年租金预计为300元，年出租费用为年租金的25%。建筑费和专业费预计每建筑平方米为1000元，建筑费和专业费第一年投入总额的40%，第二年投入其余的60%。目前借贷资金的年利率为12%，当地不动产综合还原率为8%，取得土地使用权的法律、估价及登记费用为地价的3%，该开发公司要求的总利润不得低于所开发不动产总价的15%。

4)求取地价。地价测算公式为

$$地价=不动产总价-建筑费-专业费-利息-税费-开发商利润$$

测算方式一，直接计算地价利息。

①测算不动产总价，采用收益还原法，使用年限50年，开发期2年，可取得收益年限为48年。

$$\begin{aligned}不动产出租年纯收益&=300\times8000\times90\%\times(1-25\%)\\&=1\ 620\ 000(元)\end{aligned}$$

$$不动产总价=\frac{1\ 620\ 000}{8\%}\times\left[1-\left(\frac{1}{1+8\%}\right)^{48}\right]=19\ 746\ 401(元)$$

②建筑费及专业费$=1000\times8000=8\ 000\ 000$(元)

③
$$\begin{aligned}总利息=&地价\times[(1+12\%)^2-1]+8\ 000\ 000\times40\%\times[(1+12\%)^{1.5}-1]+\\&8\ 000\ 000\times60\%\times[(1+12\%)^{0.5}-1]\\=&0.2544\times地价+872\ 792(元)\end{aligned}$$

利息计算采用复利计算，计息期到开发销售完成止。地价投入经历整个开发周期，计息期为2年，专业费和建筑费的投入是持续不断的，在计息时，假设各年内建筑费和专业费均匀投入，因此，年度投入量在当年的平均投入期限为半年，第一年与第二年的投入量的计息期则分别为1.5年和半年。

④开发商利润$=19\ 746\ 401\times15\%=2\ 972\ 737$(元)

⑤不动产出租税费已在确定不动产总价时予以考虑。

⑥将上述各项数据代入公式，即

$$地价=19\ 746\ 401-8\ 000\ 000-(0.2544\times地价+872\ 792)-2\ 972\ 737$$

$$地价=\frac{7\ 900\ 872}{1.2544}=6\ 298\ 527(元)$$

⑦由于开发商取得场地使用权时要支付地价3%的法律、估价等专业费用，因此，开发商所能支付的投标地价额应从⑥中扣除上述费用。

$$开发商所能投标的最高价款=\frac{6\ 298\ 527}{1+3\%}=6\ 115\ 075(元)$$

测算方式二，利息中不计地价款的利息。

不动产总价、建筑费及专业费、利润的计算与方式一相同，因此有：

①不动产总价=19 746 401(元)

②建筑费及专业费=8 000 000(元)

③建筑费及专业费利息$=8\ 000\ 000\times40\%\times[(1+12\%)^{1.5}-1]+8\ 000\ 000\times60\%\times[(1+12\%)^{0.5}-1]$

$=592\ 949.1+279\ 842.5$

$=872\ 792$(元)

④开发商利润=2 972 737 元

⑤代入公式即可得到该土地在开发完成时的土地价格。

开发完成时地价=①－②－③－④

$=19\ 746\ 401-8\ 000\ 000-872\ 792-2\ 972\ 737$

$=7\ 900\ 872$(元)

⑥由于⑤得到的价格是开发完成时的价格，即两年后的价格，则

$$场地当前价格=\frac{7\ 900\ 872}{(1+12\%)^2}=6\ 298\ 527(元)$$

⑦开发商能支付的投标地价$=\frac{6\ 298\ 527}{1+3\%}=6\ 115\ 075$(元)

二、利用剩余法测算开发商的预期利润

某开发商已经取得某宗地70年的土地使用权，该宗地为“七通一平”空地，面积2000 m^2，土地价格为6 000 000元，取得土地使用权过程中所支付的法律、估价及登记等费用为地价的2%。城市规划规定该地块用途为住宅，最大容积率为4。估算该开发公司在该项目开发建设中的预期利润。

评估过程：

1)该宗地为待开发空地，适宜采用剩余法估价。

2)根据规划要求，该宗地最佳利用方式为修建住宅，容积率为4。

3)根据该开发商的市场调查和项目可行性研究显示，该项工程在取得土地使用权后3个月即可动工，建筑时间为2年，建成后即可全部售出，根据目前的市场行情，住宅售价预计为3000元/m^2，建筑费和专业费预计为1000元/m^2，在建筑期间的投入情况为：第一年投入40%，第二年投入60%，目前资金贷款年利率为12%，不动产销售的税费为不动产总价的6%。

4)测算开发商预期利润。

①不动产总价=3000×2000×4=24 000 000(元)

②建筑费及专业费=1000×2000×4=8 000 000(元)

③地价及法律、估价等费用=6 000 000×(1+2%)=6 120 000(元)

④总利息$=6\ 120\ 000\times[(1+12\%)^{2.25}-1]+8\ 000\ 000\times40\%\times[(1+12\%)^{1.5}-1]+$

$8\ 000\ 000\times60\%\times[(1+12\%)^{0.5}-1]=2\ 650\ 335$(元)

注:地价计息期为 2 年 3 个月。

⑤销售税费 $=24\ 000\ 000\times6\%=1\ 440\ 000$(元)

⑥将上述数据代入公式,则

开发商利润:①－②－③－④－⑤$=5\ 789\ 665$(元)

利润占不动产总价的百分比 $=\dfrac{5\ 789\ 665}{24\ 000\ 000}=24.12\%$

由上述测算可知,该项目投资回报良好,预期利润可观,项目可行。

三、利用剩余法确定建筑费及专业费的最高控制标准

某开发公司已取得某宗地 50 年土地使用权,该宗地为"七通一平"空地,面积 10 000 m^2,地价及相关的法律、估价等费用为 3 000 000 元,城市规划规定该宗地用途为工业厂房,最大容积率为 1。确定该开发公司在该项目中的建筑费及专业费的最高控制标准。

评估过程:

1)该宗地为待开发空地,适宜采用剩余法测算。

2)根据该开发公司的市场调查和项目可行性研究显示,该项工程在取得土地使用权后即可开工,建筑时间为 2 年,建成后即可全部售出,根据目前的市场行情,同类工业厂房的售价预计每平方米为 1300 元,开发资金的投入为均匀投入,当地目前贷款年利率为 12%,开发商要求的利润为不动产总价的 18%,不动产销售的税费为不动产总价的 6%。

3)测算建筑费及专业费的最高控制标准。

假设建筑费及专业费的最高控制额为 x 元。

①不动产总价 $=1300\times10\ 000\times1=13\ 000\ 000$(元)

②地价及法律、估价等费用 $=3\ 000\ 000$(元)

③总利息 $=3\ 000\ 000\times[(1+12\%)^2-1]+x\times[(1+12\%)^1-1]=763\ 200+0.12x$(元)

④开发商利润 $=13\ 000\ 000\times18\%=2\ 340\ 000$(元)

⑤销售税费 $=13\ 000\ 000\times6\%$

$=780\ 000$(元)

⑥将上述数据代入公式,则

建筑费及专业费最高控制额为

$x=$①－②－③－④－⑤

$=13\ 000\ 000-3\ 000\ 000-(763\ 200+0.12x)-2\ 340\ 000-780\ 000$

$x=\dfrac{6\ 116\ 800}{1.12}$

$=5\ 461\ 429$(元)

单位面积建筑费及专业费控制标准为

$\dfrac{5\ 461\ 429}{10\ 000\times1}=546.1$(元/建筑平方米)

第七章　基准地价系数修正法

◎本章要点

本章需要掌握的内容有：基准地价系数修正法的概念、原理、公式、步骤。

第一节　基准地价系数修正法基本概述

考试基本要求

掌握：基准地价系数修正法的概念、原理。

一、概述

基准地价是对市场具有指导性的地价标准，我国法律规定基准地价由政府发布，并且每隔一段时间需要更新。基准地价系数修正法，是通过比较估价对象与所在级别或区段土地的区位及个别条件，以级别或区段平均地价为基础，修正确定宗地价格的估价方法。

可以说，基准地价系数修正法是一种利用间接地价信息估价的方法，其准确性取决于基准地价本身的特点，主要表现在以下几个方面。

1)虽然基准地价具有基准日，由于考虑到在某一时段内能够有效使用，体现了更多的稳定性，但敏感性差。按照规定，城市每2～3年必须更新基准地价，虽然一些城市已经做到每年或者每半年更新一次，但是大多数城市还不能按照规定时间更新并公布基准地价。基准地价时间跨度长，缺乏敏感性，不适合评估一些市场替代性很强的宗地。因为在基准地价的有效期限内，市场可能已经发生了较大的变化，特别是我国目前正处于一个城市快速扩张时期，城市基础设施和功能分区在不断变化和调整，导致在很短的时间内城市地价也会发生很大程度的变化。一些城市的基准地价在更新前后相差很远，甚至大相径庭，这样的情况并不少见。

2)基准地价是区域性平均地价，要客观地对宗地进行估价，必须准确确定宗地在土地级别范围内的相对区位。级别地价是一个平均价格，显然并没有反映区域内部土地价格差异这一客观现象。级别范围越大，基准地价与级别范围内每一块土地的价格差异可能就越大。所以使用基准地价修正估价，难以把握的是宗地价格与基准地价之间的差异。比如，一般认为，级别范围内的中间区域应该是该级别基准地价与宗地价格相对应区位，但事实上并不一定如此，可能会发生一定的偏移。

3)基准地价对应的是土地平均条件，非常抽象，并不能反映一个具体地块丰富而详细的情况，所以，基准地价与宗地具体的土地条件的对应关系非常不确定，估价过程中很难把握，所以，基准地价非常不适用于那些需要进行精确估价的项目。

另外，基准地价从测算到运用是一个从具体到抽象，再由抽象到具体的过程，很多的市场特征及信息容易被抽象、模糊，甚至丢失，不可能完全复原，宗地的估价结果必然会与其原始的市场状态有一定的距离，这是利用间接信息估价普遍存在的问题。

二、基本原理

理论上讲，基准地价是其覆盖范围内各宗地的一种平均价格，而且是一般条件的地价水平。如果估价对象位于基准地价所覆盖的范围内，完全可以认为基准地价也是估价对象的一种价值表达，是其"一般条件下的价格水平"。所以，估价对象的价格，可以在这个"一般条件下的价格水平"基础上进行更加精确的修正、调整得到。

还可以有另外一种理解，基准地价是针对某一级别土地所建立的价格基准，这一价格基准所对应的是该级别土地条件的平均状况，所以，基准地价可以被看成是一宗以级别土地条件为基础的"虚拟标准宗地"的价格。由于级别范围内所有土地均与这一"虚拟标准宗地"具有相似性(在同一市场供需范围内)，根据替代原理，它们之间的价格也有相似性。采用基准地价修正估价，可以认为是以"虚拟标准宗地"价格为比较对象，根据各宗地条件修正估价的过程。

简单地说，基准地价系数修正法，是通过比较估价对象与所在级别或区域内土地的平均条件，并根据二者差异，以基准地价为基础修正并确定待估宗地价格的过程。从原理上看，与市场比较法有相似之处，符合估价中的替代原则。

以基准地价评估宗地价格时需要考虑的问题见表 7-1。

表 7-1 以基准地价评估宗地价格时需要考虑的问题

项　目	内　容
区位因素的修正	待估宗地只处于级别或区域内的某一位置，在公共设施、区位优势上与基准地价所对应的条件有一定差距，特别是基准地价所在级别范围很大时，宗地条件与所在区域的平均情况差异更大，这种差异必将导致价格差异。所以，基准地价系数修正法中最重要的修正就是区位因素修正
个别因素的修正	个别因素的差异在每块土地都存在，不同的土地之间除了位置不可能相同外，在个别条件方面也不可能完全相同，因此，不可能出现两块价格完全一样的土地。为此，在基准地价系数修正法中需要考虑个别因素的修正
用途的修正	国家有关技术规程规定，基准地价按照商业、居住和工业三大用途测算并发布，但是，在估价中，宗地的用途会有更加具体的情况，比如商业用途的土地中会有饭店、零售、办公等用途，它们与一般的商业用地的价格差别很大，所以在基准地价系数修正法中，也要考虑用途之间的差异修正
期日修正	基准地价的基准日是固定的，并且一定会早于估价基准日，除非是回顾性估价。所以，基准地价就像过去发生的案例一样，如果要用它来估价，肯定存在时间上的差异，需要修正
年期修正	基准地价一般按照国家规范法定最高年期设定，其中商业用地 40 年，居住用地 70 年，工业用地 50 年，但估价对象的使用年期可能并不标准，需要考虑年期修正
开发程度修正	一般一个城市的基准地价都是根据当地条件设定全市平均开发程度，但也有一些地区考虑得细致一些，开发程度按照级别设定。不管情况怎样，估价对象的具体开发程度与基准地价不会完全一致，所以，在基准地价系数修正法中考虑了开发程度的修正

续表

项　目	内　容
容积率修正	估价对象的容积率各不相同，对地价影响的程度较大，也需要进行容积率修正

基准地价系数修正法的计算公式为

$$V = V_{1b} \times (1 \pm \sum K_i) \times K_j \tag{7-1}$$

式中　V——土地价格；

V_{1b}——某一用途土地在某一土地级上的基准地价；

$\sum K_i$——宗地价格修正系数；

K_j——估价期日、容积率、土地使用年期、用途、开发程度等其他修正系数。

第二节　基准地价系数修正法估价程序与计算方法

考试基本要求

掌握：基准地价系数修正法的公式、步骤。

熟悉：基准地价系数修正法的适用范围与限制。

一、估价程序与计算方法

运用基准地价系数修正法估价的基本程序如下：

1)收集并分析估价对象所在地土地定级估价成果资料；

2)确定估价对象所在区域的土地级别及相应的基准地价；

3)分析并确定区域因素和个别因素的影响程度，编制修正系数表；

4)分析并确定年期、基准日、容积率、用途、开发程度等因素的修正系数；

5)计算宗地价格。

在上述各步骤中，需要收集的资料主要包括土地级别图、土地级别表、基准地价图、基准地价表、基准地价因素修正系数表和相应的因素条件说明表等。有可能的话，还应收集定级估价的技术报告。这些资料可以在一些公开的地方，比如网络或者一些专业机构得到，但是，最稳妥的还是应该到基准地价发布机构收集。

得到基准地价资料后，还需要进行相应的调查和核实，特别是在非权威机构取得的资料，需要核实资料的准确性和现时性。

资料整理完成后，需要对基准地价进行进一步的研究，包括发布机构、发布时间、有效时间、基准日、级别划分情况、基准地价的内涵设定，修正体系的相关内容，以及适用范围和使用要求等。同时，对基准地价发布后的市场波动情况也要进行相应的调查和研究。

在确定估价对象所在区域的土地级别及相应的基准地价时，主要是根据估价对象的位置、用途，在土地级别图表上查看所属的级别范围，并确定基准地价。在这一过程中，需要根据现场调查的资料进行分析和核对，看其是否与基准地价图上查实的内容一致。特别是处于级别界限附近的估价对象，很容易误判“跨级”，要仔细核对其位置。

所在级别确定后，还要对该级别修正系数表、因素指标说明表，以及该级别对应的地价内涵、土地开发程度等进行分析。

估价对象区域因素和个别因素总的修正系数计算公式为

$$K = \sum_{i=1}^{n} K_i \tag{7-2}$$

式中 K——地价影响因素总修正值;

K_i——分别为宗地在多个因素条件下的修正系数;

n——修正因素个数。

在编制估价对象区域因素和个别因素修正系数表时,需要将实际的因素情况与级别修正系数表、因素指标说明表中的标准进行对比,然后确定修正系数。一般情况下,在估价现场调查前,会根据所选方法侧重调查相应的情况,如果选定了基准地价估价,那么在现场调查或者是市场调查时,应针对基准地价系数修正法所需要的数据进行调查。编制过程中,如果发现有遗漏的信息,需要进行补充调查。

估价对象使用年期修正系数的确定,要依据各用途土地使用权的最高出让年期,以及估价对象具体的有效使用年期,采用下列公式计算:

$$y = \frac{1-\left(\frac{1}{1+r}\right)^m}{1-\left(\frac{1}{1+r}\right)^n} \tag{7-3}$$

式中 y——宗地使用年期修正系数;

r——土地还原率;

m——待估宗地可使用年期;

n——该用途土地法定最高出让年期。

期日修正系数的确定,一般根据地价指数的变动幅度,采用下式计算:

$$T = \frac{\text{宗地估价期日的地价指数}}{\text{基准地价评估期日的地价指数}} \tag{7-4}$$

容积率修正,是指将平均容积率修正到估价对象实际容积率状态下,一般按下式计算:

$$K_{ij} = k_i / k_j \tag{7-5}$$

式中 K_{ij}——容积率修正系数;

k_i——待估宗地容积率对应的地价水平指数;

k_j——级别或均质地域内该类用地平均容积率对应的地价水平指数。

土地开发程度差异修正是以加减的方式体现,就是将估价对象完成实际开发程度所需要的费用与完成基准地价设定平均开发程度所需费用进行比较,得到两者差值,如果前者多于后者,加上差值,反之减去差值。

二、适用范围与限制

1. 基准地价估价适用范围

(1)适宜于市场不发达情况下的宗地估价

这些地区市场活跃程度较低,使用基准地价进行估价不会出现太大的偏差。

城市的边沿地区、新的开发区,或者是一些正处于衰败期的老城区,以及需要改造的棚户区等,都有可能是市场不发达区域,如果有基准地价,对于宗地估价来说,也是一个好的选择。而且,在这些区域,基准地价可能比其他地价信息更加客观和可靠。

(2)适宜于税收、抵押等保守性宗地估价目的

保守原则要求尽量排除市场特别活跃和特别低迷时期的地价特征,比如税收,一般是针对一个时间周期征收,如果计税期地价正好处于最高点,按此计税显然会使纳税人的税收负担增加,因

此需要对土地价格进行处理，排除这些最高值，使其具有均值性。基准地价的最大特点就是中庸和平均的特征，这正好与保守原则相匹配。

(3)适合于批量评估

由于基准地价是区片的，所以，凡是在同一级别范围之内的宗地，都可以采用该级别基准地价估价，也就是可以同时采用相同的方式和价值基础，实现多宗土地同时估价，是快速方便地评估多宗土地价格的最有效手段。

这样的例子很多，比如，一个新的开发区在完成一级开发后，按照规划分割成多宗土地，这些土地可能价值水平相近，状况也差不多，为满足招商引资的需要，必须尽快确定每块土地的价格。这个时候，如果以基准地价作为基础，再适当考虑各地块的具体条件进行修正，便能够快速完成任务。

税收估价中其实也存在批量估价的问题，特别是不动产税，一般是逐块征收的，又要确保同一区域各地块的差异不能太大，使用基准地价估价就能很好地解决这些问题。

(4)适合于作为一些政策性地价标准制定的依据

比如工业用地出让最低限价、土地出让底价、限价房中的最高限地价、补交地价、征购地价等，都适合采用基准地价作为依据，这不仅仅因为基准地价的中庸性，还因为基准地价是政府公布的，具有公信力，能够使人信服。

2. 基准地价使用的限制

(1)没有公布基准地价的地区或者区域不适合

一般情况下，基准地价适用于具有基准地价的城镇中的土地估价，经常会遇到这样的情况，比如城市的边缘，正好在基准地价覆盖区域之外，一些估价师会直接使用相邻区域的基准地价。这样的做法其实不妥，因为基准地价及其影响因素具有严格的区域对应性，如果离开了所在区域，会有很多影响地价的不确定因素，很难简单认定它们的地价水平具有一致性。

(2)过期的基准地价不适合使用

基准地价具有时效性，法定期限是 2～3 年，每个城市在测算时会有具体的规定，如果超过规定的年期，基准地价与市场情况差异可能会很大，失去客观性。即使是变化不大，也不适合使用，因为过期的基准地价不具有法定效力。

(3)修正体系不全或者没有的情况下不适宜使用基准地价估价

修正系数是在分析基准地价所在区域每一块土地条件的基础上形成的，实际上它建立的是区域内基准地价与每一块土地之间的关系，所以，如果没有修正体系，估价师是不能够确认估价对象土地条件与基准地价之间的正确关系的，那么在这种情况下要依据基准地价准确地判断宗地的价格也是不可能的。

第三节 基准地价系数修正法的应用

估价师采用基准地价估算一块商业土地的市场单价，该土地所在土地级别为一级，对应商业用途基准地价为 2775 元/m^2。该市基准地价 2007 年 11 月 1 日公布，基准日为 2006 年 1 月 1 日，商业用地土地使用年期 40 年，土地开发程度“五通一平”，一级商业用地的标准容积率为 1.4。经调查和测算，有如下参数：

1)影响地价区域因素及个别因素修正系数($\sum K$)为 1.16；

2)基准地价基准日至本次估价期日 2007 年 12 月 31 日期间,地价上涨了 10%,确定期日修正系数(K_1)为 1;

3)估价对象设定年期与基准地价所对应的年期一致,不需进行年期修正,年期修正系数(K_2)为 1;

4)容积率的修正系数(K_3)为 1.25;

5)用途修正系数(K_4)为 0.8;

6)$K_5=1$;

7)开发程度一致,不需要进行修正,K_6 为 0。

根据基准地价系数修正法评估的计算公式为

$$
\begin{aligned}
\text{宗地价格} &= \text{基准地价} \times \sum K \times K_1 \times K_2 \times K_3 \times K_4 \times K_5 \pm K_6 \\
&= 2775 \times 1.16 \times 1 \times 1 \times 1.25 \times 0.8 \times 1 \pm 0 \\
&= 3219(\text{元}/\text{m}^2)
\end{aligned}
$$

第八章　路线价法

◎本章要点

本章需要掌握的内容有：路线价及路线价法的概念、基本原理、测算方法。

第一节　路线价估价法基本概述

考试基本要求

掌握：路线价及路线价法的概念、基本原理。

一、路线价估价法定义

路线价是通过对面临特定街道、使用价值相等的市街地，设定标准深度，求取在该深度上数宗土地的平均单价并附设于特定街道上，即得到该街道的路线价。路线价估价法是依据路线价，再配合深度指数表和其他修正率表，用数学方法算出临街同一街道的其他宗地地价的一种估价方法。

二、路线价估价法的基本原理

路线价估价法是在各样点宗地价格的基础上，分析宗地地价与影响地价的临街深度等因素的相关关系，进而据此估算其他宗地地价。路线价估价法认为城市内各宗土地（以商业用地为主）价格的高低，随其距离道路的远近程度，即临街深度的增加而递减；宗地越接近道路者利用价值越大，地价也越高；距离道路越远，利用价值越小，地价也越低。因此，路线价估价法与市场比较法类似，只不过以路线价取代了市场比较法中的比较实例价格，以深度等差异修正取代了区域因素和个别因素等的修正，其基本原理是替代原理和区位论的具体运用。

在正常市场条件下，具有相同使用价值的土地，在交易双方具有等量市场信息的基础上，应该具有同样价格，即替代原理。

可及性可以视为区位条件的一种表示，因此对于商业用地来讲，可及性是决定其使用价值的主要因素。同一街道，各宗土地价格的高低，随其离开街道的远近程度，即临街深度而递减；同一宗临街宗地，其接近街道部分地价高于离开街道的部分，越接近道路者利用价值越大，距离街道越远利用价值越小，价格越低；在一个城市中，按土地的可及性可划分不同的地价区段，每个区段表示不同的区域条件即为使用价值的差异。

三、路线价估价法的基本公式

路线价估价法基本公式的表示形式为

$$宗地总价=路线价\times 深度百分率\times 宗地面积 \quad (8\text{-}1)$$

运用路线价估价法时，如果街道两边的土地另有特殊条件存在（例如属街角地、两面临街地、三角形地、梯形地、不规则形地、袋地等），则除了依上列的普通计算公式计算地价外，还要进一步作加价或减价修正，这种情况下的计算公式为

宗地总价=路线价×深度百分率×宗地面积+其他条件修正额　　(8-2)

或

宗地总价=路线价×深度百分率×其他条件修正率×宗地面积　　(8-3)

四、路线价估价法的适用范围

一般的土地估价方法，仅适用于单宗土地的估价，而路线价估价法则被认为是一种迅速、公平合理，又能节省人力、财力，并可同时对大量宗地进行估价的方法，特别用于土地课税、土地重划、征地拆迁或其他需要在大范围内对多宗土地进行估价的场合。当然，这种方法仅适用于城市的估价。

1)路线价估价法适用于市街地，主要用于商业繁华区域土地价格的评估，对道路系统完整、道路两旁的宗地排列整齐的区域和城市，效果更佳。

2)路线价估价法需要较多的交易实例，且土地市场要规范。

3)路线价估价法能快速评估多宗土地的价格。

4)路线价估价法的精度与路线价及其修正体系密切相关。

五、路线价估价中涉及的相关概念

路线价估价中涉及的相关概念见表8-1。

表8-1　　路线价估价中涉及的相关概念

项　目	内　容
标准宗地	城市的一定区域中，根据街道状况、公共设施的接近状况、房屋的疏密度等条件划分区域，从区域中沿主要街道的宗地中选定的深度、宽度、形状等在区域中属标准的土地称为标准宗地
标准深度	城市中，随着土地离道路距离的增加，道路对土地利用价值影响为零时的深度称为市街地的标准深度
里地线	标准深度的连线被称为里地线。里地线与道路之间的区域称为临街地或表地，里地线以外的区域被称为里地
深度指数修正表	以道路为基准，按距离道路的变化情况编制的地价变化表称为深度指数修正表
路线价区段	以街道为单位，将宗地接近性大致相等、土地使用价值基本一致的地段作为路线价评估区域，此区域称为路线价区段

第二节　路线价及其修正体系确定

考试基本要求

掌握：路线价及路线价法测算方法。

熟悉：路线价法操作步骤，修正系数的确定方法。

一、路线价及其修正体系确定的基本程序

按照路线价估价法的基本原理和估价要求，路线价及其修正体系建立的基本程序为：①划分路线价调查区段；②设定标准深度；③收集交易案例；④计算宗地价格；⑤划分地价区段；⑥计算区段地价；⑦划分地价等级；⑧编制深度修正系数表；⑨编制其他因素修正系数表。

二、路线价区段划分与标准深度设定

一个路线价区段是指具有同一路线价的地段。因此，在划分路线价区段时，影响土地使用价值的土地条件大致相同，即可及性相等的地段，应划为同一路线区段。原则上以地价有显著差异的地点为区段界，通常是从十字路口或丁字路口中心处划分，路口与路口之间的地段为一个路线价区段。一般情况下，一条街道只设一个路线价。但对一些特别繁华、土地条件变化较大的街道，也可以分设路线价。某些不很繁华的地区，同一路线价区段也可延长至数个街道。另外在同一街道上，某一侧的繁华状况与对侧有显著差异时，同一路线价区段也可附设两种不同的路线价，这时在观念上视为两个路线价区段。

设定的标准深度，通常是路线价区段内临街各宗土地的深度的众数。例如，某路线价区段的临街宗地大部分的深度为 20 m，则其标准深度应为 20 m。如果临街宗地普遍的深度为22 m，则其标准深度应当是 22 m，如此才能使宗地地价的计算达到简化的地步。因为如果不以深度的众数为标准深度，由此制作的深度百分率表将使以后多数宗地的地价计算都要用深度百分率加以修正，这不仅增加计算工作量，而且会使设定的路线价失去其代表性。

三、路线价的评估确定

路线价是设定在街道上的标准宗地的单位地价。通常在同一路线价区段内选择若干标准宗地，分别求其单位地价。求得样点宗地单位地价的方法是本书前面介绍过的收益还原法、市场比较法等。然后求这些标准宗地的单位地价的众数或中位数、简单算术平均值、加权算术平均值等，即得该路线价区段的路线价。

在标准宗地方面，美国是宽 1 ft、深 100 ft(1 ft＝0.3048 m)；日本是宽 1 间、深 5 间(1 间＝1.818 m)。在路线价表示方式方面，美国是货币，日本是点数。

采用“点数”表示的优点是：①点数易换算成金额；②点数不受币值变动的影响；③点数易直接估算估价前后的价值差；④点数易求取地价上涨率。采用“货币”表示的优点是：①货币易理解；②交易参考便利。路线价评估确定的具体步骤如下所述。

1. 地价实例调查

地价实例调查，一般应以最近两年内土地交易、租赁以及房屋交易、租赁样本为主要调查对象。其调查的宗数应适当且分布均匀，调查结果应反映市场价格的真实性。

由于我国土地市场管理还不完善，给地价调查工作带来一定难度。一般情况下，主要向交易双方当事人、街道办事处、公证机关、房产管理机关、金融机关、土地管理部门等收集实例。调查资料类型主要包括土地出让、转让、土地租赁、房屋买卖、房屋租赁、合作建房、企业兼并等。调查资料应分别记载于买卖实例调查估价表或租赁实例调查估价表等表中。

2. 宗地地价计算

宗地地价主要是应用市场比较法、收益还原法等估价的常规方法及由此派生的其他方法进行测算。但由于我国土地市场还不完善，很难形成统一、规范的交易案例，因此，只能从现有土地转移方式中，通过分析计算出其中的土地的价格。按照土地转移方式，计算样点宗地价格主要利用土地出让、转让、土地租赁、房屋买卖、房屋租赁、联合建房、柜台出租、商品房买卖、企业兼并、土地入股、以地换房等资料计算。

3. 宗地数据检验

在同一路线价区段内，若干宗地之间也存在着土地的个别性、交易的随机性，因此土地价格是否准确难以确定，甚至同一块土地也因为购买方不一样，交易价格会产生很大的差别，所以在同一路线价区段内调查的若干地价样本是否真实、合理，必须要有一个衡量的标准，偏离标准过远的地价样本应作为异常值剔除，这个标准就是标准宗地的土地价格。当同一路线价区段内的地价样本超出了与标准宗地比较允许的幅度，可作为地价异常值剔除。

对各种宗地价格，也可根据各宗地同标准宗地条件的差异，进行宗地价格修正，然后用修正后的价格计算路线价。

对修正后的宗地价格，要对各种资料计算地价的方法进行数理统计检验，以保证计算结果的科学性和合理性，使各种方法计算的宗地价格能同时用于路线价的估算中，检验的方法主要有秩和检验法，其目的是检验资料处理中可能带来的系统误差。

4. 确定地价区段

地价区段划分标准：①城市土地的区位条件、交通条件、人流量、位置相似的地块划归同一区段；②商服繁华程度基本相同的地块划归同一个地价区段。在我国实际划分中，首先分为有商业街道、街区和无商业街道、街区，进一步按零售商业、服装、饮食业、零售果杂、农贸市场、专业市场（包括服装、水果、灯具、家具等批发）、机器加工、民房住宅、住宅小区、工业区等进行地价区段类型的划分。

区段划分方法主要有两条：一是以道路、沟渠或其他明显地物为界限；二是在确定有路线价标准的地价区段，以里地线为界线，在我国，里地线多采用临街宗地进深的众数确定。

5. 计算区段地价

计算区段地价，是以地价调查实例为基础，求取各区段的平均价为区段地价。其计算方法主要有三种。

(1)取中位数

当地价实例项数为奇数时，取其中项为中位数；地价实例项数为偶数时，以中间两项的平均数为中位数。

(2)取众数

指地价实例中，取单价相同之项较多者为众数。

(3)取算术平均数

指地价实例单价累加，除以实例项数为算术平均数。

需要说明的是，路线价是临街标准深度宗地的平均价格，而调查收集到的样点宗地临街进深等各不相同，缺乏可比性，因此在计算区段地价前，需将临街进深等条件不同的样点宗地地价统一修正到标准深度。具体做法可采用将进深不及或超过里地线的宗地地价除以相应的深度修正系数，以得到统一进深的样点宗地单位面积地价。

区段地价的计算有两种情况：①有买卖或租赁实例的区段以区段内调查所得的土地正常买卖、租赁价格，求其中位数、众数或算术平均数为该区段地价；②无买卖或租赁实例的区段应于邻近区段选取两个以上使用分区或使用性质类似，且已计算区段地价的区段，作为基准地价区段，按区域因素修正表，进行区域之间因素优劣的比较分析，经系数修正后得到目标区段的地价。

6. 划分地价等级

根据地价区段的划分结果以及区段地价的计算，可分用途按照区段地价的高低，划分出地价等级。其计算步骤为：

1)计算各种用途土地在每个地价区段的价格；

2)按用途进行地价区段的归类；

3)同种用途的地价区段按区段地价高低排列;

4)把区段地价描绘在数轴散点图或频率直方图上,密集区域即为一个地价等级;

5)把同一地价等级内的各个区段地价进行众数或算术平均,计算出各等级的土地价格。

按各地区地价区段的实际划分情况,填写地价区段、地价等级表,绘制地价区段、地价等级分布图。

四、深度修正系数表的编制

土地使用价值同其与道路的关系有密切关系。深度指数修正表是反映随宗地临街深度的变化,地价变化相对程度的表格。因此,依路线价对各临街进深不同的宗地进行深度修正,才能求得各宗地的合理价格。

1. *深度指数修正的原理*

如图 8-1 所示,现在假设有一临街宽度为 x m,深度为 y m 的矩形宗地,平均每平方米的价格为 A 元,则此宗地的价格应为 $x\times y\times A$ 元。

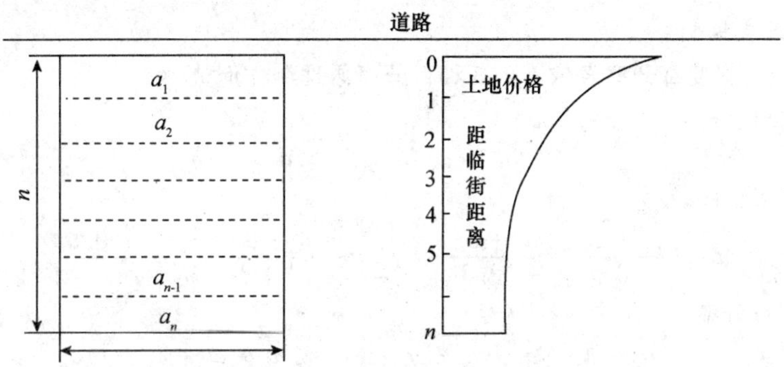

图 8-1 深度指数修正图

如图 8-1 所示,沿平行道路的方向,将深度以 1 m 为单位加以区分成许多细条的土地,并从临街方向起,按顺序赋予 $a_1,a_2,a_3,\cdots,a_n$ 等符号,则越接近道路者,利用价值越大。依上图而言,a_{n-1} 大于 a_n,a_2 大于 a_3,a_1 大于 a_2,随着土地离道路越来越远,单位地价之差逐渐接近于零,深度指数修正表正是要揭示宗地的价值随其临街深度递减的规律。

2. *深度修正的各种方法介绍*

路线价估价法很早就在英美流行,已有许多值得参考的深度指数的方法。如欧美的四三二一法则、霍夫曼法则、苏慕斯法则、哈柏法则等(表 8-2)。

表 8-2 深度修正的各种方法介绍

项 目	内 容
四三二一法则	该法则将标准深度 100 ft 4 等分,随着离道路距离的增加,每一等份的价值占路线价的比例分别为 40%、30%、20%、10%。该法则又被称为慎格尔法则
霍夫曼法则	该法则认为深度为 100 ft 的标准宗地,将标准深度 4 等分的情况下,随着离道路距离的增加,每一等份的价值占全部地价的比例分别为 37.5%、29.5%、20.7%和 12.3%
苏慕斯法则	该法则认为深度为 100 ft 深的土地价值,前半临街 50 ft 部分占全宗地总地价的 72.5%,后半 50 ft 部分占 27.5%,若再深 50 ft,则该宗地所增的价值仅为 15%
哈柏法则	该法则认为土地的价值与其深度的平方根成正比

同时,路线价的表示方式不同,深度指数表的制作形式也有差异,如美国的深度指数表是从临街线出发,顺序增加其比例,深度为 100 ft(例外情形为 150 ft)时的比例为 100%;但日本的深度指数表,是以临街线起深度五间的地点为 100%,以此点为分界点,由此向临街线接近者,指数递增,反之由此向里侧伸长而远离街道者,指数随之减少,所以路线价法的地价计算公式不完全相同。

美国的计算公式为

$$V = \mu \times dv \times f \tag{8-4}$$

日本的计算公式为

$$V = \mu \times dv \times (d \times f) \tag{8-5}$$

式中 v——地价;

μ——路线价;

dv——深度指数;

f——临街宽度;

d——地块深度。

3. 深度修正表编制

如图 8-1 所示,深度百分率表依下列 3 种百分率原理制作而成:

1)单独深度百分率。

$$a_1 > a_2 > a_3 \cdots > a_n$$

2)平均深度百分率。

$$a_1 > \frac{a_1 + a_2}{2} > \frac{a_1 + a_2 + a_3}{3} > \cdots \frac{a_1 + a_2 + a_3 + \cdots + a_n}{n}$$

3)累计深度百分率。

$$a_1 < a_1 + a_2 < a_1 + a_2 + a_3 < \cdots < a_1 + a_2 + a_3 + \cdots a_n$$

制作深度百分率表的步骤如下:

①制定标准深度,标准深度-里地线的确定,或以临街宗地的平均进深为准,或以临街宗地进深众数者为准;

②确定级距,深度百分率表中级距的选定,应分析比较实例调查中地价变化的规律性,从而确定级距数、级距;

③确定单独深度百分率;

④选用累计或平均深度百分率制作深度百分率表。

五、其他宗地条件修正系数表的编制

在一个路线价区段内,虽然临接同一街道,但因各宗地的宽度、形状、面积、位置等不同,需要在深度修正的基础上,进行其他因素修正。

(1)宽度修正

对临街土地,特别是临街商业用地来说,地块临街宽度不同,其地价也是不相等的。由于临街商店铺面的宽窄不一,商店对顾客的吸引力会有所差异,进而影响到商店营业额,所以在路线价估价中,必须考虑宽度修正。其计算方法是同一路线价区中进深相等的样本,考虑在不同宽度情况下反映在土地价格上的变动情况,最后确定宽度条件下的修正系数。

(2)宽深比率修正

在一般情况下,大型的商业建筑物,进深较大,地价会随着地块深度的增加,土地价值逐步降低。另一方面,由于商店大、铺面宽度宽、外观醒目,同样会增加对顾客的吸引,所以对大型商店单独采用铺面宽度和深度修正,不太实际,而且也难于操作,因此,应采用商店的宽度比深度即宽深比率系数来反映这种地价的修正情况。

(3)容积率修正

一般情况下,路线价只是代表一定容积率水平下的地价,随着容积率的增加,地价一般会上升。因此,在同一区段中,抽查不同容积率水平下的平均地价,可得到容积率修正系数。

(4)出让、转让年期修正

土地出让是国家将一定年期内的土地使用权让与土地使用者,土地转让是土地使用者将土地使用权再转移的行为。根据地价计算公式:

$$V=\frac{a}{r}\left[1-\frac{1}{(1+r)^n}\right] \tag{8-6}$$

式中 V——地价;

a——年地租;

r——还原利率;

n——出让、出租或转让、转租年期。

可计算出宗地的出让、转让年期修正系数。

(5)朝向修正

对住宅用地而言,由于建筑物的朝向不同,就决定了房屋的坐落、房层的坐落,朝向又会对房屋的销售价格产生影响。那么从房屋售价中扣除成本后所余的地价,也因朝向不同而有所差异,需进行地块环境条件影响修正。

(6)地价分配率修正

地价分配率是将土地单价(或平面地价)调整、分摊到各楼层的比率。一般来看,随着楼层数的增高,地价分配呈递减趋势,当趋于某一临界值后,地价分配又会呈现增加的势头。为了评估需要,必须制订一个统一的地价分配率以反映楼层依据楼层高低、楼面地价在地块总价格中所占的比例。

第三节 利用路线价计算宗地价格的典型案例

一、单面临街矩形地价格计算(临街地)

图 8-2 中,宗地 1、2、3、4、5 为单面临街矩形地,所在街道路线价为 1000 元/m²,深度指数见表 8-3,计算宗地 1、2 的价格。

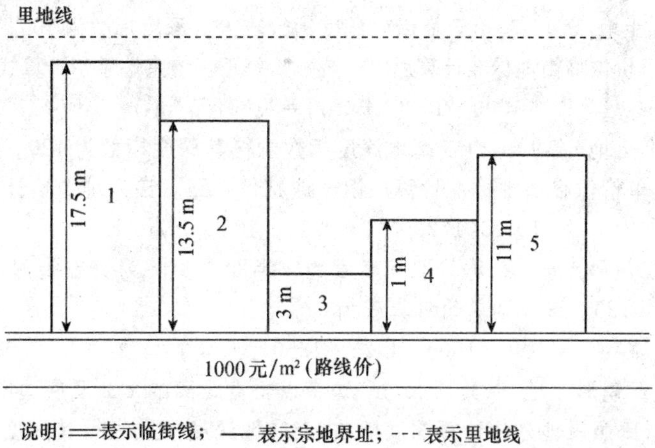

图 8-2 宗地情况及所在街道路线价(一)

表 8-3 临街地深度指数表

临街深度/m	<4	4～8	8～12	12～16	16～18
深度指数/(%)	130	125	120	110	100

计算过程：

1)宗地 1 为临街地，临街深度为 17.5 m，查临街地深度系数表得其深度指数为 100。该宗地单价计算式为

$$1000\times 1=1000(\text{元}/\text{m}^2)$$

2)宗地 2 为临街地，临街深度为 13.5 m，查临街地深度指数表得其深度指数为 110。该宗地单价计算式为

$$1000\times 1.10=1100(\text{元}/\text{m}^2)$$

二、单面临街不规则地价格计算

图 8-3 中，宗地 6、7、8、9、10、11、12 为不规则单面临街地，所在街道路线价为 1000 元/m²，深度指数见表 8-3，求各宗地价格。

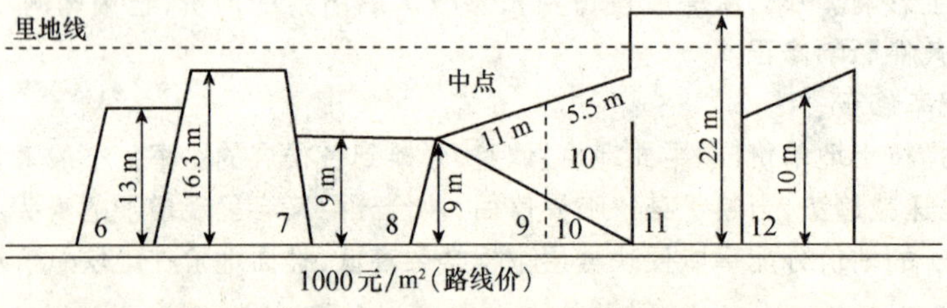

说明：══ 表示临街线； —— 表示宗地界址； - - - 表示里地线

图 8-3 宗地情况及所在街道路线价(二)

计算过程：

1)宗地 6 为平行四边形土地，高 13 m，查临街地深度指数表得其深度指数为 110。该宗地单价计算式为

$$1000\times 1.10=1100(\text{元}/\text{m}^2)$$

2)宗地 7 为梯形土地，高 16.3 m，查临街地深度指数表得其深度指数为 100。因该宗地临街较长，利用价值较高，故其单价依临街地标准计算后以一成加价补正。该宗地单价计算式为

$$1000\times 1\times(1+0.1)=1100(\text{元}/\text{m}^2)$$

3)宗地 8 为梯形土地，高 9 m，查临街地深度指数表得其深度指数为 120。因该宗地临街较短，利用价值较低，故其单价依临街地标准计算后以一成减价补正。该宗地单价计算式为

$$1000\times 1.20\times(1-0.1)=1080(\text{元}/\text{m}^2)$$

4)宗地 9 为正三角形土地，高 9 m，取其高度的一半即 4.5 m 为其临街深度，查临街地深度指数表得其深度指数为 125。该宗地单价计算式为

$$1000\times 1.25=1250(\text{元}/\text{m}^2)$$

5)宗地 10 为逆三角形土地，以其顶点与底边中点垂直距离的 1/2 及底边中点的深度为其起讫深度，即 5.5～11 m，比照袋地办法计算深度指数，查袋地深度指数表得其深度指数为 74。该宗地单价计算式为

$$1000\times 0.74=740(\text{元}/\text{m}^2)$$

6)宗地 11 总深度为 22 m,临街深度 18 m,里地深度 4 m,里地部分的单价按路线价的四成计算。该宗地单价计算式为

$$1000\times1\times18/22+1000\times0.4\times4/22=891(\text{元}/\text{m}^2)$$

7)宗地 12 为梯形土地,其平行边与临街线垂直,取其两边中点的连线为其临街深度,即 10 m。查临街地深度指数表得其深度指数为 120。该宗地单价计算式为

$$1000\times1.20=1200(\text{元}/\text{m}^2)$$

三、双面临街地价格计算

图 8-4 中,宗地 13 为两面临街地,前后街道路线价分别为 1000 元/m² 和 600 元/m²,深度指数见表 8-3,求宗地 13 的价格。

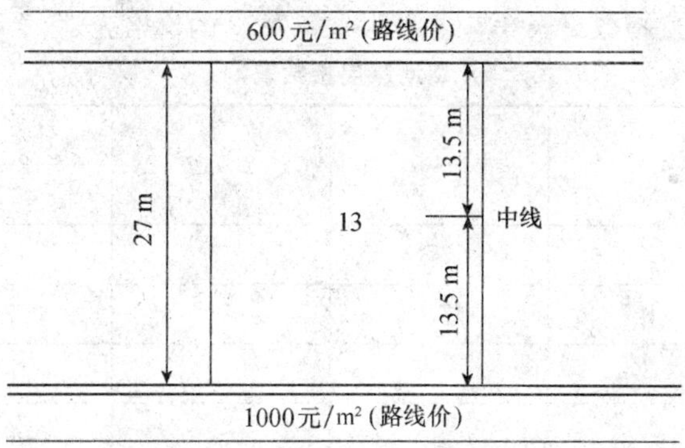

说明: ══ 表示临街线; ── 表示宗地界址

图 8-4　宗地情况及所在街道路线价(三)

计算过程:

宗地 13 为两面临街,总深度为 27 m,以其中间线分前后两部分,临街深度均为 13.5 m,查临街地深度指数表得其深度指数为 110。该宗地单价计算式为

$$1000\times1.10\times1/2+600\times1.10\times1/2=880(\text{元}/\text{m}^2)$$

四、街角地价格计算

图 8-5 中,宗地 14、15 为街角地,且在黑地线之内,两街路线价分别为 30 000 元/m² 和 20 000 元/m²,深度指数见表 8-3,求宗地 14、15 的价格。

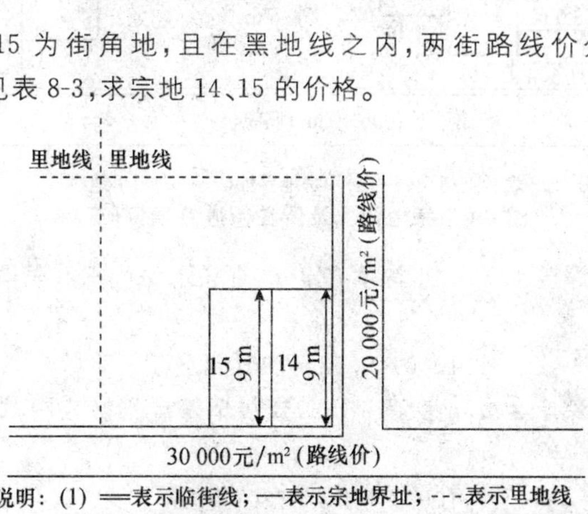

说明: (1) ══表示临街线; ──表示宗地界址; - - -表示里地线

(2) 本宗地系路角地,临街深入度为9 m,临街深度指数为120,路角地加成标准二成、一成

图 8-5　宗地情况及所在街道路线价(四)

计算过程:

1)宗地 14 为街角地,临街深度为 9 m,查临街地深度指数表得其深度指数为 120。另加计旁街路线价的二成。该宗地单价计算式为

$$30\ 000\times1.20+20\ 000\times0.2=40\ 000(元/m^2)$$

2)宗地 15 为街角地,临街深度为 9 m,查临街地深度指数表得其深度指数为 120。另加计旁街路线价的一成(街角地的地价除依正街的临街深度指数计算单价外,并斟酌加计旁街地价)。该宗地单价计算式为

$$30\ 000\times1.20+20\ 000\times0.1=38\ 000(元/m^2)$$

五、规则袋地价格计算

图 8-6 中,宗地 16、17、18、19、20、21、22、23 为规则袋地(离临街线有一段距离的地),所在街道路线价为 1000 元/m²,深度指数见表 8-4,求宗地 16、17、23 的价格。

表 8-4 袋地深度指数表

起深度/m \ 止深度/m	<4	4~8	8~12	12~16	16~18
<4	78	77	75	73	70
4~8	78	77	75	71	68
8~12			72	69	66
12~16				66	63
16~18					60

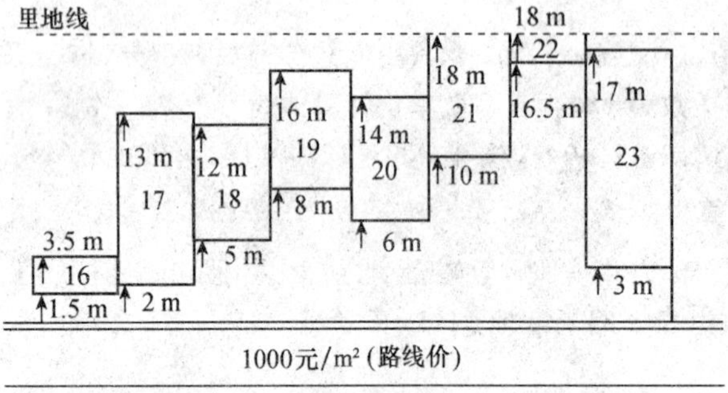

说明: ══ 表示临街线; —— 表示宗地界址; ---- 表示里地线

图 8-6 宗地情况及所在街道路线价(五)

1)宗地 16 为袋地,起深度 1.5 m,止深度 3.5 m,查袋地深度指数表得其深度指数为 78。该宗地单价计算式为

$$1000\times0.78=780(元/m^2)$$

2)宗地 17 为袋地,起深度 2 m,止深度 13 m,查袋地深度指数表得其深度指数为 73。该宗地单价计算式为

$$1000\times0.73=730(元/m^2)$$

3)宗地 23 为袋地,起深度 3 m,止深度 17 m,查袋地深度指数表得其深度指数为 70。该宗地单价计算式为

$$1000\times0.70=700(元/m^2)$$

六、不规则袋地价格计算

图 8-7 中,宗地 24、25、26、27 为各种形状的袋地,所在街道路线价为 1000 元/m²,深度指数见表 8-4,求各宗地价格。

计算过程:

1)宗地 24 为一边平行于临街线的梯形袋地,以其两边中点的深度为其起止深度,即 6～13 m,查袋地深度指数表得其深度指数为 71。该宗地单价计算式为

$$1000\times0.71=710(\text{元}/\text{m}^2)$$

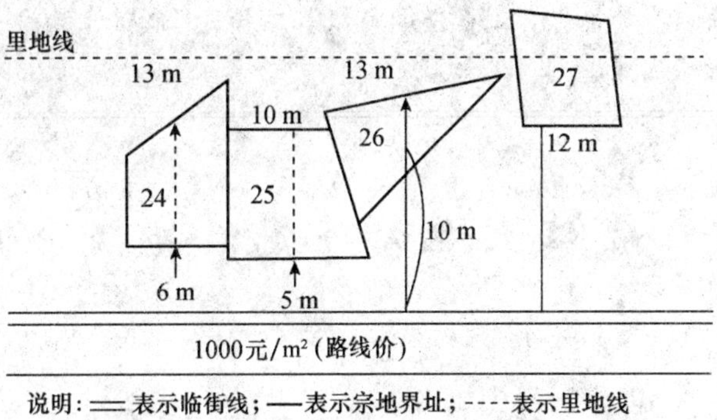

图 8-7 宗地情况及所在街道路线价(六)

2)宗地 25 为底边平行于临街线的梯形袋地,以其两底的深度为其起止深度,即 5～10 m,查袋地深度指数表得其深度指数为 74。该宗地单价计算式为

$$1000\times0.74=740(\text{元}/\text{m}^2)$$

3)宗地 26 为逆三角形袋地,以其顶点与底边中点垂直距离的 1/2 及底边中点的深度为起讫深度,即 10～13 m,查袋地深度指数表得其深度指数为 69。该宗地单价计算式为

$$1000\times0.69=690(\text{元}/\text{m}^2)$$

4)宗地 27 为位于临街地与里地上的袋地,其属袋地部分的面积占 3/4,起止深度为 12～18 m,查袋地深度指数表得其深度指数为 63。其属里地部分的面积占 1/4,该部分的单价按路线价的四成计算。该宗地单价计算式为

$$1000\times0.63\times3/4+1000\times0.4\times1/4=572.5(\text{元}/\text{m}^2)$$

第九章　城镇土地分等定级

◎本章要点

本章需要掌握的内容有：城镇土地分等定级基本概念，城镇土地分等定级的方法，不同城镇土地类型级别影响因素。

第一节　城镇土地分等定级的概念与原理

考试基本要求

掌握：城镇土地分等定级基本概念，城镇土地分等定级的方法。

熟悉：土地等级价的关系。

一、城镇土地分等定级的含义

土地分等定级是在特定的目的下，对土地的自然和经济属性进行综合鉴定，并使鉴定结果等级化的过程。在土地评价科学的范畴里，它是土地评价的一种类型，并以其对土地的自然、经济属性全面地进行综合评定，最终取得不同比例尺要求下的等级化评定的结果。

城镇土地分等定级是土地分等定级的一部分，是根据城镇土地的经济和自然两方面的属性及其在城镇社会经济活动中的地位和作用，综合评定土地质量，划分城镇土地等级的过程。

二、城镇土地分等定级的对象

在土地管理工作中，城镇土地分等定级是土地利用管理的一个重要组成部分。土地分等定级是以土地质量状况为具体工作对象的，它是衡量土地质量好坏的必要手段，也是土地管理的一项基础性工作。

土地分等定级的对象是城镇建成区和近郊区范围内的所有土地。土地分等定级工作以城镇整体为单位进行，其中，土地分等对象为城市市区、城镇镇区，而土地定级对象为土地利用总体规划确定的城镇建设用地范围内的所有土地。城镇以外的独立工矿区、开发区、旅游区等用地也可一同参与评定。

三、土地分等定级与土地估价的关系

土地分等定级与土地估价的关系见表 9-1。

表 9-1　土地分等定级与土地估价的关系

项　目	内　容
土地分等定级与土地估价的含义	土地分等定级的实质就是依据土地使用价值的优劣，评定出土地等级。这种对土地使用价值，即土地质量的评定，是由土地的主管部门依据影响土地使用价值的土地区位条件、土地本身的自然条件和改良条件等因素，制订评估方法和标准，组织专家进行评定

续表

项　目	内　容
土地分等定级与土地估价的含义	并据此划分出土地级别，作为土地管理、土地合理利用和土地转移的基础。 土地估价是在一定的市场条件下，针对某一质量、等级的土地，评估出土地的价格。作为国家、单位和个人进行土地交易、土地资产管理等方面的依据
土地分等定级与土地估价的关系	土地分等定级和土地估价是从不同角度对土地特性的评定，前者评定的是土地使用价值，后者是评定使用价值在市场上反映出的价格。在理想的土地市场和土地交易中，仅从发挥土地经济效益的原则出发，土地的使用价值优，等级高，地价就应该高；相反，地价就低。但是，在现实的土地管理制度和土地市场条件下，或从综合效益考虑，以及受交易双方的行为影响，往往出现土地使用价值高的不一定能实现高地价，土地使用价值低的也不一定地价就低等现象。所以，为满足全面、科学、合理地管理土地、有效利用土地的要求，需要对土地使用价值和价格两方面进行评定。对于土地估价来说，土地分等定级是其基础，评出的等级是土地价格稳定的本质表现。因为土地具有的使用价值优劣，决定了土地使用者为取得土地使用权或所有权而愿意支付的基本地价数额；而对于土地分等定级来说，土地估价是其更灵活的外在表现形式，评出的地价是反映土地使用价值市场特征的更佳指标。因为土地估价除了考虑土地质量优劣、等级高低等特征外，还考虑了市场供求等因素变化，使土地使用价值能更简明、更精确地体现在价格上。由此可见，两者的关系是相辅相成的。通过土地估价迅速把握土地使用价值在市场上的价格动向，概括出等级演变趋势，细化、修正等级成果；通过土地分等定级掌握价格本质，在众多复杂、变幻的价格中，去伪存真，提高估价精度，掌握合理的地价水平。 因此，这两项工作的成果，对于制定政策，促进土地合理利用，加强土地资产管理，发挥土地效益都将提供不可缺少的科学依据

四、城镇土地分等定级体系

城镇土地是城镇社会经济活动的载体。由于社会活动的形式多种多样，城镇土地满足程度和方式有所差异，因而表现为不同的土地质量。

正确反映城镇土地质量的差异，是合理利用城镇土地的基础。为体现城镇土地的上述两个特点，城镇土地分等定级采用“等”和“级”两个层次的划分体系。

土地等反映城镇之间土地质量的地域差异。它将各城镇看做是一个点，研究整体城镇在各种社会、自然、经济条件影响下，从整体上表现出的土地差异，土地等的顺序是在各城镇间排列的。实际的土地分等工作应考虑分层次进行，相互间既要衔接，也应各有侧重。当全国开展城镇土地分等时，应重点考虑对全国范围内重要的设市城市划分土地等；当省域（自治区）开展城镇土地分等时，应重点考虑对省、自治区内的城市和县城镇划分土地等；当直辖市域开展城镇土地分等时，应重点考虑对市域内的市区、地级和县级政府驻地城镇划分土地等。特别是遇到城市所辖的空间存在与主城区分隔的实体（如独立工矿区、开发区等）时，确定其相应等别，应在城市主城区等别和周边城市（或城镇）分等基础上，经综合平衡划定等别。如果需要，当对跨不同行政区域的城镇进行土地分等时，应注意不同行政区域相邻城市或城镇的等别衔接。

土地级反映城镇内部土地的区位条件和利用效益的差异。通过分析投资于土地上的资本、自然条件、经济活动程度和频率等条件得到土地条件的差异，并据此划分土地的级别高低。土地级的顺序是在各城镇内部统一排列的。根据研究的对象性质差异，城镇土地定级分为综合定级和分类定级两种。其中，综合定级指对影响城镇土地质量的各种经济、社会、自然因素进行综合分析，按综合评价值的差异划分土地级；而分类定级则是指分别对影响城镇某种类型用地质量的各种经济、社会、自然因素进行分析，按分类评价值的差异划分土地级；通常涉及商业、住宅、工业用地定级等类型。市区非农业人口50万以上的大城市，一般要进行综合定级和分类定级；其他城镇主要开展综合定级，必要时可同时进行分类定级。

五、城镇土地分等定级方法

城镇土地分等定级采用的是多因素综合评价法，并结合土地收益、价格等信息，应用市场资料分析法等方式进行验证，综合评定土地的等和级。

多因素综合评价法也称为多因素分值加和法。从理论上说，只要对土地本身所具有的条件及其周围条件进行正确评定，就不难得出正确的土地等级。但由于人们所从事的工作、所处的社会地位、利用土地的方式、关心的经济利益以及生活经历、身心需求不尽相同，对同一土地的评价就会有很大的差异。为避免这种主观任意性和因生活背景不同造成的判断错误，需要用相对统一的标准和科学的参数——分值来表示土地的各种条件优劣，然后在考虑因素重要程度的前提下，对这些反映土地条件优劣的分值进行加和，得到总分值，按总分值的高低，即可评定出土地级别。

为使工作过程规范化、标准化，多因素综合评价法（多因素分值加和法）常用下面的公式表达：

$$S_i = \sum_{j=1}^{n} (W_j \times F_{ij}) \tag{9-1}$$

式中 S_i——第 i 个分等对象或定级单元的总分值（诸分等因素对具体城镇土地优劣影响的综合反映或各定级因素在某单元对土地优劣作用的综合体现）；

W_j——第 j 个分等或定级因素的权重值（某分等或定级因素对土地好坏的影响度）；

F_{ij}——第 i 个分等对象第 j 个因素分值（某分等因素对具体城镇土地质量的影响度或某定级因素在单元内对土地优劣作用的体现）；

n——分等或定级因素的总数。

多因素综合评价法评定的土地等或级是采用综合分值来表示的，反映了土地使用价值的大小，但不易直接反映各等城镇土地或城镇内各级别土地上以货币形态表示的土地收益或地价，这样不便于与土地有偿使用等工作衔接，所以还需辅助于市场资料分析来加以验证。尤其是城镇土地定级工作中，应从确定的土地级别中，分行业计算不同级别土地带来的土地收益或地价标准，对划定的土地级别进行校核。具体而言，现行城镇土地分等定级的方法为：

1）先用多因素综合评价法初步划分土地等或级；

2）通过数据聚类分析、市场资料整理分析或典型行业的土地收益测算，对初步划分的土地等或级进行校核。这两个步骤构成了城镇土地分等定级的完整方法体系。

第二节　城镇土地分等定级因素分析

考试基本要求

掌握：不同城镇土地等别、级别影响因素。

熟悉：城镇土地分等定级因素选择、权重确定与量化方法。

一、因素层次

城镇土地分等定级受多种因素影响，通过归纳将其组织在一起，构成定级因素体系。这个体系首先有几个基本因素，每个基本因素又可分为若干派生因素，其下包含一批因子，形成一个多层次、相互联系的因素因子体系。

由于各因素因子所处的层次地位不同，在评价工作中，不能将因素因子的层次随意调换，更不能在不同层次间进行累加。即在土地分等定级工作中，只有按同一层次的因素和因子进行评分，才能相互累加和比较。

二、因素指标类型

因素因子评价指标根据各因素因子的性质和影响方式的不同，归纳起来，可分为硬指标和软指标两类(表 9-2)。

表 9-2　　因素指标类型

项　目	内　容
硬指标	硬指标是指某类因素因子的影响程度可以用明确的数量关系进行表示的
软指标	软指标又称定性指标，侧重从质的方面反映因素因子的影响程度，在土地分等评价交通区位的影响和土地定级评价城市基础设施完备度时，交通区位、给水、排水、煤气、供暖等因子对土地的影响很难用明确的数量指标作为硬指标进行评分，多需要对反映相应设施的各种特征加以综合分析和处理来确定

三、确定土地分等定级因素、因子的基本原则

1. 影响大，对土地分等定级具有重要作用

对土地级别影响大的因素主要指对任何城镇的土地都具有重要影响的因素，如果缺乏这些主要因素，即使其他次要因素、因子再多，也不能概括土地质量等级。影响度的大小又与因素的权重值有密切关系。权重值愈高，因素愈重要。因此，在实际工作中，可以通过权重值的分析确定因素、因子的重要性。

2. 可获得，保证数据口径的一致性

由于影响土地质量等级的因素因子综合了经济、社会、环境等多方面影响，一些因素因子虽然具有较强的影响度，但往往难以量化，可获得性差；而有的因素因子限于现实的统计口径，准确地取得相应数据较为困难，暂时不能列为必选因素，如土地分等中的城镇用地投入产出水平因素，各地经常面临用地投入、产出指标和建设用地面积的统计地域范围不对应的问题，相应指标容易出现偏差，因此，在选择这一因素时就需要慎重。

3. 覆盖面广，对相应类型用地的质量评定有针对性

土地定级分等定级的对象是城镇整体，要求参评因素对城镇所有用地乃至每个土地单元都有一定的影响，否则易产生不均衡的现象。以土地定级中考虑城镇基础设施和公用设施的影响为例，前者为城镇各部门服务，无论哪类用地，都需要配备一定数量的基础设施，故覆盖面遍及全城镇；后者的服务对象主要是城镇居民应享受的教育、医疗、卫生、文化体育等服务。对住宅用地颇为重要，但对工业、商业等生产用地来说，其影响甚微，难以成为工业、商业用地定级考虑的必选因素。因此，必选因素必须根据定级分类的差异，对综合、商业、住宅、工业用地定级有侧重地选择有关因素。

4. 反映土地质量的差异

城镇土地分等定级的实质就是揭示城镇间和城镇内的土地质量的差别，如果参评因素不能达到这一目标，即使重要性再大，也会失掉现实意义。

在确定城镇土地分等定级必选因素的基础上，各地可以根据本身的特点，因地制宜地选择一些非主导因素、因子作为补充。例如土地定级中自然条件优劣度因素包含的许多因子都有较强的地域性，其影响程度往往因城镇而异，坡度因子对山地丘陵的城镇影响很大，在平原地区的城镇定级则主要考虑防洪排涝问题。

根据以上原则，《城镇土地分等定级规程》(GB/T 18507—2001)中确定了以下指标(见表 9-3、表 9-4、表 9-5、表 9-6 和表 9-7)，分别作为土地分等、土地综合定级、商业用地定级、住宅用地定级和工业用地定级因素。

表 9-3　　城镇土地分等因素因子表

因素	选择要求	因子	评价指标	选择要求
城镇区位	必选	交通区位	城镇交通条件指数	必选
		城镇对外辐射能力	城镇对外辐射能力指数	备选
城镇集聚规模	必选	城镇人口规模	城镇人口规模	必选
		城镇人口密度	城镇人口密度	备选
		城镇非农产业规模	城镇二、三产业增加值	备选
		城镇工业经济规模	城镇工业销售收入	备选
城镇基础设施	必选	道路状况	城镇人均铺装道路面积	必选
		供水状况	城镇人均生活用水量	备选
		供气状况	城镇气化率	备选
		排水状况	城镇排水管道密度	备选
城镇用地投入产出水平	备选	城镇非农产业产出效果	城镇单位用地二、三产业增加值	备选
		城镇商业活动强度	城镇单位用地批发零售贸易业商品销售总额	备选
		城镇固定资产投资强度	城镇单位用地建设固定资产投资	备选
		城镇劳动力投入强度	城镇单位用地从业人员数	备选
区域经济发展水平	必选	国内生产总值	国内生产总值综合指数	必选
		财政状况	地方财政收入综合指数	必选
		固定资产投资状况	全社会固定资产投资综合指数	必选
		商业活动	社会消费品零售总额综合指数	必选
		外贸活动	外贸出口额综合指数	备选
区域综合服务能力	必选	金融状况	人均年末银行储蓄存款余额	必选
		邮电服务能力	人均邮电业务量	备选
		科技水平	专业技术人员比	备选

续表

因素	选择要求	因子	评价指标	选择要求
区域土地供应潜力	备选	区域农业人口人均耕地	区域农业人口人均耕地	备选
		区域人口密度	区域人口密度	备选

表 9-4　　城镇土地综合定级因素表

	繁华程度	交通条件			基本设施状况		环境条件		
定级因素	商服繁华影响度	道路通达度	公交便捷度	对外交通便利度	基础设施完善度	公用设施完备度	环境质量优劣度	绿地覆盖率	自然条件优劣度
选择性	必选	至少一种必选		备选	至少一种必选		备选		
重要性顺序	1	2 或 3			3 或 2		4		
权重范围	0.2～0.4	0.1～0.3			0.1～0.3		0.03～0.2		

表 9-5　　城镇商业用地定级因素表

	繁华程度	交通条件			基本设施状况	人口状况
定级因素	商服繁华影响度	道路通达度	公交便捷度	对外交通便利度(客运)	基础设施完善度	人口密度
选择性	必选	至少一种必选			必选	备选
重要性顺序	1	2 或 3			3 或 2	4
权重范围	0.25～0.45	0.25～0.05			0.25～0.05	0.2～0.1

表 9-6　　城镇住宅用地定级因素表

	基本设施状况		交通条件			环境条件		繁华程度	人口状况
定级因素	基础设施完善度	公用设施完善度	道路通达度	公交便捷度	对外交通便利度(客运)	环境质量优劣度	绿地覆盖度	商服繁华影响度	人口密度
选择性	必选		至少必选一种		备选	至少必选一种		备选	备选
重要性顺序	1		2 或 3			3 或 2		4 或 5	5 或 4
权重范围	0.2～0.4		0.2～0.3			0.15～0.25		0.1～0.2	0.05～0.1

表 9-7　　城镇工业用地定级因素表

	交通条件		基本设施状况	环境条件	产业集聚效益
定级因素	道路通达度	对外交通便利度(货运)	基础设施完善度	自然条件优劣度	产业集聚影响度
选择性	必选			备选	
重要性顺序	1		2	3	4
权重范围	0.2～0.4		0.2～0.3	0.1～0.2	0.05～0.01

四、因素因子权重确定

(　)确定土地分等定级因素权重的意义

权重是一个因素对土地质量影响程度的体现。由于城镇中因素很多,不可能都被选择为土地定级因素,只有在进行了重要性排序和差异性选择后确定的因素,才能确定为土地分等定级因素。

确定城镇土地分等定级因素权重,一般应满足以下要求:

1)权重值的大小与因素对土地质量的影响成正比。将选定的因素,按作用大小,分别赋值,作用大的权重值高,作用小的权重值低,其排列依重要性顺序,从高到低依次排列。

2)各因素权重值在 0～1 之间变化,各选定因素的权重值之和等于 1。

(二)权重确定方法

确定权重的常用方法有:特尔菲测定法、因素成对比较法、层次分析法、数理统计法等。

1. 特尔菲测定法

特尔菲测定法是一种常用的技术测定方法。它是一种客观地综合多数专家经验与主观判断的技巧。

(1)特尔菲测定法的基本程序(表 9-8)

表 9-8　　特尔菲测定法的基本程序

项　目	内　容
确定因素	定级因素是指对土地优劣有重大影响,并能在城镇内体现区位差异的经济、社会、自然条件。一般在繁华程度、交通条件、基础设施状况、环境条件、人口状况中进行选择
选择专家	特尔菲法的主要工作是通过专家对定级因素权重作出概率估计,因此,专家选择是测定成败的关键。其主要要求有:一是要求专家总体的权威程度较高;二是要求专家的代表面应广泛,通常应包括技术专家、管理专家、情报专家和高层决策人员;三是要有严格的专家推荐和审定程序,审定的主要内容是了解专家对测定因素的熟悉程度和是否有时间参加测定等;四是要求有适当的专家人数,一般以 10～40 人为宜
设计评估意见征询表	特尔菲法的征询表格没有统一的规定。但要求符合如下原则: 1)表格的每一栏目要紧扣测定因素,力求达到测定因素和专家所关心的问题的一致性。 2)表格简明扼要,好的表格通常是专家思考决断的时间长、应答填表的时间短,填表时间一般以 2～4 h 为宜; 3)填表方式简单,对不同类型的因素进行测定时,尽可能用数字和英文字母表示专家的评估结果
专家征询和轮间信息反馈	经典特尔菲法一般分 3～4 轮征询。 第一轮——因素征询发给专家的征询表格只提出土地定级目标,由专家提出定级的因素,组织者经筛选、分类、归纳和整理,用准确的技术语言制订因素一览表,作为第二轮征询表发给专家。 第二轮——因素评估专家对第二轮表格中的每个因素作出评价。评价以等级(1、2、3等)号或分值(五分制或百分制均可)表示,不要求专家阐述评估理由,不要提供详细论据。第二轮征询表收回后,立即进行统计处理,求出专家总体意见的概率分布,并制订第三轮征询表

续表

项　目	内　容
专家征询和轮间信息反馈	第三轮——轮间信息反馈与再征询将前一轮的评估结果进行统计处理，得出专家总体的评估结果的分布，求出其均值与标准差，将这些信息反馈给专家，并对专家进行再征询。专家在重新评估时，可以根据总体意见的倾向（以均值表示）和分散程度（以标准差表示）来修改自己前一次的评估意见。 采用类似的办法对第三轮结果进行处理和开始第四轮征询，最后就能得到协调程度较高的结果，并写出测定结果报告。至此，测定工作即告一段落

(2)权重测定结果的数据处理

因素评估结果的处理可分为等级评估和分值评估两种情况的处理。分值评估可采用五分制或百分制。等级评估可用等级序号作为量化值。

计算均值的公式为

$$E=\frac{\sum_{i=1}^{m}a_i}{m} \tag{9-2}$$

计算标准差的公式为

$$\delta=\sqrt{\frac{1}{m}\sum_{i=1}^{m}(a_i-E)^2} \tag{9-3}$$

式中　m——专家总人数；

a_i——第 i 位专家的评分值。

计算均值的公式为

$$E=\sum_{i=1}^{N}a_in_i/(\sum_{i=1}^{N}n_i-1) \tag{9-4}$$

计算标准差的公式为

$$\delta=\sqrt{\sum_{i=1}^{N}(a_i-E)^2n_i/(\sum_{i=1}^{N}n_i-1)} \tag{9-5}$$

式中　N——评估等级数目；

a_i——等级序号$(1,2,\cdots,n)$；

n_i——评为第 i 等级的专家人数。

专家们根据前一轮所得出的均值和标准差来修改自己的意见，从而使 E 值逐次接近最后的评估结果，而且越来越小，意见的离散程度越来越小。

2. 因素成对比较法

因素成对比较法主要通过因素间成对比较，对比较结果赋值、排序，该方法是系统工程中常用的一种确定权重的方法。该方法应用有两个重要的前提：

①因素间的可成对比较性。即因素集合中任意的两个目标均可通过主观性的判断确定彼此的重要性差异。②因素比较的可转移性。设有 A、B、C 三个因素，若 A 比 B 重要，B 比 C 重要，则必有 A 比 C 重要。

(1)因素成对比较法简介

成对比较是将因素集合中的因素两两之间都进行比较，而比较结果只有三种。

设有 A、B 两因素，即只有 A 比 B 重要（给 A 因素赋值 1，给 B 因素赋值 0），A 与 B 同等重要

(给 A、B 两因素各赋值 0.5),不如 B 重要(给 A 因素赋值 0,B 因素赋值 1)。最后将所有结果汇总,得到各因素的权重值。

为防止某一因素权重为零,通常在因素集合中设置一虚拟目标,所有因素都比该因素重要,这样就得到新的因素集合。

(2)注意说明

1)因素成对比较法,一般采用 0,0.5,1 三种值,赋值方法虽简练,但显得比较粗糙,特别在 A 因素比 B 因素的重要性高很多时,如高 3 倍、5 倍时,就不易反映。因此实际工作中,对不同情况,还有采用多种赋值的,即 A 因素与 B 因素比较,按相对重要性程度在 1 内进行分割的比例赋值。如 A 因素比 B 因素重要 4 倍,则 A 因素值为 0.8,B 因素值为 0.2,若重要 2/3 倍,则 A 因素值为 0.6,B 因素值为 0.4 等等(注意:两因素值之和为 1)。这样可以使工作更精细一些,但操作起来较难,工作量也大,同时还要注意:①所有因素之间的两两比较都要如此进行;②比较的重要性关系仍要符合成对比较法的前提(A>B,B>C,则 A>C)。

2)为了使成对比较法的结果更为精确,避免个人主观影响过大,可结合采用特尔菲测定法,让专家们对因素重要性作出判断后,再将结果整理,用于因素成对比较中。

3. 层次分析法

层次分析法,简称 AHP 方法,亦称多层次权重分析决策方法。这种方法的优点是定性与定量相结合,具有高度的逻辑性、系统性、简洁性和实用性,是针对大系统中多层次、多目标规划决策问题的有效决策方法。

目前,AHP 法已被广泛应用于研究社会经济发展战略、现代企业管理、国土整治、土地利用规划、城市规划、自然资源的合理利用与分配、环境保护、技术政策评估、社会行为分析、科学教育规划等领域。

第三节 城镇土地分等

考试基本要求

熟悉:城镇土地分等程序。

一、土地分等程序

作为反映不同区域层次内城镇土地质量差异的土地分等,需要针对不同区域的城镇特点开展工作,城镇土地分等程序见表(9-9)。

表 9-9　　城镇土地分等程序

项 目	内 容
开展城镇土地分等准备工作	城镇土地分等往往因区域范围大小、城镇类型特征的差异,涉及统计数据、基础图件等一系列收集整理工作,需要周密的组织和充分的人力和物力的投入,因此,各地开展此项工作应制定相应的城镇土地分等任务书,内容应包括开展城镇土地分等的区域和范围、工作组织、时间计划、经费预算、技术方案、技术资料要求和调查表格准备等。一般情况下,开展城镇土地分等工作的省(自治区、直辖市)、市(地区、州、盟),由所在行政区域的土地行政主管部门组织编写城镇土地分等任务书,经过上级土地行政主管部门批准后实施,而全国城镇土地分等工作由国家土地行政主管部门组织实施

续表

项　目	内　容
进行城镇土地分等因素选取、资料整理及定量化	城镇土地分等以多因素综合评价方法为主进行，从技术角度看，明确针对评价区域的影响城镇土地质量的因素因子及相应指标是整个工作开展的关键环节，通过必要的专家咨询明确相应的因素因子是保证整个技术工作顺利开展的基础。同样的，应用特尔菲法、因素成对比较法、层次分析法等方法确定相应因素因子的权重，并对有关指标进行收集和必要的整理，都是保证后续工作顺利开展的前提条件
对有关因素因子指标进行标准化处理，计算分等对象的综合分值，初步划定城镇等别	由于所收集和整理的因素因子资料往往量纲存在较大区别，如：城镇交通条件指数是通过定性分析汇总，属无量纲数据，城镇人口规模是以万人为单位，有关的经济指标又涉及货币量为单位，因此，必须对相关数据做无量纲的统一处理，并且反映出不同城镇对应某一指标的相对差距。在此基础上，通过对多因素分值加权求和的计算，确定各城镇土地分等总分值，并结合数轴法、总分频率曲线法等划定分等的分值区段，从而确定各城镇对应的等别
验证、调整分等初步结果，评定城镇土地等别	由于多因素综合评价法只是从影响土地质量的因素入手综合划分土地等别，结果适宜与否需要结合市场资料或聚类分析方法加以进一步验证，从而在最终划定土地等别时，往往需要依照城市性质、行政区划等特征，结合定性分析手段和必要的意见征询，对个别城市等别进行必要的调整。特别是针对跨行政区域的城镇、与市政府驻地分离的城市辖区土地等别划分时，需要采取一定的方法予以处理
编制城镇土地分等成果，开展验收和成果归档工作	城镇土地分等工作完成后，应编制城镇土地等别图等图件、工作报告、技术报告和基础资料汇编等。工作报告应总结城镇土地分等工作情况，涉及人员组成、进度安排、经费、资料收集和整理、技术运用、工作经验与存在问题等。技术报告应剖析分等对象及所在区域的自然、经济和社会概况，阐述城镇土地分等的方法、过程、结果，分析土地等分布特点及规律、地域组合特点、差异原因、区域内城镇之间土地利用存在的主要问题，从土地管理的角度说明城镇土地等与土地市场培育、城镇地价之间的衔接，不同等城镇为土地有偿使用服务的途径等。基础资料汇编内容应涉及分等对象所在区域的自然、社会和经济条件，因素因子评价指标的原始数据和经标准化处理的数据，市场资料数据，有关文件和技术处理说明

二、土地分等资料收集与调查

1. 分等基本资料的收集与调查

收集与调查的资料包括城镇年末常住人口、非农业人口和农业人口；区域总人口和农业人口；城镇建成区面积和区域土地总面积。其中，对于县级以上的城市，其城镇范围是城市市区；对于县级市，其城镇范围为市政府驻地的建成区范围；对于县城镇，其城镇范围为镇区。而县级以上城市的区域范围为市区；县级市的区域范围是市行政辖区（即市域）；县城的区域范围为县域。

2. 城镇区位资料的收集与调查

收集与调查的资料包括城镇所在区域的区域交通图件；经过城镇的干线、支线铁路的数量，干线、非干线公路的数量和等级，港口年吞吐量，机场等级，高速公路数量，以便计算城镇交通条件指数，反映城镇交通区位的优劣。收集城镇全年客运总量、货运总量等资料，以便计算城镇对外辐射能力指数，反映城镇对外辐射能力。

3. 城镇基础设施资料的收集与调查

收集与调查的资料包括城镇年末铺装道路面积、城镇全年人均生活用水量、城镇气化率或城镇用气人口总数(包括人工煤气、天然气、石油液化气)、城镇排水管道总长度等，以反映城镇道路状况、供水状况、供气状况、排水状况等基础设施状况。

4. 城镇集聚规模资料的收集与调查

收集与调查的资料包括城镇人口密度，城镇全年二、三产业增加值，城镇全年工业销售收入等，以反映城镇集聚规模状况。

5. 城镇用地投入产出水平资料的收集与调查

收集与调查的资料包括城镇全年二、三产业增加值，城镇全年批发零售贸易业商品销售额，城镇全年建设固定资产投资额，城镇全年全部从业人员数，以反映城镇土地投入产出水平。

6. 区域经济发展水平资料的收集与调查

收集与调查的资料包括全年国内生产总值、人均国内生产总值、3～5 年内国内生产总值年均增长率；全年地方财政收入、人均地方财政收入、3～5 年内地方财政收入年均增长率；全年全社会固定资产投资额、人均全社会固定资产投资；全年社会消费品零售总额、人均社会消费品零售总额、3～5 年内社会消费品零售总额年均增长率；全年外贸出口额、人均外贸出口额等，并通过必要的指数计算，分别反映城镇所在区域的经济水平、财政状况、固定资产投资状况、商业活动和外贸活动状况。

7. 区域综合服务能力资料的收集与调查

收集与调查的资料包括居民年末储蓄存款余额；全年邮电业务总量；年末专业技术人员总数等，分别反映城镇金融、信息、科技文化等综合服务能力。

8. 区域土地供应潜力资料的收集与调查

收集与调查的资料包括区域年末耕地总面积、区域人口密度等，用于反映区域对城镇未来用地的供应潜力。

三、土地分等因素因子分值计算

1. 土地分等因子分值计算的基本原则

1)在城镇土地分等因素资料整理的基础上，采用位序标准化和极值标准化的方法，分别计算分等对象的因子分值，因子分值应在 0～100 之间。因子分值越大，表示分等对象受相应因子的影响效果越佳。

2)分等对象的因子评价指标与其土地质量之间存在正相关和负相关关系。

与土地质量呈正相关关系的因子有：城镇区位因素中的交通区位、城镇对外辐射能力；城镇集聚规模因素中的人口规模、人口密度、非农产业规模、工业经济规模；城镇基础设施因素中的道路状况、供水状况、供气状况、排水状况；城镇用地投入产出水平因素中的非农产业产出效果、商业活动强度、固定资产投资强度、劳动力投入强度；区域经济发展水平因素中的国内生产总值、财政状况、固定资产投资状况、商业活动、外贸活动；区域综合服务能力因素中的金融状况、邮电服务能力、科技水平；区域土地供应潜力因素中的区域人口密度。

与土地质量呈负相关关系的因子有：区域土地供应潜力因素中的区域农业人口人均耕地。

2. 土地分等因子分值计算的标准化方式

为了克服土地分等因子指标的量纲差异，体现各分等对象受具体因素因子影响程度的相对强弱，土地分等因子分值计算需要采取标准化的方式，通常有位序标准化和极值标准化两种。

(1)位序标准化

位序标准化的公式按下式进行：

$$Y_{ij} = 100 \times X_{ij}/n \tag{9-6}$$

式中 Y_{ij}——第 i 个分等对象的第 j 项因子分值；

X_{ij}——各分等对象按第 i 项因子指标值大小进行排序，X_{ij} 为排序后第 i 个分等对象的位序，当指标值与土地利用效益呈正相关时，排序从小到大进行，反之亦反；

n——参加分等的城镇个数。

假定某一区域参与分等的城镇数量为 80 个，需要运用位序标准化的方法进行因子分值计算，其中在分析某项与土地利用效益呈正相关的具体指标对各城镇影响时，指标值最高的城镇排序为 80，计算得分将为 100，表示参与分等的对象中 100% 城镇该项指标值不大于这一城镇；对于指标值处在第五位的城镇排序为 76，计算得分为 95%，表示有 95% 参与分等的城镇该项指标值不大于它；如果存在多个指标值数据相同城镇的情形，紧接着这些城镇之后分等对象的位序要相应顺延，例如上述 80 个城镇中有 3 个城镇的指标值保持一致，城镇排序都为 56，紧邻其后的城镇应该排序为 53，对应因子得分值为 66.3 分。而对于区域农业人口人均耕地与城镇土地利用效益呈负相关的因子分值计算时，指标值越低，相应的分值越高，有关排序方法与正相关指标处理应该相反。

(2)极值标准化

极值标准化的公式按下式进行：

$$Y_{ij} = 100 \times \alpha(j) \times (X_{ij} - X_j)/(X_{max} - X_{min}) \tag{9-7}$$

式中 Y_{ij}—— 第 i 个分等对象的第 j 项因子分值；

$\alpha(j), X_j$—— 当第 j 项因子指标与土地利用效益正相关时，$\alpha(j) = 1$ 且 $X_j = X_{min}$，当第 j 项因子指标与土地利用效益负相关时，$\alpha(j) = -1$ 且 $X_j = X_{max}$；

X_{ij}—— 第 i 个分等对象第 j 项指标值；

X_{max}—— 各分等对象 X_{ij} 指标的最大值；

X_{min}—— 各分等对象 X_{ij} 的最小值。

假定某一区域分等因子需要运用极值标准化的方法进行分值计算，当某项因子对应指标与土地利用效益呈正相关时，假定指标最高值和高低值分别为 50 000 和 10 000，某一参评城镇对应指标为 30 000，则计算的因子分值为 50。而当某项因子对应指标与土地利用效益呈负相关，假定指标最高值和最低值分别为 5 和 2，某一参评城镇对应指标为 3，则计算的因子分值为 66.7。

3. 涉及指数方式的因子指标计算

对于以具体数据方式为指标的因子分值计算，都可以通过位序标准化或极值标准化方式来实现，如城镇集聚规模、城镇基础设施、城镇用地投入产出水平、区域综合服务能力、区域土地供应潜力等因素对应因子分值计算。而城镇区位、区域经济发展水平因素所涉及的有关因子指标往往多元化、综合性，需要以指数方式予以处理。

(1)城镇交通条件指数计算

城镇交通条件指数反映城镇对外交通手段及其便捷程度的影响，需要按各种运输方式的效率和在区域经济联系中的作用，对各城市对外交通条件进行综合评分。各交通方式对城镇的赋分标准为：

1)有铁路站点的城镇每拥有一条国家干线铁路得6分、区域干线铁路得5分、支线铁路得4分,属一等客运站所在城镇加4分,属二等客运站所在城镇加3分,属三等客运站所在城镇加2分。

2)城镇每拥有一个跨省高速公路出入口得5分,每拥有一个省内高速公路出入口得4分,每拥有一个方向的国家干线公路得2分、省级干线公路得1.5分、县级公路得1分、其他公路得0.5分。

3)沿海或内河港口的年吞吐量在6000万t以上的城镇得10分,3000～6000万t得8分,1000～3000万t得6分,500～1000万t得4分,100～500万t得2分,小于100万t得1分;长江航线涉及城镇按照前述标准赋分或等同于一条国家干线铁路标准赋分的较高值。

4)拥有5条以上(含5条)国际航线的国际航空港的城镇得10分,拥有5条以下国际航线的国际航空港的城镇得8分,拥有国内干线机场的城镇得6分,拥有国内支线机场的城镇得3分;判断城镇是否拥有机场按照机场辐射范围(半径为50 km)确定。

(2)城镇对外辐射能力指数计算

城镇对外辐射能力指数通过城镇所在区域的货运总量和客运总量综合计算来反映。客运总量是指统计一年内铁路、公路、水运、民航等各种交通工具实际运送的旅客人数;货运总量则是指年内由各种运输工具实际完成运输过程的货物数量;两者折算成城镇对外辐射能力指数的过程为:

1)按照位序标准化或极值标准化的有关公式,对各城镇所在区域的货运总量和客运总量分别进行标准化处理。

2)用特尔菲测定法或因素成对比较法确定货运总量和客运总量的权重,加权计算城镇对外辐射能力指数。

(3)区域经济发展水平涉及的有关因子指数计算

区域经济发展水平因素涉及的因子指标包括国内生产总值综合指数、地方财政收入综合指数、全社会固定资产投资综合指数、社会消费品零售总额综合指数、外贸出口额综合指数。其中,国内生产总值综合指数、地方财政收入综合指数、社会消费品零售总额综合指数分别涉及某一年度的全年总量、人均水平值和此前3～5年的年均增长率,而全社会固定资产投资综合指数、外贸出口额综合指数仅涉及某一年度的全年总量、人均水平值两项,但都需要对相应指标进行加权计算,以得到对应的指数值。

具体处理方式和城镇对外辐射能力指数计算相似,过程如下:

1)按照位序标准化或极值标准化的有关公式,对各城镇所在区域某项因子对应的有关指标分别进行标准化处理。

2)用特尔菲测定法或因素成对比较法确定相应指标的权重,加权计算有关指数。

四、土地分等对象的综合分值计算和等别划分

(一)土地分等对象的综合分值计算与等别初步划分

土地分等对象的综合分值计算是在因子、因素分值计算的基础上,采用多因素分值加和法进行,因素分值、综合分值都按照公式(9-1)开展。

计算形成各分等对象的综合分值之后,需要开展城镇土地等别的初步划分,可以采用数轴法或总分频率曲线法进行,以便确定不同等别涵盖的综合分值区段,使各分等对象对号入座。其中,数轴法是将综合分值点标绘在数轴上,按土地利用效果的实际状况,选择点数稀少处作为等间分界;总分频率曲线法是对综合分值进行频率统计,绘制频率直方图,按土地利用效果的实际状况,选择频率曲线波谷处作为等间分界。需要注意的是,开展城镇土地等别的初步划分,应遵照以下原则:

1)城镇土地等别按照综合分值分布状况划分,不同土地等对应不同的综合分值区间。按从优

到劣的顺序对应于1,2,3…n个等别值(n为正整数)。

2)土地等别的数目,依不同区域的行政级别、所包含的城镇数量、差异复杂程度而定,一般确定:省(自治区)3～8等;直辖市3～5等;省级以下区域2～5等;全国和跨省级区域则根据实际情况确定。

3)任何一个综合分值只能对应一个土地等别。

(二)土地等别的验证和确定

1. 土地等别的验证

当完成土地等别初步划分工作后,需要对其结果进行进一步的验证,通常采用聚类分析、市场资料分析等方法进行。从样本统计数量的要求看,利用聚类分析方法验证城镇土地等别时,应保证参与验证的城镇数量占参加分等的城镇总数90%以上;利用市场资料验证城镇土地等别时,应保证参与验证的城镇数量占参加分等的城镇总数50%以上。

(1)利用聚类分析方法验证城镇土地分等初步结果

利用聚类分析方法验证城镇土地分等的步骤为如下所示。

1)计算因素因子分值和权重。应用位序标准化或极值标准化和相应因子分值计算方法,对各分等对象的因子分值进行相应的标准化处理,并应用特尔菲法、因素成对比较法或层次分析法确定有关因子的总排序权重。

2)根据聚类分析法的要求计算任意两个分等对象的加权欧式距离,计算公式为

$$D_{ij} = \{\sum[W_k \times (F_{ik} - F_{jk})]^2\}^{1/2} \tag{9-8}$$

式中 D_{ij}—— 第i个分等对象到第j个分等对象的欧氏距离;

W_k—— 第k项因子的总排序权重值;

F_{ik}—— 第i个分等对象第k项因子的评分值;

F_{jk}—— 第j个分等对象第k项因子的评分值。

3)对分等对象进行聚类,并勾画聚类分析谱系图,确定相应分等结果。

(2)利用市场资料验证城镇土地初步分等结果

利用市场资料开展验证工作时,可以采取城镇间基准地价分等、土地市场交易资料分等、商品住宅交易资料分等、标准宗地资料分等等不同方式进行。其中,利用城镇基准地价验证时,适宜采用最高级别商业或住宅用地的基准地价为主要依据;利用城镇主城区土地市场交易资料验证时,适宜采用涉及城镇数量最多的相应类型土地的总平均价格为主要依据;利用城镇商品住宅交易资料验证时,适宜采用商品住宅的总平均价格为依据;利用标准宗地资料验证时,适宜采用标准宗地的总平均价格为分等依据。

不论采用哪种方法,基本思想就是通过一系列的标准化处理,确定一个代表城镇土地或房地产市场平均价格的指标值。标准化处理考虑的因素关键在于价格的内涵、交易时点、计价方式、土地使用年限影响等方面。对于利用土地市场交易资料来验证土地初步分等结果,收集交易样点的数量有相应的最低要求(见表9-10)。

表9-10 不同规模城镇的土地交易样点数量最低要求

城镇类型	交易样点用途		
	商业	住宅	工业
大城市	5	4	3
中等城市	4	3	2

续表

城镇类型	交易样点用途		
	商业	住宅	工业
小城市以下	3	2	1

注：1. 本表要求的样点数是针对同一级别而言。

2. 最高级别范围内用途样点数必须符合本表要求，其他级别可以适当减少。

3. 最低级别范围内的工业用途样点数必须符合本表要求，其他级别可以适当减少。

2. 城镇土地等别的调整与确定

根据多因素综合评价初步划分的城镇土地等别，并结合市场资料、聚类分析等方法对其结果进行验证，形成基本方案，进而开展专家咨询和向下级土地行政主管部门征求意见，以确定最终方案。城镇土地等别调整与确定的原则和注意事项包括以下内容。

(1)城镇土地等别调整与确定的原则

城镇土地等别的调整与确定不但应遵循综合分析、主导因素、地域分异、土地收益差异、定量与定性分析结合的原则，还应遵循的原则见表 9-11。

表 9-11 城镇土地等别调整与确定的原则

项　目	内　容
行政建制协调原则	城镇土地等应与我国现行的行政建制相协调；一般情况下，在省级以下(不含省级)的同一行政区域内，行政级别较高的城市土地等不宜低于行政级别较低的城市，设市城市土地等不宜低于未设市城镇。例如，在同一个地级市范围内，地级市人民政府所在地的土地等别应不低于所辖的县级市、县城镇土地等别，县级市的土地等别一般也不低于同一地级市内的县城镇
城镇规模和职能调控原则	城镇土地分等应根据城镇人口规模和职能特征进行适当调控。在我国，城市人口规模往往反映城市在相应区域内的集聚能力，具体确定等别时，应考虑不同规模级城市的合理等别控制；同样，工矿城市、资源型城市及依托国有大型企业的城市一般布局较为分散，职能单一，受产业结构变化的影响较大，经济发展较为特殊，等别应允许适当的调整
近邻平衡原则	空间相近且分属于不同行政区域的城镇之间应根据区域经济发展状况保持适当的等别平衡。主要涉及跨不同行政区域(如省级行政区域)的城镇土地分等时，应注意邻近行政区域的空间接近的城镇土地等别之间的平衡和协调

(2)城镇土地分等基本方案制定的注意事项

在遵照有关城镇土地分等原则要求的基础上，基本方案的制定应把握以下要求：

1)城镇土地分等基本方案的制定应以多因素综合评价的结果为主要依据。

2)对于多种方法划分的等别一致的城镇，即可以确定该城镇的土地等。

3)对于多种方法划分的等别不一致的城镇，采用多方案对比分析与专家咨询结合的方法调整确定其土地等：①检查分析各方法涉及资料的准确性和样本的数量、分布情况，分析各方法的结果产生差异的原因，对各方法的可靠性作出判断；②将可靠性较低的方法结果剔除，将其余方法的结果对照列出，提交专家组进一步判断；③应采用多数方法相一致的土地分等结果为依据，不一致时可采用专家咨询投票的多数专家的意见为依据，确定分等结果。

4)在城镇土地分等基本方案的制定过程中，必要时，须对跨不同级别行政区域的城镇和属县级以上(不含县级)城市的市辖区进行等别平衡和划定。

五、特殊行政区域的土地等别划分方法

1. 跨行政区域城镇土地等别平衡

我国地域辽阔，不同区域经济社会发展水平差异很大，导致开展城镇土地基础资料、数据收集的工作条件存在明显差异。但是，为保证基础数据的统一可比，需要分层次、因地制宜地开展相应工作，特别当需要对全国或多个不同行政区域(如跨省、自治区、直辖市或省级行政区域内跨不同地区、地级市)的城市、县城镇统一划分土地等别时，往往难以从资料和数据上保证将所涉及的城市、县城镇列入同一体系进行分等，必须进行分层次的分等和平衡。主要做法如下所述。

1)跨行政区域城镇土地等别平衡时，城镇土地分等应分为两部分进行：全区域的城市土地分等、各行政区域的城市和县城镇分等。一方面，全区域的城市土地分等可以依照多因素综合评价方法和必要的验证途径开展，统一对全区域内所有的设市城市市区划分土地等别；另一方面，各行政区域的城镇土地分等应按各自行政区域范围对所辖的城市、县城镇划分土地等别。若因统计数据等原因，难以对所有城市、县城镇统一分等时，可适当简化评价指标，仅对县级城市和县城镇统一分等。

2)跨行政区域城镇土地等别平衡的基本参照系为全区域城市土地分等结果。

3)各城镇土地等别平衡的办法和要求为：①城市维持其在全区域城市土地分等中的等别；②县城镇的土地等别按照其在相应行政区域的城镇土地分等中与各县级城市的相近关系，嵌入全区域城市土地分等的等别中；③对于无法嵌入全区域城市土地分等的县城镇(其在行政区域城镇土地分等中的等别会低于城市)，应按照行政区域及所划等别统一归类，并调查各类的城镇集聚规模因素、区域经济发展水平因素所涉及的各项因子指标的平均值，依照多因素综合评价方法对各类进行分等，等别从城市等别的最低一等顺延排列，并将分等结果赋予各类对应的城镇土地等别；④必要时，可采用聚类分析方法、市场资料验证以及专家征询方法对城镇土地等别平衡结果进行校核和修正，最终确定有关结果。

2. 市辖区土地等别划分

市辖区是指地级及地级以上城市所辖的行政区域中区级人民政府驻地。按照区级人民政府驻地与城市主城区的关系，市辖区分为三类(表 9-12)。

表 9-12　市辖区的分类

项　目	内　容
第一类区	区人民政府驻地位于城市规划区范围内的现状建成区内，简称“位于主城区的市辖区”
第二类区	区人民政府驻地不在城市规划区范围内的现状建成区内，但该区行政辖区与第一类区的行政辖区相邻，简称“与主城区相邻的市辖区”
第三类区	区人民政府驻地不在城市规划区范围内的现状建成区内，且区行政辖区与第一类区行政辖区不接壤，简称“与主城区不接壤的市辖区”。其中，在确定第一类区土地等别时，可以直接套用所在城市的土地等别

对于第二、三类区需要进行必要的等别调整，基本思路为：以城市下辖的县级市、县城镇的土地分等结果为基础，采用“分市研究、综合分析、近邻比较”的思路来进行。具体步骤包括以下几方面。

(1)明确二、三类辖区所对应的分等对象体系

在划定三类市辖区的基础上，将二、三类市辖区和所在城市下辖的县级市、县城镇归为同一分等体系。

(2)开展城镇土地初步分等

通常情况下，选择多因素综合评价法进行分析，主要考察的影响土地因素以城镇集聚规模、区域经济发展水平为主，将拟评价的区、市、县城镇分等，等别数控制在2～4等。但是，对于因基础资料缺乏、难以直接采用多因素综合评价法的城市，利用地价、人口密度、经济发展水平等指标分析各分等对象的土地等别排序。

(3)确定二、三类辖区的土地等别

依照土地分等初步结果，进一步以近邻市、县的土地等别为参照系，并分析各区县在空间上的相对关系以及地价、规划、职能和经济发展等状况，遵循有关城镇土地分等原则，将第二类区和第三类区土地等别结合专家咨询等途径分别予以最终确定。

第四节　城镇土地定级

考试基本要求

熟悉：城镇土地定级程序。

一、土地定级程序

1. 编写土地定级任务书，做好准备

城镇土地定级是一项涉及面广，工作时间较长，需要投入较多的人力、物力才能完成的一项技术工作。工作开始前，要根据城镇的实际情况，完成任务的时间，投入人力的多少，成果的精度等要求，编制一个详细的土地定级任务书，统筹安排工作的组织实施及经费等，做到心中有数。土地定级任务书由开展定级工作的城镇国土资源管理机关编写，经上级管理部门批准后实施。

2. 收集资料

城镇土地定级工作是一项新工作，需要从其他部门收集有关资料，将与土地定级有关的社会、经济、自然资料收集齐全，必要时工作人员要自己到实地调查一些资料，以补充部门统计资料或已有资料的不足。

3. 资料整理及分值表的编制

各部门的统计资料、工作成果和工作经验，是按各部门的需要整理的，不一定适合土地定级工作的需要，必须按土地级别评定的要求，将资料重新分类整理。

在资料整理的基础上，根据因素与土地质量的相关方式及因素特征与土地质量的相关程度，编制各因素分值评定表。

4. 权重确定及因素选择

权重确定和因素选择使用的数学方法基本一致。权重是一个因素对土地质量影响程度的体现。由于影响土地的因素很多，不可能也没必要都选择来进行评价定级，应选择重要的，去掉影响

不大的因素。此外，还要根据因素有没有差异，对因素进行选择。经过重要性排序和差异选择后确定的因素，才能确定为土地定级因素。需要注意的是，综合考虑城镇土地质量的差异和仅从用途角度单独考察住宅、商业、工业用地的土地质量差异有明显的不同，所选择的影响土地质量因素也将有所侧重。

5. 土地定级单元的划分

定级单元是评定和划分土地的基本空间单位，其内部土地特性和区位条件相对均一。按照规定方法划定的土地定级单元，是一个相对均匀的均质地域，它是各定级因素分值计算的基础，也是土地级别划分的基础空间单位，在两者之间起着纽带作用。

划分后的土地定级单元，其内部土地特性被认为是均匀的，可以按各定级单元所具有的土地特性特征值，对照各因素分值评分表，评出各单元的因素得分和总分值，作为评定土地级的基础。

6. 土地级别的确定

土地级别是土地质量的综合反映。在单元总分值计算的基础上，利用一定的数学方法，将各单元划归不同的土地级，并按级间差异大于级内差异的原则和适当考虑已有人工线状地物和自然线状地物的情况，对土地级别的界线作适当调整，即得到土地级。

7. 土地收益、地价测定

最终评定的土地级，表现在效益、价格上如何，则需要进行土地收益等测算，如果测算结果表明对区位最敏感的行业在土地级间的效益上都不存在差异，则可将土地的等级进行修订和合并。

8. 面积量算及土地级别图的编制

土地级别评定以后，通过面积量算，得到各土地级的面积，并通过土地级别图、土地级别的分布状况及地域差异直观地反映出来。

9. 土地定级报告及成果验收归档

城镇土地定级工作完成后，要编写土地定级报告，说明定级工作情况、定级方法、定级成果，分析所划分的土地级别，总结工作经验与问题等，并从土地管理的角度阐述不同级别为土地税收和土地出让服务的途径等，以便分级成果能够直接应用于土地使用税征收等工作中。

二、城镇土地定级资料收集与调查

1. 交通条件资料的收集与调查

收集与调查的资料包括道路网分布，道路类型、级别标准，车流量，道路长度、宽度；公共汽车线路、站点分布、车流量及停靠次数；主要对外交通类型、设施规模及分布等。

2. 基本设施状况资料的收集与调查

收集与调查的资料包括基础设施类型、数量、分布及投资状况；基础设施的技术水平、规模、级别和服务水平；公用服务设施使用的类型、数量、分布、规模、级别和服务水平、范围等。

3. 繁华程度资料的收集与调查

收集与调查的资料包括商业服务业中心的位置、数量、范围；商店总数、零售额、利润值、占地面积、职工数以及商业职能种类数、商业服务中心职能完备率、商业服务建筑物密度等。

4. 环境条件和自然条件资料的收集与调查

收集与调查的资料包括环境质量指数、各类污染状况及分布状况；地形、工程地质、水文和气候条件；公园、绿地的位置、面积、范围等。

5. 社会、历史及人口资料的收集与调查

收集与调查的资料包括人口、行政区划、城镇发展过程等资料。

6. 土地利用效益资料的收集与调查

收集与调查的资料包括：工、商等企业单位各自的产值、商业销售额、流动资金与固定资金、税前及税后利润；各企业单位的占地面积、营业面积、职工人数；各企业单位的所有性质、经营范围、所属系统；现行房价、房租金（含商品房的）及历史地租、地价及其分布状况等。企业单位的土地利用效率数据，一般应选用 3 年以上的资料。工商企业单位的土地利用效益资料调查表及内容参见表 9-13。

表 9-13　　土地定级商业（服务业、工业）用地效益调查表

单位名称	主管单位	所在位置	经营项目	所有制	资金占有额/万元		工资总额/万元	职工人数	年营业额（产值）/万元							年利润额/万元							用地面积/m^2	用地效益/(元·m^{-2}·年$^{-1}$)
					流动资金	固定资产			年	修正系数	年	修正系数	年	修正系数	平均	年	修正系数	年	修正系数	年	修正系数	平均		

7. 产业聚集和城镇规划资料的收集与调查

产业聚集资料主要收集城镇产业集聚区的数量、范围、性质，各集聚区产业类型数量、企业数量、年产值、年利润、职工人数等、同类产业及其配套产业的前后向关系。

城镇规划资料应收集城镇总体规划（规划文本、规划说明书等）及图件资料、国民经济和社会发展五年计划和年度计划安排的项目情况、以往城市规划或五年计划执行情况。重点收集与调查城镇近期建设规划中的用地调整、建设项目和计划的文字资料和图件资料、有关商服中心、道路、对外交通、主要基础设施等的规划资料。

三、因素分值中的相关概念

城镇土地定级一般采用多因素综合评价法进行。在评定级别过程中，往往涉及面状因素和点、线状因素，二者在对土地质量影响的方式以及赋分处理上略有不同。因此，需要明确以下几个在工作中经常涉及的概念：

(1)功能分

指点、线状因素涉及的商服中心、设施等根据自身的规模指数计算而来的作用能力得分；其符号用“f”代表，并根据因素的不同赋予不同的上下标。

(2)作用分

指点、线状因素涉及的商服中心、设施等向外辐射其能力（即功能分）时，对空间上各点或区域产生的影响；或者面状因素对各区域产生的影响；其符号用“e”代表，并根据因素的不同赋予不同的上下标。故在定级资料的整理和量化过程中，有关因素影响形成的图件都统一称谓为“××××××× 作用分值图”或“××××××× 作用分等值线图”。

(3)因素分值

指各单元所受到的某一因素影响的综合结果，即根据该因素对单元内各点的作用分值情况，

经有关处理计算得来;其符号用“F”代表,并根据因素的不同赋予不同的上下标。包括:商服繁华度分值、道路通达度分值、公共交通便捷度分值、对外交通便利度分值、基础设施完善度分值、公用设施完备度分值、环境质量优劣度分值、自然条件优劣度分值、人口密度分值、产业聚集影响度分值等。如各级商服中心的作用分值在某地块或单元叠加后和得到该地块或单元的商服繁华影响度分值。

(4)单元总分值(土地总分)

指一个单元加权计算各因素分值后的结果,作为划定土地级别的基本依据;其符号用“S”代表。

四、因素分值计算

(一)因素分值计算原则

1. 分值体系采用0～100分的封闭区间

为了使定级工作规范化和数据便于处理,城镇土地定级中采用0～100分的封闭区间体系,因此,指标的优劣均在0～100分内计算其相对得分值。最优的条件取值100分,相对最恶劣的条件取值0分,其余得分值据此推算。

2. 因素分值的确定要建立在因素与土地效益相关研究的基础上

通过研究因素与土地的关系,建立起各因素与土地利用、土地效益的相关模型,计算相关程度及其变动规律,以此确定各因素分值的计算方法。

3. 作用分值与土地的优劣成正相关关系

对于因素各指标值的得分计算或赋值方法一般有:因素指标优劣与得分值成正比和因素指标优劣与得分值成反比两种形式。为了与日常的习惯相符,采用土地条件越好,得分值越高;总分值越大,土地越优,土地级别越高。这样形成的分值与土地优劣呈正相关的分值体系。

4. 作用分值只与因素指标的显著作用区间相适应

土地的优劣受定级因素的影响,然而,即使是同一因素内也不是所有指标值的变化都对土地优劣起显著作用。如噪声污染指标值在30～100 dB时,对土地优劣有相当影响。但当指标值小于30 dB直至寂静无声时,土地的优劣却无什么变化。又如绿地覆盖度在0～50%之间时对土地有一定影响,而在大于50%之后,其作用几乎和50%时相当。对噪声污染的30～100 dB和绿地覆盖度的0～50%这两个指标值区间我们称为显著作用区间。由于得分值体现定级因素的相对优劣进而影响土地级,因此只有在显著作用区间内考虑指标的相对得分值才能衡量土地的相对优劣。

5. 因素作用分值处理尽可能模型化

城镇中各土地定级因素,对不同的人或不同行业,其感觉是不一样的。例如80 dB的噪声,在闹市区对商服人员来说,是可以接受的,但对于夜间休息的居民来说,则难以忍受。为了避免人为主观性,分值计算要按一定的原则,用数学公式或经验公式反映因素作用分值的空间变化规律。

(二)因素分值计算方法

1. 因素对土地质量影响方式及类型

城镇中与土地级别有关的各土地因素,按不同的分类方法,可归入不同的类别。在城镇土地定级中,如果根据各因素在城镇中空间分布形态及其影响土地质量的方式,可将其分为两类,即点、线状分布形式和面状分布形式的土地因素。

(1)点、线状的因素的两个重要特征

1)这类土地因素所依附的客体在城镇中占地面积小,在空间分布上聚集现象明显,相对于城镇整体而言多为点状、线状形态分布;

2)这些因素不仅对其自身客体所在位置上的土地有影响,而且还通过区位的波及性和效益外溢等作用形成一定的区位关系，对其周围地块乃至整个城镇土地产生不同影响。如与商服中心、道路、文体设施、公交站点等客体有关的因素均属此类。按这些因素对土地的影响规律，又可分为影响随距离变化呈线性和非线性衰减等类型。

(2)面状因素的两个主要特征

1)它所依附的客体在城镇中分布面积较大；

2)这类因素仅对其自身客体所在位置产生影响，而对周围的地块基本无外溢的影响。城镇中基础设施、自然条件、绿地状况等因素均属此类。此外，有些土地因素依附的客体虽然有一定的区位波及和效益外溢作用，但若影响范围较小，或在影响范围内其作用变动不大的，也可以当作面状分布因素处理，如环境污染状况。

2. 面状土地因素分值计算方法

以面状形式分布的土地定级因素，其定量化方法为：先对各因素资料进行整理，按因素与土地质量相关性的特点，计算出各地域或土地单元的因素指标值，对超出显著区间的各土地因素指标值，按显著区间内的最高值或最低值处理；然后，用数学模型求出各土地因素指标的作用分值。一般常用模型为

$$e_i = 100(X_i - X_{min})/(X_{max} - X_{min}) \tag{9-9}$$

式中 e_i—— 某土地指标值的作用分；

X_{min}、X_{max}、X_i—— 指标的最小值、最大值和某土地因素指标值。

按上述方法即可获得面状因素所在地域或单元上的分值。

3. 点、线状土地因素分值计算方法

属于本类的土地定级因素，其影响既与因素有关的设施的区位有关，又与具体地块和设施的相对距离有关，其定量化方法为：先在各因素内按规模或类型求出各点线设施的相对功能分，最大值为 100，然后根据因素的类型或规模，计算其作用或平均影响范围，并划分若干相对距离区间；最后根据因素的影响随距离衰减具有不同规律的特点，选取不同的数学模型，计算各相对距离上的因素作用分。一般常用的计算模型有线性和非线性两种。

典型的线性模型表达式为

$$e = f \times (1 - r) \tag{9-10}$$

典型的非线性模型表达式为

$$e = f^{1-r} \tag{9-11}$$

两式中 e——某土地指标在某一相对距离上对土地的作用分；

f——某因素指标的功能分；

r——地块的相对距离（以 $r=d/D$ 计算，d 为某点、线设施距某地块的实际距离，D 为某点、线设施影响半径）。

按上述公式计算，即可获得点、线状因素在地域或土地单元上的分值。需要说明的是，当因素作用分的衰减变化遇到不可直接跨越的障碍（如铁路、高速公路、河流等）时，则作用分衰减应以可通行处为结点，按结点的因素作用分及剩余的影响半径，再次进行衰减，当不可跨越的障碍有较多通行处时，可以忽视其存在。

（三）商服繁华影响度的作用分计算

1. 商业服务繁华影响度指标分析

(1)城镇结节点与繁华程度

城镇结节点是城镇中某些对人口流动和物质能量交换具有聚集作用的特殊地段。因为结节点上人口流动频繁，物质、能量交换频频发生，各种政治经济、文化活动以此为中心展开，故大大小

小的结节点，也多表现为城镇的各繁华中心，结节点作用越强，吸引范围越大，繁华程度也越高。在土地定级中，结节点的许多衡量指标可以用繁华中心的指标来代替，结节点程度的强弱可用繁华程度高低近似表示，结节点的吸引范围可用繁华影响半径近似计算。为此，结节点所在的土地等级也最高，随着与结节点的距离增大，土地的等级又逐步降低。

(2)繁华程度与商服繁华影响度

衡量繁华程度有多项指标，如人口密度、商业繁华程度等，其中商业、服务业(简称商服)的繁华程度相对易测，便于衡量，也较直观，是衡量繁华程度的重要指标。但由于商业有其自身的行业运行发展规律，在运用商业服务繁华指标时应考虑以商服规模近似代替繁华中心规模；以商业服务吸引半径代表繁华影响范围；以商业服务吸引力随距离的衰减值(不是以商业服务的繁华程度)代表土地繁华程度。这样以商业服务繁华影响度代表繁华程度的做法，初步解决了用商业服务繁华指标表示土地繁华程度时的难题。

(3)商业服务中心等级、影响半径和功能层次

商业服务中心的规模代表着繁华中心的繁华程度，也即近似等于该中心的结节程度，它决定着中心的影响大小和影响范围。

1)商业服务中心等级。按各中心的作用和相对规模可划分为四级：

市级中心——为全市、镇服务的商业服务业中心。

区级中心——为市、镇内某个区域范围服务的商业服务中心。

小区级中心——为某个居民小区服务的商业服务中心。

街区级中心——为某个街区服务的商业服务中心。

2)功能层次和影响半径。不同的商服中心，有着与其级别相一致的商业服务功能。如市级中心具有市级商业的功能；区级中心具有区级商业的功能。然而各中心除了有与自身级别一致的功能外，还包含了比其级别低的各级功能，而且，商服中心级别越高，包含的功能层次越多。不同级别中心的功能，服务对象不同，满足人们需求的程度不同，吸引和影响的范围也就不同。由此可见，高级中心的吸引范围是与各功能层次相对应的，市级中心之所以对全市有影响，主要是其中的市级功能起作用；而中心内的区级功能只对所在一片区域有影响；其中的小区级功能则只吸引附近不远的居民，至于其中的街区级功能就是能为中心所在地几条街上的居民服务。

(4)影响递减规律及公式

商业服务繁华度对土地的影响随距离增加而递减，递减遵从指数衰减规律，即从商服中心往外，随距离增加，繁华程度急剧下降，随距离加大递减速度逐渐减慢。这种规律对商业用地的影响尤为明显。因此，在综合定级、商业用地定级中，繁华递减的特点可以用公式(9-12)的形式表示：

$$e_i^M = f_i^{M(1-r)} \tag{9-12}$$

式中 e_i^M—— 繁华影响衰减分值(某点受 i 级商服功能影响的作用分)；

f_i^M—— 某级商服功能分；

r—— 相对距离。

r 是中心距某地块实际距离和某中心功能影响半径之比，数值在(0,1)之间变化。离中心近时，$r \to 0$；距离达到了影响半径时，$r \to 1$；r 越小，e_i 越接近 f_i；r 越大，e_i 越接近 1。但是，住宅、工业用地定级时采用直线衰减方式。

2. 繁华影响度分值的计算

(1)商业服务中心规模指数和对应功能分确定

对每一城镇的各商业服务中心都可按其相对规模、作用、水平划分为市级、区级、小区级、街区级等中心。划分依据主要有以下两个方面：

1)商业服务中心的销售总额、总利润或单位面积销售额、利润值以及其他经济指标的高低。

2)利用有关部门已做的划分,加以适当调整。

级别层次的数目一般为:特大城市、大城市2~4个层次;中等城市2~3个层次;小城市以下1~2个层次。划分的数目要掌握在适宜程度,层次太少,低级商服中心的作用得不到反映;层次太多,则会加大工作量。

对划分出的各级中心计算相对规模指数,城市最高级中心指数为最高值(等于100),其余按相对规模指数公式算出:

$$I_K^M = 100 \times X_K^M \div X_{max}^M \tag{9-13}$$

式中 X_K^M—— 某商业服务中心经济指标实际值或某级中心指标平均值;

X_{max}^M—— 最高级商业服务中心的经济指标。

对于同一中心内包含的各功能层次的量,称为各级功能的功能分。某级功能的功能分可按商业服务职能种类、商业服务业专业化程度、规模等计算,多采用次级中心功能扣除法。其基本思路是:由于同一商业服务中心里,次一级功能以上的功能才是高级功能,那么只要从商业服务中心里减去次一级功能的量,就可得到高一级功能的量值。若以次级中心规模近似代替次一级功能的量,就可得到各级功能的功能分计算公式:

$$f_i^M = I_i^M - I_j^M \tag{9-14}$$

$$f_{min}^M = I_{min}^M \tag{9-15}$$

式中 I_i^M、I_j^M、I_{min}^M—— 分别为某级、次一级和最低级中心的规模指数;

f_i^M、f_{min}^M—— 分别为某级功能的功能分和最低级功能的功能分。

(2)相对距离和各功能影响作用分计算

繁华影响度是距离的函数,其大小是随距离递减的,为求影响度,须首先确定各功能的影响半径和相对距离。

各功能的半径一般是根据各级中心规模确定的,近似地把商服中心所在的区域和服务范围看做其影响范围,以中心到范围边缘的距离作为影响半径,如市级中心服务于全市,其市级功能的影响半径就应取从中心至连片建城区边缘的最大距离;区级中心服务于各区域,区级功能影响半径就在多个区级中心里取中心至区域边缘距离的最大值。当存在多个均匀分布的同级中心时,也可以按多个同级功能均分整个城市市场的原理,先按下式计算,然后加以适当调整,得到影响半径:

$$d = \sqrt{\frac{s}{\pi n}} = 0.5642\sqrt{\frac{s}{n}} \tag{9-16}$$

式中 s——某城镇总面积;

n——某级功能的数目(等于同级中心数加上高级中心数)。

相对距离可按以下公式计算:

$$r = \frac{d_i}{d} \tag{9-17}$$

式中 d_i——实地距离。

在考虑影响半径和相对距离时,应按实际情况考虑以何种距离衡量影响半径,如城市道路均匀、无天然阻碍,可考虑采用空间直线距离;道路曲折迂回,就须把实际路距考虑在内;若有山、河等天然地物阻隔,须用耗时量对实地距离进行修订,考虑耕时距离。

得到相对距离各值后,即可把相对距离(r)、各功能分(r_i^M)代入相应定级类型的各级功能影响作用分计算公式中,计算出各距离上的某级功能作用分值。

(四)道路通达度作用分值计算

1. **道路通达度指标分析**

(1)道路通达度与土地级别

通达度是指到达某特定土地区位的交通运输条件,由距离、耗时、费用来反映。它的好坏状况,一方面影响土地上人流、物流的移动成本;另一方面还影响社会、经济活动中人与人、物与物之间的交往接触的频率、机会和便利程度。因此,经济区位产生的影响能否转化为实质性效益受到通达性的制约。此外,通达性的好坏还影响到聚集效益、市场演变、结节点产生和扩大等,所以通达度对土地的级别有较大的影响。

与道路有关而体现土地通达度的要素有道路的类型、数量和与道路的相对位置,对地块通达度可从这三方面衡量。

(2)道路类型和影响距离

城镇内的道路类型按其在城镇交通中的作用可分为:主干道、次干道、支路(各街坊之间的联系道路)等。

按各城镇不同情况,划分的道路类型数为:特大城市、大城市 5~7 类;中等城市 3~5 类;小城市 1~3 类。

划分道路类型的依据一般可采用:道路的宽度;道路上车道数的相对多寡;道路在城镇交通中的地位和作用等。

道路对其周围的土地影响,从道路边缘到两侧影响范围边缘的距离称为影响距离。各类道路的影响距离是不同的,主、次干道搭起了整个城市内部交通网络的骨架,因该网络对全市、镇都有影响,所以主、次干道的影响距离为

$$d = \frac{s}{2L} \tag{9-18}$$

式中 s—— 建成区面积;

L—— 主或次干道的总长度;

d—— 影响距离。

支路以下道路的影响距离,一般按市内路的疏密状况,确定在 0.3~0.7 km 之间。

(3)通达度递减规律及公式

远离道路两侧的土地通达度不如紧邻道路的土地,并且总是以道路为轴线向两侧逐渐递减。开始递减很快,在一定距离后变化就不太明显了。因此,道路通达度的影响对临路宗地是一致的。为计算统一,认为道路通达度对土地的影响,是从临路宗地平均进深以后开始逐渐递减的。这种递减规律可用公式(9-10)、(9-11)的线性模型和非线性模型表示。其中,综合定级和商业用地定级时,按公式(9-11)的非线性模型处理;住宅用地定级和工业用地定级时,按公式(9-10)的线性模型处理。

2. **道路通达度的分值计算**

(1)道路作用指数和道路功能分计算

作用指数反映某类道路在城镇交通运输中所起的作用,作用大小顺序一般为:混合型主干道、生活型主干道、交通型主干道、生活型次干道、交通型次干道、支路。指数与道路作用或车流量大小呈正比,数值在(0,1)之间,最佳作用指数为 1,其余依次递减。道路功能分按公式计算:

$$f_i^R = 100 \times I_i^R \tag{9-19}$$

式中 f_i^R—— 某道路功能分;

I_i^R—— 某类道路作用指数。

(2)确定影响距离、相对距离及各作用分

主干道、次干道影响距离按 $d=s/2L$ 推算，支路的影响按实际推算。对不同道路类型按3～10个相对距离区间，按 $r=d_i/d$ 分别计算各相对距离值(d_i 为地块至道路的实际距离)。将各道路类型相对距离代入相应定级类型的道路通达度作用分值计算公式，可得各作用分。

(3)道路通达度分值取值及修订

1)当同时存在多种道路类型影响时，取其中最高的得分值。这是因为交通运输总是朝通达度最好的方向发展，地块的通达状况自然取决于最高的得分值。

2)得到通达度得分后必须加以修订，才能获得正确的通达度分值。因为在有道路的情况下，交叉路口的通达性能最好。据统计，交叉路口因通达性能好，商业利润比一般沿街高 72%；沿街土地通达性能也比一般土地高 40%，故对地块的通达影响分要进行通达系数的修正。通达系数的计算先需确定方向数，含支路以上道路的地块(或单元)统计道路的通达方向数，无支路以上道路的地块(或单元)统计通往道路的方向数，然后据此确定通达系数：①不低于 4 个方向的，通达系数为 1.00；②3 个方向的，通达系数为 0.9；③2 个方向的，通达系数为 0.81；④1 个方向的，通达系数为 0.58。

3)将地块(或单元)上的得分值乘以通达系数，即得到道路通达度分值。即

$$F_j^R = e_j^R \times \beta_j^R \tag{9-20}$$

式中 F_j^R—— 道路通达度分值；

e_j^R—— 地块上取到的通达度得分；

β_j^R—— 地块通达系数。

(五)基础设施完善度作用分值计算

基础设施完善度是对土地经济区位和物化劳动投入量的量度，是反映社会活动、经济生产、生活等活动场所保障的指标，在土地定级中，这是一个重要因素。不再考虑交通等基础设施的影响时，衡量基础设施完善度是从三个方面进行的。首先是设施类型是否齐全，主要指：给水、排水、供电、电信、热力、煤气等与生活基本条件有关的设施；其次是设施水平，如同样有给水设施，但供水设施到户还是到院或是到街坊，设施水平是不同的；最后是使用的保证率，显然在有设施类型、设施水平的区位，使用保证率只有 60%的区域，其完善程度是比不上使用保证率为 100%的区域的。基础设施完善度分值计算如下所示。

1. 确定完善度中设施类型和作用指数

确定城镇内基础设施完善度的类型数，按各个设施与日常生活的密切程度决定设施作用指数。指数值之和等于 1。

2. 确定设施水平指数和使用保证率

按同类设施中不同技术水平、分布密度、服务方式等相对差异，分成 2～4 个层次，并给予 0～1 之间的指数值。按各设施使用的持续率、可靠率和保证率分别划分 2～5 个层次，以百分数表示，以 0～1 之间的相对值进行计算。

3. 计算完善度作用分

按公式分影响区域计算每种设施在各指标状态下的分值：

$$e_{ij}^I = 100 \times I_i^I \times \lambda_{ij,1}^I \times \lambda_{ij,2}^I \tag{9-21}$$

式中 e_{ij}^I—— 某设施在特定区域的完善度作用分；

I_i^I—— 某设施的作用指数；

$\lambda_{ij,1}^I$—— 某设施在特定区域的水平系数；

$\lambda_{ij,2}^{I}$—— 某设施在特定区域的使用保证率。

4. 计算地块(或单元)的基础设施完善度分值

按照地块(或单元)直接取各设施的完善度作用分作为对应的各设施类型的完善度得分,将各得分值进行加和,即可得到地块(或单元)的生活设施完善度分值。

(六)绿地覆盖度、人口密度的作用分值计算

绿地覆盖度、人口密度的指标值和分值与面积有关,计算指标值的区域或单元大小对指标值影响颇大,单元过大极易把原有的数据均值化,掩盖差异性,影响分值的合理分布,故在计算时要注意掌握好这一技术。

1. 因素指标值的计算

绿地覆盖度使用的资料为绿化占地面积。

人口密度主要在商业用地定级和住宅用地定级中使用。商业用地定级时,人口密度中涉及的人口资料数为客流人口;住宅用地定级时人口密度中涉及的人口资料数为常住人口及暂住人口之和。

在不同的区域或单元内将以上数据和区域、单元面积相比,得到各因素的指标值。

绿地覆盖度的计算公式为

$$X_i^G = s_i^G \div s_i \tag{9-22}$$

式中 X_i^G—— 某典型区域或单元的绿地覆盖度指标值;

s_i^G—— 某典型区域或单元绿地面积;

s_i—— 某典型区域或单元面积。

人口密度的计算公式为

$$X_i^D = P_i \div S_i \tag{9-23}$$

式中 X_i^D—— 某区域或单元人口密度指标值;

P_i—— 某区域或单元人口总数;

S_i—— 某区域或单元面积。

2. 因素作用分值计算

因素作用分值是按照各因素与土地的关系赋值的,绿地覆盖度和商业用地定级的人口密度指标值从低到高,相应分值从 0～100 分;住宅用地定级的人口密度指标值从最小人口密度到最佳人口密度(最佳人口密度,按我国的国情,用城市规划中的理想人口密度代替)时,相应分值从 0～100 分,而从最佳人口密度到最大人口密度时,分值从 100 分开始下降。

各因素的作用分计算公式均为

$$e_i = 100 \times (X_i - X_{\min})/(X_{\max} - X_{\min}) \tag{9-24}$$

式中 e_i—— 某区域或单元因素作用分;

$X_{\min}$、X_i—— 分别为因素指标的最小值和某区域或单元指标值;

$X_{\max}$—— 对于绿地覆盖度、商业用地定级的人口密度是最大指标值,对于住宅用地定级的人口密度是最佳人口密度。

运用以上公式时,对于绿地覆盖度、商业用地定级的人口密度只要将各指标值代入求算即可;但对于住宅用地定级的人口密度来说,确定人口密度最佳值后,必须对大于人口密度最佳值的指标按下面公式修订后方可代入以上公式。修订公式为

$$X_i = 2X_g - X_{\max} \tag{9-25}$$

式中 X_i—— 经处理后的某区域或单元指标值;

X_{max}—— 超过最大人口密度的指标值；

X_g—— 城镇最佳人口密度指标值。

当一个城镇的最大人口密度超过 2 倍最佳人口密度时，按照分值计算原则，将超过 2 倍后的人口密度作为 2 倍计算。

3. 单元或地块因素分值计算

根据划定的定级单元或地块，分别计算其绿地覆盖度、人口密度，从中找出最大值(或最佳值)、最小值，然后按公式计算出相应因素的作用分，进而直接作为单元或地块的因素分值。

五、单元划分及取样

1. 土地定级单元的概念

土地定级单元是评定和划分土地级别的基本空间单位，是内部特性和区位条件相对均一的地块。一般地讲，可以认为单元是有自己独特性质的一个均质地域，而和周围的地块又有较为明显的差异。

土地定级单元在土地定级中，既是一个能完整反映自身特性的最基本地块，同时也是工作中取样和获得数据的工作单位。划分出的土地定级单元，可以按其所具有的土地特征值，对照各因素分值评分表，评出各单元的因素分值和总分值，作为评定土地级的基础。实际上，城镇内土地质量的高低是连续分布的。为了充分反映城镇土地利用的形态特点，更好地反映土地的空间实体，在一定的精度要求下，在定级工作中我们采用一个小面积的均质地域来代替各点的质量状况。因此单元大小要适宜。单元太小时，地块整体属性易被破坏(如太小的单元割裂完整的商业服务中心，以及面积太小的地块上基础设施、道路等区位条件体现不出来等)；单元太大时，则易把多个性质不一的地块包含在内，土地差异性被掩盖，影响评定的土地级别精度。

2. 单元划分的原则

为了较好地反映单元均质性的特点，同时满足土地定级工作的要求，在单元划分过程中，一般采用如下原则：

1)单元内各定级因素的优劣程度或影响大体一致。这里是指在土地评价时，在土地定级单元的地块内土地定级因素的作用分，不论是面状分布，还是从因素中心向外以不同方式衰减的，其分值变化应在较小的幅度内，以保持内部特性和区位条件的相对均一。即要求其间的差异分值不得大于该市(镇)所分土地级数的倒数乘上 100，即分值差异的标准为 $100/N$。

2)明显属于同一商业服务中心的区域，不能分割为不同单元，由于城镇用地功能有一定的整体性，其作用和影响只有保持完整才能显示出来，所以在单元划分中要保证一些特殊功能地块的完整。比如说对同一个商业服务中心，就不能将其划分为几个单元。

3)除交通性道路外，兼有商业等多种用途的道路，不能作为单元之间的分界线。因为兼做商业用途的道路，往往形成一个整体，道路两侧不仅是等效的，而且是互补的。所以在划分单元中，一般不能把同一混合型道路两侧的地方划为不同单元。

4)商业用地定级时，城镇主要的商服繁华街道，应按临街两侧相对应的进深，划分为条状单元；住宅用地定级时，应以居住小区和居住组团为单元，保持其完整性；工业用地定级时，可以交通道路为单元界线。

3. 确定单元界线的原则

定级单元界线是界定不同均质地域的边界，是反映土地利用特征范围和空间实体边缘的标志。因此，划定的单元界线在城镇中必须是一个客观存在的实体，同时需要呈线性或连续分布。单元界线的采用见表 9-14。

表 9-14　　单选界线的选用

项　目	内　容
自然线状地物和面积较大的自然地物	大的自然障碍和明显地物所造成的地表差异，往往成为限制人们行为的因素，土地利用类型也往往有所区别，以自然地物来区分单元往往是最适宜的
城镇中的铁路	铁路进入城镇后，因其在地形上和交通上的阻隔作用，实际上从空间上将其两侧地块分割开了，导致土地利用类型的不连续性。加上其明显的线状特征，可成为单元的界线
土地权属界线或权属单位内部的土地类型界线	土地权属单位是由权属界线封闭而围成的一个地域实体；不同的土地权属单位常常代表不同的利用形式，因而往往可以成为划分土地定级单元的界线。对于占地面积很大的单位，如果内部土地利用有十分明显的差异，形成了不同类型的利用地域，也可按其内部的不同利用类型将土地划入不同的单元
其他线状地物	小的道路、围墙等，城镇内部明显的、易于定位的线状地物，也可作为定级单元界线

4. 单元大小的要求

定级单元的大小，和定级质量直接有关。一般在土地条件繁杂的市中心，单元面积取小些，约在 5～10 hm^2；土地条件简单，单元面积可适当放宽，在 10～25 hm^2 之间。一般来说，定级单元的大小以不大于 25 hm^2 为宜，特殊地块，如独立工矿区，可稍大一些。但是，采用计算机系统为辅助手段进行定级时，单元面积应不大于 0.25 hm^2，可直接划分若干面积相同的网格作为单元。

5. 单元的划分方法

(1)叠置法

叠置法又称为主要因素分值重叠法，在资料收集、调查的基础上，按照前面提及的土地评价因素分析方法，得到影响土地质量的主要因素，将收集到的资料，通过数学变换得到可以互相比较的分值。利用分层设色法或等值线法，分别构成各自的影响分值分布图，然后将采用的两个或更多主要因素分值图重叠，由此而产生不同的图斑，再依单元划分的原则进行图斑的修订，最后形成单元。具体工作步骤为：①主要因素的确定和分值图绘制；②利用等值线图进行叠加，得到封闭图斑；③划分定级单元。

(2)主导因素判定法

主导因素判定法划分土地定级单元的出发点同主要因素得分重叠法基本一样，但方法本身有所差别。其基本原理是通过选择城镇中条件最复杂、最有代表性的若干剖面，通过计算剖面上一系列具有代表性特征点的主导因素分值，得到剖面的因素分值变化曲线图。按照土地定级单元划分的原则，进行单元划分工作，就可得到整个城镇土地定级单元。具体工作步骤为：①选择主要定级因素的多个典型剖面；②各剖面线上单元边界线的确定；③划分土地定级单元。

(3)网格法

网格法是固定网格法和动态网格法。这两种方法均是以一定大小的网格作为定级单元。

固定网格法的具体操作是依一定的经验，给出一个统一的面积限制，然后将同样面积和几何形状的网格布满全部评价区域，且单元不再变动。

动态网格法划分方法在工作中略有不同。同样选用一定大小的网格构成覆盖评价地域的初步单元体系，然后测评初步单元内主要因素得分值。如果该值在单元的边界四等分点处发现差异大于土地定级单元划分的均质标准 100/N,则以四等分对初步划成的单元进行加密。调整网格,直到其内部差异符合规定指标为止。

(4)均质地域法

同一种利用类型的土地,如果是聚集在一个不太大的地域上,可将这样的地域称为均质地域。用均质地域划分评价单元,其作法是找出所有商业服务中心并标干工作图上,依据它们的影响能力划分山各自影响的粗略边界。在这个封闭的图斑里,依利用的不同划分出不同的单元。如商业服务中心单元等。

用均质地域划分评价单元,可以反映城市现状和土地经济特性。其工作步骤为:①找出评价区域的所有商服中心;②划分土地利用类型单元;③划分全市土地定级单元。

6. 单元内指标取样

单元内指标取样,是指在已经划定的土地定级单元中,测取各因素作用分值。单元内指标的取样方法,目前较多使用的有下列几种。

(1)以点代面

由于划分的单元是一个相当均匀的地域,内部变化很小,完全可用少数几个点的值来近似地代表整个单元内所有各点的值,所用方法也就简单得多。这就是以点代面的方法。

一般常用的点有:①单元边界特征点;②单元内部特征点;③几何中心点;④加权中心点。

(2)线性内插

在"以点代面"法中所述及的各种点,它们的分值可以直接测得,也可以通过线性内插的方法,在已经绘制的两条等值线间求得。

假设两条等值线间的分值变化呈线性变化(因为差别很小的两条等值线间的分值曲线变化,可以用直线变化来近似表达,误差很小),两条已知等值线间的距离为 D,则

$$K = -\frac{Y_2 - Y_1}{D} \tag{9-26}$$

式中 Y_2—— 第二条等值线值;

Y_1—— 第一条等值线值;

K—— 比例系数。

K 值确定之后,则有

$$Y = Y_1 + KX \tag{9-27}$$

式中 Y—— 单元内待测点的作用分值;

X—— 测点距等值线 Y_1 的最小距离。

(3)面积加权

如果单元是由若干个不同值的均值区域所组成,则其值可用面积加权的方法求得。即把不同值所占区域面积的比例作为权,乘以其分值,再把各不同区域加权后的值加和,其值即可认为是单元作用分值。

六、土地级别划分

1. 数轴法

具体方法是,首先建立一个数轴,以单元分标注在坐标上(即数轴上),一个单元有一个得分,则其在数轴上就有唯一的一个点代表它。在把各单元得分标注在数轴上后,就可以通过对数轴的观察,根据数轴上点的分布和聚集情况,在相对稀疏处分开,把相对密集的地方划成一个集团,再根据定性分析结果,就可以给这些相对密集的集团定出其代表的等级。用数轴法划分土地级别边界

的图例,如图 9-1 所示。

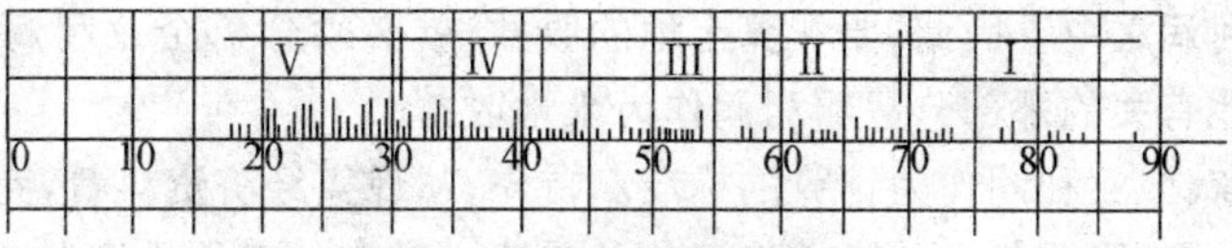

图 9-1 单元总分数轴分布图

2. 剖面图法

剖面图法的具体步骤是:①在城市定级单元总分图上,选择最能反映城市级差变化的方向,做总分剖面图,剖面图应能反映城市最繁华区至最不繁华区各级。有明显自然障碍的方向,不宜仅用一条剖面线来说明。最好是不选变化明显不连续的方向做剖面图。②根据已经做好的剖面图进行分析,根据经验和理论,我们知道,各级中心点或繁华区,得分较高,而其他地区就要差一些,所以,剖面图应是波浪起伏的。

3. 多元统计的聚类——判别法

用多元统计的方法进行分级,是定性定量的结合。它认为对单元影响的各个因子构成了自己的参照坐标,有多少个因子,就意味着有多少维空间。利用聚类——判别分析法,确定出不同单元所在的具体的级。

4. 总分频率曲线统计判断法

总分频率曲线统计判断法,是通过对各土地定级单元的总分分值进行统计分析,将全部分值区间划成若干个细小的区间,并统计各分值区间内分布的单元总数,通过计算区间内单元数占总单元数的百分比,即频率分布,即可画出频率曲线图。最后,按频率分布图的分布趋势,划定土地级边界。具体工作步骤为:①确定频率统计的分值区间;②计算分值区间频率分布;③绘制频率直方图;④划定土地级别界线。

根据得到的频率直方图,划定土地级别界线。土地级别界线应画在频率分布空白区或频率分布的低值区,不能将土地级别界线画在频率分布的最高点或相对最高点。用总分频率曲线统计判断法划分土地级别边界的图例如图 9-2 所示。

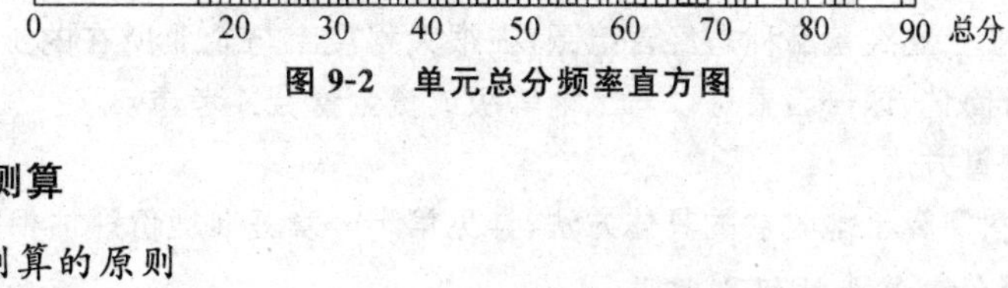

图 9-2 单元总分频率直方图

七、土地收益测算

1. 土地收益测算的原则

1)测算以货币形态的土地收益为指标。测算工作中,只测算货币形态表示的收益。这是因为:①测算是在多因素综合评出的等级上进行的,等级划分时,已考虑了其他形式的收益;②测算在商业、金融等对土地最敏感的行业上进行,这些行业土地收益以货币形态表示;③其他形式的土地收益目前未形成适宜的衡量指标。

2)测算必须从企业利润入手。在商品经济条件下,土地的收益,应由商业企业的超额利润表现出来。然而，在现实经济活动中，这部分超额利润并不是独立存在的，它是作为企业利润的一部分，包含在企业的全部利润之中。因此，要测算土地的收益，就必须分析企业利润构成和变化的规律，并从中分解出与土地有关的那部分超额利润作为土地收益。

3)测算统一以商、服业利润作为计算的标准。首先，从现实经济资料看，商、服业用地单位面积获利最高，也就是说，商、服业用地的土地使用效益最高。其次，商、服业用地对城市土地位置差异的反映最灵敏。实际资料表明，商、服业企业的利润有很明显的土地级差现象。再者，以商、服业利润来计算土地收益比较合理。因为许多商品在不同的商店内销售价格是一样的，而且行业的利润率一般也由国家限定，所以商、服业利润量的大小，主要取决于商品销售量，而商品销售量又取决于商店所处的土地位置。

4)宗地地价作为测算级别差异时，能较好地反映土地的经济特性。

2. 利用企业利润数据进行土地收益测算

(1)影响商、服业利润的因素分析

商业利润是商业企业进行经营活动的纯收入。商业企业利润的大小是多种因素综合作用的结果。一般来说影响商业企业利润的因素有：

1)土地等级。商业企业对城市微观区位变化十分敏感。土地等级是各种区位条件的综合反映，地处土地级高的商业企业可以得到更多的利润。

2)占用土地面积。占用土地面积大小对商业服务企业利润的影响主要表现在两方面：①企业占用土地面积大，意味着其可拥有大的营业面积，从而具备大规模经营的条件；②土地和资金这两大生产要素，在一定的条件下可以互相替代。例如，当企业使用面积确定时，占地面积大，预示着可以降低建筑层数，增加首层商业服务业的营业及辅助用地面积，更易吸引顾客光顾。结果，商业服务企业在低层中的营业额和利润要比同等面积的高层楼房高得多。

3)资金量。商业企业资金由固定资金和流动资金两个部分构成。企业固定资金多意味着营业面积大、设备好，经营条件优越，而且还有助于从心理上吸引顾客。企业拥有的流动资金多，意味着商品的吞吐量大，从而获得的利润总量也就大。在其他条件不变的前提下，企业的利润一般和资金量成正比。

4)活劳动投入量。指具有一定质的有效劳动量。劳动总量由工作人数和劳动时间所决定。增加劳动量，有助于扩大商品销售额，加速流动资金的周转，从而可以增加企业的总利润额。

5)经营管理水平。这是造成企业间获利差别的一个重要的主观因素。经营管理好的企业，可因此获得一个额外的收益；反之，则会丧失部分收益，从而表现为一个负收益。

6)经营品种和经营范围。经营不同的商品不仅在进销差价上有别，而且在资金占用多少、周转速度快慢、费用水平高低、损耗率大小等方面也不尽相同。这些无疑会对企业的赢利水平产生重要的影响。但是商业企业经营品种与经营范围，在很大程度上与企业所在的土地等级和资金量有关。因此，为使分析简化，这一因素可以与土地等级或资金量合并考虑。

(2)土地收益测算方法

用企业利润资料测算土地收益的具体方法，详见第十一章基准地价评估相关内容。

3. 利用宗地地价测算土地级别收益

随着我国土地使用制度改革的深入和土地市场的建立，土地使用权出让、转让、出租中形成的宗地地价越来越多，分布范围也越来越广。利用这些宗地地价资料，以土地级别为单位，分商业、住宅、工业等土地利用类型为基础，分别测算各级土地上的地价标准，同样能够客观地反映土地级别间的收益差异，定量反映土地级差。

第十章 农用地分等定级

◎本章要点

本章需要掌握的内容有：农用地分等定级的方法、不同农用地类型土地级别影响因素。

第一节 农用地分等定级概述

考试基本要求

掌握：农用地分等定级基本概念。

熟悉：农用地分等定级程序。

一、农用地的概念与特点

1. 农用地分等定级的概念

农业生产是国民经济各部门生产和发展的基础，土地则是其生产过程中不可替代的生产资料。一般来说，凡是用来作为农业生产的土地，即可称为农用地。由于农业生产的意义和范围不同，所以农用地一词也有广义和狭义之分。广义的农用地是指直接用于农业生产的土地，包括耕地、园地、林地、牧草地、农田水利用地和养殖水面用地等；狭义的农用地则专指耕地，即种植业用地。这里所讲的农用地，主要采用广义的解释。

农业土地利用，是人类为了从土地上获得动植物产品，而对土地实施的使用、改造和保护等活动，以便用获得的产品满足人类生存和社会发展的需要。

影响农用地利用的具体因素一般包括地势的高低、坡度的大小、土壤的理化性状（如土壤质地、土层厚度、有机质含量、pH 值、地下水埋深等）、气温的高低、降水量的多少和分布等。

2. 农用地具有的特点

(1)农用地既是劳动对象，又是劳动手段，是不可替代的生产资料

在人类社会发展的历史长河中，随着社会文明的不断进步，不仅没有削弱人类对土地的依赖性，还将愈来愈强化其间的关系，目前日益为全球所重视的人地矛盾的尖锐正是其具体反映。其他部门的生产资料可以更新淘汰，用新的生产资料或产品替代，如用硬质塑料代替某种钢材、用合成板代替木材等。作为农用地的土壤却是一种特殊的生产资料，时至今日，还没有找到一种可以完全取代土地的替代物来生产农产品。

(2)农用地资源，只要利用得当，不仅有自行恢复和再生的能力，而且可以永续利用

相反，如果掠夺式的过度利用，它的生产能力就会遭受破坏，即使可恢复也要花费一定的时间和投资，甚至是不可恢复的。这方面人类有过不少教训。古代希腊、小亚细亚等国家，都因砍伐森

林,破坏植被,开辟农田,破坏了生态平衡,造成水土流失,导致土地退化。美国西部开发引起了20世纪30年代的“黑风暴”。

(3)农用地受自然环境的影响显著

农用地所利用的自然环境因素是多元的,功能是综合的。它既利用土地本身,又利用土地的地上环境条件(如地形、温度、光照、降水等)和地下构成因素(如土壤及其理化性状、肥力状况、地下水等)。其中的任何一个因素都对农作物的生长和发育有制约作用,而这些因素的综合作用对农业生产的影响就更为重要。

二、农用地分等定级相关概念

农用地分等定级相关概念见表10-1。

表10-1　　农用地分等定级相关概念

项　目	内　容
农用地	直接用于农业生产的土地,包括耕地、林地、草地、农田水利用地、养殖水面等
农用地级	在行政区内,依据构成土地质量的自然属性、社会经济状况和区位条件,根据地方土地管理和实际情况需要,遵照与委托方要求相一致的原则,即根据一定的农用地定级目的,按照规定的方法和程序进行的农用地质量综合、定量评定,划分出的农用地级别
农用地质量等	在全国范围内,按照标准耕作制度,根据规定的方法和程序进行的农用地质量综合评定,划分出的农用地质量等别
农用地自然等	在全国范围内,按照标准耕作制度,在一定的光温、气候资源条件和土地条件下,根据规定的方法和程序进行的农用地质量综合评定,划分出的农用地质量等别
农用地利用等	在全国范围内,按照标准耕作制度,在一定的自然条件和平均土地利用条件下,根据规定的方法和程序进行的农用地质量综合评定,划分出的农用地质量等别
农用地经济等	在全国范围内,按照标准耕作制度,在一定的自然条件、平均土地利用条件、平均土地经济条件下,根据规定的方法和程序进行的农用地质量综合评定,划分出的农用地质量等别
基准作物	是理论标准粮的折算基准,指全国比较普遍的主要粮食作物,如小麦、玉米、水稻,按照不同区域生长季节的不同,进一步区分的春小麦、冬小麦、春玉米、夏玉米、一季稻、早稻和晚稻等7种粮食作物
指定作物	行政区所属耕作区标准耕作制度中所涉及的作物
标准耕作制度	在当前的社会经济水平、生产条件和技术水平下,有利于生产或最大限度发挥当地土地生产潜力,不造成生态破坏,能够满足社会需求,并已为(或将为)当地普遍采用的农作方式
光温生产潜力	在农业生产条件得到充分保证,水分、CO_2供应充足,其他环境条件适宜的情况下,理想作物群体在当地光、热资源条件下,所能达到的最高产量

续表

项 目	内 容
气候生产潜力	在农业生产条件得到充分保证，其他环境因素均处于最适状态时，在当地实际光、热、水气候资源条件下，农作物群体所能达到的最高产量。即在光温生产潜力基础上进一步考虑降水的限制作用后，农作物的理论产量
标准样地	在一定的栽培管理技术条件下，区域内农作物产量水平最高的若干农用地质量分等单元。一般情况下，标准样地的农业生产条件最好，它们在本区域内所处位置的气候、地形地貌、土壤、灌溉与排水等条件的综合特征最优

三、农用地分等定级的目的与任务

1. 农用地分等定级的目的

为了贯彻落实《中华人民共和国土地管理法》，科学量化农用地质量及其分布，落实占用耕地补偿制度，实现区域耕地占补平衡目标，为土地整理、基本农田保护、农用地估价、科学核算农用地生产潜力及其他有关土地管理工作提供依据。

2. 农用地分等定级的任务

根据农用地的自然属性和经济属性，对农用地的质量优劣进行综合、定量评定，并划分等别与级别。农用地分等成果要求在全国范围内具有可比性，农用地定级成果要求在县域范围内具有可比性。

四、农用地分等定级的原则

1. 农用地质量分等原则

(1)综合分析原则

农用地质量是各种自然因素、社会经济因素综合作用的结果，农用地质量分等是以对造成等别差异的各种相对稳定因素的综合分析为基础的。

(2)分层控制原则

农用地质量分等以建立全国范围内的统一等别序列为目的。在实际操作上，农用地质量分等是在国家、省、县三个层次上开展。县级分等成果要在本县域范围内可比；省级协调汇总成果要在本省域范围内可比；国家级协调汇总成果要在全国范围内可比。

(3)主导因素原则

农用地质量分等是根据相对稳定的影响因素及其作用的差异，重点考虑对土地质量及土地生产力水平具有重要作用的主导因素，突出主导因素对分等结果的作用。

(4)土地收益差异原则

农用地质量分等要能反映不同区域土地自然质量条件、土地利用水平、社会经济水平的差异对区域土地生产力水平的影响，并反映对区域土地收益水平的影响。

(5)定量分析与定性分析相结合原则

农用地质量分等以定量计算为主。对现阶段难以定量的自然因素、社会经济因素采用必要的定性分析，定性分析的结果可用于农用地质量分等成果的调整和确定工作中，提高农用地质量分等成果的精度。

(6)跟踪检验原则

在农用地质量分等工作中，对每一步成果进行检验，并进行专家咨询、论证，确保成果与实际情况相符。

2. 农用地定级原则

(1)综合分析原则

农用地质量等级是各种自然属性、社会经济状况和区位条件综合作用的结果,农用地定级是以对造成土地质量差异的各种因素进行综合分析为基础。

(2)主导因素原则

农用地定级是根据影响农用地级别的因素因子及其作用的差异,重点分析对农用地质量及土地利用水平具有重要作用的主导因素,突出主导因素对定级结果的作用。

(2)土地收益差异原则

农用地定级要能反映土地自然质量条件、土地利用水平、社会经济水平的差异对土地生产力水平及土地收益水平的影响。

(3)定量分析与定性分析相结合原则

农用地定级是把定性的、经验的分析进行量化,以定量计算为主。对现阶段难以定量的自然属性、社会经济状况和区位条件采用必要的定性分析,将定性分析的结果进行量化,并运用于农用地定级成果的确定中,提高农用地定级成果的精度。

五、农用地定级与农用地分等的关系

分等、定级两项工作虽然内容不同,方法不一,但都是对同一区域的农用地质量进行评价,应该具有大体一致的变化趋势。应在方法上、结果上以及应用上既相互衔接,又突出各自的特点。分等考虑了自然质量、利用水平和经济条件多项因素,反映的是区域土地的综合质量好坏,其成果具有分层和集成的特点,且以全国范围可比为基本目标;定级除考虑自然、经济、利用等因素外,又突出了区位差异因素、耕作便利因素以及在分等中所未考虑到的具有地方特色的其他因素,反映的是区域土地的利用价值的优劣,其成果具有整体性和具体性特点,且以县域范围可比为基本目标。分等和定级有内在的联系,分等是修正法定级的基础,分等因素和定级因素如果相同,可以采取一致的量化标准。级别不是等别的续分,而是各自成为两个具有彼此相关性的不同质量表述体系。

六、农用地分等定级的方法步骤

1. 农用地分等的步骤

1)资料收集整理与外业调查;

2)划分指标区、确定指标区分等因素及权重;

3)划分分等单元并计算农用地自然质量分;

4)查全国各省作物生产潜力指数速查表,确定产量比,计算农用地自然等指数;

5)计算土地利用系数及农用地利用等指数;

6)计算土地经济系数及农用地经济等指数;

7)划分与校验农用地自然等别、利用等别和经济等别;

8)整理、验收成果。

2. 农用地定级的步骤

1)确定定级方法;

2)确定定级因素;

3)计算定级因素分值;

4)编制定级因素因子分值图;

5)划分定级单元;

6)计算定级单元各定级因素分值；

7)计算定级指数，初步划分土地级别；

8)校验和调整初步定级成果。

第二节 农用地分等相关知识

考试基本要求

熟悉：农用地分等因素选择、权重确定与量化方法。

了解：农用地自然质量等指数计算，土地利用系数，土地经济系数，农用地标准耕作制度。

一、农用地分等单元划分原则与方法

1. 划分要求

分等单元是农用地质量分等的最小空间单位，分等单元按以下要求划分：

1)单元之间的土地特征差异明显，不同地貌部位的土地不划为同一单元，山脉走向两侧水热分配有明显差异的不划为同一单元，地下水、土壤条件、盐碱度等分等因素指标有明显差异的不划为同一单元；

2)单元内部的土地特征相似，土地分等单元边界不跨越分等因素指标区和土地利用系数等值区、土地经济系数等值区；

3)单元边界不跨越地块边界；

4)单元边界采用控制区域格局的地貌走向线和分界线，河流、沟渠、道路、堤坝等线状地物和有明显标志的权属界线。

2. 划分方法

(1)叠置法

将比例尺相同的土地利用现状图与地形图、土壤图叠加，形成的封闭图斑即为一个分等单元。若图斑小于最小上图面积(6 mm^2)则进行归并。叠置法适用于土地利用现状类型多、地貌类型比较复杂的地区。

(2)地块法

在工作底图上用明显的地物界线或权属界线，将农用地质量分等因素相对均一的地块，划为一个分等单元。也可直接将土地利用现状图上的图斑作为分等单元。地块法适用于所有分等类型和地区。

(3)网格法

用一定大小的网格作为分等单元。网格大小以能区分不同特性的地块为标准，可采用大小均一的固定网格，也可采用大小不均一的动态网格。网格法适用于分等因素空间变化不复杂的地区。

(4)多边形法

将所有分等因素图进行叠加，最终生成的封闭多边形即为分等单元。多边形法适用于所有分等类型和地区。

3. 校验与登记

对分等单元划分和边界的合理性进行校验；将校验后的农用地质量分等单元按顺序编号填表登记。

二、计算农用地自然质量分

1. 样地法

(1)设置标准样地

按照最优原则，在区域内选择农业生产条件最好，所处位置的气候、地形地貌、土壤、灌溉与排水等条件的综合特征最优的单元为标准样地。对于县级开展分等工作的，一般在县域范围内每个乡镇布设1个标准样地，地貌条件、耕作制度差异较大的乡镇，可以布设多个标准样地，并根据其相似性进行归类。

(2)确定分等因素样地适用区

采用样地法计算农用地自然质量分，需要划分样地适用区(以下简称适用区)，适用区是依主导因素原则和区域分异原则划分的分等因素体系一致的区域。

1)在县域范围内每个乡镇布设1个标准样地，地貌条件、耕作制度差异较大的乡镇，可以布设多个标准样地，并根据其相似性进行归类；

2)根据地貌条件、耕作制度或强限制性因素的区域分异规律，参照标准样地的归类结果划分适用区，县域范围内适用区一般不超过5个；

3)一个适用区内，选定的分等因素要对农用地的质量有明显影响，一般不超过10个，农用地自然质量分依据所选用的分等因素计算；

4)将结果填入表格中；

5)编制样地适用区图。

(3)确定分等因素

样地法确定农用地分等属性的原则与因素法相类似，但更注重可描述性、综合性。

(4)确定标准样地基准分值

确定标准样地的分等属性特征值以及标准样地的基准分值，其最高分值由县级标准样地控制(在省级样地尚未确定前，县级样地最高分值暂定为100分)。

(5)编制"指定作物—分等属性—自然质量(加)减分"规则表

编制样地法加(减)分规则表的基本要求如下：

1)按指定作物分别编制；

2)按样地适用区分别编制；

3)记分规则表的编制可建立在当地试验资料的基础上，如果没有试验资料，则要采取适当的定性分析方法加以确定；

4)记分规则表的编制可在上级农用地质量分等技术指导机构的指导下进行；

5)将确定的结果填入表格中。

(6)编制分等属性图

根据农用地质量分等因素实际状态值的区域分布，编制农用地质量分等属性图。

(7)确定分等属性加(减)分值

根据分等属性图及加(减)分规则表，获得分等属性加(减)分值。

(8)计算农用地自然质量分

采用代数和法计算农用地自然质量分，计算公式为

$$C_{lij} = \frac{F + \sum_{k=1}^{m} f_{ijk}}{100} \tag{10-1}$$

式中 F—— 标准样地基准分值；

k—— 分等属性编号；

m—— 分等属性的数目；

f_{ijk}—— 第 i 个分等单元内第 j 种指定作物第 k 个分等属性加(减)分值；

C_{Lij}—— 分等单元指定作物的农用地自然质量分。

2. 因素法

(1)确定分等因素指标区

采用因素法计算农用地自然质量分，需要划分农用地质量分等因素指标区(以下简称指标区)，指标区是依主导因素原则和区域分异原则划分的分等因素体系一致的区域。分等因素指标区划分的具体要求如下：

1)指标区可根据地貌条件、耕作制度等划分，也可根据强限制性因素的区域分异规律划分；

2)在县域范围内，指标区一般不超过5个；

3)一个指标区内，选定的分等因素要对农用地的质量有明显影响，一般不超过10个，农用地自然质量分依据所选用的分等因素计算；

4)按照强限制性因素划分的指标区称作限制区，在限制区内，由于强限制性因素的作用，农用地自然质量分的最高分不能取100分，假设该限制区内最优农用地条件的自然质量分为80分，则限制区内所有分等单元的按百分制计算出的农用地自然质量分，均需乘以0.8的限制系数；

5)将确定的结果填入表格中；

6)编制指标区图。

(2)确定分等因素

1)农用地质量分等因素分为推荐因素和自选因素两类。推荐因素由国家统一确定，分区、分地貌类型给出；自选因素由省级土地行政主管部门确定，用于分等的自选因素一般不超过3个。所有分等因素都需要采用特尔菲法、因素成对比较法、主成分分析法、层次分析法等方法中的两种以上方法进行检验和确定，在分等任务书中予以明确。

2)农用地质量分等因素按照以下方法步骤确定：

①在推荐因素和自选因素中进行选择，初步确定指标区内的分等因素；

②通过查找相应分区的推荐因素即得到本县域的推荐因素；

③自选因素由各地经分析论证后确定，自选因素可以从以下几个方面确定(表10-2)。

表10-2　自选因素的确定方法

项　目	内　容
地貌	地貌类型、海拔、坡度、坡向、坡型、地形部位等
水文	水源类型(地表水、地下水)、水量、水质等
土壤	土壤类型、土壤表层有机质含量、表层土壤质地、有效土层厚度、土壤盐碱状况、剖面构型、障碍层特征、土壤保水供水状况、土壤中砾石含量、地表岩石露头度等
农田基本建设	灌溉条件(水源保证率、灌溉保证率)、排水条件、田间道路条件、田块大小、平整度及破碎程度等

3)初步确定的农用地质量分等因素，进一步按照指标区的具体情况，经过科学分析论证后加以简化。

(3)编制"指定作物—分等因素—自然质量分"记分规则表

1)按指定作物分别编制；

2)推荐因素指标与指标分值的关系在实际工作中可根据指定作物、指标区的情况加以调整；

3)自选因素指标与指标分值的关系，由各地自行确定；

4)记分规则表的编制可建立在当地试验资料的基础上，如果没有试验资料，则要采取适当的定性分析方法加以确定；

5)记分规则表编制可在上级农用地质量分等技术指导机构的指导下进行；

6)将确定的结果填入表格中。

(4)编制分等因素图

根据分等因素实际状态值的区域分布，编制农用地分等因素图。

(5)读取分等因素指标分值

根据分等因素图及记分规则表，获得各分等单元各指定作物的分等因素指标分值。

(6)计算农用地自然质量分

采用几何平均法或加权平均法，计算各分等单元各指定作物的农用地自然质量分。

几何平均法的计算公式为

$$C_{lij} = \frac{\left(\prod_{k=1}^{m} f_{ijk}\right)^{\frac{1}{m}}}{100} \tag{10-2}$$

式中 C_{lij}—— 分等单元指定作物的农用地自然质量分；

i—— 分等单元编号；

j—— 指定作物编号；

k—— 分等因素编号；

m—— 分等因素的数目；

f_{ijk}—— 第 i 个分等单元内第 j 种指定作物第 k 个分等因素的指标分值，取值为 0 ～ 100。

加权平均法的计算公式为

$$C_{lij} = \frac{\sum_{k=1}^{m} W_k \cdot f_{ijk}}{100} \tag{10-3}$$

式中 W_k——第 k 个分等因素的权重；

其他符号的意义同前。

三、计算农用地自然质量等指数

1. 查找作物光温(气候)生产潜力指数

光温生产潜力是指在农业生产条件得到充分保证，水分、CO_2 供应充足，其他环境条件适宜的情况下，理想作物群体在当地光、热资源条件下，所能达到的最高产量。

气候生产潜力是指在农业生产条件得到充分保证，其他环境因素均处于最适宜状态时，在当地实际光、热、水气候资源条件下，农作物群体所能达到的最高产量。即在光温生产潜力基础上进一步考虑降水的限制作用后，农作物的理论产量。

在农用地有灌溉条件时查找光温生产潜力指数，在无灌溉条件时查找气候生产潜力指数。

2. 确定产量比系数

产量比系数是指基准作物单位面积产量与指定作物产量之比。省级土地行政主管部门负责分区确定产量比系数，计算公式为

$$某区内指定作物产量比系数 = \frac{基准作物单产}{指定作物单产} \tag{10-4}$$

式中，基准作物和指定作物的单产是指区内最大单产。

3. 计算农用地自然等指数

第 i 个分等单元第 j 种指定作物的自然质量等指数由下式计算：

$$R_{ij} = \alpha_{tj} \cdot C_{Lij} \cdot \beta_j \tag{10-5}$$

式中　R_{ij}——第 i 个分等单元第 j 种指定作物的自然质量等指数；

α_{tj}——第 j 种作物的光温(气候)生产潜力指数；

C_{Lij}——第 i 个分等单元内第 j 种指定作物的农用地自然质量分；

β_j——第 j 种作物的产量比系数。

农用地自然等指数由下式计算：

$$R_i = \begin{cases} \sum R_{ij}\text{（一年一熟、两熟、三熟时）} \\ (\sum R_{ij})/2\text{（两年三熟时）} \end{cases} \tag{10-6}$$

式中　R_i——第 i 个分等单元的农用地自然质量等指数；

其他符号的含义同前。

四、计算土地利用系数

土地利用系数可以采用两种方法计算，一种是分指定作物计算，一种是综合计算。

1. 分指定作物计算

(1)初步划分土地利用系数等值区

等值区应满足的条件有：

1)等值区之间实际单产水平有明显差异；

2)等值区的边界不打破村级行政单位的完整性。

(2)计算样点指定作物土地利用系数

依据初步划分的等值区，在各行政村内分层设置一定数量的样点后，根据省土地行政主管部门确定的指定作物的最高单产与样点的指定作物单产，计算样点指定作物土地利用系数。

由各省土地行政主管部门根据标准耕作制度中的指定作物种类，调查、确定其最高单产。样点的指定作物单产则根据近几年的统计资料分析，或近几年的实际测产确定。

样点第 j 种指定作物土地利用系数按下式计算：

$$K_{Lij} = \frac{Y_{ij}}{Y_{j,\max}} \tag{10-7}$$

式中　K_{Lij}——第 i 个样点第 j 种指定作物土地利用系数；

Y_{ij}——第 i 个样点第 j 种指定作物正常投入下的单产；

$Y_{j,\max}$——第 j 种指定作物省内分区最高单产。

(3)计算等值区指定作物土地利用系数

1)计算行政村指定作物土地利用系数。根据行政村内各样点指定作物土地利用系数，采用几何平均法或加权平均法计算，其中加权平均法的权重可根据样点代表的面积比例或经验确定。

几何平均法的计算公式为

$$K_{Lj} = \left(\prod_{i=1}^{m} k_{Lij}\right)^{\frac{1}{m}} \tag{10-8}$$

式中　K_{Lj}——行政村第 j 种指定作物土地利用系数；

i——样点编号；

m——样点数目；

其他符号意义同前。

加权平均法的计算公式为

$$K_{lj} = \sum_{i=1}^{m} W_i \cdot k_{lij} \tag{10-9}$$

式中 K_{lj}—— 行政村第 j 种指定作物土地利用系数；

i—— 样点编号；

m—— 样点数目；

W_i—— 第 i 个样点权重；

其他符号意义同前。

2）计算等值区指定作物土地利用系数。根据初步划分的等值区内各村的指定作物土地利用系数，采用几何平均或加权平均的方法计算等值区的指定作物土地利用系数。

几何平均法的计算公式为

$$K_{lj} = \left(\prod_{i=1}^{m} k_{lij}\right)^{\frac{1}{m}} \tag{10-10}$$

式中 K_{lj}—— 等值区第 j 种指定作物土地利用系数；

k_{lij}—— 第 i 个行政村第 j 种指定作物土地利用系数；

m—— 行政村数目。

加权平均法的计算公式为

$$K_{lj} = \sum_{i=1}^{m} W_i \cdot k_{lij} \tag{10-11}$$

式中 W_i——第 i 个行政村权重；

其他符号意义同前。

(4)修订指定作物土地利用系数等值区

修订后的等值区应满足：

1）等值区内各行政村指定作物土地利用系数变差在 $\overline{X} \pm 2S$ 之间（$\overline{X}$ 表示平均值；S 表示标准差）；

2）等值区之间指定作物土地利用系数平均值有明显差异；

3）等值区边界两边的指定作物土地利用系数值具有突变特征。

(5)编制指定作物土地利用系数等值区图

根据修订后的指定作物土地利用系数等值区，编制成图。

2. 综合计算

实际工作中，也可以不区别指定作物，编制综合土地利用系数等值区图。

1）依据标准耕作制度和产量比，计算样点的标准粮实际产量：

$$Y = \sum Y_j \cdot \beta_j \tag{10-12}$$

式中 Y—— 样点的标准粮实际产量；

Y_j—— 第 j 种指定作物的实际产量；

β_j—— 第 j 种指定作物的产量比。

2）根据指定作物的最高单产，依据标准耕作制度和产量比，计算最大标准粮单产：

$$Y_{max} = \sum Y_{j,max} \cdot \beta_j \tag{10-13}$$

式中 Y_{max}—— 最大标准粮单产；

$Y_{j,max}$—— 第 j 种指定作物的最大单产；

β_j—— 第 j 种 指定作物的产量比。

3)计算样点的综合土地利用系数：

$$K_L = \frac{Y}{Y_{\max}} \tag{10-14}$$

式中　K_L—— 样点的综合土地利用系数；

Y—— 样点的标准粮实际产量；

$Y_{\max}$—— 最 大标准粮单产。

4)编制土地利用系数等值区图。

5)计算各等值区的土地利用系数。

五、计算土地经济系数

土地经济系数是用来反映土地经济效益的指标，是用来修正土地自然质量和利用水平的系数。土地经济系数有两种计算方法，一种是分指定作物计算，一种是综合计算。

1. 分指定作物计算

(1)初步划分土地经济系数等值区

外业调查前，应根据收集到的统计资料，以村为单位计算“产量一成本”指数，按照各村“产量一成本”指数的大小，初步划分土地经济系数等值区。

各等值区应满足以下条件：

1)等值区间“产量—成本”指数有明显差异；

2)等值区的边界不打破村级行政单位的完整性。

(2)计算土地经济系数

依据初步划分的等值区，在所有的行政村内分不同产量水平，分层设置一定数量的样点，并计算出样点的指定作物土地经济系数。

1)计算“产量—成本”指数。用按规定获取的投入、产出数据，分样点计算。计算公式为

$$a_j = \frac{Y_j}{C_j} \tag{10-15}$$

式中　a_j—— 样点“产量 — 成本” 指数；

Y_j—— 样点第 j 种指定作物实际单产；

C_j—— 样点第 j 种指定作物实际成本。

2)确定指定作物的最高“产量—成本”指数。由各省组织有关专家在省内分区确定的第 j 种指定作物的最高“产量—成本”指数。

3)计算样点指定作物土地经济系数。样点的指定作物土地经济系数据下式计算：

$$K_{cij} = \frac{a_{ij}}{A_j} \tag{10-16}$$

式中　K_{cij}—— 第 i 个样点第 j 种指定作物土地经济系数；

a_{ij}—— 第 i 个样点第 j 种指定作物“产量 — 成本” 指数；

A_j—— 省内分区第 j 种指 定作物“产量—成本”指数的最大值。

(3)计算等值区土地经济系数

1)计算村内各样点指定作物土地经济系数的几何平均数或加权平均数，作为该村的指定作物土地经济系数。

2)根据初步划分的等值区内各村的指定作物土地经济系数，采用几何平均或加权平均的方法计算等值区的指定作物土地经济系数。

(4)修订土地经济系数等值区

以指定作物土地经济系数基本一致为原则,参考其他自然、经济条件的差异,对初步划分的等值区进行边界修订。

修订后的等值区要满足:①等值区各样点经济系数值在 $\overline{X}\pm2S$ 之间($\overline{X}$ 表示平均值;S 表示标准差);②等值区间经济系数平均值有一定差值;③等值区边界两边的经济系数值具有突变特征。

(5)编制土地经济系数等值区图

根据修订后的指定作物土地经济系数等值区,编制土地经济系数等值区图。

2. 综合计算

直接编制综合土地经济系数等值区图的步骤如下:

1)确定标准耕作制度和产量比系数,计算样点的标准粮实际产量 $Y=\sum(Y_j\cdot\beta_j)$ 和标准粮实际成本 $C=\sum C_j$,再计算出样点的综合"产量—成本"指数 $a=\dfrac{Y}{C}$。

2)确定各省内分区的最大产量成本指数 A。

3)计算样点的综合土地经济系数。

$$K_C=\frac{a}{A} \tag{10-17}$$

式中 K_C—— 样点的综合土地经济系数;

a—— 样点综合"产量—成本"指数;

A—— 各省内分区的综合最大"产量—成本"指数。

4)编制土地利用系数等值区图。

5)计算各等值区的土地利用系数。

六、计算农用地利用等指数

计算农用地利用等指数有两种方法,一种是按指定作物土地利用系数计算,一种是按综合土地利用系数计算。

1. 按指定作物土地利用系数计算

1)计算指定作物利用等指数由下式计算:

$$Y_{ij}=R_{ij}\cdot K_{lj} \tag{10-18}$$

式中 Y_{ij}—— 第 i 个分等单元第 j 种指定作物的利用等指数;

R_{ij}—— 第 i 个分等单元内第 j 种指定作物的自然等指数;

K_{lj}—— 分等单元所在等值区的第 j 种指定作物的土地利用系数。

2)计算农用地利用等指数由下式计算:

$$Y_i=\begin{cases}\sum Y_{ij} & \text{(一年一熟、二熟、三熟时)}\\ (\sum Y_{ij})/2 & \text{(两年三熟时)}\end{cases} \tag{10-19}$$

式中 Y_i—— 第 i 个分等单元农用地利用等指数;

其他符号的含义同前。

2. 按综合土地利用系数计算

综合土地利用系数由下式计算:

$$Y_i=R_i\cdot K_l \tag{10-20}$$

式中 Y_i—— 第 i 个分等单元的农用地利用等指数;

R_i—— 第 i 个分等单元的农用地自然质量等指数;

K_l—— 分等单元所在等值区的综合土地利用系数。

七、计算农用地经济等指数

计算农用地等指数有两种方法，一种是按指定作物土地经济系数计算，一种是按综合土地经济系数计算。

1. 按指定作物土地经济系数计算

1)计算指定作物等指数由下式计算:

$$G_{ij}=Y_{ij}\cdot K_{Cj} \tag{10-21}$$

式中　G_{ij}—— 第 i 个分等单元第 j 种指定作物的农用地等指数;

Y_{ij}—— 第 i 个分等单元第 j 种指定作物的农用地利用等指数;

K_{Cj}—— 分等单元所在等值区的第 j 种指定作物的土地经济系数。

2)计算农用地等指数由下式计算:

$$G_i=\begin{cases}\sum G_{ij}\text{（一年一熟、两熟、三熟时）}\\(\sum G_{ij})/2\text{（两年三熟、五熟时）}\end{cases} \tag{10-22}$$

式中　G_i——第 i 个分等单元的农用地等别指数;

其他符号的含义同前。

2. 按综合土地经济系数计算

计算公式为

$$G_i=Y_i\cdot K_C \tag{10-23}$$

式中　G_i—— 第 i 个分等单元的农用地等指数;

Y_i—— 第 i 个分等单元的农用地利用等指数;

K_C—— 分等单元所在等值区的综合土地经济系数。

八、农用地质量等别划分与校验

1. 初步分等

1)根据农用地自然质量等指数、农用地利用等指数、农用地等指数分别进行农用地自然等、农用地利用等和农用地等的划分。

2)采用等间距法进行农用地各等别的初步划分，各省根据自己的情况和需要确定本省农用地自然质量等、农用地利用等、农用地经济等的划分间距;国家通过对各省分等结果的分析、协调确定国家农用地自然等、农用地利用等、农用地等的划分间距。

2. 校验

(1)校验内容

农用地质量分等工作的校验内容为:分等因素及权重、“指定作物—分等因素—自然质量分”关系表或“指定作物—分等属性—自然质量(加)减分”规则表、自然质量分、土地利用系数、土地经济系数、农用地初步分等结果。

(2)校验方法

在所有分等单元中随机抽取不超过总数 5%的单元进行野外实测，将实测结果与计算结果进行比较。如果与实际不符的单元数小于抽取单元总数的 5%，则认为计算结果总体上合格，但应对不合格单元的相应内容进行校正;如果大于 5%，则应按工作步骤进行全面核查、校正。

3. 等别调整与确定

1)对不合格的分等单元，需按照分等程序重新校正各项参数，并进行计算。

2)详细记录调整过程,并与原有计算资料一并整理,归入档案。

3)校验合格的农用地等别确定为农用地质量分等结果。

4. 面积汇总

农用地质量分等工作中的面积应与土地利用现状变更调查成果相一致,土地等别面积按图斑进行统计,打破图斑的单元面积量算,应以图斑面积加以控制,数据填入表格,填写错误用水平线划掉,将正确的数据重新记在上方,应认真核对面积数据,建立统计台账,归入档案。将各等别面积按行政单位和土地种类进行汇总,并填入表格。

第三节 农用地定级相关知识

考试基本要求

熟悉:农用地定级因素选择、权重确定与量化方法。

一、农用地定级因素与权重

1. 因素层次

定级因素指对农用地质量差异有显著影响的自然因素、区位因素和社会经济因素,某些因素可分解为多个因子,构成定级因素体系。由自然因素、经济因素、区位因素等几个基本因素构成,各基本因素又派生出若干因素,如区位因素派生出区位条件和交通条件,区位条件又派生出中心城市影响度、农贸市场影响度,交通条件又派生出道路通达度和对外交通便利度等,道路通达度又包括主干道、次干道和支路的影响度等。

在定级工作中,应该按照相同层次的因素和因子进行评价,再逐级加权求和。

权重反映定级因素因子对农用地质量影响的贡献程度或影响份额。

2. 确定定级因素的原则与方法

(1)选择定级因素的原则

由于影响农用地定级的因素、因子很多,各地的基本情况又千差万别,农用地本身的差异程度又很大,选择定级因素十分关键。在确定定级因素时应遵循的原则见表 10-3。

表 10-3 定级因素的选择原则

项　目	内　容
主导因素原则	选取本地区对土地级别影响起主导作用的因素,突出主导因素对定级结果的作用
差异性原则	定级因素对不同区域的影响应有较大的差异,因素因子指标值有较大的变化范围
相对稳定性原则	所选取的因素应有相对稳定性,避免选取易变因素
可行性原则	农用地定级工作的深度应与当地现有资料和技术水平相协调,应从现有资料中选取定级因素,必要时进行野外补充调查

(2)确定定级因素的方法

无论因素法、修正法、样地法都需要建立相应的因素体系,因此选用特尔菲法、因素成对比较法、层次分析法等方法中的一种或几种确定因素及权重。但不同的定级方法在确定因素、因子时,考虑的条件和因素、因子选择的范围却不相同(表 10-4)。

表 10-4 不同定级因素方法的特点

项　目	内　容
因素法	采用因素法进行农用地定级时，应考虑所有影响农用地质量的自然条件、社会经济条件和区位条件
修正法	修正因素指在分等因素之外对农用地级别有显著影响的因素，重点考虑经济条件、区位条件对级别的影响。其备选修正因素包括：土地区位条件(包括农贸中心和交通状况等)、耕作便利条件(包括耕作距离、田间道路和田块形状等)、土地利用状况(包括土地利用现状、利用方式、经营效益、利用集约度等)，以及其他因素
样地法	采用样地法定级时，应根据实际情况，按照大宗作物选取农用地定级因素。选取方法与因素法相同，并进行因素特征值调查，应按乡镇逐单元、逐因素调查，并填表登记；因素特征值从已有土地利用、土壤、地貌等资料中查取，若已有资料不能满足需要时，应进行野外补充调查；在因素特征值调查的同时，应收集定级单元最近 3 年的产量数据，有条件的地方应使用实测产量数据

3. 因素权重确定方法

(1)权重确定

选用特尔菲法、因素成对比较法、层次分析法等方法中的一种或几种确定因素权重。

(2)因素法应编制"定级因素—质量作用分"关系表

根据各定级因素对农用地质量影响程度，对指标值进行分级，并给出相应的质量作用分。因素质量作用分与土地质量的优劣呈正相关，即土地质量越好，质量作用分越高；反之，质量作用分越低。质量作用分体系采用百分制，质量作用分只与因素的显著作用区间相对应。

(3)样地法应编制因素分级记分规则表

1)因素分级。定级因素分级以 3～6 个级别为宜，分级方法有两种：一种是根据试验或实测资料，建立定级因素与农作物产量水平之间的函数关系，确定因素分级数目及各级上下限；另一种是用经验法确定因素分级数目及各级上下限。

2)编制标准样地特征分值表。将农业综合生产条件最优的标准样地定义为 1 号标准样地，其分值定为 100 分，按照定级因素对农业生产的影响程度，将 100 分分配给各个定级因素；其他标准样地定级因素的分值，可根据定级因素的分级情况，与 1 号标准样地的相应因素特征值比较后确定，比较过程中若出现农用地综合特征优于 1 号标准样地的情况，应调整标准样地的编号及其分值。

3)编制定级因素记分规则表。各因素每个级别的记分量方式有等差方式和非等差方式。等差方式指各因素的计分量以等间距分段计分，非等差方式指各因素的计分量可以根据影响作用的显著程度按照不等间距分段计分。

二、定级指数计算方法

1. 因素法

(1)确定定级因素体系及权重

定级因素指对农用地质量差异有显著影响的自然因素、社会经济因素和区位因素，某些因素可分解为多个因子，构成因素体系。权重反映定级因素因子对农用地质量的影响程度。

1)选择定级因素的原则。

①主导因素原则：选取本地区对土地级别影响起主导作用的因素，突出主导因素对定级结果的作用。

②差异性原则：定级因素对不同区域的影响要有较大的差异，因素因子指标值有较大的变化范围。

③相对稳定性原则：所选取的因素要有相对稳定性，避免选取易变因素。

④可行性原则：农用地定级工作的深度要与当地现有资料和技术水平相协调，可从现有资料中选取定级因素，必要时进行野外补测。

2)确定方法。

选用特尔菲法、因素成对比较法、层次分析法等方法中的一种或几种确定因素及权重。开展农用地定级的地区可根据当地实际情况，筛选或补充给出的定级因素。

(2)编制"定级因素—质量分"关系表

根据各定级因素对农用地质量影响程度，对指标值进行分级，并给出相应的质量分，要求如下：

1)因素质量分与土地质量的优劣呈正相关，即土地质量越好，质量分越高，反之，质量分越低。

2)质量分体系采用百分制。

3)质量分只与因素的显著作用区间相对应。

(3)检验

在全面开展定级工作之前，选择1～2个乡镇进行试评，对初步确定的因素体系及权重、"定级因素—质量分"关系表进行检验。如果试评结果与实际不符，则需重新调整。

(4)定级资料整理与量化

1)定级因素资料整理。

①整理核实定级因素资料，资料不足时，需要进行外业补充调查；

②将定级因素资料标注在工作底图上。

2)定级因素因子指标量化

根据定级因素对农用地级别的影响方式确定量化方法。确定量化方法如下：

①面状因素：指定级因素指标的优劣仅对具备此指标的地块有影响(如土壤质地)，面状因素是非扩散性因素，量化方法采用最大最小值法或均值度法。

②线状因素：指定级因素指标的优劣不仅对具备此指标的地块有影响，还对一定距离范围内的农用地产生影响(如交通条件)，线状因素是平行扩散性因素，随着距离的增加，其影响强度按一定规律衰减，量化方法采用直线衰减法或指数衰减法。

③点状因素：指定级因素指标的优劣不仅对具备此指标的地块有影响，还对其周围农用地产生影响(如农贸中心)，点状因素是同心圆扩散性因素，量化方法采用直线衰减法或指数衰减法。

④对于有交叉影响的因素因子(如各级农贸中心、道路等)，需要进行功能分割或衰减迭加处理。

(5)外业调查

1)工作内容。

①根据定级任务书的要求确定调查内容；

②对无法从相关业务部门直接获取的因素因子资料，采用实地调查的方法收集；

③对现势性较差的资料进行校核修正；

④收集当地农民或熟悉情况的农技人员对农用地质量的经验评价结果，用于样点的辅助选取

和定级成果的校验。

2)工作要求。

①重点调查正常年景最近3年的农产品产量、价格、成本等经济数据;

②重点调查对农用地质量发生决定性影响的现状区位条件和近期规划数据;

③完成农用地分等工作的地区,可使用分等调查成果。

(6)编制因素分值图

按照相对值法编制,如现有资料不足或精度不够,可先进行外业补充调查。因素分值图编制要求如下:

1)采用与农用地定级单元图同比例尺的土地利用现状图为工作底图;

2)将定级因素分值标注在工作底图上;

3)标注图名、图例、图号等其他制图要素;

4)因素因子分值图可用计算机手段生成。

(7)划分定级单元

定级单元是根据定级指数测算的基本空间单位,单元内土地质量相对均一、单元之间有较大差异。

1)划分要求。

定级单元是农用地定级的最小空间单位,定级单位划分要求如下:

①单元之间的土地特征差异明显,不同地貌部位的土地不划为同一单元,山脉走向两侧水热分配有明显差异的不划为同一单元,地下水、土壤条件、盐碱度等定级因素指标有明显差异的不划为同一单元,不同基础岩性地质的地块不划为同一单元;

②单元边界不跨越地块边界;

③单元边界采用控制区域格局的地貌走向和分界线,以及河流、沟渠、道路、堤坝等线状地物有明显标志的权属界线。

2)划分方法。

①叠置法。将同比例的土地利用现状图与地形图、土壤图叠加,形成的封闭图斑即为有一定地形特征、土壤性质和耕地类型的定级单元。若图斑小于最小上图面积(6 mm^2)则需要进行归并。叠置法适用于土地利用现状类型多、地貌类型较复杂的地区。

②地块法。以工作底图上明显的地物界线或权属界线为边界,将主导特性相对均一的地块,划分为农用地定级单元。也可直接采用土地利用现状图中的图斑作为定级单元。地块法适用于所有定级类型和地区。

③网格法。用一定大小的网格作为定级单元。网格大小以能区分不同特性的地块为标准,可采用固定网格,也可采用动态网格。网格法划分定级单元适用于定级因素空间变化不明显地区。

④多边形法。将所有定级因素分值图进行叠加,最终生成的封闭多边形即为定级单元。多边形法适用于所有定级类型和地区。

(8)计算定级单元因素分值

将定级单元图叠置在定级因素分值图上,根据实际情况选择以下方法计算:

1)以定级单元所包含的因素等分线平均值代表单元分值;

2)以定级单元跨越的不同分值区的面积加权平均分代表单元分值;

3)以定级单元几何中心点的分值代表单元分值;

4)以定级单元各转折点、明显变化点的平均值代表单元分值;

5)综合运用上述方法,计算分值;

6)点、线状定级因素分值按相应衰减公式计算,面状因素分值则直接读取中心点所在指标区域的作用分值。

(9)计算定级指数

可用定级因子分值直接计算,也可先将定级因子综合成定级因素分值后再计算。计算方法主要有:

1)加权求和法。

$$H_i = \sum_{i=1,j=1}^{n} W_j \cdot f_{ij} \tag{10-24}$$

式中 H_i—— 第 i 个定级单元的定级指数;

i—— 定级单元编号;

j—— 定级因素因子编号;

W_j—— 第 j 个定级因素因子的权重;

f_{ij}—— 第 i 个定级单元内第 j 个 定级因素因子的分值。

2)几何平均法。

$$H_i = \left(\prod_{i=1,j=1}^{p,n} f_{ij} \right)^{\frac{1}{n}} \tag{10-25}$$

式中 H_i—— 第 i 个定级单元的定级指数;

i—— 定级单元的编号;

j—— 定级因素因子编号;

f_{ij}—— 第 i 个定级单元内第 j 个定级因素因子的分值,n 为定级因素因子 个数。

3)限制系数法。

当某地定级因素对土地定级存在强限制性时,应选择限制系数计算法:

$$H_i = \frac{\prod_{j=1}^{m} F_j \cdot \sum_{i=1,k=1}^{p,u} W_k \cdot f_{ik}}{100^m} \tag{10-26}$$

式中 H_i—— 第 i 个定级单元的定级指数;

i—— 定级单元的编号;

j—— 强限制性定级因素因子编号;

k—— 非限制性定级因素因子编号;

F_j—— 第 j 个强限制性定级因素因子分值;

f_{ik}—— 第 i 个定级单元内第 k 个非限制性定级因素因子的分值;

W_k—— 第 k 个非限制性定级因素因子的权重;

m—— 强限制性定级因素因子个数;

p—— 定级单元总数;

u—— 非限制性定级因素因子个数 。

2. 修正法

(1)确定修正基础

明确本次定级是以自然质量分、自然质量等指数、利用等指数、经济等指数或其他分等数据中的哪种数据作为修正基础。

(2)确定修正因素

1)修正因素选择范围。

修正因素指在分等因素之外对农用地级别有显著影响的因素。备选修正因素包括:

①土地区位条件:包括中心城市影响度、农贸中心影响度和交通状况等;

②耕作便利条件:包括耕作距离、田间道路和田块形状等;

③土地利用状况:包括土地利用现状、利用方式、经营效益、利用集约度等;

④其他因素。

2)确定修正因素。

①用特尔菲法、因素成对比较法、层次分析法等方法对备选修正因素进行筛选和补充,初步选择修正因素,重点考虑经济条件、区位条件对级别的影响;

②在全面开展工作之前,选择(1～2)个乡进行试评,根据试评结果确定修正因素。

(3)资料整理与量化

1)现有资料初步整理。

主要整理定级区域农用地分等资料,包括分等时收集的各种基础资料、分等中间成果及最终成果等。主要内容为:

①根据定级需要,对分等资料进行复核、分类和分析论证;

②对不能满足定级工作要求的资料做好记录,以便进行补充调查。

2)修正因素资料整理与量化。

农用地定级修正因素资料的整理与量化方法见“外业调查”。

(4)外业调查

外业调查宜结合分等工作进行;外业调查可根据定级指数的计算需要,侧重农用地区位条件、耕作便利程度等修正因素资料。

(5)编制定级修正因素分值图

编制定级修正因素分值图的要求如下:

1)采用与农用地定级单元图同比例尺的素图为工作底图;

2)将定级修正因素分值标注在工作底图上;

3)标注图名、图例、图号等其他制图要素;

4)可先编制出定级因子分值图,再综合成定级修正因素分值图;

5)定级修正因素分值图可用计算机系统生成。

(6)划分定级单元

可在农用地分等单元图的基础上划分,也可按照“计算单元修正因素质量分”的规定划分。

(7)计算单元修正因素质量分

将定级单元图叠置在定级修正因素分值图上,采用“计算修正系数”规定的方法对单元内定级因素分值进行取值和计算。

(8)计算修正系数

修正系数反映了修正因素在定级范围内相对变化程度,可用下式进行计算:

$$k_{ji} = \frac{K_{ji}}{\overline{K}_j} \tag{10-27}$$

式中　j—— 第 j 个修正因素;

K_{ji}—— 第 i 个单元第 j 个修正因素修正系数;

k_{ji}—— 第 i 个单元第 j 个修正因素分值;

$\overline{K}_j$—— 区域内第 j 个修正因素平均分值;

i—— 第 i 个定级单元。

(9)编制修正系数图

将修正系数计算成果标注在定级单元图上,编制修正系数图。

(10)计算定级指数

1)连乘修正法。

$$H_i = G_i \cdot \prod W_j k_{ij} \tag{10-28}$$

式中 H_i—— 第 i 个定级单元的定级指数；

G_i—— 第 i 个单元所对应的农用地经济等指数；

W_j—— 第 j 个修正因素的权重；

k_{ij}—— 第 i 个单元第 j 个修正因素修正系数。

2)加权修正法。

$$H_i = G_i \cdot \sum W_j \cdot k_{ij} \tag{10-29}$$

式中 H_i—— 第 i 个单元的定级指数；

G_i—— 第 i 个单元所对应的分等指数；

k_{ij}—— 第 i 个单元第 j 个修正因素修正系数。

根据定级目的要求，也可选择分等中间成果，如自然质量分、自然等指数、利用等指数作为修正的基础。

3. 样地法

(1)内容与程序(图 10-1)

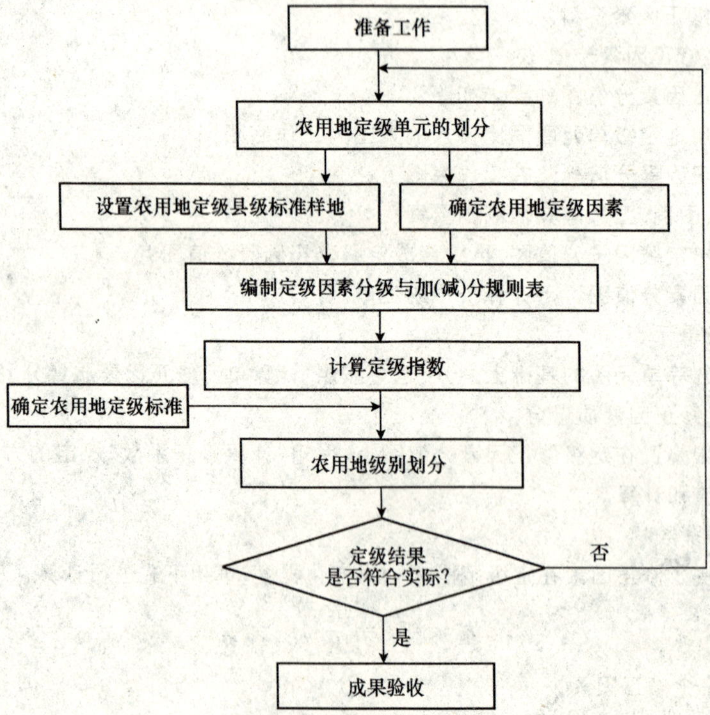

图 10-1 农用地样地法定级的内容与程序

(2)划分单元

划分方法同因素法。

(3)设置标准样地

县级标准样地指县域内技术与管理水平处于平均状况时，从大宗作物产量水平最高范围的一类土地中选取的定级单元。选取要求如下：

1)每个乡镇内至少布设一个标准样地，选择农业生产条件最优的定级单元作为标准样地，标准样地的现实生产力水平在当地最高；

2)标准样地是土地利用总体规划确定为基本农田的定级单元；

3)拍摄标准样地典型地段的景观照片和土壤剖面照片；

4)标准样地及其典型地段的坐标需要在农用地定级单元图上注明。

(4)确定定级因素

1)原则。

定级因素指标要在定级工作区内有明显差异；定级因素分作物确定。

2)方法。

根据实际情况，按照大宗作物分别选取农用地定级因素，因素不能满足需要时，可以补充。

3)因素特征值调查。

农用地定级因素特征值调查要求如下：

①按乡镇逐单元、逐因素调查，并填表登记；

②因素特征值从已有土地利用、土壤、地貌等资料中查取，若已有资料不能满足需要，则需进行野外补充调查；

③在因素特征值调查的同时，还需收集定级单元最近 3 年的产量数据，有条件的地方可使用实测产量数据；

(5)编制因素分级记分规则表

1)因素分级。

定级因素分级以 3～6 个级别为宜，分级方法有两种：

①根据试验或实测资料，建立定级因素与农作物产量水平之间的函数关系，确定因素分级数目及各级上下限；

②用经验法确定因素分级数目及各级上下限。

2)编制标准样地特征分值表。

农用地定级标准样地特征分值表按如下要求编制：

①将农业综合生产条件最优的标准样地定义为 1 号标准样地，其分值定为 100 分，按照定级因素对农业生产的影响程度，将 100 分分配给各个定级因素；

②其他标准样地定级因素的分值，可根据定级因素的分级情况，与 1 号标准样地的相应因素特征值比较后确定，比较过程中若出现农用地综合特征优于 1 号标准样地的情况，则需调整标准样地的编号及其分值；

③将结果填入表格。

3)编制定级因素记分规则表。

各因素每个级别的记分量有等差方式和非等差方式两种确定方式。

(6)计算定级指数

1)计算单元记分量。

将定级单元各定级因素的特征值与标准样地的特征值对比，根据记分规则计算定级因素记分量，并将各定级因素记分量求和，结果作为单元记分量。

2)计算定级指数。

计算方法为

$$H_i = F_i + \sum_{i=1}^{m} a_{ij} \tag{10-30}$$

式中　H_i—— 第 i 个定级单元的定级指数；

F_i—— 第 i 个定级单元相应的标准样地分值；

a_{ij}—— 第 i 个定级单元内第 j 个定级因素的记分值。

三、级别划分与校验

1. 初步划分级别

根据单元定级指数，采用等间距法、数轴法或总分频率曲线法初步划分级别。

(1)等间距法

按照定级指数，采用相同间距划分级别。

(2)数轴法

将定级指数标绘在数轴上，选择点数稀少处作为级别界限。

(3)总分频率曲线法

对定级指数进行频率统计，绘制频率直方图，选择频率曲线突变处作为级别界限。

以上几种方法均是在土地单元定级指数的基础上进行，当单元定级指数求取后，选用任何一种方法都能划分土地级别，具有直观、易读、易操作的共同特点。

2. 校验

(1)校验内容

校验定级单元划分的合理性、定级因素选取的准确性、定级结果计算的正确性。

(2)校验方法

1)在所有定级单元中随机抽取不超过总数5%的单元进行野外实测，将实测结果与定级结果进行比较，如果与实际不符的单元数小于抽取单元总数的5%，则认为计算结果总体上合格，但需要对不合格单元的相应内容进行校正；如果大于5%，则应按工作步骤进行全面核查、自检、校正。

2)初步定级成果完成后，主管部门应组织专家组进行论证，并写出书面论证意见，承担单位根据论证意见，进行修改完善，并将有关资料进行归档保存。

3)初步划分的农用地级别应具有明显的正级差收益，否则需要重新进行调整与计算。

4)对初步定级成果至少采用两种方法进行校验。

3. 级别调整与确定

1)对不合格的定级单元，需按照定级程序重新计算。

2)详细记录调整过程，并与原有计算资料一并整理，归入档案。

3)校验合格的农用地级别确定为农用地定级结果，将级别边界落实到大比例尺现状图上，并核实相应土地利用类型和权属单位。

第十一章　基准地价评估

◎本章要点

本章需要掌握的内容有：基准地价的概念和评估基本原理，基准地价评估的技术路线、程序和方法。

第一节　基准地价评估基本概述

考试基本要求

掌握：基准地价概念和评估的基本原理。

一、基准地价评估的基本任务和原则

1. 基准地价评估的基本任务

基准地价评估的任务是以城市(镇)整体为单位，针对城镇内的各土地级别的不同的区域类型，按不同用途评估出基准地价，并在基准地价的基础上，分用途、分区域分析地价影响因素与地价的关系，建立起在基准地价基础上评估宗地价的修正体系。当土地级别或区域内土地利用类型单一时，只评估一种用途的基准地价。当土地级别或区域内有多种土地利用类型时，则需分别评估出每种用途的基准地价。

目前，我国土地市场还处于发展、完善阶段，能取得收益的土地或以获取收益为目的而进行转让的土地主要是商业、住宅、工业用地三大类利用类型。因此，按基准地价评估的要求，当前城市基准地价评估的任务应是评估商业、住宅、工业用地的基准地价。

2. 基准地价的特点

(1)全域性

城市内的任何一个区域，应有至少一种用途类型的基准地价。

(2)分用途

同一区域中，不同土地利用类型的土地，有不同的基准地价标准。

(3)平均性

基准地价反映一个区域中土地收益或土地租金、价格的平均水平，可以采取平均数或众数表示一个区域中的基准地价标准。

(4)有限期

基准地价是有限年期的土地使用权价格，按国家规定，不同用途土地使用权的出让最高期限是不一致的，不同用途基准地价的年期也不同。

(5)时效性

基准地价只反映一定时间的价格标准。

3. 基准地价的评估原则

(1)评估时的土地用途以现在实际用途为主

基准地价的市场导向性等作用,要求评估出的基准地价应以目前实际存在的土地利用现状为主,据此反映现实土地收益高低和支付地租、地价的能力。

对某些城市规划实施或社会经济发展造成地价上涨的局部区域,在没有达到规划的土地条件时,仍应按原用途评估基准地价。但考虑到成果的实用要求,可在按现状评估基准地价的基础上,假设规划条件实现后的状况,另外评估出区域未来的基准地价标准。

(2)采取土地使用价值评价和土地收益、地租、地价测算相结合的形式进行

土地的使用价值决定人们对某一类型或地块的需要程度,市场供求关系和经济政策等决定地价水平的高低。在正常和完善的市场条件下,相同使用价值的土地,在同一市场供需圈内,应具有同样的地价标准。当前在我国土地市场不太成熟,土地使用权转移不很规范的情况下,宗地地价多是采用收益法求算的收益价格,土地使用权直接转移形成的地价并不多见。因此,通过土地使用价值相同类型区域中收益价格的比较分析,可排除其他因素对地价的非正常影响,较好地评估出基准地价。

(3)根据城市条件和市场状况,选择评估技术路线

不同城市的基准地价评估技术路线是不完全一致的,在工业企业或其他企业占主要成分的城市,评估的技术路线往往以级差收益测算法为主;而在房产出租、小商品活动较为发达的地区,评估的技术路线则采用租金剥离法。因此,要因地制宜选择技术路线。

二、基准地价评估的原理

1. 土地位置差异给土地使用者带来不同的土地收益,是评估基准地价的依据

按照土地经济学理论和土地估价的要求,土地位置是决定土地收益和价格的最主要因素。同一行业或同一土地利用方式,由于土地位置优劣的差异,能给直接利用土地的使用者带来不同的超额利润。超额利润的大小,决定了土地所有者收取地租的标准,也决定了使用者支付地租的能力大小或土地购买者愿意支付地价购买预期收益的地价标准。当两者的衡量标准一致时,土地出租、买卖活动才能进行。

土地位置是城市内土地条件和社会经济活动之间相互联系和相互作用在空间位置上的反映。影响土地位置优劣的因素主要有商业服务业的繁华程度、交通条件、基础设施、生活环境、自然条件等。

2. 各行业对土地质量要求不同是形成不同行业的用地基准地价的基础

土地质量即土地的使用价值,其优劣由土地位置和地块的条件决定。城镇内各种经济活动按其自身的运行特点,对土地质量要求有所不同,从土地上取得的超额利润有很大差异,从而使各行业用地效益形成差异。评估的基准地价也随之变化。

3. 任何行业在城镇中都应有其最佳位置,使不同用地基准地价具有不同的空间分布规律

城镇中的任何行业,只要是城市经济活动必不可少的,依据土地利用的边际效益原则,都应在城市的不同区域中,找到其最佳区位所在,支付使用土地的地租或地价。因而不同行业用地的基准地价就具有不同的变化规律,在城市中呈现不同的空间格局。

4. 城镇中土地利用的相对合理性和变化性是基准地价相对稳定和不断演化的前提

社会经济的发展,行业集聚效益和土地寻租现象的影响,使不同土地利用类型分布大体合理、结构基本稳定,评估出的基准地价也相对稳定。然而城市的发展,必将造成土地集约度增加或城镇的扩大,过去合理的土地利用类型,现在不一定合理。随着土地利用类型的调整,评估的基准地

价也在不断变化之中。因此,现实评估的基准地价主要是现实用途的收益体现,并且将随现实的改变而改变。

5. 土地收益是基准地价评估的基础,市场交易价格是土地收益在土地市场中的直接反映

收益高低直接决定了地价高低,因而测算土地收益高低是基准地价评估的基础。

三、基准地价评估思路

基准地价评估应按照同一市场供需圈内,土地使用价值相同、等级一致的土地,应具有同样的市场价格的原理进行。首先将城市土地按照影响土地使用价值优劣的土地条件和区位优劣,划分为土地条件均一或土地使用价值相等的区域或级别,并进行不同区域归类。然后在同一土地级别或类型区域中,从土地使用者已取得的土地超额利润、土地交易中成交的地租和市场交易价入手,测算出不同行业用地在不同土地级别或土地条件均质区域上形成的土地收益或地价,进而评估出基准地价。

对以土地级别为基础进行基准地价评估的,先分别计算商业、住宅、工业用地在不同级别上的土地收益、地价等,评估出各级内土地利用类型的基准地价。然后以各种土地利用的最佳用地类型的基准地价,作为各级土地的基准地价。在此基础上,再综合估算出城市的基准地价。对像商业用地等对区位条件敏感的行业用地,在级别基准地价的基础上,应分区段、街道评估路线价作为基准地价。

对以土地条件均质区域为基础进行基准地价评估的,先进行区域归类,然后对各类型区域中实际存在的土地用途(主要指商业、住宅、工业用地)和宗地土地收益、宗地交易地价等资料,评估出各区域中的基准地价。只有一种土地用途的,只评估出一种用途的基准地价。有多种土地用途的混合区域,应评估出各用途土地的基准地价。

在评估出基准地价标准的基础上,要分析基准地价同宗地地价、租金和土地条件的相关关系,建立起城市内土地级别或区域分用途的宗地地价修正体系。

四、基准地价评估的基本要求

1. 土地等级评定或土地条件均值区划分以城镇土地现状为准

影响土地等级的因素,应从有关部门收集了解。用于基准地价评估的,应是规划建设已完成的现状性资料。对一些规划要建的项目,一般不直接应用到基准地价评估,只是当需要对某些区域进行预测性评价时,才考虑规划建设项目对地价的影响。

2. 评估所用数据以现时土地收益、租金、地价为主

评估基准地价的收益、租金和地价资料,应是能最新反映市场供求状况的资料,以使基准地价更好地引导市场交易活动和土地利用。当政策因素引起地价水平整体升高或降低时,应对评估地价的资料进行整体修正。对于其他可能影响地价可比性的因素,以及样本差异较大、影响到资料应用和估价结果精度的因素,应进行因素条件修正。

3. 要以级别或均质区域为单位,分行业测算土地收益和评估土地价格

基准地价评估应在土地级别或均质区域划分的基础上,根据土地收益的差异,分行业测算出土地的收益和价格,得到城市的基准地价和各行业的基准地价,对商业服务业用地,需在级别基准地价的基础上,依据商业用地的特点,细分区域、区段测算商业用地的基准地价。

4. 评估数据要符合数理统计要求

基准地价反映一个区域内的地价平均水平。为此,用于评估基准地价的数据样本数量,要满足数理统计要求,样本数量不足时,可采用延长收集资料时间、扩大资料收集范围、进行均质区域

归类等方法，以保证样本数据量符合基准地价评估的需要。

5. *样本数据要准确*

样本数据的精度决定了基准地价的精度，为此，在收集样本后，应对一些异常数据进行剔除。但对一些土地条件差异造成的地价差异，可采用系数修正的方法，将样本地价修正到区域内规定条件的地价标准，再用数理统计方法检验数据的准确性。

6. *评估模型选择要合理*

评估基准地价需要用模型进行的，应根据土地等级、土地收益以及地价的相关关系和各地的土地市场条件，从众多模型中选择适合当地城镇特点的模型，评估基准地价。

五、我国可用于基准地价评估的资料

随着经济体制改革和土地使用制度改革的不断深化，我国土地市场正逐步发育，但对于基准地价评估而言，市场地价信息仍不很充足，且大多分布不平衡，交易也往往是隐形交易，仅用某一类地价资料很难满足基准地价评估的需要，必须充分利用现有的各类资料，综合进行评估。根据我国目前的土地市场状况，可用于基准地价评估的资料主要有三类。

1. *能直接反映出地租、地价的资料*

这类资料包括：①土地使用权出让价格资料；②土地使用权转让价格资料；③土地使用权出租价格资料；④土地使用权抵押价格资料；⑤土地征用、拆迁过程中涉及的各种费用资料等。

此类资料是土地市场中比较客观的、直接体现土地价格的资料。其中，土地使用权出让、转让、出租、抵押等形式的价格，是交易双方在土地市场中自发形成的价格，体现了土地市场行情和双方对宗地利用效益和价格的预测与期望值，一般可作为真实合理的土地价格进行处理和运用（优惠出让价格除外），同时又可作为检核其他资料评估出的地价正确性的标准，是后述两类资料应用于基准地价评估和确定基准地价评估结果的必不可少的对比资料。而根据征地、拆迁、开发等资料评估出的地价，不论是新征用的生地还是开发完成后的熟地，此种价格都是政府出让土地使用权价格的最低控制标准（优惠出让价格除外），其他方法估算出的地价，一般不应低于此价格，因此这也是检验其他估价资料是否正确的标准之一。

2. *房地产交易、出租中包含的地价资料*

包括：①房屋买卖资料；②房屋出租资料；③商业柜台出租资料；④土地联建分成资料；⑤土地联营入股资料；⑥商品房销售资料；⑦以地换房资料；⑧企业兼并资料等。

此类资料多在管理土地市场的过程中或经过市场调查取得，资料种类多样且有一定的数量能比较直接地反映出土地市场中的地价水平，是我们目前进行基准地价评估的主要资料之一。但由于此类资料多是将地价包含在其他交易形式中，因此为保证基准地价评估结果的准确性，必须注意以下问题：

1）利用此类资料评估基准地价时，第一要采用交易租价扣除法从房屋等的交易价格、租金中分离出样点地价，要注意所收集的交易价和租金的准确性；第二要分类进行认真分析，保证所扣除的项目和标准要合理，否则易造成基准地价评估的系统误差；第三对评估结果要进行检验，以市场中已有地价为检验标准，防止处理方法不当带来误差；第四要针对此类地价样点分布集中、土地利用类型少的特点，同其他方法配合，综合评估城市各类用途土地的价格。

2）应用时要特别注意此类地价形成的社会经济条件多为个体经济，经营水平代表性不全面；宗地较小，临街进深低于区域平均进深，单位面积地价一般高于社会平均水平；样点分布不均匀，一些区域样点较少，可能会影响估价的精度等。

3. 企业经营活动中利用土地的效益资料

土地、资金和劳动力是一切生产经营的必需条件，生产经营利润是三者综合作用的结果，因此在企业生产经营活动的收益中包含有来自土地的收益，据此我们可以通过对工、商企业利润的分析，分离出其中的土地收益，进而估算基准地价。这类资料包括工业企业、商业企业、仓储企业等有生产经营收益单位的土地利用效益资料。

利用现有企业经营资料，可以评估出城市中工业和商业用途的基准地价，且可选取的样点数量多，能较好地满足数量统计对样本量的要求，可以找出土地收益在城市中的变化规律。同时，可找出现有经营管理水平下，企业能够支付地租、地价的水平，便于更好地制订和实施地价管理措施。

由于此类资料多数不是直接来自土地市场，属于间接评估地价，为保证评估结果的准确性，必须注意以下问题：

①注意收集的企业利润等资料的准确性；②所扣除的项目和标准要合理，特别要注意政策性亏损由地价补亏的情况；③考虑我国不同行业和规模水平带来的效益差异，正确评估出基准地价；④注意检验，防止系统误差对基准地价评估结果的影响；⑤必须多种资料、多种方法配合，综合评估城市土地价格。

第二节　基准地价评估的程序与计算方法

考试基本要求

掌握：基准地价评估的技术路线、程序和方法。

一、基准地价评估区域的确定

基准地价反映一定区域内的平均地价，因此，首先应划分城镇内的评估区域，其划分标准是影响土地价格的因素指标的相对一致性。目前，划分基准地价评估区域的方法有两种：①利用影响城镇土地使用价值的因素，依据其在城镇内部的差异性和一致性，划分土地级别；②直接在城镇土地利用分区的基础上，按区域内条件差异，划分出不同的土地条件均质区域。

对已按《城镇土地定级规程》完成土地级别划分的城镇，可以用土地级别作为基准地价评估区域，也可以用总分值相同的单元作为评估区域。必要时，针对每级土地内地价、地租、土地收益的变化幅度，检验某一土地级别作为基准地价评估区域时，是否需要继续细划为不同的区段或区块。一般情况下，区域平均价与样点地价差异超过30%，且在土地使用价值上确有差异，样点分布成组团表现，满足数理统计推断的需要，可继续划分区域，分区域评估基准地价。如城镇中的一些商业服务业用地，一般要在土地级别基础上，将中心区或繁华街道的商业服务业用地单独划分成路线区段，评估出各区段基准地价。

没有划分土地级别，但土地市场发育良好，地价、地租样本数据多，分布也比较均匀的城镇，基准地价的评估可不先评定土地级别，而是按照不同用途土地的地价影响因素，选择划分区域的因素和标准，对各城市现状用地类型按土地开发程度、规划要求、自然条件等土地条件划分区域边界，确定出评估基准地价的区域。一般情况下，应进行区域条件调查，以影响地价的区域因素和个别因素作为区域条件，对每一个区域进行同一性判别，对类似区域进行归并，以保证基准地价评估所需的样本量符合数理统计的要求，使样本数据的统计检验、测算模型选择、区域基准地价标准的检验等，有较好的数据基础。

目前，利用地价资料，按均质区域评估基准地价的典型实例是用路线价估价法评估商业路段的基准地价。评估基准地价时，划定评估区域的主要作用有：

1)基准地价是区域平均价，划定区域，能使基准地价准确地落实在特定的范围内。

2)基准地价要求覆盖城镇，在土地市场不发育，样点地价数量有限，分布也不均匀的情况下，对有地价或地租样点的区域，可直接对区域内各样点地价求平均或取众数等方法，评估各区域的基准地价，而对于没有交易案例或案例较少的区域，可通过区域间因素比较的方法，评估区域基准地价。因此，区域确定是基准地价评估的基础。

3)保证划分的区域内的样点地价、地租信息差异不大，使同样土地条件的交易样点，能全部应用到地价评估中。

4)突出重点区域的地价样点调查，保证收集样点的精度。

5)有助于分析地价与影响因素的关系。

按地价评估的理论和基准地价评估的要求，划分基准地价评估区域的依据应是影响土地使用的一系列因素，这些因素包括土地定级因素和影响土地价格的社会因素和区域因素。因素的选择各城市可按实际情况进行选择，但确定因素后的区域划分标准，应尽量规范化，有公开和可操作的标准。其工作程序一般为：选择划分区域的因素，确定因素划分区域的标准，调查资料和图件，初步划分区域，实地校核调整和区域边界的确定。

二、基准地价评估资料的收集与调查

基准地价评估是根据已有的地价、地租及土地收益资料，综合评估各级别、区域分用途的平均价格，所收集的资料真实性和准确性直接影响基准地价评估结果。因此，资料调查是基准地价评估的重要环节。

1. 制订资料收集计划

资料调查是土地估价的重要一环，在资料调查前必须有周密细致的计划，其中包括调查的范围、类型、方法、人员和组织等。科学合理的计划可保证统筹安排整个调查工作，加快工作进程。

2. 编制调查表格

基准地价评估中所需收集的资料大多是通过填写相应调查表格的方式收集，因此在开始资料调查前要根据基准地价评估的需要和当地土地市场的特点，编印相应的调查表格。

3. 人员培训

调查人员的技能掌握与运用是保证样本调查质量的关键。因此，在大范围调查前，必须对参加调查的工作人员进行专业知识培训，使其掌握样本调查与土地估价的思路与方法，切实理解调查表格内每一项内容的含义与填写方法，同时结合实地调查实习，确保其掌握调查方法和对表中各项内容标准理解的一致性。

4. 划分调查区

为保证样本分布的广泛性和代表性以及便于分配工作量和不同调查人员之间的工作衔接，在资料收集前必须划分调查区。调查区应根据城市土地市场状况、土地用途、交通状况、土地利用强度与限制、基础设施状况等因素进行划分。

5. 确定调查方法

资料收集分为普遍调查、重点调查、抽样调查、典型调查等多种形式，按调查方法又可分为表格调查、走访与座谈、实地调查等，各地可根据当地实际情况选用，也可几种方法综合使用。

6. 资料收集的一般要求

1)调查资料必须及时填入相应的调查表格并由填表人签名；

2)收集到的地租、地价资料要按实地位置标注到相应的基准地价评估工作底图上；

3)资料调查应在土地级别或均质地域划分的基础上，以划分的地价调查区为单位进行；

4)调查样本应具代表性，且分布要均匀；

5)调查样本数为每级别内相同土地利用性质宗地数的1/5～1/10，一般房地出租买卖的调查样本至少应占其总量的15%，每级样本总数不少于30个；

6)所选样本应能同时获得地价或利用效益和相对应的土地条件资料；

7)土地利用效益等经济资料要求不少于近期连续两年的数据；

8)出让、转让、出租、入股、联营、联建等地价和企业单位土地利用效益资料以元为单位，准确到小数点后一位。

7. 资料收集的途径

土地估价所需的资料，主要是通过走访有关部门及个人，收集现有资料并结合实地调查取得。资料调查途径参见表11-1。

表11-1 地价资料调查途径一览表

土地使用权转移类型	资料来源
土地使用权转让	双方当事人及主管部门、公证处、税务、财政部门、街道办事处
土地使用权出租	租赁双方及其主管部门、公证处、税务局、街道办事处
土地联营入股	经营双方及主管部门
联合建房	各地建筑定额标准、物价、建行、建房双方、产权登记、公证机关
以地换房	双方当事人及主管部门、开发公司、房地产交易所、物价、工商部门、产权登记机关
房屋买卖	交易双方及主管部门、各地建筑定额标准、各地拆迁补偿标准、房地产交易所、公证处、财政、税务、物价、建行等部门
房屋出租	租赁双方及主管部门，各省建筑定额标准，各地房屋拆迁补偿标准，工商、建设、物价等部门，街道办事处，建行，房地产开发公司
商品房出售	各省建筑定额标准，开发公司，买房单位，产权登记机关，物价、建行、建设及规划部门，税务局
企业兼并	兼并双方及主管部门、国有资产管理部门、资产估价机构
征地拆迁开发	各省建筑定额标准、各地拆迁标准、开发公司、城建部门、税务部门、土地部门
企业土地利用效益资料	企业、各地工商业主管部门及工商、税务、财政等部门

8. 地价调查资料审核

(1)样本剔除

逐表审查调查资料，将缺主要项目、填报数据不符合要求和数据明显偏离正常情况的样本剔除。

(2)样本资料归类

将初审合格的样本资料，分别按土地级别、土地用途、土地使用权转移方式等进行归类，以便分类进行样点地价测算。

三、市场交易资料整理

(1)样点地价测算

1)根据土地租赁资料评估样点地价。

土地租赁是指在一定时间内将自己所拥有的土地使用权出租给他人的行为。就城市土地利用而言,这种纯粹的土地使用权租赁并不多,主要指露天堆场或临时用地出租等。

利用土地租赁资料评估样点地价时,首先应确定其土地出租的纯收益(地租)。公式为

$$土地纯收益=土地总收益-土地总费用 \tag{11-1}$$

土地费用包括以下内容:

①土地税以直接归属土地负担部分为限。

②管理费。由出租方支付的管理人员的薪水及其他费用,不论是出租土地或自用地,管理费在理论上是直接利用于土地所必需的经费。

③维修费。指出租方支付的给水排水及道路的修缮费等。

得到土地纯收益后,再选取适当的土地还原率,利用收益还原法即可得到地价。其公式为

$$样点地价=样点土地纯收益\div土地还原率 \tag{11-2}$$

2)根据房屋租赁资料评估样点地价。

城市中的房屋租赁现象很多,可以通过分析城市中现有房屋出租的收益,从中分离出地租进而评估地产价格。

房租是用户为得到一定时期内的房屋占有权和使用权而支付给房屋所有者或房屋经营者的经济补偿,而其中包含地租,计算步骤如下所述。

第一步是先从房地总收益中扣除房地出租总费用,求出房地纯收益。

$$房地纯收益=房地总收益-管理费-维修费-折旧费-税金-保险费 \tag{11-3}$$

其中管理费分为出租经营过程中所消耗办公用品的货币支出和管理人员工资的支出两部分。

管理费的定量有两种方法:一是依管理面积平均计算;二是依租金的一定比例计算,通常是按年租金总额的2%~5%计,我国也有按维修费10%~18%计算的。

维修费的计算比较复杂,为计算方便,通常是按建筑重置价的1.5%~2%或按年折旧费80%~100%计算。

保险费一般是按房屋重置价乘以保险费率(我国房屋的保险费率是1.5‰~2‰)计。

一般月税金120元以下者只缴纳租金额12%的房产税。月租金在120元以上者除缴纳房产税外,还要按租金额缴纳营业税5%,附加城建税0.35%,教育税0.05%,合计为月租金额的17.4%。

$$房屋年折旧费=\frac{房屋重置价格-残值}{房屋耐用年限} \tag{11-4}$$

为准确计算房地出租的纯收益,不能机械套用上述的扣除项目,必须具体情况具体分析。

例如,只有出租者负责出租房屋的维修、管理和保险,并由出租者负担税金时,上述的公式才是正确的;如果租赁合同约定由承租者负担上述全部费用,即总收益中已扣除了上述费用,出租者得到的总收益实际上就是房地纯收益,不必再进行扣除;如果由承租方负担上述费用的某一项或某几项,则在计算房地纯收益时就不用扣除由承租方负担的项目。另外如果当地房地产租赁市场存在空置现象,当租金以年计算时,应当考虑房屋出租在年内的空置期,一般应按当地房屋年出租的平均空置期计,从收益中予以扣除。

第二步是确定房屋本身应获得的出租纯收益,计算公式为

$$房屋纯收益=房屋现值\times房屋还原率 \quad (11\text{-}5)$$

房屋现值是指从房屋重置价格中扣除房屋折旧费后的余额。房屋现值的计算有两种方法:

①按房屋的新旧成色,将房屋分为不同的成新等级,房屋重置价格乘以房屋成新度即为房屋现值。

$$房屋现值=房屋重置价格\times房屋成新度 \quad (11\text{-}6)$$

②从房屋重置价格中减去房屋已折旧部分,得到房屋现值。

$$房屋现值=房屋重置价格-房屋已折旧总额 \quad (11\text{-}7)$$

其中,房屋已折旧总额=房屋年折旧额×房屋已经历年数

③以房地纯收益扣除房屋本身应得的纯收益,即可得到因使用土地本身所得到的纯收益。计算公式为

$$土地纯收益(地租)=房地纯收益-房屋纯收益 \quad (11\text{-}8)$$

得到土地纯收益后,即可选取适当的土地还原率,根据收益还原法公式计算样点地价。

$$地价=土地纯收益/土地还原率 \quad (11\text{-}9)$$

3)根据商业柜台出租资料评估地价。

在现在的城市商业经营活动中,商店出租部分柜台的现象十分普遍。随着柜台出租,柜台所分摊的土地使用权随之出租,因此可通过分析柜台出租行为,从柜台租金中分离出地租,进而计算样点地价,其计算步骤如下所述(表 11-2)。

表 11-2　　根据商业柜台出租资料评估地价的计算步骤

项　目	内　容
计算商店运营总费用	根据商店自身特点和建筑物状况,计算商店在一年的经营过程中需要支付的经营管理费、房屋建筑维修费、折旧费、保险费、水电费等运营费用,与租房有关的各项税费、建筑物的利润等,作为商店运营总费用
计算出租柜台应分摊的费用	按出租柜台的营业面积与商店总营业面积的比例计算柜台分摊费用,即: $出租柜台应分摊费用=商店运营总费用\times\frac{出租柜台营业面积}{商店总营业面积}$ (11-10)
计算出租柜台的土地收益	出租柜台土地收益=出租柜台年租金-柜台分摊年商店运营费用 (11-11)
计算出租柜台分摊的土地面积	$出租柜台分摊的土地面积=商店总用地面积\times\frac{柜台营业面积}{商店总营业面积}$ (11-12)
利用收益还原法计算样点地价	$地价=\frac{出租柜台土地收益}{出租柜台分摊土地面积\times土地还原率}$ (11-13)

4)根据土地使用权入股、联营资料评估地价。

在现实生活中,以土地使用权入股或联营,参与经济活动,其实质是通过土地获取收益,从而获取应由土地所有者收取的地租。

根据联营或入股的情况,地价可按下列公式计算:

$$年地租=土地股每年分享的利润或股息\div土地面积$$

$$地价=年地租\div土地还原率 \quad (11\text{-}14)$$

或
$$地价=出资方资金总额\times\frac{出地方分成利润}{出资方分成利润}\div土地面积$$

5)根据以地换房资料评估样点地价。

由于实际存在的空地不多,纯粹以地换房行为也就很少。但是,类似以地换房的实例却相当多见。

目前我国的旧城改造,其实质就是利用不同地段的地价差,按以地换房形式进行建设。对于旧城中已存在的房屋,因属拆迁对象,实际存在的现值对开发公司已无实际意义,只有拆除后的残值可以用于计算地价中,其地价计算式为

$$地价=\frac{转让土地方获得的建筑面积\times单位建筑面积售价}{转让的土地面积} \tag{11-15}$$

对旧城改造的变相以地换房,则计算公式为

$$地价=\frac{转让土地方获得的建筑面积\times单位建筑面积售价}{转让的土地面积} \tag{11-16}$$

对一些旧城改造后,又回迁原地,并按优惠价购买房屋的,地价计算式为

$$地价=\frac{单位或个人得到的建筑总面积\times(单位建筑面积售价-优惠价)}{原使用人使用土地面积-现使用建筑面积分摊土地面积} \tag{11-17}$$

6)根据房屋交易资料评估地价。

我国房地产市场中最为活跃、交易量最大的是房屋交易。在各城市中,各种房屋交易行为均十分普遍。

房地产交易中的价格主体“地价”,隐含于房价之中,并随房屋的交易而流进了个人或单位的口袋,国有土地收益流失十分严重。因而,可以根据剩余法,从房屋交易的总价额之中,扣除房屋本身的实际价值、交易应交的税金和管理费,从中分离地价。即有

$$地价=\frac{房地交易价-房屋现值-税金-管理费}{土地面积} \tag{11-18}$$

税金主要指房屋交易中卖主所应交纳的统一工商税,统一工商税为交易额的5%,因契税按规定由买方交纳,故不应从交易价格中扣除。

管理费是交易过程中交易双方所需交纳的市场管理费,一般为交易双方各交纳交易额的1.5%。

7)根据商品房销售资料评估地价。

在商品房开发、销售过程中,土地的位置决定了该地居民今后的生产、生活方便程度,因此直接影响商品房的销售价格。开发公司在确定商品房销售价格时,已把地价充分考虑在内。我们可采用剩余法,从商品房售价中正确分离出地价,同时,商品房开发中,一般都是高层或多层建筑,由于人们的生活习惯和购房要求不同,楼层及朝向等都将影响到房屋价格。因此,在计算商品房开发的地价时,应以每栋楼为单位进行,其计算公式如下:

地价=(房地总售价-同类建筑单位面积平均造价×建筑面积-利润-利息-税费)÷用地面积 (11-19)

同类建筑单位面积平均造价,指各地在国家建筑定额标准控制下,确定的各地各类房屋的造价。以平均造价估算地价,可以避免开发经营单位管理水平等差异造成的造价水平变动,合理地估算出地价。利润是指开发公司的合理利润,利息则是预付资本的利息额。

税费是指按国家有关规定,由开发公司交纳的建筑税、统一工商税、城市基础设施配套费等。

建筑商品房的用地面积有两种公式计算:①能明显划分出商品房用地面积的,直接采用用地面积为标准进行计算;②一些高层建筑区,很难划清每栋楼的用地面积,则可通过建筑物的占地面

积和规划的区域覆盖率，计算出楼层的用地面积，即

用地面积＝建筑物占地面积/规划的建筑覆盖率　(11-20)

按照公式计算结果，地价中包括了开发公司为取得土地而交付了的征地补偿、拆迁补助等土地开发成本。这部分应由开发公司通过出售商品房而得到收回。但为了城市地价计算的可比性，在地价计算时不应扣除此部分，而应在制订地价管理政策时，根据土地市场的不同类型，将地价中的土地成本部分，按实际情况归属不同的单位或收归国家。

与此同时，要特别注意地方政府的政策变化而造成的城市地价或土地开发成本的整体上涨情况。对尚未按最新规定支付土地开发成本的一些开发单位，也要通过地价政策的制订，将政策性抬升的地价部分收归政府，以防止土地投机和不劳而获。

8)利用征地、拆迁费用资料评估样点地价。

利用此类资料计算样点地价的公式为：

地价＝征地拆迁补偿等取得土地的费用＋土地开发费用＋税费＋利息＋开发企业合理利润＋土地增值收益＋区位修正　(11-21)

其中，征地、拆迁补偿等土地取得费用，应以地块所在区域的平均标准计算。因为征地、拆迁补偿等土地取得费用是对原土地利用行为的补偿，而开发完成后的地价更多取决于地块位置而非原土地利用行为。

9)根据土地使用权出让、转让资料评估样点地价。

样点地价可按下式确定：

地价＝土地出让方或转让方获取的资金或实物折价÷出让或转让的土地面积　(11-22)

10)利用联建分成资料评估样点地价。

联建分成是指一方出地，一方出资金，双方合作建房后按一定比例分成，其实质是出地方让出了部分(非全部)土地使用权，而以此得到了一定比例的建筑物(实物地租)；出资方支付了出地方分摊建统物部分的造价和相应税费，而得到了部分土地使用权。因此可按下式计算地价：

地价＝(房屋单位建筑面积造价＋单位建筑面积的税费)×出地方分得的建筑面积÷出资方分摊的土地面积＝(房屋单位建筑面积造价＋单位建筑面积的税费)×出地方分得的建筑面积×容积率÷出资方分得的建筑面积　(11-23)

单位建筑面积的税费指建筑方按地方政府规定应交的建筑税、城市设施配套费总费用，然后摊入单位建筑面积的费用。

容积率＝建筑物总面积÷出地方总土地面积　(11-24)

如果出地方在提供土地参与联建的同时，还用一部分资金参与房屋建设，此时以出资方失去的资金总额计算地价比较方便，计算公式为

地价＝[出资方资金总额－(房屋单位建筑面积造价＋单位建筑面积的税费)×出资方分得的建筑面积]÷出资方分摊的土地面积＝[出资方资金总额－(房屋单位建筑面积造价＋单位建筑面积的税费)×出资方分得的建筑面积]×容积率÷出资方分得的建筑面积　(11-25)

11)利用企业兼并资料评估地价。

随着经济体制改革的不断深入，企业之间的兼并现象越来越多。据调查，在现有兼并活动中，有50%以上的兼并行为是为获得被兼并方的土地，以扩大企业的生产经营规模。这样兼并的实质是通过给被兼并方一定的资金或承担其债务，从而获得原单位的土地使用权。其计算公式为：

地价＝付给被兼并企业的职工工资和各项补偿费用－被兼并企业的设备和厂房现值÷土地总面积　(11-26)

计算中，对被兼并企业的设备、厂房现值，要从兼并方利用角度进行估算，不宜从被兼并企业

的设备、厂房的固定账目中进行估算。因兼并者和被兼并者如果从事的生产经营活动不同，则原有设备必须进行处置。一般情况下，原设备很难按现值卖出去。

(2)样点地价资料的整理

1)样点地价的分类统计。在样点地价计算和修正的基础上，根据各城市划定的基准地价评估区域，进行样点地价分类统计。以土地级别为评估区域的，应分别统计各级土地中商业、住宅、工业用地的样点地价交易类型和数量。以均质地域为评估区域的，应按路段或区片分别统计不同交易形式下的样点数。

2)样点地价分布图的编制。将经过处理的样点地价资料，按样点的实际位置，标注在工作图上，从图上分析地价的变化规律，检验区域边界划定的准确性。

样点地价图一般分土地用途表示，其表示方法可采用直接表示法或样点地价分级表示法，前者适合于地价资料少、图件比例尺大的城镇，后者适合于地价资料多、图件比例尺小的城镇。样点地价的分级数目，一般由各城镇根据实际情况确定。

有时为检验宗地估价方法运用的正确性，在同一区域中，用全市的统一分级标准，对不同方法处理的地价资料采用不同的方式反映在图上，以检验各类方法运用的正确性。

第三节　基准地价的确定原则与确定方法

考试基本要求

熟悉：基准地价的确定。

一、基准地价的确定原则

1. 以实际数据测算的结果为准，以比较评估的结果为辅

当城市中某一级别或区域通过多种方法评估出基准地价时，多以级别或区域中宗地实际发生的地价计算结果为准，比较各种方法评估的结果，主要用在对以实际资料评估结果的检验和补充之中。

2. 土地市场发育的城镇，应以市场交易资料评估结果为准，利用级差收益测算结果进行修正

当城市中全部或某一土地类型的成交地价、地租资料较多时，要充分发挥现实土地市场中成交价格的作用，以此为基础估算城镇的基准地价。同时，要考虑到现实成交价的代表性问题，还须利用同一行业不同性质土地使用者的土地级差收益测算结果或典型抽样，确定基准地价评估结果的实际应用标准。

当前，市场租价代表性不全面的主要原因有：

1)宗地面积小，进深浅；

2)出租土地的营业时间高于社会平均劳动时间；

3)承租人没有人浮于事的现象；

4)承租人一般不承担离退休人员的费用支出；

5)经营行业往往是向经济效益好的行业转移；

6)承租人可能有偷税漏税现象。

许多城镇样点地价资料多由租金剥离法计算而来，当受一些政策影响造成某些行业的高收益时，这些行业为使用土地交付了高额地租，使得以租金测算的地价偏高。作为投资者真正取得土

地进行长期投资时,其实际支付地价的能力,就远达不到由地租测算的地价标准。

3. 土地市场不发育的城镇,可以收益测算结果为准,并用市场交易资料测算结果验证

在社会平均经营管理水平下,只要使用土地,经营者的收益中就应有支付土地所有者的地租,使用条件不同的土地,经营收益中就含有不同标准的土地收益。因此,在土地市场用土地级差收益的办法评估的基准地价,可以反映出在目前的政策和经济环境下,企业实际能交付地租或地价的水平,对确定不同行业的地价优惠标准、一些特殊行业协议出让土地使用权的地价标准和土地资产的管理等,均可提供客观依据。

4. 要以评估结果为基础,并充分体现政府的地价管理政策

当一个城市要用地价调节土地利用时,应以评估结果的高标准确定并公布基准地价。当考虑政府的产业政策和资源合理配置的需要时,有些用途应以评估结果的低标准确定并公布基准地价。

二、基准地价的确定方法

按照基准地价的确定原则和不同方法的估价结果,采用以下方法确定城镇基准地价。

1)当一个城镇只用了级差收益法估算基准地价,或用土地交易资料估算基准地价中的一种方法评估基准地价时,则应以该种方法确定的、分级别或分区域的商业、住宅、工业基准地价和综合基准地价数据为依据,在适当考虑土地利用和管理政策的基础上,对城镇全部或局部区域进行适当调整后,确定出该城镇的基准地价。

2)当一个城镇资料丰富,以两种以上方法评估城镇分用途基准地价时,则应以级别或区域为单位,利用不同方法的评估结果,根据不同区域、级别内评估基准地价同当地土地市场状况和地价水平的一致性,确定用某一方法评估的基准地价或多种方法评估的均值,作为城镇各级别或各区域中各用途的基准地价。在此基础上,根据政府优化、调节土地利用的需要,对城镇局部区域地价标准进行适当调整后,形成各级别或各区域中各用途的基准地价。

以两种以上方法评估城镇基准地价的,最后形成城镇综合基准地价的方法有两种:

①在两种方法综合评估的分用途基准地价成果的基础上,或采用经济效益最佳或采用综合效益最佳的评估思路,确定出一个城镇的级别或区域的综合基准地价标准,并在考虑土地管理政策的基础上,得出城镇内各级别或各区域的综合基准地价。

②在各种方法评估的级别或区域综合基准地价的基础上,根据不同方法的评估结果、土地市场状况、地价管理及土地管理的有关规定,以其中一种方法的结果或多种方法结果的平均值作为级别或区域的综合基准地价标准,再适当按照土地利用要求、政府的政策和区域发展要求,对城镇全部区域地价进行调整后,确定出一个城镇或区域中的综合基准地价。

按上述方法确定基准地价后,对已评定土地级的城镇,一般情况下,每一级土地中应有综合、商业、住宅、工业用地等四种基准地价。商业用地的基准地价往往还在级内区段地价水平的基础上,确定一个幅度。住宅、工业用地的基准地价,则可直接用各级上的标准。没有评定土地级的城镇,一般按区域确定基准地价。对性质单一的区域,只评估一种用途的基准地价,对多用途的区域,应评估出多种土地用途的基准地价。

第四节 基准地价修正系数表的编制

考试基本要求

熟悉:基准地价修正系数表的编制。

一、编制基准地价修正系数表的目的

利用目前企业的土地利用效益资料，土地出让、转让、出租等资料评估的基准地价，对反映土地市场地价水平，宏观控制地价，引导土地交易和流动等，具有很大作用。但是，土地管理部门和其他一些部门、机构，为更好地满足地价管理、土地市场管理和土地资产管理的需要，仅仅掌握基准地价仍是不够，还需及时掌握宗地的具体价格。为更好地发挥基准地价、收集到的样点地价以及收益资料的作用，满足政府土地管理等职责的需要，必须分析宗地地价的影响因素同基准地价、宗地地价的关系。采用比较法的原理，建立基准地价、宗地地价及其影响因素之间的相关关系，编制出基准地价在不同因素条件下修正为宗地地价的系数体系，以便能在宗地条件调查的基础上，按对应的修正系数，快速、高效、及时地评估出宗地地价，满足各方面对掌握宗地价格的需求。

二、基准地价修正系数表编制的基础

基准地价与宗地样点地价的差异，一般是由于影响地价的区域和个别因素差异造成的。只要在特定的区域或级别内确定了与基准地价对应的区域和个别因素的平均水平，在占有大量宗地样点地价的基础上，通过对已有地价数据和影响因素的数理统计和比较分析，就可得到不同因素在不同标准下，对地价的影响程度和修正比例，编制出在不同土地条件下，基准地价修正为宗地有关价格的修正系数体系(图 11-1)。

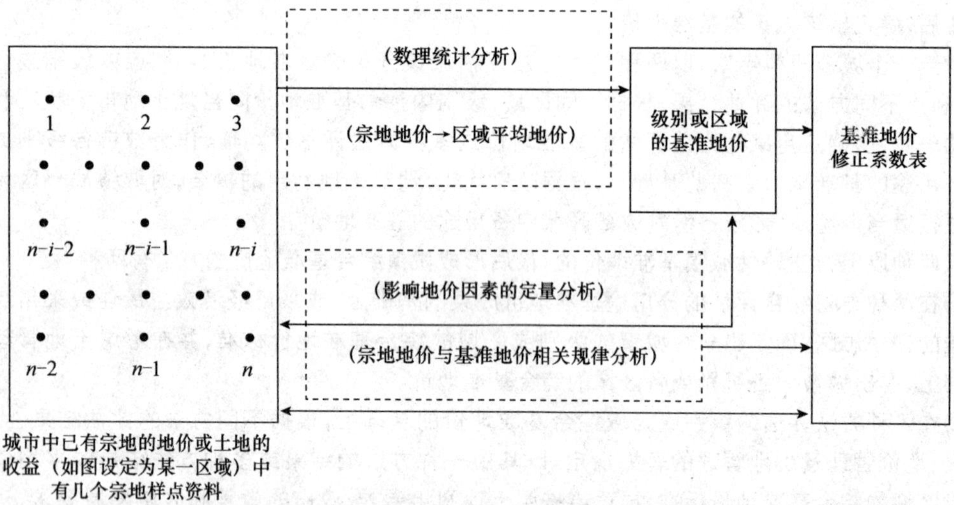

图 11-1 基准地价修正系数表的编制基础示意图

三、基准地价修正系数表的编制过程

1. 土地级别基准地价修正系数表的编制

在土地级别基础上评估的基准地价，包含综合基准地价和分商业、住宅、工业用地类型的基准地价。在此类成果上编制基准地价修正系数，一般以商业、住宅、工业等行业用地的基准地价为标准，编制修正系数表。

(1)确定级别内商业、住宅、工业用地的基准地价

级别内各用地类型的基准地价，以城市的级内分用途基准地价为准。

(2)选择编制基准地价修正系数表的因素

在基准地价基础上建立评估宗地地价的因素修正体系和标准，关键是选择对宗地地价有影响的因素，即应选影响土地使用价值，并且在级别或区域内有差异的区域因素和个别因素。然后，利

用级别或区域的基准地价标准及因素条件,建立宗地地价的评估标准。

(3)样点地价、土地收益资料的整理

以土地级为单位,将所有收集到的样点地价、土地收益资料,按商业、住宅、工业用地分别归类。然后将已选定用于基准地价因素修正的有关因素,逐个列出,分别确定各样点地价、土地收益对应的因素条件。将价格和因素条件基本一致的归为一类,并计算出各类的地价和因素条件的平均值,按价格高低和条件优劣对样点地价或类型排序。对质价不符或其他原因造成的个别样点地价,从样点资料中剔除。

(4)各级土地中各行业用地修正幅度的确定

城镇土地定级基础上确定的基准地价,是通过对每一级土地的市场资料及土地收益测算而得出的一种综合性平均价格,根据每级土地的基准地价和其中的样点地价、收益的关系,可确定因素整体的修正范围即总修正幅度。

1)在每级土地中,对每一土地用途确定的基准地价,根据实际各级土地收益或地价测算的模型,可求得如图 11-2 所示的土地级别与土地收益的相关关系图,从图中选择出同类可比较的五种正常收益标准。

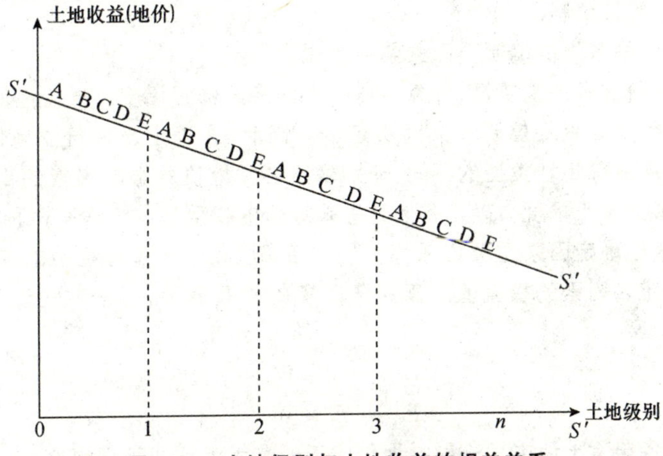

图 11-2 土地级别与土地收益的相关关系

图 11-2 中,OS 表示土地级别,1,2,3,…,n 表示各级土地的分界线,$S'S'$ 是某一土地用途的土地收益或地价曲线,A、B、C、D、E 是分别选取的某一土地用途在各级土地中的 5 个收益或地价标准,将它们分别确定为好、较好、一般、较劣、劣 5 个档次。

2) 在确定的 5 个标准中,假设基准地价对应的土地收益为 C,则将确定的 5 个标准的收益或地价值与同一级内的平均收益值(基准地价) 相减,得到每个标准的收益或地价同平均收益的差距。然后,分别除以每级土地的平均收益或基准地价值,得到每个标准优劣于平均水平的程度,即:A 标准为好,修正幅度为$\frac{A-C}{C}\times 100\%$;$B$ 标准为较好,修正幅度为$\frac{B-C}{C}\times 100\%$;$C$ 标准为一般,即平均值,不用进行修正;D 标准较劣,修正幅度为$\frac{D-C}{C}\times 100\%$;$E$ 标准为劣,修正幅度为$\frac{E-C}{C}\times 100\%$。

3) 按照以上计算方法,将 A、E 标准的修正幅度,作为每级土地内各行业的最大上调或下调幅度,计算的通用公式为

$$F_1=[(I_{nb}-I_{lb})/I_{lb}]\times 100\% \quad (11\text{-}27)$$

$$F_2=[(I_{lb}-I_{ni})/I_{lb}]\times 100\% \quad (11\text{-}28)$$

式中 F_1、F_2——分别为级内各行业用地基准地价修正到宗地地价的最大上调、下调幅度；

I_{lb}——级别内某一行业用地的基准地价或基准地价折算的年收益；

I_{mb}——级别内某一行业用地正常市场状况下的最高地价或土地收益的最高值；

I_{ml}——级别内某一行业用地正常市场状况下的最低地价或土地收益的最低值。

根据以上计算程序和方法，在确定了各级土地的修正幅度后，可划分出更多收益或地价标准，并确定其相应修正幅度。

4)对于市场地价资料充足的城区，可以以级为单位，分行业用地选择符合要求的宗地地价调查资料，对资料进行分析处理，将收集到的资料分为不同的群组，一般情况下，分为5种状况，按各组团地价顺序的高低，依次确定为好、较好、一般、较劣、劣。在工作中，对资料进行组团分析有两种方法，一是图示法，将所有合格的宗地地价按宗地所在的实际位置绘制于土地级别图上，从图上观测样点宗地地价的分布状况，将分布密集区确定为几个组团，以组团的平均地价高低进行排序，确定优、劣标准；二是利用样点宗地地价进行聚类分析，按聚类分析结果，将样点地价分成5个组团，计算5个组团的平均地价，按地价的高低排序，确定优、劣的地价标准。根据优劣标准下的地价水平，计算出每级土地的土地利用类型最大修正幅度。对不能归入各组团的样点地价，作为编制基准地价修正系数表的验证资料。

(5)基准地价修正系数表的编制及因素条件的说明

1)确定各影响地价因素的重要性，计算出各因素的最大修正幅度。样点地价优、劣于基准地价的幅度，是由影响地价的因素及重要性共同决定的。因此，在确定级内行业地价调整幅度的情况下，要按工业、住宅、商业等用地类型的不同，分别确定各类地价各影响因素的权重值，计算出各因素在不同行业中的最大修正幅度。确定各因素影响地价的权重值的方法有两种：

①采用土地定级中确定因素重要性顺序的特尔菲测定法，选择有经验的专家，分商业、住宅、工业等土地用途，确定各因素的权重值。确定各因素的权重值后，可按下式计算出各因素的最大上调、下调幅度。

$$F_{1i} = f_1 \times W_i \tag{11-29}$$

$$F_{2i} = f_2 \times W_i \tag{11-30}$$

式中 F_{1i}、F_{2i}—— 各用途土地中某一影响地价因素的最大上调或下调幅度；

W_i—— 某一因素的权重值；

其他符号意义同前。

②结合各因素内各指标优劣状况影响地价相对指数的计算，确定出各因素的最大修正幅度。采用此种方法是根据选定的影响地价的因素，以级内土地用途为单位，通过对市场地价或土地收益样点资料的分析，在得到每个因素的最大修正幅度情况下，将所有各因素的最大上调或下调幅度相加，得到各因素的总修正上调或下调幅度，经与前面确定的总修正幅度比较后，进行比例平差，得到各因素的影响权重和最大上调、下调幅度。

例如，在假设 F_1、F_2 已定的情况下，影响宗地地价的因素有 N 个，其中 N_1 为临路类型，经过样点的归类分析，临路条件与住宅宗地地价的关系如图11-3所示。

按图11-3所示，住宅用地临路类型与地价的比例系数为：商业∶生活∶混合∶交通＝0.85∶1∶0.8∶0.75，按此比例关系，此因素最大修正幅度为 $N_1=0.25$，如果 $N_2,\cdots,N_n$ 个因素通过因素与宗地地价的分析，得到各因素的最大修正幅度为 $N_2,\cdots,N_n$，则各因素的权重值按下式计算：

$$W_i = \frac{N_i}{\sum_{i=1}^{n} N'_i} \tag{11-31}$$

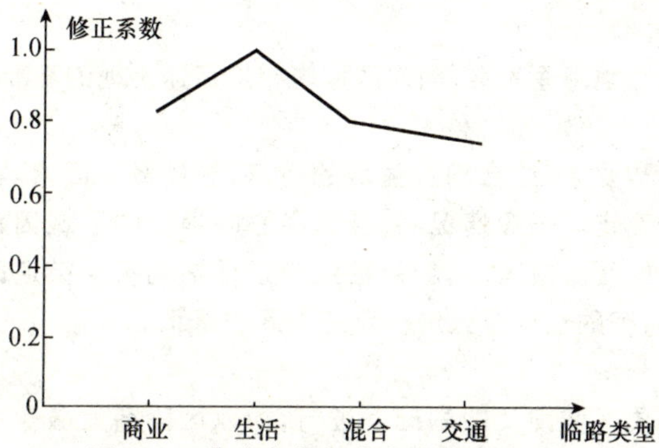

图 11-3　临路条件与住宅宗地地价关系

式中　W_i—— 某一因素影响地价的权重值；

　　N'_i—— 各因素分别计算时的最大修正幅度。

在确定各因素的权重值后，按公式(11-1)、(11-2)，可以计算各因素的最大上调或下调修正幅度。

2)确定各影响地价因素在不同指标或条件状况下的修正系数。根据选择的地价影响因素及各因素的最大修正幅度，计算随着影响地价因素指标条件变化而引起的地价修正系数的变化，其计算方法有两种：

①根据各因素的修正幅度 F_{1i}，F_{2i}，将级内影响行业用地地价各因素的变化按正相关的方式，排列出因素的变化规律，然后采取因素等间距或不等间距划分区段的办法，计算各因素在各种标准下的修正幅度。一般情况下，将因素变化划分为好、较好、一般、较劣、劣 5 个档次，并确定基准地价标准下对应的因素指标标准，通常将一般状况下的因素标准作为基准地价对应的因素标准，然后计算出不同因素标准相对于一般标准下的上浮或下浮比例，即得到不同因素指标或条件下的修正系数。

②利用前面确定的各因素影响权重值的结果和方法，确定因素在不同标准下的修正系数。以前例为例，此因素的修正幅度为 25%，现将临商业性街道的修正系数作为一般标准，相对地价系数为 0.85，则其他临路条件的修正系数为：好的修正系数按下式 $\frac{1-0.85}{0.85}\times100\%$ 计算其向上的修正幅度，相对应的临路条件为生活性道路；差的修正系数为 $\frac{0.85-0.75}{0.85}\times100\%$，则相应的指标条件为临交通性道路；较劣的修正系数可定为临混合性道路，则修正系数为 $\frac{0.85-0.8}{0.85}\times100\%$，在一般标准和好的标准之间，可以内插较好，也可以不内插较好的修正系数及相应的指标，在此基础上，将权重值同修正系数相乘，即得到各因素在不同标准下的实际修正系数。

3)编制基准地价修正系数表。在按本节前面的程序和方法，计算出每级土地中区域和个别因素对地价的影响程度及修正系数后，按照采用基准地价评估宗地地价的要求，编制出级别内不同用地类型的基准地价修正系数表，并确定各种修正系数对应的因素指标条件。编制各用途土地的地价修正系数表时，土地用途为表头，土地级别为主栏，而影响地价的修正因素为宾栏。表中提供的因素，仅供各城镇参考。在编制因素修正系数表时，要一并编制各修正系数对应的指标说明表。

2. 均质区域基准地价修正系数表的编制

均质区域上评估的基准地价，多为某一用途土地的基准地价，也有的区域有 2～3 种用途土地的基准地价，在此类成果基础上编制基准地价修正系数，以区域中实际存在的土地用途为准。

(1)确定区域基准地价

以区域中实际存在的土地用途为准,确定区域内相应用途土地的基准地价。

(2)选择修正因素

依据因素选择的方法和要求,结合均质区域的特点,选择修正因素。选择时要视区域的大小及因素的差异的实际情况确定。一般情况下,应选择影响地价的区域因素和个别因素进行修正。但对一些区域因素差异小的区域或区段,如用路线价法评估的某一街道的商业用地的基准地价,则可以个别因素修正为主,有的也可以只进行个别因素的修正。

(3)样点地价的整理

样点地价整理要在均质区域归类的基础上进行,如以区段商业服务中心为一类等等,否则样点数量很难满足编制基准地价修正系数的需要。在各类型中,将样点地价从高到低排序,确定不同的组合及对应的因素条件,作为编制修正系数的基础。

(4)计算各区中的地价修正幅度

根据前面的办法,按不同用地性质划分不同的土地区域,如商业用地可分为市级商业区、区级商业区、街区级商业区、独立商业用地等。对每种类型区域,为建立统一的修正指标体系和标准,先应将性质相同区域的基准地价进行平均,得到同种类型区域统一的基准地价标准。

计算地价影响因素修正幅度的样点地价资料,应从分布于城镇中不同位置,但区域特性一致的区域中选择,以保证地价修正幅度的代表性。

利用每一区域的样点地价资料,采取聚类分析的方法,计算出所有样点地价的组团,按各组团地价中的最高值和最低值,分别同基准地价比较,得到每一土地区域中地价上调或下调的最大幅度。具体计算参照前一种计算修正幅度的办法。

(5)编制基准地价修正系数表

1)确定各影响地价因素的重要性,计算出各因素的最大修正幅度。在土地均质区域基准地价基础上进行因素修正,其确定因素的重要性及计算各因素的最大修正幅度的方法,同第一种处理此问题的方法一致,只是地域范围有差别。一个是城镇中性质相同的区域、一个是土地级中的某个行业。

2)确定各影响地价因素在不同指标或条件下的修正系数。具体计算原理与方法,参见第一种方法中的相关内容。

3)编制基准地价修正系数表。依据基准地价修正系数表编制的要求,结合均质地域基准地价特点,编表前要以均质区域类型为单位,选定影响地价的因素,计算出各因素的修正系数,同时确定各种修正系数对应的因素指标条件。然后,编制各种土地均质区域基准地价修正系数表。编表时,土地用途为表头,土地区域的名称为主栏,影响地价的修正因素为宾栏。在编制宗地因素修正系数表的同时,要编制各修正系数对应的因素指标标准。

4)路线价是均质地域基准地价的一种特殊形式,其因素修正多为个别因素修正。因此,以路线价为基础编制地价修正系数表的,一般是以用途为单位,编制一个全市的各因素在不同标准下的修正系数表,各因素分别为一个表格,全市不汇总编制综合表。

3. 土地级别和均质区域基准地价修正系数表的编制

采用土地级别和均质区域两种形式表示基准地价的,一般是在土地级别基准地价的基础上,对区位条件反应敏感的商业服务业用地,在土地级内再划分不同的区域或区段,并对地价差异明显的区域或区段,单独评估出基准地价。因此,对于此种类型城镇基准地价修正系数表的编制,应结合前两种基准地价修正系数的编制方法,得到该类型城镇的基准地价修正系数表。

对以区域或区段单独反映商业用地基准地价的,可按土地利用均质区域基准地价修正系数表编制的程序、方法,确定该城镇区域基准地价修正系数。

对其他以土地级别反映的土地利用类型基准地价，可按土地级别基准地价修正系数表的编制程序、方法，确定其修正系数。

4. 土地定级总分值的基准地价修正系数的确定

在土地定级的基础上，可利用综合土地定级或分类土地定级的成果及其相应基准地价，建立起土地定级总分值与基准地价的相关关系，评估出不同总分值对应的基准地价。有了总分值对应的基准地价，可在定级单元的基础上，确定基准地价的修正指标体系及标准。其工作程序为：

1)确定不同总分值下对应的基准地价；

2)选择修正因素；

3)计算出不同总分值或总分值区段的地价修正幅度；

4)计算影响地价各因素的最大修正幅度，一般只进行个别因素修正。

5)选择总分值或将总分值区段中五种土地收益或地价标准，分别确定为好、较好、一般、较劣、劣，并将 5 种标准同各区段的基准地价进行比较，得到不同标准的修正幅度，然后将此修正幅度按各因素对地价影响的程度，计算出各因素在不同标准下的修正系数。

6)编制基准地价修正系数表。以土地定级单元总分值的基准地价编制地价修正系数的，主要是个别因素的修正，其表格样式同土地利用分区修正系数表一致，表头为土地用途，表格主栏为定级单元总分值，表格宾栏为影响地价的个别因素。

四、基准地价修正系数表的验证

按照基准地价成果及相应修正系数编制方法得到的基准地价修正系数表，要利用城镇中已发生交易的正常交易地价，进行系数表编制结果准确性验证。

一般情况下，从前面工作已收集的宗地实例中，选择出宗地地价的样点，选择时要注意样点的代表性，要有从低到高的地价样点，非组团中的样点地价要有一定比例。

对选定的样点地价，要按宗地的位置、用途确定所在地区的基准地价，同时调查影响宗地价格的有关因素，确定出宗地的修正系数，并利用基准地价修正系数评估宗地地价的方法，评估出宗地地价。将实际的宗地地价与评估宗地地价进行比较，当两者价格之差的相对百分数不超过 15%时，表示评估结果基本符合要求。工作中，要求至少抽查 20 个以上的样点宗地地价，在上述精度控制下，不符合要求的样本数不超过 5%，达到上述标准的，编制的基准地价修正系数表符合要求。否则，要按上述计算和编制基准地价修正系数的原理、方法和要求，重新审核、检查编制过程，分析各种过程处理方法的正确性，调整修正系数，再重新检验，直到所编制的修正系数表符合上述精度要求为止。

第五节 基准地价成果的更新与应用

考试基本要求

熟悉：基准地价更新的技术途径及方法。

一、城镇基准地价成果的更新

地产市场是一个动态市场，土地更是随着社会经济的发展和地产市场的发育不断增值，地价水平会逐步提高。因此为了使估价成果符合地产市场的客观实际，保持基准地价评估成果的现势性，在地产市场发展变化或影响地价的各种因素发生变化时，必须对地价进行重新评估，及时更新基准地价成果。

城镇基准地价更新的技术途径有：

1）以土地定级为基础，以土地收益为依据，以市场交易地价资料为参考，更新基准地价，即级差收益法。此方法的基本运用与基准地价评估中的运用相同。对有定级基础的城镇，应先判断原定级范围的准确性，再在定级的基础上运用级差收益测算模型，求取土地收益，计算地价；对没有定级基础的城镇，应先用定级方法定级，再在定级的基础上运用级差收益测算模型，求土地收益，计算地价。

2）以土地条件划分均质区域（或以土地定级为基础），以市场交易地价资料为依据，更新基准地价，即市场地价法。此方法的基本运用与基准地价评估中的运用相同。对有定级的城镇，以城镇定级为基础，利用级别或区域范围内的市场交易地价资料更新评估各类用途的基准地价；对没有定级的城镇，一是可运用分类定级方法先进行定级，再在定级的基础上更新，二是不进行定级，而是根据土地条件划分均质区域，在均质区域上更新。

二、城镇基准地价成果应用

城镇基准地价成果涉及众多部门，应用范围广泛。科学评定的地价不仅为建立科学的地价体系、地产市场管理制度提供了基础，而且也是核定土地资产量，征收土地税、费以及城市规划、合理利用城镇土地的重要依据。

1. 建立健全地价体系，完善地籍管理制度，为各部门和土地使用者、经营者服务

城镇基准地价成果为管理部门和土地使用者、经营者提供了各地区基准地价，同时为满足管理地产市场的需要提供了简便易行的宗地地价的评估标准，为建立健全“宏观管理、微观搞活”的地价体系奠定了基础。同时，地价与面积、用途和权属，共同构成了地籍信息的基础数据。在土地登记的图、表、卡、册、证中，地价是一项重要内容，客观真实地反映了土地质量和使用价值。各区域的基准地价和落实到具体地块的宗地地价，可以使各部门、土地使用者、经营者能及时地了解地价高低和分布状况，为土地管理、利用和经营活动提供了基础数据。

2. 为制定土地管理的各项政策、法规、措施提供依据

土地管理是为了更好地发挥地产的效益和价值，一切有关地产管理的政策、法规、措施的确定，都离不开地产质和量两方面的基础数据。基准地价成果满足了制定各项管理政策、法规、措施对土地“质”的要求，因此，估价成果已越来越多地用于决策过程。例如，各区域地价水平可以为管理部门制定土地利用规划、产业导向提供依据，也可为土地税费征收办法的实施等提供依据。

3. 充分发挥政府地价的控制和导向作用，合理引导投资方向和土地利用方式

政府定期评估并公布城镇的基准地价，可以使土地使用者和投资者了解各区域不同用途的地价水平和利用价值，对其选择投资方向、地点及土地利用方式都有很大帮助，同时也有利于增强政府办事透明度和改善投资环境，充分发挥地价的经济导向作用，合理引导投资者和使用者的投资方向和利用方式，充分挖掘地产利用潜力。

4. 确定土地使用权出让价格，加强土地使用权出让和划拨土地使用权管理服务

城镇基准地价成果不仅提供了各区域各用途土地的平均价格，也提供了具体地块的宗地地价，为政府确定土地使用权出让价格提供了基准。政府出让土地使用权时，可以宗地地价为基准，根据投资项目、政府产业政策和市场供求关系合理确定土地使用权出让价格，因此宗地地价也是衡量政府是否优惠及优惠额度的标准。同时，在划拨土地使用权管理中，根据《划拨土地使用权管理暂行办法》规定，划拨土地使用权转让、出租、抵押的，应补办出让手续，补交出让金，出让金按宗地地价的一定比例收取。

5. 为政府管理地产市场提供价格数据

城镇基准地价成果提供了宏观和微观两方面的地价数据，因此政府在管理地产市场时，一方

面可通过定期公布城镇基准地价和地价变动指数，对土地使用者、交易者的行为进行宏观引导，另一方面又可据此进行具体管理，在土地使用权转让、出租、抵押当事人申请土地登记时，由市、县国土资源管理部门具体分析，该宗地土地使用权转让、出租、抵押的期限和宗地条件，对照基准地价评估系数表和因素条件说明表，核定该地块的宗地地价作为对当事人申报的交易价格或租金的审核依据，并决定是否行使优先购买权及实施收取相应税费等其他管理措施，以规范政府的管理行为和交易者的市场交易行为。

6. 在企业清产核资和组建股份制企业中，核定企事业单位所占有使用的土地资产量

企业清产核资和组建股份制试点企业都要求明确其所占有使用的国有土地资产量，而城镇基准地价成果提供了城镇具体地块的价格数据，与城镇地籍调查中的宗地面积成果配合，可较好地满足上述工作的要求。

7. 为征收土地税费提供依据

根据国外经验，土地使用税、增值税、契税等都是从价征收。我国目前由于缺乏地产等级和价格数据，尚未做到这一步。所征税额偏低且级差不明显，达不到利用税收调节土地利用级差收益、抑制土地炒卖以及防止国有地产收益流失的目的。城镇基准地价成果则为上述工作提供了可能性和征收标准。

8. 在城市规划等工作中的应用

城市规划的核心，是搞好城市布局，合理利用城市土地。要达到这个目的，必须开展城镇土地定级估价，掌握城镇土地质量和价格状况。因此，城镇基准地价成果，是城镇规划的重要依据，具体表现在：

(1)统一规划，全面安排各项城市用地

按用途分，城镇用地可分为工业、居住、商业、交通等类，城镇规划必须做到统筹兼顾、合理安排，把各类项目落实到宗地，力争在总体上取得最佳效益，同时又要尽量满足各项用地基本要求，使各得其所、合理利用，充分发挥每寸土地的利用潜力。

(2)合理安排建筑层数，充分挖掘土地潜力

城镇是一个三维空间，土地利用既要功能的平面分布，也要规划各类建筑垂直方向的组合，确定不同地段的建筑高度及容积率，在城市规划中，影响建筑高度的因素很多，土地质量是其中之一。例如每个城市都有中心商业区，俗称“寸金地”。因为地价高昂，必须增加建筑层数，才能减少单位建筑面积承担的租金或地价额。西方国家的城市中心商业区，多数高楼林立，其重要原因之一就是充分发挥单位面积土地的效益。在规划中，如果把城市中心区建筑层数及建筑容积率定得过低，使用单位就要增加经济负担，实质上也是一种浪费土地的现象；相反，对于那些等级低、地价低的土地，在规划中可以适当减低建筑层数及密度，增加绿地面积。这样做，既不增加使用者经济负担，又能改善城市环境，是一举两得的好事。

(3)运用土地经济杠杆，拟订旧城区改造计划

我国大部分城市历史悠久，都有旧城区。其基本特点是土地质量等级高。由于旧城区具有良好的商业服务设施及其他城市设施，对居民的吸引力很大，以致各项城市职能都要挤在这个狭小的范围内，造成交通拥挤、环境污染、住房紧张等问题。开展土地估价工作后，规划部门可以利用这项成果，对位于旧城区的土地使用单位进行分类排队。凡占好地，而使用效率低，对其他部门又有严重干扰的单位，应考虑让其搬迁，而鼓励土地经济效益高的部门在这个地区发展。

除上述方面的应用外，城镇土地估价成果还对城镇地产总量核算、收取临时占地费、规范地产市场等工作提供了宝贵的基础资料。

第十二章　征地区片综合地价评估与城市地价动态监测

◎本章要点

本章需要掌握的内容有：征地区片综合地价评估的概念和特点，城市地价动态监测的概念，城市地价动态监测的基本程序。

第一节　征地区片综合地价评估

考试基本要求

掌握：征地区片综合地价的基本概念和特点。

熟悉：征地区片综合地价评估的基本步骤、方法和综合区片地价的表达形式。

一、征地区片综合地价概念

征地区片综合地价是指在城镇行政区土地利用总体规划确定的建设用地范围内，依据地类、产值、土地区位、农用地等级、人均耕地数量、土地供求关系、当地经济发展水平和城镇居民最低生活保障水平等因素，划分区片，并采用农用地价格因素修正、征地案例比较和年产值倍数等方法测算的区片征地综合补偿标准。征地区片价的实质是征地补偿标准，不含地上附着物和青苗的补偿费。

二、征地区片综合地价的特点

与原有的征地补偿标准相比，征地区片综合地价主要有以下特点：

1)征地区片综合地价是按照均值性区片的补偿标准进行补偿的；

2)征地区片综合地价是针对土地确定的综合补偿标准，不包括地上附着物和青苗补偿费；

3)征地区片综合地价在同一区片内不同宗地的征地补偿标准相同；

4)征地区片综合地价是一种预设性标准，在征地没有发生时统一制定，刚性较强。

三、征地区片综合地价评估的基本原则

1. 维护被征地农民合法权益原则

征地区片价要确保被征地农民原有生活水平不因征地而降低，并体现长远生计和未来发展的需要。

2. 同地同价原则

在同一区片内，不同宗地的征地补偿标准相同，且不因征地目的及土地用途不同而有差异。

3. 协调平衡原则

征地区片价不得低于当地原征地补偿标准，省级行政区域内各市县的征地区片价应相互衔接。

4. 公开听证原则

根据《国土资源听证规定》，征地区片价要依法组织听证，广泛听取有关部门、农村集体经济组织、农民及社会各方面的意见和建议。

四、征地区片综合地价评估的基本步骤

1. 确定测算范围

征地区片价测算范围重点在土地利用总体规划确定的城市、集镇建设用地规模范围内，但各地可以根据征地需要和实际情况扩展到更大范围。

耕地保护区、法定生态保护区、其他规定的特别保护区不在征地区片价测算的范围之内。

2. 划定区片

区片划定的目的是采用一定的方法将测算范围区分为若干个区片，为测算区片价提供基础。区片划定时，要求充分考虑测算范围各个区域的差异条件。

3. 测算区片综合地价

区片划分完成后，要测算各个区片的征地补偿水平。

在测算区片综合地价时，要求根据实际情况选用适当的方法分别进行评估。征地区片价原则上要求在两种以上方法测算结果的基础上综合平衡确定。

4. 对区片综合地价进行验证和调整

对区片综合地价进行验证和调整的目的是保证征地区片价测算结果能够与现行征地补偿标准相衔接，保证被征地农民原有生活水平不下降。

对区片综合地价进行验证和调整时，要求对现有征地补偿标准、农民生活水平和经济收入水平进行全面的调查，切实保证区片综合地价测算结果能够满足被征地农民的生产、生活和长远发展的需要。

5. 测算结果听证和修改

征地区片价的确定和实施具有较强的政策性，涉及多方的利益，特别是被征地集体、农民的切身利益，应按照国土资源听证规定要求组织听证，广泛听取有关部门、农村集体经济组织、农民群众及社会各方面的意见和建议。

6. 确定征地区片价

各地在完成听证之后，应该根据听证意见及时进行修改，确定市(县)初步的征地区片价，并报省平衡。

7. 整理与编制成果

整理与编制征地区片综合地价评估的成果。

五、征地区片综合地价评估的方法

征地区片价测算的基本方法主要有农地价格因素修正法、征地案例比较法和年产值倍数法等。

实际操作时，要求应选择两种或者两种以上方法测算，并根据测算结果综合确定征地区片价。另外，除上述几种基本方法外，各地可以根据实际情况采用其他合适的方法进行测算。征地区片价测算以征地区片为单元进行。

1. 农地价格因素修正测算法

农地价格因素修正测算法是指以农地价格为基础，同时考虑影响征地补偿的有关因素，修正

确定征地区片补偿费的方法。

基本公式为

$$P_z = P_n(1 + \sum_{i=1}^{n} A_i) \quad (12\text{-}1)$$

式中 P_z——征地区片价；

P_n——区片的农地价格；

A_i——修正因素。

测算步骤见表 12-1。

表 12-1 **农地价格因素修正测算法测算步骤**

项　目	内　容
计算区片内的农地价格	已经根据《农用地估价规程》完成农用地基准地价测算的地区，参照农用地基准地价确定区片的农地价格。 没有完成基准地价测算的地区，可以采用收益还原法、市场比较法等地价评估方法确定。 具体方法参照《农用地估价规程》的有关规定
确定修正因素和系数	修正因素主要考虑土地区位、人均耕地数量、土地供求关系、当地经济发展水平和城镇居民最低生活保障水平等确定。 采用综合评分法确定因素的修正系数。因素修正幅度大小要适当，并根据当地实际情况确定。修正系数最小为零，并以零为基础向上修正
计算征地区片价	将各区片的农地价格和所对应的修正系数代入公式 $P_z = P_n(1 + \sum_{i=1}^{n} A_i)$ 计算得到各区片的征地区片价

2. 征地案例比较测算法

征地案例比较测算法是将区片看作一个评估对象，根据本区片和其他可比区片征地案例的实际补偿标准，通过比较修正得到征地区片价的方法。基本公式为

$$P_z = P_b \times \frac{100}{A_1} \times \frac{100}{A_2} \times A_T \quad (12\text{-}2)$$

式中 P_z——待估征地区片价；

P_b——征地案例标准；

A_1——区域因素修正系数；

A_2——个别因素修正系数；

A_T——时间修正指数。

测算步骤见表 12-2。

表 12-2 **征地案例比较测算法测算步骤**

项　目	内　容
选择征地案例	需要选择 3 个以上有代表性的征地案例。选择的征地案例应是近 3 年之内发生的，并发生在本区片或其他可比区片的项目。征地案例的选择要注意到项目的不同类别

续表

项　目	内　容
选择征地案例	由于目前征地案例存在很大的差异，因此，在使用案例前，还要对案例的合理性进行判断。即判断该案例的补偿费用是否能够满足被征地农民生产、生活和发展的需求，是否代表当地的正常水平等
统一可比内涵	征地案例的可比内涵要与征地区片价的设定内涵一致。主要是指在对案例进行整理时，要将青苗补偿费、附着作物补偿费和其他额外损失的补偿费用等剔除出去
比较征地案例	对征地案例的比较应考虑区域因素、个别因素和时间因素等。 (1)区域因素是指区片所在地区的自然条件与社会、经济、行政等因素相结合所产生的地区特性，并对土地价格水平产生影响的因素。区域因素包含的内容主要有区片的位置、交通状况、区域环境条件、城市规划、土地使用限制、区域农业发展程度等。 (2)个别因素是指构成区片的个别特性并对其补偿费用产生影响的因素。个别因素比较的内容，主要有区片的土地类型、地形、地质、人均耕地、收入水平和征地项目类型等。 (3)时间因素修正是指根据征地案例费用发生的日期对补偿费用进行调整
计算征地区片价	通过案例比较，编制比较修正系数表，计算各区片比较价。在区片比较价的基础上，采用简单平均、加权平均等方法将 3 个案例的结果进行平均处理，得到各征地区片价

3. 年产值倍数测算法

年产值倍数测算法是以土地年产值为基础，按照一定倍数测算征地区片价的方法。征地区片价等于土地补偿费和安置补助费之和。其中，土地补偿费和安置补助费按照土地综合年产值的倍数计算。基本公式为

$$P=v\times n+v\times m \tag{12-3}$$

式中　P——征地区片价；

v——区片土地年产值；

n——区片土地补偿倍数；

m——区片安置补偿倍数。

测算步骤见表 12-3。

表 12-3　　年产值倍数测算法测算步骤

项　目	内　容
确定区片土地年产值	区片土地年产值依据统一年产值标准或者通过调查前 3 年平均产值确定
确定土地补偿倍数和安置补偿倍数	土地补偿费和安置补偿费的统一年产值倍数，应按照保证被征地农民原有生活水平不降低的原则，在法律规定范围内确定；按法定的统一年产值倍数计算的征地补偿安置费用，不能使被征地农民保持原有生活水平，不足以支付因征地而导致无地农民的社会保障费用的，经省级人民政府批准应当提高倍数；土地补偿费和安置补偿费合计按 30 倍计算，尚不足以使被征地农民保持原有生活水平的，由当地人民政府统筹安排，从国有土地有偿使用收益中划出一定比例给予补贴。经依法批准占用基本农田的，征地补偿按当地人民政府公布的最高补偿标准执行。制订了统一补偿倍数的地方采用统一补偿倍数

续表

项　目	内　容
计算征地区片价	将各区片土地年产值、土地补偿倍数和安置补偿费倍数代入公式得到各征地区片价

六、征地区片综合地价的表达形式

1)征地区片综合地价分布图。

2)征地区片综合地价表。

七、征地区片综合地价在征地补偿估价中的应用

征地区片综合地价体系建立以后,在实际的征地补偿估价中就可以运用征地区片综合地价,考虑区域内农用地的质量状况、区域位置状况和人均耕地水平、农村社会经济发展水平等因素的影响,修正确定征地补偿费用。其评估原理与基准地价系数修正法相近。

第二节　城市地价动态监测

考试基本要求

掌握:城市地价动态监测的概念,城市地价动态监测的基本程序,城市地价动态监测指标含义及其采集方法。

熟悉:标准宗地(地价监测点)设立的要求,标准宗地估价的方法与要求。

一、城市地价动态监测相关术语的定义

(1)地价动态监测

地价动态监测是根据城市土地市场的特点,通过设立地价监测点,收集、处理并生成系列的地价指标,对城市地价状况进行观测、描述和评价的过程。

(2)地价监测点

地价监测点是指在一定区段内设立的,土地条件、土地利用状况以及开发程度等方面与所在区段的基准地价内涵一致或相近,能够代表所在区段地价水平的宗地。

(3)监测点地价

监测点地价是通过评估或市场交易地价修正得到的监测点在一定时点和一定条件下的地价。

(4)地价区段

地价区段是指地价水平、土地利用条件、基础设施条件、环境条件等方面相近或一致的区段。

二、城市地价动态监测总则

(1)监测目的

调查城市地价的水平及变化趋势,向社会提供客观、公正、合理的地价信息为政府加强地价管理和土地宏观调控提供基础数据和决策依据。

(2)监测对象

城市地价动态监测的对象是城市土地的价格状况。

城市土地价格状况包括城市地价的水平状况、变化状况、结构特征，以及地价与相关指标协调程度等。

(3)监测周期

城市地价动态监测在设定的周期内进行。全国范围、全省范围和城市范围的地价监测周期按照年度和季度进行；重点区域和重点城市、重点区段，以及专题性监测等，周期根据具体情况设置。

(4)监测地价类型

城市监测地价分为商业、居住、工业三种基本类别，各类别地价的内涵应与城市基准地价内涵一致。

为了反映城市地价的综合状况，设立综合地价指标，由商业、居住和工业三种用途地价综合形成。

根据不同的目的和需要，可以在三种基本类别的基础上再下设各类用途的地价。

(5)监测地价基准日

监测地价具有统一的基准日。季度监测地价基准日分别为各季度的最后一日，年度监测地价基准日为每年的12月31日。

三、地价动态监测技术路线与程序

(1)技术路线

城市地价动态监测技术路线为，通过建立监测点，采用评估等手段，收集城市不同级别、不同区段、不同用地类型土地价格及相关数据，对地价现状进行调查和观测，再通过系列指标对城市地价状况进行全面描述，对城市地价状况作出基本评价和判断，最后生成相关信息并向社会发布。

(2)动态监测的基本技术程序

1)确定地价动态监测的范围；

2)建立以地价监测点为基础的数据源；

3)采集并处理监测数据；

4)根据监测目标建立地价动态监测指标体系；

5)计算各类地价动态监测指标；

6)对城市地价状况进行综合分析和评价；

7)编制城市地价动态监测报告；

8)发布城市地价动态监测信息。

四、地价动态监测范围确定

(1)监测范围确定

城市地价动态监测的范围根据不同监测目标设置。城市内部按照城市某一种标准(如规划区红线、建城区界限等)界定地价动态监测范围。跨城市区域按照行政区划或者宏观经济区域划分城市地价动态监测范围。

城市地价动态监测分为国家级城市地价动态监测、省级城市地价动态监测和城市级地价动态监测三个层次。国家级城市地价动态监测、省级城市地价动态监测属于区域性城市地价动态监测，城市级地价动态监测属于城市内部地价动态监测。

(2)国家级城市地价动态监测范围

国家级城市地价动态监测范围包括，全国范围的城市地价动态监测、跨省区域的地价动态监测、重点城市地价动态监测等。

全国范围的城市地价动态监测是指对全国范围内的直辖市、省会城市、计划单列市等大城市，以及主要中、小城市进行全面的地价动态监测。

跨省区域地价动态监测是指对跨省经济区域(如长江三角洲、珠江三角洲等地区)的大城市和主要的中、小城市进行地价动态监测。

重点城市地价动态监测范围是指对在重要区域,或全国范围内有重要影响的城市进行地价动态监测。

(3)省级城市地价动态监测范围

省级城市地价动态监测范围包括,全省范围的城市地价动态监测、省内分区域的地价动态监测等。

全省范围的城市地价监测动态是指对全省范围内的大城市、中等城市、小城市进行全面的地价动态监测。

省内分区域的地价动态监测是指对省内一定区域的大城市、中等城市、小城市进行地价动态监测。

(4)城市级地价动态监测范围

城市级地价动态监测范围包括城市主城区或建成区整体地价动态监测、城市各区域和重要区段地价动态监测等。

五、地价动态监测数据采集

(1)地价动态监测数据内容

1)地价监测点数据,按采集重点不同分为初始采集数据和常规采集数据,其中,初始采集数据包括监测点的土地权属状况、土地实际利用状况、地价影响因素、监测点设定条件、监测点价格状况等基本情况;常规采集数据重点为监测点在监测时段的现状条件下评估地价、设定内涵条件下评估地价、评估时间及评估人等。具体内容和格式参见附录 D 中的表 D2、D3。

2)土地交易样本数据,为土地交易的相关数据,具体内容和格式参见《城市地价动态检测技术规范》附录 D 中的表 D8。

3)房屋交易样本数据,为房屋交易的相关数据,具体内容和格式参见《城市地价动态检测技术规范》附录 D 中的表 D9。

4)城市一般数据,为土地年度供需统计数据、房屋年度供需统计数据、城市社会经济统计数据、城市基准地价资料等,具体内容和格式参见《城市地价动态检测技术规范》附录 D 中的表 D10、D11、D13、D14。

(2)地价动态监测数据采集方法

地价监测点数据按采集内容分为基础数据和监测点数据。地价监测点基础数据在布设过程中通过初始调查进行采集,但要及时进行核实和变更采集。

监测点地价数据通过对监测点市场价格的评估获取,有关监测点地价评估的原理和方法须遵循《城镇土地估价规程》;如果设立的地价监测点为土地交易日期在 1 年以内的交易样本,其地价可直接通过期日、土地开发程度、土地使用权年限、容积率等修正得到。

监测点年度地价数据每年采集一次,基准日设定在每年的 12 月 31 日;监测点季度地价数据每季度采集一次,通过抽样采集,各类别监测点抽样数不得低于其总数的 10%,基准日设定在各季度的最后一日。

监测点地价评估要求如下:

监测点现状条件与设定内涵条件下的地价分别评估,评估值为地面价;监测点地价为土地使用权价格,不考虑他项权利限制;监测点地价设定内涵条件下为法定最高年限,现状条件下为实际剩余使用年限;应采用两种或两种以上的评估方法,但不能采用基准地价系数修正法;监测点地价评估报告采用统一格式，评估报告格式见《城市地价动态检测技术规范》附录 B；每一个监测点地价应由两名注册土地估价师评估并签字。

1）土地交易样本数据采集方法。

土地交易样本数据通过市场调查采集，采集渠道为土地交易市场、土地交易登记部门和实际市场。土地交易样本数据按照以下步骤进行调查：

①通过土地交易市场、土地交易登记部门等有关方面获取土地交易的基本数据，填入土地交易样本调查表，并对土地交易样本数据进行实地市场调查、核实。土地交易样本数据每季度采集一次。具体内容和格式参见《城市地价动态检测技术规范》附录 D 中的表 D8。

②招标拍卖挂牌出让的土地交易样本数据每季度采集一次。具体内容和格式参见《城市地价动态检测技术规范》附录 D 中表 D7。

③按照城市地价监测点所在的不同地价级别与区段，将土地交易样本按不同用地类别，分别标注在图上。

2）房屋交易样本数据采集方法。

房屋交易样本数据通过市场调查采集。数据采集渠道为房地产市场管理部门和实际市场。

房屋交易样本数据包括房价和房屋租金水平等，采用样本调查的方法采集。

房屋交易样本数据按照以下步骤进行调查：

①通过房地产市场管理部门获取房屋交易的基本数据，填入房屋交易样本调查表，并对房屋交易样本数据进行实地市场调查、核实。房屋交易样本数据每年度采集一次。具体内容和格式参见《城市地价动态检测技术规范》附录 D 中的表 D9。

②按照城市地价监测点所在的不同地价级别与区段，将房屋交易样本按不同用地类别，分别标注在图上。

3）城市一般资料的采集方法。

①土地供需资料、城市基准地价资料主要通过资料查询和实地调查相结合的方式采集。采集的渠道主要是国土资源管理部门。

②房屋供需资料主要也是通过资料查询和实地调查结合的方式采集。采集的渠道主要是房地产管理部门。

③城市社会经济统计资料主要通过资料查询的方式采集。采集的渠道主要是统计部门和相关管理部门。

(3)地价动态监测资料的整理与审核

地价动态监测资料采集齐备后，应交各类登记表、调查表、汇总表和统计表等表格进行分类整理，按时间顺序进行统一编号存档。

地价动态监测资料归档前，应对资料是否完整、内容是否准确、操作程序是否符合规定等进行审核。

六、地价动态监测指标

(1)地价水平值

地价水平值是以一定范围内的平均地价反映某一时点地价水平高低状况的指标。

地价水平值按照土地用途分为商业地价水平值、居住地价水平值、工业地价水平值，为了综合反映城市地价水平，在不同用途的基础上设置城市综合地价水平值。

城市地价水平值按照区域大小分为区段地价水平值、级别地价水平值、城市整体地价水平值等。

区域地价水平值按照区域大小分为地级范围城市地价水平值、省级范围城市地价水平值、重点区域城市地价水平值和全国城市总体地价水平值。

(2)地价变化量

地价变化量主要是反映在某一时段内地价价位的变化落差,以地价增加(或减少)量表示。

按照土地用途分为商业地价变化量、居住地价变化量、工业地价变化量,为了综合反映城市地价变化量,在不同用途的基础上设置城市综合地价变化量。

城市地价变化量按照区域大小分为地级范围城市地价变化量、省级范围城市地价变化量、重点区域城市地价变化量和全国城市总体地价变化量。

(3)地价增长率

地价增长率主要是反映在某一时段内地价的变化幅度,一般是通过不同时期地价变化量与基期地价水平值的比值计算得出的,以百分率表示。

按照基期的不同,地价增长率分为定比地价增长率和环比地价增长率。

按照土地用途分为商业地价增长率、居住地价增长率、工业地价增长率,为了综合反映城市地价变化幅度,在不同用途的基础上设置城市综合地价增长率等。

城市地价增长率按照范围大小分为区段地价增长率、级别地价增长率、城市整体地价增长率等。

区域地价增长率按照区域大小分为地级范围城市地价增长率、省级范围城市增长率、重点区域城市地价增长率和全国城市总体地价增长率等。

(4)地价指数

地价指数主要是反映在不同时点的地价水平与某一时点地价水平比较的相对关系,以地价水平值比值的100倍表示。

地价指数按照基数不同分为定比地价指数和环比地价指数。定比地价指数以某一固定基期的地价水平值为基数,环比地价指数以上一统计周期地价水平值为基数。

地价指数按照土地用途分为商业地价指数、居住地价指数、工业地价指数及表征城市整体地价水平相对关系的综合地价指数等指标。

地价指数按照区域大小分为地(市)级范围地价指数、省级范围地价指数、跨省区域地价指数和全国总体地价指数等指标。

第二部分　模拟试卷

模拟试卷(一)

一、单项选择题(共30题,题号1～30,共15分。每题有A、B、C、D 4个备选项,其中只有1个最符合题意,请选择并将答题卡相同题号对应的字母涂黑。评分说明:每题0.5分,选错不得分,不倒扣分)

1. 建筑设计的主要内容不包括(　　)设计。

A. 建筑平面　　B. 建筑系数

C. 建筑剖面　　D. 建筑体形和立面

2. 不同的土地权利为购买者带来的收益不同,因此其价格也不同,在实际中不可以表现为(　　)价格。

A. 所有权　　B. 使用权

C. 抵押权　　D. 转让权

3. 土地估价时点具备的情况不包括(　　)。

A. 当前价值时点　　B. 既往价值时点

C. 预期价值时点　　D. 未来价值时点

4. 按照我国土地管理的政策规定,经营性用地必须采用招标、拍卖和挂牌的方式公开出让。对于这几种出让方式,在进行底价评估时应采用(　　)价值标准。

A. 出让合同　　B. 成本

C. 完全产权　　D. 公开市场

5. 在土地估价实务中,经常会涉及划拨土地使用权价格与承租土地使用权价格评估问题。下列关于二者关系的观点正确的是(　　)。

A. 划拨土地使用权属于物权,承租土地使用权属于债权

B. 二者在土地使用权性质上不同,但价格水平相当

C. 二者在土地使用权性质上不同,价格也不同,二者的价格差等于土地出让金

D. 由于权利性质不同,二者不可能在同一土地市场中交易

6. 某一加油站处于城市远郊区,所在区域无市政供水管网,供水来自企业自建深井;供电由加油站自行投资,接自3 km外变电所,宗地临接某一区域主干道,加油站装有一部电话,无其他设施。如果评估,其土地价格定义中开发程度应设定为(　　)。

A. 宗地红线外“两通”(通路、通信)及红线内场地平整

B. 宗地红线外“三通”(通路、通信、通电)及红线内场地平整

C. 宗地红线外“四通”(通路、通信、通电、供水)及红线内场地平整

D. 宗地红线外“三通”(通路、通信、通电)、红线内“一通”(供水)及场地平整

7. 现场勘察过程中,(　　)是一个必不可少的记录手段,且在一定程度上是最具有真实性的,因而最具有说服力。

A. 影像记录　　B. 文字记录

C. 草图记录　　D. 模型记录

8. 下列属于面状分布形式的土地因素的特征的是(　　)。

A. 所依附的客体在城镇中占地面积小

B. 仅对其自身客体所在位置产生影响

C. 通过区位的波及性和效益外溢等作用形成一定的区位关系

D. 在空间分布上聚集现象明显

9. 土地收益与地租二者在量上具有(　　),只不过由于土地所有权和使用权的分离,使来自土地的收益,相对于土地使用者而言,称为土地收益;而相对于土地所有者而言,称之为地租。

A. 统一性　　B. 相对性

C. 一致性　　D. 差异性

10. 下列不属于单元划分方法的是(　　)。

A. 多种因素判定法　　B. 均质地域法

C. 网格法　　D. 叠置法

11. 以下属于农用地利用资料的是(　　)。

A. 农业技术试验资料　　B. 人均耕地

C. 土地利用变更资料　　D. 土地利用规划

12. 城镇(　　)是基准地价相对稳定和不断演化的前提。

A. 土地位置　　B. 土地质量

C. 土地利用的相对合理性和变化性　　D. 土地收益

13. 城市地价动态监测中,监测点必须采集的信息是(　　)。

A. 土地实际利用状况　　B. 设定内涵条件下的评估地价

C. 现状条件下的评估地价　　D. 评估时间

14. 成本逼近法一般不适用于(　　)土地估价。

A. 新开发　　B. 建成区域已开发

C. 工业　　D. 地产市场狭小

15. 在我国反映宏观地价水平的是(　　)。

A. 基准地价　　B. 标定地价

C. 出让底价　　D. 市场交易价

16. 个别因素的修正方法不包括(　　)。

A. 利用比较修正系数表评估地价等步骤

B. 确定比较因素

C. 确定比较内容

D. 评价各因素的比较修正系数

17. 从开发商的角度分析,测算其所能支付的最高场地购置费用的估价方法是(　　)。

A. 收益还原法　　B. 市场比较法

C. 成本逼近法　　D. 剩余法

18. 下列不属于宗地价格评估目的的是(　　)。

A. 税收　　B. 股份制改组

C. 容积率　　D. 拍卖

19. 根据各项修正系数,对待估宗地对应的(　　)地价进行修正,即可求得宗地地价。

A. 基准　　B. 标定

C. 出让　　D. 成交

20. 通常物价波动,表明货币购买力的变动,即(　　)发生变动,此时不动产价格也将随之变动。

A. 价值　　B. 使用价值

C. 货值　　D. 币值

21. 土地估价行为是(　　)的一种。

A. 房地产经济　　B. 房地产证券

C. 房地产金融　　D. 房地产中介

22. 政府抑制不动产价格的措施不包括(　　)。

A. 制定最高限价　　B. 制定标准价格

C. 控制土地供应量　　D. 建立并完善不动产交易管理制度

23. 城镇土地分等定级权重值的大小与因素对土地质量的影响成(　　)。

A. 正比　　B. 反比

C. 线性比例　　D. 正态分布

24. 在进行城镇土地分等时，选取了五个因素，通过德尔菲法，已确定出因素的重要程度为$V_1<V_2$，$V_1>V_3$，$V_3=V_4$，$V_4=V_5$，若采用因素成对比较法(0、0.5、1 三种数值)，下列说法中，不正确的是(　　)。

A. V_1 的权重为 0.3　　B. V_2 的权重为 0.4

C. V_2 的权重为 0.5　　D. V_5 的权重为 0.1

25. 适用于数据资料不足，不可测因素较多情况的方法为(　　)。

A. 德尔菲法　　B. 相关性分析法

C. 回归分析法　　D. 聚类分析法

26. 在采用极值标准化方法进行分等因子分值计算时，当某项因子对应指标与土地利用效益呈正相关时，假定指标最高值和最低值分别为 30 和 10，某一参评城镇对应指标为 25，则计算的因子分值为(　　)。

A. 20　　B. 66.7

C. 75　　D. 50

27. 按照城市地价动态监测工作的要求，监测点地价评估应反映(　　)。

A. 监测点现状条件下的土地价格市场水平

B. 监测点实际成交价格水平

C. 监测点在设定内涵下所在区域土地的平均客观价格水平

D. 监测点在设定内涵下所在区域土地的最高价格水平

28. 经批准，某宗已出让国有土地的用途由工业变更为居住，按规定应补交土地差价，该差价可用批准时居住用地出让年期的市场价格扣减(　　)求得。

A. 批准时工业用地法定最高使用年期的市场价格

B. 原取得工业用地国有土地使用权时实际支付的价格

C. 批准时工业用地剩余土地使用年期的市场价格

D. 批准时居住用地的土地使用权出让金

29. 下列描述中，(　　)不属于农用地基准地价更新的技术途径。

A. 以农用地定级为基础，按地价平均法更新基准地价

B. 利用标准地块资料，根据标准地块价格或地价指数更新基准地价

C. 调整综合分值与地价关系模型，利用调整后的模型更新基准地价

D. 运用投入产出资料的变化量修正更新基准地价

30. 对地区(　　)环境的基本判断是对各类不动产市场研究的基础。

A. 自然　　B. 人文

C. 经济　　D. 社会

二、多项选择题(共 20 题,题号 31～50,共 30 分。每题有 A、B、C、D、E 5 个备选项,其中至少有 2 个符合题意,请选择并将答题卡相同题号对应的字母涂黑。评分说明:每题 1.5 分,多选、有错误选项的不得分,不倒扣分;少选但均为正确选项的每项得 0.35 分)

31. 土地估价报告审核的主要内容有(   )。

A. 估价假定前提和限制条件
B. 市场分析过程
C. 估价技术路线、方法选择及运用
D. 估价结果
E. 参加现场踏勘的人员

32. 影响地价的城市规划因素,主要有(   )。

A. 区域土地利用性质
B. 对外联系方式及方便程度
C. 用地限制条件
D. 土地使用制度
E. 容积率的大小

33. 影响土地区位的自然因素包括(   )。

A. 地形坡度
B. 土地承载力
C. 环境质量
D. 人口密度
E. 公园与绿地

34. 根据评价对象的不同,土地分等定级可分为(   )分等定级类型。

A. 城市土地
B. 城镇土地
C. 区域土地
D. 农用地
E. 工业用地

35. 在土地估价资料收集中,下列选项属于产权登记资料的是(   )。

A. 国有土地所有证
B. 国有土地使用证
C. 房屋所有权证
D. 土地登记卡
E. 城镇规划图

36. 在土地估价报告中,估价师在进行土地权利状况描述时,以出让方式取得的土地使用权必须说明取得时间、出让金数额、(   )及宗地使用的特殊规定。

A. 法定最高使用年限
B. 批准使用年限
C. 已使用年限
D. 剩余使用年限
E. 租赁年限

37. 土地租赁中总费用的计算包括(   )。

A. 土地税
B. 折旧费
C. 维护费
D. 管理费
E. 保险费

38. 下列属于城镇土地等级的因素因子权重确定方法的有(   )。

A. 德尔菲测定法
B. 总分频率曲线法
C. 层次分析法
D. 综合评价法
E. 因素成对比较法

39. 以下关于基准地评估区段划分的具体做法正确的是(   )。

A. 以道路、沟渠或其他明显地物为界
B. 在确定有路线价标准的地价区段,以里地线为界
C. 区位条件、交通条件相似的地块划分为同一区段
D. 人流量、位置不能作为划分区段的依据

E. 对商业街道的划分可分成零售商业、服装、饮食业、零售果杂、专业市场、农贸市场等

40. 基准地价评估的基本要求有(　　)。

A. 评估数据要符合数理统计要求　　B. 样本数据要准确

C. 评估数据以现时土地成本为主　　D. 评估模型选择要合理

E. 要以级或均质区域为单位,分行业测算土地收益和评估土地价格

41. 根据我国目前的土地市场状况,可用于基准地价评估的资料有(　　)。

A. 能直接反映出地租、地价的资料　　B. 房地产交易、出租中包含的地价资料

C. 根据评估模型得出的资料　　D. 企业经营活动中利用土地的效益资料

E. 政府利用土地的效益资料

42. 利用样点地价评估基准地价时,样本数据检验应注意(　　)。

A. 同一土地级别中,同一交易方式计算的样本地价要通过样本总体同一性检验

B. 同一土地级别中,不同交易方式计算的样本地价,也要通过样本总体同一性检验

C. 用卡方检验法对未知数据分布类型的样本进行总体一致性检验

D. 用均值一方差法对样本总体为正态分布的进行异常值剔除

E. 用 t 值检验法对样本总体为正态分布的进行异常值剔除

43. 评估城市基准地价,是在某一城市的一定区域范围内,根据(　　)的原则划分地价区段,然后调查评估出的各地价区段在某一时点的平均价格。

A. 用途相似　　B. 收益相近

C. 地段相连　　D. 特定用途

E. 地价相近

44. 市场比较法的特点有(　　)。

A. 市场比较法具有现实性,有较强的说服力

B. 市场比较法以替代关系为途径,所求得的价格称"比准价格"

C. 市场比较法以替代原则为基础,正确选择比较案例和合理修正交易价格是保证评估结果准确性的关键

D. 市场比较法以价格求价格,在不正常市场条件下难以与收益价格相协调

E. 交易资料的可靠性

45. 既属于商品租金,又属于成本租金的有(　　)。

A. 折旧费　　B. 管理费

C. 贷款利息　　D. 房产税

E. 营业税

46. 由于不动产的位置(　　)等特点,使得在评估过程中往往更注重一定区域范围内与评估标的同类的不动产供求状况。

A. 不变性　　B. 固定性

C. 区域性　　D. 同类性

E. 稀缺性

47. 国有企业按国家有关规定改制为上市公司时,与其原有划拨土地使用权处置方式有关的土地估价类型有(　　)。

A. 土地使用权承租价格评估　　B. 土地使用权出让价格评估

C. 土地使用权置换价格评估　　D. 土地使用权作价入股价格评估

E. 保留划拨方式下的划拨土地使用权价格评估

48. 下列选项中，必须计入土地开发费的有(　　)。

A. 土地平整费　　B. 小区开发费

C. 公交站点建设费　　D. 公用设施配套费

E. 客运铁路专线

49. 按地价评估的理论和基准地价评估的要求，划分基准地价评估区域的依据应是影响土地使用的一系列因素，这些因素包括土地的(　　)。

A. 定级因素　　B. 自然因素

C. 社会因素　　D. 区域因素

E. 环境因素

50. 下列关于政府干预地价过度上涨的正确说法是(　　)。

A. 征收土地增值税，用于政府基础设施建设

B. 保证政府对土地的绝对控制权

C. 促进正常土地市场的建立，使土地的转移、流动正常化

D. 使土地价格的上涨速度同整个经济发展的速度相协调

E. 满足社会各部门发展对土地的需求，防止土地资源和资产浪费

三、情景分析题(共2题，内含10小题，题号51～60，共10分。每小题有A、B、C、D 4个备选项，其中至少有1个符合题意，请选择并将答题卡相同题号对应的字母涂黑。评分说明：每小题1分，多选、有错误选项的不得分、不倒扣分；少选但均为正确选项的每项得0.25分)

(一)某国有企业甲获准于2001年12月31日在所使用的国有划拨土地上建成一综合大楼，总建筑面积为13 200 m^2，建筑容积率为2.4。该大楼1～2层为商场，商场建筑面积为4300 m^2，两层建筑面积相同；3～4层为办公楼，建筑面积为3800 m^2，两层建筑面积相同；4层以上为住宅，已按政策分配给企业职工，进行了房改。

根据上述材料，回答51～55小题的问题。

51. 甲企业为完善土地产权，于2008年12月31日拟对该划拨土地使用权办理国有土地使用证，以下对甲企业办理土地登记手续的叙述，正确的有(　　)。

A. 应分用途登记

B. 按综合用途对全部土地进行登记

C. 住宅部分不能由企业办理土地登记手续

D. 住宅部分虽已分配给职工，但也应由企业办理土地登记手续

52. 该企业一职工冯某分配到6层一套三室一厅单元住房，建筑面积为88 m^2，房改时按成本价交纳了购房费用，2009年12月31日冯某将其住房出售给张某，对所涉及土地应办理的手续有(　　)。

A. 依法获得土地补偿　　B. 依法办理土地登记手续

C. 依法交纳土地占用费　　D. 应依法交纳土地出让金

53. 企业甲为融资需要，于2009年12月31日准备以该大楼的第三层到银行乙进行抵押贷款，并委托土地估价机构A对所涉及的土地进行价格评估。在土地估价机构A接受委托后，首先应明确的内容有(　　)。

A. 估价日期　　B. 评估基准日

C. 评估目的　　D. 评估对象

54. 企业甲为融资需要，于2009年12月31日准备以该大楼的第三层到银行乙进行抵押贷款，并委托土地估价机构A对所涉及的土地进行价格评估，可选用的估价方法不包括(　　)。

A. 市场比较法　　B. 路线价估价法

C. 基准地价系数修正法　　D. 成本逼近法

55. 土地估价机构 A 选用了市场比较法和剩余法两种方法进行估价，市场比较法评估结果为 3800 元/m^2(建筑面积)，剩余法评估结果为 3100 元/m^2(建筑面积)，银行乙经综合分析，决定贷款 500 万元，要求估价机构的评估值最好能达到 760 万元，如要满足银行的要求，估价机构采取的措施是(　　)。

A. 可建议增加抵押物的期限　　B. 可建议扩大抵押物的权限

C. 可建议增加抵押物的建筑面积　　D. 可建议增加其他抵押物

(二) A 城市有一宗国有建设用地，占地面积为 1000 m^2，土地使用者于 2001 年以行政划拨方式取得，后于 2004 年 8 月 1 日通过补办出让手续取得该宗地 50 年期的土地使用权，同时建成一栋总建筑面积为 2500 m^2 的办公楼，现全部用于出租。

A 城市房地产市场比较发达，拟以 2009 年 8 月 1 日为估价期日进行评估，开展的有关市场调查如下：

(1) 该宗地同一区域、规模档次相同的办公楼月租金收入一般为 30 万元，月平均费用 15 万元，可收取押金 60 万元；

(2) 该办公楼耐用年限为 60 年，残值率为 0，建筑物重置价为 4000 元/m^2；

(3) 当地土地还原率为 6%，建筑物还原率为 8%，银行一年期存款利率为 5%。

请根据上述内容，回答 51～55 小题的问题。

56. 评估该宗地价格时，土地估价人员不宜选择的估价方法有(　　)。

A. 收益还原法　　B. 剩余法

C. 市场比较法　　D. 成本逼近法

57. 从该办公楼的耐用年限和残值率看，其建筑结构为(　　)。

A. 砖木结构　　B. 砖混结构一等

C. 砖混结构二等　　D. 钢筋混凝土结构

58. 该办公楼客观年纯收益为(　　)万元。

A. 180　　B. 181

C. 183　　D. 185

59. 评估中，该办公楼的年折旧额为(　　)万元。

A. 16.7　　B. 18.2

C. 20.0　　D. 22.2

60. 若 A 城市土地市场上的交易案例较租赁案例多，采用市场比较法求取的价格比收益还原法低一成，那么最终确定土地价格将采用(　　)的方法。

A. 市场比较法

B. 权重法加和，且市场比较法权重较大

C. 收益还原法

D. 权重法加和，且收益还原法权重较大

四、计算题(共 2 题，共 45 分，其中第 1 题 25 分，第 2 题 20 分。答案要求：分别列出解题思路、基本方法、分步计算公式、代入数据计算式、计算结果及单位；计算中间结果均保留两位小数，单价为元/m^2，总价为元；计算最终结果均保留整数，单价为元/m^2，总价为万元。评分说明：分项分步记分；计算式(包括代入数据计算式)和计算结果分别计分；只有计算结果的不得分)

(一)某工业区土地开发完成后需要通过评估确定出让土地的底价。该开发区土地开发程度已达到“五通一平”(通路、通水、通信、通电、排水,场地平整),可供出让的土地面积占开发区总土地面积的 80%,土地出让年限为 50 年。

下面是估价调查所获得的其他资料。

征地补偿资料:该开发区周边地区近 3 年农作物的年平均亩产值为 2000 元,根据当地规定,征地时土地补偿费和安置补助费的总和取法律规定的最高值,青苗及地上物补偿费按当地农作物一年的产值计算。

征地过程中发生的相关税费:征地管理费,按照征地费总额的 4% 征收;耕地占用税,按 5 元/m² 征收;耕地开垦费,按 10 元/m² 计收。

土地开发成本及费用:开发区土地开发程度达到“五通一平”的开发费平均为 90 元/m²。

假定土地开发周期为 1.5 年,开发费在开发周期内均匀投入;开发的投资回报率为 15%,年贷款利率为 8%,土地还原率为 6%,50 年期工业用地土地市场价格与成本价格的比率为 120%,请根据上述资料计算土地单价。

(二)C 市的某企业拟购进 A 市的宗地 H,委托某土地评估机构对宗地 H 的转让价格进行评估。土地评估机构对待估宗地进行调查并取得了相关资料。请依据下面所列资料,评估出宗地 H 于 2007 年 7 月 31 日的市场价格(计算地价时,案例选择不少于 4 个)。

1. 案例资料

案例编号	交易类型	交易地点	土地用途	地价或租金/(元/m²)	年期	容积率	交易时间	区域因素比较	个别因素比较	开发程度
A01	转让	A 市	商业	858	40	2.1	2006.5.3	0	+3	*
A02	出让	A 市	住宅	342	70	2.0	2006.7.4	−3	0	*
A03	租赁	A 市	商业	43		1.9	2007.6.2	+5	−2	* *
A04	转让	A 市	商业	792	35	2.2	2005.4.8	0	+4	* *
B01	抵押	B 市	商业	801	40	3.0	2005.10.1	0	0	* *
C01	清算	C 市	工业	210	50	0.6	2006.9.30	0	0	* * *
A05	出让	A 市	住宅	424	50	1.6	2006.8.9	−2	−3	*
C02	清算	C 市	商业	562	40	2.0	2004.7.7	0	0	* * *
A06	转让	A 市	商业	476(楼面地价)	40	2.0	2005.2.2	0	−4	*
H	转让	A 市	商业		38	2.1	2007.7.31	0	0	* *

注:1. 开发程度说明:* 表示宗地外“七通一平”和宗地内“三通一平”;* * 表示宗地外“七通一平”和宗地内“五通一平”;* * * 表示宗地内外“七通一平”。

2. 区域因素和个别因素对地价的修正系数说明(有关系数均为案例与待估宗地比较所得):数字为负的,表示成交宗地的条件比待估宗地条件差;数字为正的,表示成交宗地的条件比待估宗地条件好;数值表示对宗地地价的修正幅度。

2. 其他资料

A 市的地价指数以 2005 年为基期,每年在上一年的基础上增加 10 个百分点;A 市的容积率对地价的影响是:以容积率为 2 时为基准,当容积率每升高或降低 0.1 时,宗地单位地价上涨率增加或减少 4 个百分点。A 市商业用地还原率为 4%;2005 年和 2006 年 A 市的商业用地宗地内从“三通一平”到“五通一平”的费用平均为 45 元/m²。

模拟试卷(一)参考答案

一、单项选择题

1. B	2. D	3. C	4. B	5. A
6. B	7. A	8. B	9. C	10. A
11. A	12. C	13. A	14. B	15. A
16. C	17. D	18. C	19. A	20. D
21. D	22. C	23. A	24. C	25. A
26. C	27. A	28. C	29. D	30. C

二、多项选择题

31. ABCD	32. ACE	33. ABCE	34. BD	35. BCD
36. BCD	37. ACD	38. ACE	39. ABCE	40. ABDE
41. ABD	42. ABE	43. ACE	44. ABCD	45. ACD
46. BC	47. ABD	48. ABD	49. ACD	50. CDE

三、情景分析题

51. AC	52. BD	53. BCD	54. D	55. C
56. D	57. D	58. C	59. C	60. B

四、计算题

(一)

1. 解题思路与方法选用

根据题意,估价对象为新开发土地,且已给定征地成本、土地开发费用等资料,适宜选用成本逼近法进行评估。

2. 解题步骤

(1)计算土地取得费及税费

土地补偿费和安置补助费的法定最高补偿标准为年产值的30倍,即为

1)最高补偿标准=2000×30/666.67=60 000/666.67=90.00(元/m^2)

2)青苗补偿及地上物补偿=2000/666.67=3.00(元/m^2)

3)征地费合计=90.00+3.00=93.00(元/m^2)

4)征地管理费=93.00×4%=3.72(元/m^2)

5)耕地占用税=5.00 元/m^2

6)耕地开垦费=10.00 元/m^2

7)土地取得费及税费=93.00+3.72+5.00+10.00=111.72(元/m^2)

(2)土地开发费

$$土地开发费=90.00\ 元/m^2$$

(3)投资利息

$$投资利息=111.72\times[(1+8\%)^{1.5}-1]+90.00\times[(1+8\%)^{0.75}-1]=19.02(元/m^2)$$

(4)投资利润

$$投资利润=(111.72+90.00)\times15\%=30.26(元/m^2)$$

(5)计算土地成本价格

$$成本价格=111.72+90.00+19.02+30.26=251.00(元/m^2)$$

(6)计算土地增值

根据题意,这里土地增值率取 20%,则

$$土地增值=251.00\times20\%=50.20(元/m^2)$$

(7)计算全开发区土地单位面积地价

$$全开发区土地单位面积地价=251.00+50.20=301.20(元/m^2)$$

(8)计算可出让土地单位面积地价

$$可出让土地单位面积地价=301.20/80\%=377(元/m^2)$$

即开发区 50 年期工业用地可出让的土地使用权价格为 377 元/m²。

(二)

1. 方法选择

此题应选用市场比较法等评估宗地价格。

2. 解题步骤

第 1 步:案例选择

根据比较法评估需要,按照相同市场条件、相同供需圈、相同用途的要求,根据题目给的各案例条件可以作为本评估对象的比较案例是 A01、A03、A04、A06,将此四个案例作为初选案例。

第 2 步:将 A06 案例的地价转换成单位面积地价

即计算出 A06 的单位面积地价:$476\times2=952.00(元/m^2)$

第 3 步:计算 A03 宗地 38 年期的土地使用权价格

$(43/0.04)\times[1-1/(1+0.04)^{38}]=832.82(元/m^2)$

第 4 步:编制期日修正指数表

年度	2005	2006	2007	2008
指数	100	110	120	130

第 5 步:编制容积率修正指数表

根据题目所给的条件,容积率修正系数如下。

容积率	1	1.7	1.8	1.9	2	2.1	2.2	2.3
修正系数	0.6	0.88	0.92	0.96	1	1.04	1.08	1.12

第 6 步:开发程度修正

A01、A06 修正为宗地外"七通一平"、宗地内"五通一平"的开发程度,两宗地的单位面积地价分别增加 45 元。

第 7 步:将案例地价修正为待估宗地条件下的地价

$$HA01=(858.00+45.00)\times\frac{1-1/(1+0.04)^{38}}{1-1/(1+0.04)^{40}}\times\frac{1.04}{1.04}\times\frac{120}{110}\times\frac{100}{100}\times\frac{100}{103}=935.87(\text{元}/\text{m}^2)$$

$$HA03=(832.82)\times\frac{1-1/(1+0.04)^{38}}{1-1/(1+0.04)^{38}}\times\frac{1.04}{0.96}\times\frac{120}{120}\times\frac{100}{105}\times\frac{100}{98}=876.79(\text{元}/\text{m}^2)$$

$$HA04=(792.00)\times\frac{1-1/(1+0.04)^{38}}{1-1/(1+0.04)^{35}}\times\frac{1.04}{1.08}\times\frac{120}{100}\times\frac{100}{100}\times\frac{100}{104}=913.16(\text{元}/\text{m}^2)$$

$$HA06=(952.00+45.00)\times\frac{1-1/(1+0.04)^{38}}{1-1/(1+0.04)^{40}}\times\frac{1.04}{1.00}\times\frac{120}{100}\times\frac{100}{100}\times\frac{100}{96}=1268.27(\text{元}/\text{m}^2)$$

第 8 步:估算地价

最佳的结果就是 A01、A04 两个交易实例的平均数,地价为 925 元/m^2;A01、A03 两个交易实例的平均数也可,地价为 906 元/m^2。

模拟试卷(二)

一、单项选择题(共30题,题号1~30,共15分。每题有A、B、C、D 4个备选项,其中只有1个最符合题意,请选择并将答题卡相同题号对应的字母涂黑。评分说明:每题0.5分,选错不得分,不倒扣分)

1. 已出让的国有土地,若变更原出让合同约定提高宗地建筑容积率,应向国家补交土地出让金差价。从土地估价的角度分析,符合(　　)。
   A. 替代原则　　B. 贡献原则
   C. 变动原则　　D. 协调原则
2. 由于与不动产投资利润率、土地投资利润率有一定的区别,因此一般只作为参考指标,且在实际评估中不能直接采用的是(　　)。
   A. 实质利率　　B. 存款利率
   C. 贷款利率　　D. 不动产租金与买卖价格的比率
3. 评估价格是由专门的机构和人员,按照一定的程序和方法评定的土地价格,其中不包括(　　)。
   A. 交易底价　　B. 课税价格
   C. 基准地价　　D. 公告(示)地价
4. 土地是一种能带来恒久收益的资产,其价格的本质是(　　)价格。
   A. 土地所有权　　B. 抵押权
   C. 土地使用权　　D. 收益
5. 土地估价方法可分为基本估价法和应用估价法,下列选项中不属于应用估价法的为(　　)。
   A. 路线价估价法　　B. 标准宗地估价法
   C. 成本逼近法　　D. 基准地价系数修正法
6. 土地分等定级的实质就是依据(　　)的优劣,评定出土地等级。
   A. 土地价值　　B. 土地区位
   C. 土地使用价值　　D. 土地成本
7. 土地实体是土地价值、土地权利等的载体,其确认的意义在于,能够从合法的途径对评估对象进行(　　)的界定。
   A. 宏观　　B. 微观
   C. 具象　　D. 权威
8. 根据区位经济分析和区位地租理论而构成的"杜能圈"中的第四圈为(　　)。
   A. 林业区　　B. 草田轮作区
   C. 谷物轮作区　　D. 自由农作区
9. 下列城市规划因素中,影响土地价格的个别因素是(　　)。
   A. 人口密度控制、用地结构　　B. 建筑物密度、容积率
   C. 区域交通管制、用地结构　　D. 公用设施条件、容积率
10. 下列关于农用地特点的说法,错误的是(　　)。
    A. 农用地既是劳动对象,又是劳动手段,是不可替代的生产资料
    B. 我国农用地资源丰富,且可以自行恢复和再生,所以取之不尽,用之不竭
    C. 农用地受自然环境的影响显著
    D. 农用地资源,只要利用得当,不仅有自行恢复和再生的能力,而且还可以永续利用

11. 农用地定级考虑的因素中不包括( )因素。

A. 自然经济　　B. 人文社会

C. 区位差异　　D. 耕地便利

12. 在房产出租、小商品活动较为发达的地区,评估的技术路线往往采用( )。

A. 租金剥离法　　B. 层次分析法

C. 总分频率曲线法　　D. 级差收益测算法

13. 市场比较法是以( )为理论基础,因此具有现实性和富有说服力。

A. 替代原则　　B. 最有效使用原则

C. 变动原则　　D. 预期收益原则

14. 土地登记面积与出让合同上的面积不一致时,以( )面积为准。

A. 土地证上的登记　　B. 出让合同上的

C. 实际测量　　D. 委托方确定的

15. 市场交易资料整理中的土地费用不包括( )。

A. 管理费　　B. 修理费

C. 折旧费　　D. 土地税费

16. 土地是社会经济活动的基础,但由于土地的自然条件不同和土地区位的( ),使土地使用者因使用不同的土地而获得收益。

A. 差异性　　B. 个别性

C. 复杂性　　D. 特殊性

17. 在全国范围内,按照标准耕作制度,在自然质量条件下划分出的农用地等别是( )。

A. 农用地等别　　B. 农用地利用等别

C. 农用地自然等别　　D. 农用地定级等别

18. 某市一体育用地于 2010 年按法定最高年限取得土地使用权,如果不考虑土地使用权延期,其土地使用权应于( )年终结。

A. 2050　　B. 2060

C. 2070　　D. 2080

19. 剩余法估价在选择最佳的开发利用方式中,最重要的是要选择最佳的( )。

A. 建筑容积率　　B. 土地用途

C. 土地覆盖率　　D. 建筑高度

20. 下列属于土地利用年度计划应当遵循的原则的是( )。

A. 优先保证居民住宅用地

B. 占用耕地与补充耕地相平衡

C. 城镇用地增加与农村建设用地减少相脱离

D. 严格依据土地利用总体规划,控制住宅用地总量,保护耕地

21. 下列属于商品租金,却不属于成本租金的是( )。

A. 折旧费　　B. 保险费

C. 贷款利息　　D. 房产税

22. 认为土地的价值与其深度的平方根成正比的路线价深度指数修正方法是( )。

A. 苏慕斯法则　　B. 哈柏法则

C. 四、三、二、一法则　　D. 霍夫曼法则

23. 下列关于基准地价评估技术途径的描述,最准确的是( )。

A. 在市场发达地区,在土地定级或均质地域划分的基础上,用市场交易价格等资料进行评估

B. 在市场发达地区,以土地定级为基础,以土地收益为依据进行评估

C. 在市场欠发达地区,以土地定级为基础,用市场交易价格等资料进行评估

D. 在市场发达地区,以影响地价的土地条件和按因素划分的均质地域为基础,以土地收益为依据进行评估

24. 采用收益还原法进行地价评估时,不属于经营费用的是(　　)。

A. 职工工资　　B. 房屋折旧费

C. 营业税　　D. 改扩建费用

25. 分析成本逼近法可以看出,成本逼近法在计算思路上是剩余法的变形,两种方法计算公式的形式是相类似的,在公式中,成本逼近法中的土地价格相当于剩余法中的(　　)。

A. 不动产开发总价　　B. 建筑费用

C. 土地价格　　D. 土地开发费

26. 某宗地当前年纯收益为 5 万元,预计未来每年纯收益比上一年增长 1%,土地还原率为 5%,则该宗地当前的无限年期价格为(　　)万元。

A. 100　　B. 125

C. 120　　D. 83.3

27. 基准地价是对(　　)具有指导性的地价标准,我国法律规定基准地价由政府发布,并且每隔一段时间需要更新。

A. 市场　　B. 行业

C. 区域　　D. 投资

28. 征地区片价测算的基本方法不包括(　　)。

A. 征地案例比较法　　B. 农地价格因素修正法

C. 年产值倍数法　　D. 因素成对比较法

29. 市场供求分析不仅是要确定市场供求的过去和现状,关键是要对(　　)进行预测。

A. 供求　　B. 价格

C. 时机　　D. 市场容量

30. 利用剩余法估价时,场地取得契税的计息期应包括(　　)。

A. 前期、建设期、销售期　　B. 前期、开发期、销售期

C. 建设期、销售期　　D. 开发期、销售期

二、多项选择题(共 20 题,题号 31~50,共 30 分。每题有 A、B、C、D、E 5 个备选项,其中至少有 2 个符合题意,请选择并将答题卡相同题号对应的字母涂黑。评分说明:每题 1.5 分,多选、有错误选项的不得分,不倒扣分;少选但均为正确选项的每项得 0.35 分)

31. 土地估价师可从城市总体规划图中了解到待估宗地的基本信息有(　　)。

A. 容积率　　B. 周围土地利用环境

C. 建筑物高度　　D. 覆盖率限制

E. 用途

32. 影响土地价格的人口因素包括(　　)。

A. 人口密度　　B. 人口自然增长率

C. 人口素质　　D. 家庭人口构成

E. 人口分布

33. 土地价格是由(　　)相互作用、相互影响所形成的。

A. 不可移动性　　B. 效用
C. 相对稀缺性　　D. 相关政策
E. 有效需求

34. 关于土地估价的说法，正确的是(　　)。
A. 土地像一般商品一样可以交易，其价值只受一般市场条件的影响
B. 土地价格形成于市场，如果不充分掌握市场的交易情况，就不能评估出公正客观合理的土地价值
C. 只有遵循土地估价的原则，正确选择估价的方法，才能正确评估出土地的价值
D. 同样一块土地，不同的权利，其价格可能相差很大
E. 如果不考虑政府的政策，地价评估结果很难称得上公正合理

35. 按照《城市房屋拆迁管理条例》的规定，下列房屋拆迁不需要进行补偿的有(　　)。
A. 尚有半年到期的临时用地上的简易房屋
B. 平房屋顶搭建的屋顶棚屋
C. 占用公共设施用地建造的商业店铺
D. 住宅小区建设的车棚
E. 没有取得建设用地规划许可证而建成的房屋

36. 土地利用的确认包括的内容是(　　)。
A. 土地用途　　B. 建筑容积率
C. 建筑覆盖率　　D. 高度限制
E. 房屋完好率

37. 在运用收益还原法评估不动产的价格时，按照评估对象的不同，可以将还原率分为(　　)。
A. 土地还原率　　B. 维护还原率
C. 管理还原率　　D. 建筑物还原率
E. 综合还原率

38. 在土地估价实务中，利用房地产出租调查数据评估土地价格时选取的租金可以为(　　)租金。
A. 客观　　B. 实质
C. 支付　　D. 待估价房地产实际
E. 市场比较法评估得到的

39. 下列房地产开发活动中，可采用剩余法进行评估的是(　　)。
A. 开发商确定竞拍地块所能支付的最高价格
B. 投资者确定待拆迁改造房屋的土地估价
C. 投资者估算建设项目建成后经营的最高控制成本
D. 投资者估算建设项目的预期利润
E. 市政府办公楼改造的地价评估

40. 计算土地纯收益时，从总收益中扣除(　　)，即为纯收益。
A. 总费用　　B. 税收费用
C. 房屋折旧费　　D. 维护费用
E. 房屋收益

41. 基准地价的特点有(　　)。
A. 全域性　　B. 分用途
C. 无限期　　D. 平均性

E. 有限期

42. 根据调查的土地条件、土地市场条件等，剩余法估价在政府规划及管理等限制所允许的范围内，确定地块的最佳利用方式，包括确定(　　)等。

A. 建筑成新率　　B. 建筑容积率

C. 建筑高度　　D. 土地覆盖率

E. 建筑装修档次

43. 由于(　　)的不同，形成了不同标准和起不同作用的地价形式。

A. 土地质量　　B. 地产权利

C. 土地区位　　D. 市场供求关系

E. 政府土地管理政策

44. 宗地估价时，下列关于确定估价基本事项描述正确的是(　　)。

A. 确定估价采用的技术路线和估价方法及估价报告备案部门

B. 估价对象主要包括位置、用途、面积、权属文件和估价权利性质等

C. 应根据估价期日确定估价日期

D. 应根据估价目的和委托方的要求确定估价期日

E. 应根据委托方的要求确定估价目的

45. 城镇土地定级单元的划分方法包括(　　)。

A. 分层设色法　　B. 等值线法

C. 均质地域法　　D. 网格法

E. 主导因素判定法

46. 全部不动产对(　　)必须具有效用。

A. 承租人　　B. 承租型所有人

C. 所有权人　　D. 投资型所有人

E. 自用型所有人

47. 对于(　　)等均需要对不动产资产进行估价。

A. 企业兼并　　B. 投资

C. 参股　　D. 企业解体

E. 企业重组

48. 个别因素比较的内容，主要有(　　)及市政设施状况、地形、地质、临街类型、临街深度、临街位置、水文状况、规划限制条件等。

A. 宗地内开发程度　　B. 宗地的位置

C. 宗地的建筑　　D. 宗地的面积

E. 宗地的形状

49. 某宗地位于城市郊区，临城市主干道，周边生活基础设施不够完善，所在街道人口密度较小。宗地西高东低，北段边界呈弧形，为不规则多边形。根据所给资料可以准确认定的宗地个别条件有(　　)。

A. 宗地内"三通一平"　　B. 宗地临城市主干道

C. 宗地不平坦　　D. 宗地交通非常便利

E. 宗地周边人口密度较小

50. 可行性研究是(　　)的依据。

A. 项目审批　　B. 资金筹措

C. 编制设计任务书

D. 开发商与各方签订合同

E. 确定项目金额

三、情景分析题(共2题,内含10小题,题号51～60,共10分。每小题有A、B、C、D 4个备选项,其中至少有1个符合题意,请选择并将答题卡相同题号对应的字母涂黑。评分说明:每小题1分,多选、有错误选项的不得分、不倒扣分;少选但均为正确选项的每项得0.25分)

(一)2012年5月,某城市拟以招标、拍卖或挂牌的方式出让一宗已达到“七通一平”开发程度的国有空地,土地总面积为10 000 m²,批准用途为居住,使用年限为70年,土地形状规则,宗地修建性详细规划主要控制指标为:2.0≤建筑容积率≤3.0,40%≤建筑覆盖率≤50%。根据调查,该宗地所在区域房地产市场规范有序,预测未来3～4年房地产市场价格年平均上涨比率为2%,已建成销售的居住房地产项目用地平均容积率2.8,平均建筑覆盖率31%,平均开发周期两年,建成后即可全部售出,楼层在8层以上的小高层商品房平均售价为8000元/m²,楼层在8层以下的多层商品房平均售价为6000元/m²,平均建筑费和专业费为1000元/m²,贷款年利率为6%,销售税费一般为房地产总价的6%,开发利润率一般为房地产总价的30%。

根据上述材料,回答51～55小题的问题。

51. 根据上述条件,估价人员适合选择的估价方法是(　　)。

A. 收益还原法

B. 市场比较法

C. 剩余法

D. 成本逼近法

52. 根据估价的目的,对确定土地估价原则和估价时所依据的土地利用条件,下列观点最恰当的是(　　)。

A. 因为市场规范有序,有充足的市场竞争性,遵循替代原则

B. 因为区域未来价格年平均上涨比率仅为2%,市场处于稳定平衡状态,符合供需原则

C. 实际建筑容积率为2.8,建筑密度为30%,符合最有效利用原则

D. 根据规划2.0≤建筑容积率≤3.0,40%≤建筑覆盖率≤50%,不符合最有效利用原则

53. 根据上述条件,在开发完成后,该宗地房地产最可能实现的最大价值是(　　)万元。

A. 17 479

B. 18 727

C. 23 305

D. 24 970

54. 该宗国有土地使用权公开出让价格评估结果最可能为(　　)万元。

A. 5624

B. 6185

C. 8243

D. 8992

55. 房地产开发商甲于2012年6月16日竞价成功一宗地国有土地使用权,并于2012年6月28日与当地国土部门签订出让合同,2012年7月29日取得国有土地使用证。2013年7月26日,经批准,甲获准在原基础上增加商业用途,则其应补交土地差价的估价期日应确定可以有以下方式(　　)。

A. 2013年7月26日,但要重新评估原条件下土地出让价值

B. 2012年6月28日,但合同事先要有约定

C. 2012年6月16日

D. 2012年7月29日

(二)某企业于2010年12月31日以出让方式取得了一宗土地使用年限为50年期的国有工业用地,土地总面积为3000 m²,交纳的土地出让金为30元/m²,该宗地土地开发程度已达到“五通一平”(通路、通电、通水、通信、排水及场地平整)。

2011年12月31日,该企业因改制需要进行土地价格评估,经调查,该地区土地取得费(含税

费)平均为 10 万元/亩,“五通一平”土地开发费为 8 万元/亩,在土地开发期内均匀投入,土地开发周期为一年,银行贷款年利率为 5.5%,投资利润率为 10%,土地还原率为 6%,50 年期出让金水平仍保持不变。

根据上述材料,回答 56～60 小题的问题。

56. 该宗地于 2011 年 12 月 31 日的单位地价为(　　)元/m^2。

A. 320.69　　B. 342.58

C. 418.76　　D. 360.50

57. 下列各项费用中,不属于土地取得费的是(　　)。

A. 劳动力安置费　　B. 土地平整费

C. 拆迁费　　D. 征地费

58. 利用剩余法所计算的待开发土地的价格是开发商取得土地所能支付的(　　)费用。

A. 最高　　B. 最低

C. 合理　　D. 总

59. 反映宗地在一般市场条件下的正常地价水平,作为政府对地价和地产市场进行具体管理的依据的地价形式是(　　)地价。

A. 宗地　　B. 出让

C. 基准　　D. 标定

60. 下列对土地估价描述不正确的是(　　)。

A. 土地估价依据的理论与方法与机器、设备、建筑物等估价所依据的理论与方法并不完全一致

B. 同样一块土地,其价格的高低与土地权利状况密切相关,不同的权利可能导致价格相差很大

C. 同一块土地,规划可使之一夜之间身价百倍,也可使之无人问津,这是土地估价必须考虑的经济因素对地价产生的深刻影响

D. 土地估价必须充分收集土地市场资料,把握土地市场的过去、现在和未来

四、计算题(共 2 题,共 45 分,其中第 1 题 25 分,第 2 题 20 分。答案要求:分别列出解题思路、基本方法、分步计算公式、代入数据计算式、计算结果及单位;计算中间结果均保留两位小数,单价为元/m^2,总价为元;计算最终结果均保留整数,单价为元/m^2,总价为万元。评分说明:分项分步记分;计算式(包括代入数据计算式)和计算结果分别计分;只有计算结果的不得分)

(一)某企业于 2006 年 10 月 30 日以挂牌出让的方式,取得一宗面积为 10 000 m^2 的综合用途土地,土地出让年限为 50 年,批准的规划容积率为 2.5。由于市政建设条件等原因,未能及时开工,后经有关部门的批准,项目于 2008 年 7 月开始动工,预计 2010 年 7 月竣工。项目其他有关资料如下:

(1)该不动产为商场、写字楼用途,总建筑面积 25 000 m^2。其中,1～4 层为商场,建筑面积 10 000 m^2;8 层为设备层,建筑面积为 1000 m^2;其余层为写字楼,建筑面积 14 000 m^2。写字楼中 2 层自用,建筑面积 2000 m^2。

(2)该不动产预算投资 2400 元/m^2,开发建设周期预计 2 年,第一年投入 60%,第二年投入 40%,资金在投资期间为均匀投入。该不动产建成时即以出租的方式经营,现已计划出租定价,商场为每平方米建筑面积 5.5 元,写字楼为每平方米建筑面积 3.5 元。

估价师对市场进行调查获得下列一些资料。

(1)同类建筑物耐用年限为 50 年,估价期间,市场建安综合造价为 2500 元/m^2,经估算,本项目

投资总量为 6250 万元。

(2)估价期间，同一区域内类似物业的租金水平比较稳定，按可出租建筑面积计，商场市场日租金为 5.0 元/m^2，写字楼市场日租金略低，考虑市场平均可出租率、空置期，以及承租方一般需缴纳相当于 3 个月租金数额的押金等因素，经测算，本物业建好后的年总收益为 3000 万元。

(3)估价期间，同一区域内类似物业出租经营中，市场管理费、维修费、税金分别为年租金的 10%、8%和 12%。按此标准测算，本物业经营中管理费、维修费、税金共计 800 万元。由于综合还原率中已考虑建筑物每年的折旧损失因素，所以经营费用中不再考虑。保险费为建安综合造价的 0.2%。

(4)当地土地还原率为 8%，综合还原率为 10%(已考虑建筑物每年的折旧损失因素)；同类不动产销售时，销售税费相当于售价的 10%，投资利润相当于土地取得费用和建造成本之和的 30%。此外，假设土地取得费中包含的税费相当于地价款的 1%，有关的银行存款年利率为 6.5%，贷款年利率为 10%。

请从上述信息中选择最恰当的数据和参数，测算本物业所占土地在 2008 年 7 月 30 日的市场价值。

(二)某单位于 2001 年 11 月以有偿出让方式取得 A 地块 50 年土地使用权，并于 2003 年 11 月在此地块上建成建筑物 B。A 地块面积为 2000 m^2，建筑面积为 2500 m^2，当时出让地价为 100 万元，建筑造价为 300 万元，其经济耐用年限为 48 年，残值率为 4%。2006 年 11 月该单位为与外商合资，需将该房地产评估作价，据调查，2001—2006 年该地区物价指数平均每年上涨 8%，目前该地块周围地区征地等各项费用为 20 万元/亩，土地开发费为 2 亿元/km^2，当地银行贷款年利率为 12%，土地开发周期平均为一年，土地开发投资回报率为 15%，当地土地增值收益率为 15%，土地还原率为 10%，目前该类建筑的重置价为 1500 元/m^2，试根据上述资料评估该单位房地产现值。

模拟试卷(二)参考答案

一、单项选择题

1. B	2. A	3. D	4. D	5. C
6. C	7. C	8. B	9. B	10. B
11. B	12. A	13. A	14. A	15. C
16. A	17. C	18. B	19. B	20. B
21. B	22. B	23. A	24. D	25. A
26. B	27. A	28. D	29. A	30. A

二、多项选择题

31. BE	32. ACD	33. BCE	34. BCDE	35. BCD
36. ABCD	37. ADE	38. ABE	39. ABD	40. ACE
41. ABDE	42. BCDE	43. ABDE	44. BDE	45. CDE
46. ADE	47. ABC	48. ABDE	49. BC	50. ABCD

三、情景分析题

51. BC	52. ABC	53. D	54. C	55. AB
56. A	57. B	58. A	59. D	60. C

四、计算题

(一)

1. 解题思路

根据所给资料，首先采用收益还原法评估不动产总价，然后采用剩余法评估该宗地于评估期日的价格。

2. 计算步骤

(1)计算房地产总价

1)该建筑物房地产年总收益为 30 000 000.00 元。

2)求取该建筑房地产总费用：

管理费、维修费、税金为 8 000 000.00 元。

保险费＝投资总量×0.2%＝62 500 000.00×0.2%＝125 000.00(元)

总费用＝管理费＋维修费＋保险费＋税金

＝8 000 000.00＋125 000.00

＝8 125 000.00(元)

3)房地产总纯收益＝30 000 000.00－8 125 000.00

$=21\ 875\ 000.00$(元)

4)房地产总价格$=P/r\times\left[1-\frac{1}{(1+r)^n}\right]$

$$=\frac{21\ 875\ 000.00}{10\%}\times\left[1-\frac{1}{(1+10\%)^{46.25}}\right]$$

$=216\ 085\ 986.80$(元)

(2)计算土地价格

1)总建筑成本=建筑总面积×建安造价=62 500 000.00(元)

2)估算房地产开发利息：

房地产开发利息=土地取得费用×$[(1+10\%)^2-1]+60\%\times62\ 500\ 000.00\times[(1+10\%)^{1.5}-1]+40\%\times62\ 500\ 000.00\times[(1+10\%)^{0.5}-1]$

=0.21×土地取得费用+6 983 586.19

3)估算房地产开发利润：

投资回报率=(土地取得费用+开发成本)×30%

=(土地取得费用+62 500 000.00)×30%

=0.3×土地取得费用+18 750 000.00

4)估算房地产销售税费：

销售税费=售价×10%=216 085 986.80×10%=21 608 598.68(元)

5)估算待估宗地价格：

土地取得费用=房地产总价－开发成本－利息－利润－税费

=216 085 986.80－62 500 000.00－(0.21×土地取得费用+ 6 983 586.19)－(0.3×土地取得费用+18 750 000.00)－21 608 598.68

=106 243 801.90－0.51×土地取得费用

则

土地取得费用=70 360 243.69(元)

地价=土地取得费用/(1+购地税费)

=70 360 243.69/(1+1%)

=6966(万元)

附：年期不同保留位数时的不同结果对照表

(单位：万元)

年期	房地产总价	销售税	土地取得费	地价
0.988	216 125 000	21 612 500	70 383 386.63	6969
0.9878	216 081 250	21 608 125	70 357 310.47	6966
0.987 82	216 085 987	21 608 599	70 360 243.69	
0.987 822	216 086 063	21 608 606	70 360 178.85 6966	
0.987 821 7	216 085 977	21 608 600	70 360 139.73	6966
0.987 821 65	216 085 986	21 608 599	70 360 133.21	6966

(二)

1. 解题思路与方法选用

根据题意,需估价的是一宗新开发的土地,适宜选用成本逼近法评估。对已有房屋的估价适宜采用重置价格折旧法。

2. 解题步骤

第 1 步:采用成本逼近法计算土地使用权现值

(1)土地取得费:20 万元/亩=300 元/m^2(1 亩=666.67 m^2)

(2)土地开发费:2 亿元/km^2=200 元/m^2

(3)计算利息:$300\times[(1+12\%)^1-1]+200\times[(1+12\%)^{0.5}-1]=47.67$(元/$m^2$)

(4)计算开发利润:(300+200)×15%=75(元/m^2)

(5)成本地价:(1)+(2)+(3)+(4)=622.67(元/m^2)

(6)土地出让增值收益=622.67×15%=93.40(元/m^2)

(7)目前剩余年期为 45 年,即土地使用权现值为

$(622.67+93.40)\times[1-1/(1+10\%)^{45}]=706.25$(元/$m^2$)

(8)土地使用权总价=706.25×2000=1 412 500(元)

第 2 步:用重置成本折旧法计算房屋现值

因为出让期满,土地及地上建筑物由政府无偿收回,使用者得不到残值。因此,全部重置价必须在使用年期内折旧完毕。

年折旧费=重置价/耐用年限=1500×2500/48=78 125.00(元)

建筑现值=重置价-年折旧费×已使用年限

=1500.00×2500.00-78 125.00×3=3 515 625.00(元)

第 3 步:计算房地产现值

房地产现值=土地使用权现值+建筑物现值

=1 412 500.00+3 515 625.00

=4 928 125.00(元)

≈492(万元)

模拟试卷(三)

一、单项选择题(共30题,题号1~30,共15分。每题有A、B、C、D 4个备选项,其中只有1个最符合题意,请选择并将答题卡相同题号对应的字母涂黑。评分说明:每题0.5分,选错不得分,不倒扣分)

1. 地产市场的核心是(　　)。
   A. 基准地价　　B. 地价
   C. 土地使用价值　　D. 土地收益

2. 不动产价格关系到不动产所有权和使用权在(　　)上的实现,不动产市场运行的秩序和不动产资源的优化配置。
   A. 价值　　B. 经济
   C. 货币　　D. 使用价值

3. 不属于土地价格与一般物价相比的自身特点的是(　　)。
   A. 市场结构不同　　B. 折旧现象不同
   C. 地价上升速度呈缓慢趋势　　D. 地价主要由地产需求决定

4. 用地潜力属于城镇土地等级的(　　)因素。
   A. 城镇规划　　B. 自然条件
   C. 城镇基础设施　　D. 环境质量

5. 调查土地利用状况的目的不包括(　　)。
   A. 了解土地的利用现状　　B. 限制条件
   C. 变化规律　　D. 保障程度

6. 收集与调查的资料包括区域年末耕地总面积、区域人口密度等,用于反映区域对城镇未来用地的供应潜力的是指对(　　)资料的收集与调整。
   A. 城镇土地供应潜力　　B. 城镇区位
   C. 分等基本　　D. 区域土地供应潜力

7. 下列不属于城镇土地等级调整与确定原则的是(　　)原则。
   A. 城镇规模和职能调控　　B. 行政建制协调
   C. 城镇规模调控　　D. 近邻平衡

8. 某耕地区片近3年平均年产值为1700元/亩,如土地补偿费按年产值的10倍计,土地补偿费和安置补助费之和,最低不得低于年产值的16倍,最高不得高于年产值的25倍,则该征地区片价为(　　)万元/亩。
   A. 4.25~5.95　　B. 2.72~4.42
   C. 2.72~4.25　　D. 1.70~2.72

9. 土地估价报告的作用不包括(　　)。
   A. 能够作为估价意见的专业凭证
   B. 是经济活动过程中土地价值的法律证明
   C. 是一个载体,能够将土地估价目的、估价对象情况、估价过程及估价结果等有关情况通过文字反映出来
   D. 明确土地权利的限制条件及其对价值的影响

10. 农用地质量分等原则不包括(　　)原则。

A. 综合分析　　B. 分层控制

C. 主导因素　　D. 土地收益一致

11. 根据当地实际情况，选择(　　)计算农用地自然质量分。

A. 因素法或主成分分析法　　B. 因素法或样地法

C. 样地法或层次分析法　　D. 主成分分析法或层次分析法

12. 基准地价评估应按照同一市场供需圈内，土地(　　)相同、等级一致的土地应具有同样的市场价格的原理进行。

A. 价值　　B. 使用价值

C. 成本　　D. 潜力

13. 市场比较法以替代关系为途径，所求得的价格称为(　　)。

A. 比准价格　　B. 替代价格

C. 剩余价格　　D. 成本价格

14. 某房地产开发商于 2006 年 7 月经出让取得一宗住宅用地，2 年后取得房屋预售许可证，2009 年 2 月销售房产，其土地使用权最长截止日期为(　　)。

A. 2079 年 7 月　　B. 2079 年 2 月

C. 2076 年 7 月　　D. 2076 年 2 月

15. 在全国范围内，按照标准耕作制度，在一定的光温、气候资源条件和土地条件下，根据规定的方法和程序进行的农用地质量综合评定，划分出农用地质量等别的是(　　)。

A. 农用地质量等　　B. 农用地自然等

C. 农用地利用等　　D. 农用地经济等

16. 作为基础设施配套费应以(　　)为标准计算。

A. 三通一平　　B. 四通一平

C. 五通一平　　D. 七通一平

17. 城市中，随着土地离道路距离的增加，道路对土地利用价值影响(　　)时的深度称为市街地的标准深度。

A. 最大　　B. 最小

C. 为零　　D. 固定

18. 根据国土资源部《关于发布实施〈全国工业用地出让最低价标准〉的通知》规定，工业用地必须采用招标、拍卖、挂牌方式出让，其出让底价和成交价格均不得(　　)所在地土地等别相对应的最低价标准。

A. 高于　　B. 低于

C. 等于　　D. 低于或等于

19. 从时间价值的角度看，(　　)是购买者对这种商品在未来一定时间内期望收益的折现。

A. 货币　　B. 价格

C. 价值　　D. 使用价值

20. 某宗地生地价格为 P_1，熟地价格为 P_2，地上建筑物正常装修后待使用的不动产价格为 P_3，若其正在使用的不动产价格为 P_4，则正常情况下(　　)。

A. $P_1<P_2<P_3<P_4$　　B. $P_2<P_1<P_4<P_3$

C. $P_2<P_1<P_3<P_4$　　D. $P_1<P_2<P_4<P_3$

21. 下列属于决定不动产供给的因素的是(　　)。

A. 人口数量　　B. 价格

C. 收入水平　　D. 消费结构

22. 在合法使用方面,应以(　　)、土地用途管制等为依据。

A. 不动产权属证书　　B. 城市规划

C. 土地使用权出让合同　　D. 行政法规

23. 城镇土地分等定级采用的是(　　),并结合土地收益、价格等信息,应用市场资料分析法等方式进行验证。

A. 多因素综合评价法　　B. 收益还原法

C. 成本逼近法　　D. 剩余法

24. 某宗位于主干道旁的工业用地,厂区内为硬化路面、自供水,厂区外铺设有市政供水、排水、供热、煤气等管网以及通信电缆、供电电网,则在土地价格评估时,土地开发程度应设定为(　　)。

A. 宗地红线外"三通"(通路、通电、通水)及宗地内场地平整

B. 宗地红线外"五通"(通路、通电、通上水、通信、通气)及宗地内场地平整

C. 宗地红线外"五通"(通路、通电、通下水、通信、通气)及宗地内场地平整

D. 宗地红线外"七通"(通路、通电、通上水、通下水、通信、通气、通热)及宗地内场地平整

25. 下列城镇土地定级因素分值计算原则表述中,错误的是(　　)。

A. 因素分值的确定要建立在因素与土地效益相关研究的基础上

B. 作用分值与土地的优劣成正相关或负相关

C. 分值体系采用 0~100 分的封闭区间

D. 作用分值只与因素指标的显著作用区间相适应

26. 属于计算土地经济系数的方法是(　　)。

A. 分指定作物计算法　　B. 因素法

C. 多边形法　　D. 样地法

27. 用来体现经济变量与时间的变化关系的经济数学的内容为(　　)。

A. 几何代数　　B. 线性代数

C. 多元微分方法　　D. 采用微分方程或差分方程

28. 地方房地产统计指标中的开发量不包括(　　)面积。

A. 商品房施工　　B. 新开工

C. 开发投资　　D. 竣工

29. 衡量因素的不同水平(不同总体)下各样本数据的误差,称为(　　)误差。

A. 组内　　B. 随机

C. 组间　　D. 系统

30. 估价师运用剩余法评估出某新建商品房项目用地土地价格为 3000 万元。委托估价方提出异议,并向估价机构提供企业在引进 ISO 国际质量管理体系后投资成本节省 5%的有效证明。在其他条件不变的情况下,若对估价结果进行复核,其结果为(　　)。

A. 复核结果高于 3000 万元　　B. 复核结果低于 3000 万元

C. 维持原估价结果不变　　D. 依重新计算的最终结果确定

二、多项选择题(共 20 题,题号 31~50,共 30 分。每题有 A、B、C、D、E 5 个备选项,其中至少有 2 个符合题意,请选择并将答题卡相同题号对应的字母涂黑。评分说明:每题 1.5 分,多选、有错误选项的不得分,不倒扣分;少选但均为正确选项的每项得 0.35 分)

31. 下列关于成本逼近法适用范围描述正确的有(　　)。

A. 适用于新开发土地的估价
B. 适用于建成区土地的估价
C. 适用于山区乡镇企业用地的估价
D. 适用于商业用地的估价
E. 适用于学校、公共设施用地的估价

32. 评估价格是由专门的机构和人员，按照一定的程序和方法评定的土地价格，包括(　　)。
A. 交易底价　　B. 基准地价
C. 课税价格　　D. 公告(示)地价
E. 申报地价

33. 土地分等定级一般遵循的原则有(　　)原则。
A. 定量分析　　B. 地域分异
C. 综合分析　　D. 主导因素
E. 土地收益差异

34. 土地分等定级因素是指对土地质量、级别有重大影响，并能体现土地区位差异的(　　)条件。
A. 经济　　B. 政治
C. 社会　　D. 人文
E. 自然

35. 下列有关农用地分等和定级相互关系的认识正确的是(　　)。
A. 农用地级别是在县级行政区范围内的续分
B. 农用地分等和定级分别以在全国范围、在县域范围内可比作为基本目标
C. 农用地分等和定级分别反映了农用地综合质量和土地利用价值的优劣
D. 农用地分等、定级本质上都是对同一区域内的农用地质量进行评价
E. 农用地定级必须在分等的基础上进行

36. 土地估价现场勘察对土地产权状况的考察包括(　　)。
A. 土地的界线　　B. 土地他项权利
C. 土地的来源　　D. 土地的基础设施情况
E. 土地产权纠纷

37. 遵循合法原则，要求土地估价应以估价对象(　　)为前提估价。
A. 合法产权　　B. 合法使用
C. 合法处分　　D. 合法交易
E. 最佳使用

38. 用样地法来计算农用地自然质量分，包括的步骤有(　　)。
A. 设置标准样地　　B. 确定分等因素样地适用区
C. 确定分等因素　　D. 确定标准样地分值
E. 编制分等属性图

39. 已知，某宗已完成配套开发的国有土地评估价为 V_1，政府确定其出让底价为 V_2，拍卖中其成交价为 V_3。按照正常情况，下列关于评估价、出让底价、成交价之间的关系描述正确的有(　　)。
A. $V_2 < V_3 < V_1$　　B. $V_1 = V_2$
C. $V_2 \leqslant V_3$　　D. $V_1 \leqslant V_3$
E. $V_3 \leqslant V_2 < V_1$

40. 评估基准地价需要用模型进行的，应根据(　　)，从众多模型中选择适合当地城镇特点的模

型，评估基准地价。

A. 土地等级　　B. 土地收益

C. 地价的相关关系　　D. 各地的土地市场条件

E. 土地制度

41. "三通一平"指的是(　　)。

A. 通水　　B. 通电

C. 平整地面　　D. 通路

E. 通信

42. 某乡镇经批准需征收集体土地修建一条公路，其中需占耕地 25 h m^2、其他土地 8 h m^2。下列关于征地补偿费的使用和分配的正确说法有(　　)。

A. 土地补偿费归村民集体经济组织所有

B. 安置补助费可以发放给被安置人员本人

C. 土地补偿费必须发给全体农户

D. 安置补助费可以支付给农村集体经济组织，用于统一安置

E. 安置补助费可以用于农村集体基础设施建设

43. 土地等级是在城镇内部，通过投资与(　　)等分析，揭示城镇内部各具体地块的收益差异，从而得出在城镇内部的排序。

A. 土地的资本　　B. 自然条件

C. 经济活动程度　　D. 经济活动频率

E. 土地的增值性

44. 市场中通过商品价格变化及供求变化的内在(　　)关系，实现对资源的优化配置，达到对市场进行调控的目的，并成为市场经济的重要运行规律。

A. 互成正比例　　B. 互成反比例

C. 相互配合　　D. 相互联系

E. 相互制约

45. 对于下列各类型土地，适宜选用替代原则进行评估的是(　　)。

A. 寺庙用地　　B. 别墅用地

C. 小型油井用地　　D. 高尔夫球场用地

E. 文化遗产用地

46. 不动产开发的预付资本包括(　　)等。

A. 地价款　　B. 开发建筑费

C. 不可预见费　　D. 专业费

E. 工程安装费

47. 农用地分等定级单元划分方法包括(　　)。

A. 多边形法　　B. 均质地域法

C. 网格法　　D. 叠置法

E. 地块法

48. 可行性研究的目的是使决策(　　)，提高决策的可靠性，并为项目的实施和控制提供依据和参考。

A. 科学化　　B. 客观化

C. 具体化　　D. 可行化

E. 程序化

49. 按照《国土资源部办公厅关于完善企业改制土地估价报告备案有关事宜的通知》的规定，下列说法正确的有(　　)。

A. 应当收集整理当地土地一级开发市场和近 3 年来已备案的土地估价报告等资料

B. 应当开展出让土地使用权价格和划拨土地使用权价格差异测算和研究

C. 报告中的土地增值收益率由土地估价师直接确定

D. 划拨土地使用权价格评估，可采用一种估价方法确定

E. 企业改制上报备案的土地估价报告必须同时包含划拨土地使用权价格和出让土地使用权价格

50. 基准地价评估是根据已有的(　　)资料，综合评估各级别、区域分用途的平均价格，所收集的资料真实性和准确性直接影响基准地价的评估结果。

A. 地价　　B. 地租

C. 土地等级　　D. 土地质量

E. 土地收益

三、情景分析题(共 2 题，内含 10 小题，题号 51～60，共 10 分。每小题有 A、B、C、D 4 个备选项，其中至少有 1 个符合题意，请选择并将答题卡相同题号对应的字母涂黑。评分说明：每小题 1 分，多选、有错误选项的不得分、不倒扣分；少选但均为正确选项的每项得 0.25 分)

(一)某工业集团拟将其下属的 A 企业进行股份制改造，A 企业占用的国有划拨土地使用权共 1 000 000 m^2，所在区域的工业用地基准价为 350 元/m^2。根据股改要求，土地将采用国家作价入股方式进行处置，由于受总体股本额限制，该集团要求投入的土地资产不超过 2 亿元。

根据上述材料，回答 51～55 小题的问题。

51. 要使总估价额不超过 2 亿元，可使用的方法有(　　)。

A. 缩小入股土地的面积　　B. 缩短入股土地的年期

C. 降低土地的单价　　D. 限制入股土地的权利

52. 基准地价系数修正法评估的宗地价格是(　　)。

A. 比准价格　　B. 剩余价格

C. 交易底价　　D. 成本累加价格

53. 基准地价系数修正法评估宗地地价的最基本条件包括(　　)。

A. 土地上有建筑物　　B. 有基准地价

C. 已有宗地价格修正系数表　　D. 具有足够数量的标准宗地地价样本

54. 基准地价评估时的土地用途以(　　)用途为主。

A. 现实　　B. 住宅

C. 商业　　D. 规划

55. 地价管理的主要作用在于(　　)。

A. 防止地价暴涨和土地投机

B. 促进土地合理利用，防止国有土地收益流失

C. 规范交易行为，健全地产市场

D. 规范估价方法，提高地价水平

(二)企业甲拥有一宗土地面积为 20 亩的国有出让土地，规划建设 4 万 m^2 综合大楼和 2 万 m^2 公寓，预计 2 年建成后即全部售出。企业甲在完成前期投入后，拟将该宗地转让给房地产开发商乙。

经调查，该城市相似地段相同功能的综合楼售价为6000元/m^2，公寓售价为4500元/m^2，同类结构的综合楼工程建筑费及专业费为2100元/m^2，公寓为1800元/m^2，在建筑期间，建筑费及专业费第一年投入40%，第二年投入60%，银行贷款年利率为5.5%，开发利润为总售价的15%，销售税率为售价的5.5%。

根据上述材料，回答56～60小题的问题。

56. 该宗地在规划条件下的总地价为(　　)万元。

A. 12 253.59　　B. 13 460.85

C. 11 538.69　　D. 12 760.47

57. 经甲乙双方协商，房地产开发商乙准备以开发完成后的部分房地产按售价的90%给甲作为地价的补偿，开发后的房地产销售税费由乙统一支付，如不考虑甲的前期投入和土地转让税费，甲除可得到14 000 m^2 综合楼外，还可分得(　　)m^2 的公寓。

A. 13 657.40　　B. 12 360

C. 11 589.11　　D. 11 267.76

58. 根据评估目的不同，宗地地价可分为(　　)。

A. 基准地价、标定地价、交易底价等

B. 成交地价、标定地价、交易底价等

C. 基准地价、成交地价、标定地价等

D. 标定地价、出让底价、交易底价等

59. 宗地地价评估的程序，是以(　　)开始到最后提交估价报告书为止的全过程。

A. 收集资料　　B. 接受估价委托书

C. 拟订估价作业计划　　D. 确定估价基本项目

60. 宗地地价是指具体宗地在某一期日的(　　)价格。

A. 土地抵押权　　B. 土地使用权

C. 土地租赁权　　D. 土地所有权

四、计算题(共2题，共45分，其中第1题25分，第2题20分。答案要求：分别列出解题思路、基本方法、分步计算公式、代入数据计算式、计算结果及单位；计算中间结果均保留两位小数，单价为元/m^2，总价为元；计算最终结果均保留整数，单价为元/m^2，总价为万元。评分说明：分项分步记分；计算式(包括代入数据计算式)和计算结果分别计分；只有计算结果的不得分)

(一)某开发公司欲参与A宗地的土地使用权招标竞争，现委托某土地估价机构对A宗地进行投标地价评估。该估价机构收集到有关资料如下所示。

(1)A宗地面积为2000 m^2，规划用途为住宅用地，最大容积率为4.0，区域基础设施状况为"五通一平"，出让年期为住宅用地法定最高年限。

(2)该开发公司拟取得该地块的土地使用权后，建造商品住宅楼，预计开发期为2年，建筑费为600万元，专业费和不可预见费分别为建筑费的6%和4%，建筑成本均匀投入，建成后即可全部售出。

(3)该开发公司预计的投资回报率为房地产售价的15%；税金为房地产总价的6%；银行年贷款利率为11%，土地还原率为8%。

(4)在A宗地所在区域内建筑结构及装修水平相同的三幢商品住宅楼的正常售价分别为

实例B：2370元/m^2；

实例C：2730元/m^2；

实例D：2500元/m^2。

A 宗地上建成后的房地产与上述三个比较实例的影响因素修正指数如下表，表中数值表示各案例条件与待估房地产的比较，负号表示案例条件比待估房地产差，正号表示案例条件优于待估房地产。

比较因素	A 宗地	比较实例 B	比较实例 C	比较实例 D
交易时间	100	−1	−5	−4
交易情况	100	0	−1	+1
区域因素	100	−2	+2	−3
个别因素	100	0	+10	+5
使用年期	100	−3	0	−1

根据以上资料，评估出该公司的投标地价。

(二)某公司于 2003 年 11 月，出资 150 万元以有偿出让方式取得一宗地的 50 年土地使用权，并于 2005 年 11 月以 300 万元的造价完成了厂房、办公用房等的建筑，已竣工验收。2008 年 11 月，调查和实地踏勘后，得到的有关资料如下。

(1)该宗地面积为 3 亩，土地开发程度为"五通一平"，其所属建筑物面积为 2500 m^2，砖混结构，经济耐用年限为 50 年，残值率为 2%。

(2)2003—2008 年该地区建材价格指数平均每年比上年上涨 8%。

(3)2008 年 11 月，宗地所在区域进行成片开发时，土地补偿费、安置补助费及征地发生的其他税费为 300 元/m^2，开发程度为"五通一平"的土地开发费为 200 元/m^2，土地的开发周期平均为 2 年，开发投资为均匀投入。根据城市规划，公共绿地、道路等公共用地面积比例应占成片开发土地面积的 10%。

(4)当地银行一年期贷款利率为 12%，与该宗地类似土地的开发投资回报率为 15%、土地增值收益率为 15%、土地还原率为 10%。

(5)该类建筑物的重置价为 1500 元/m^2。

2008 年 11 月该公司拟进行合作经营，需对整体不动产进行评估作价，试根据上述资料选择适当的方法，评估整体不动产的现值总价和楼面价格。

模拟试卷(三)参考答案

一、单项选择题

1. B	2. B	3. C	4. A	5. D
6. D	7. C	8. C	9. D	10. D
11. B	12. B	13. A	14. C	15. B
16. D	17. C	18. B	19. B	20. D
21. B	22. B	23. A	24. D	25. B
26. A	27. D	28. C	29. C	30. C

二、多项选择题

31. ACE	32. ABC	33. BCDE	34. ACE	35. BCD
36. ABCE	37. ABC	38. ABCE	39. BCD	40. ABCD
41. ABCD	42. ABD	43. ABCD	44. DE	45. BC
46. ABCD	47. ACDE	48. AE	49. ABE	50. ABE

三、情景分析题

51. ABD	52. A	53. BC	54. A	55. ABC
56. A	57. C	58. D	59. B	60. B

四、计算题

(一)

1. 解题思路及方法选用

先用市场比较法计算不动产总价,再用剩余法评估土地价格。

2. 解题步骤

第 1 步:采用市场比较法确定不动产总价

(1)分别计算出 3 个案例的试算价格:

$$B=2370\times\frac{100}{99}\times\frac{100}{100}\times\frac{100}{98}\times\frac{100}{100}\times\frac{100}{97}=2518.35(\text{元}/m^2)$$

$$C=2730\times\frac{100}{95}\times\frac{100}{99}\times\frac{100}{102}\times\frac{100}{110}\times\frac{100}{100}=2587.09(\text{元}/m^2)$$

$$D=2500\times\frac{100}{96}\times\frac{100}{101}\times\frac{100}{97}\times\frac{100}{105}\times\frac{100}{99}=2557.12(\text{元}/m^2)$$

(2)采用算术平均求取不动产总价

单位面积不动产价$=(2518.35+2587.09+2557.12)/3=2554.19$(元/$m^2$)

不动产总价＝2554.19×2000×4＝20 433 520.00(元)

第 2 步:计算建筑成本费用及利润

(1)建筑费＝6 000 000.00 元

(2)专业费＝6 000 000.00×6%＝360 000.00(元)

(3)不可预见费＝6 000 000.00×4%＝240 000.00(元)

(4)利息＝(6 000 000.00＋360 000.00＋240 000.00)×$[(1+11\%)^1-1]$＋地价×$[(1+11\%)^2-1]$

＝726 000.00＋0.2321×地价

或:利息＝(6 000 000.00＋360 000.00＋240 000.00)×50%×$[(1+11\%)^{1.5}-1]$＋(6 000 000.00＋360 000.00＋240 000.00)×50%×$[(1+11\%)^{0.5}-1]$＋地价×$[(1+11\%)^2-1]$

＝726 000.00＋0.2321×地价

(5)税金＝20 433 520.00×6%＝1 226 000.00(元)

(6)开发利润＝20 433 520.00×15%＝3 065 000.00(元)

第 3 步:计算土地价格

地价＝不动产总价－建筑费－专业费－不可预见费－利息－税金－利润

＝20 433 520.00－6 000 000.00－360 000－240 000－726 000.00－0.2321×地价－1 226 000.00－3 065 000.00

1.2321×地价＝8 816 500.00

地价＝7 155 700.00 元≈716(万元)

单位地价＝7 155 700.00/2000＝3577.85(元/m^2)≈3578(元/m^2)

(二)

1. 方法选择

根据所给资料,应采用成本法评估该房地产现值。

2. 计算步骤

(1)计算土地价格

利用成本逼近法计算土地价格:

1)土地取得费＝300.00 元/m^2

2)土地开发费＝200.00 元/m^2

3)投资利息＝300.00×(1.12^2-1)＋200×(1.12－1)＝100.32(元/m^2)

4)投资利润＝(300.00＋200.00)×15%＝75.00(元/m^2)

5)成本价格＝土地取得费＋土地开发费＋利息＋利润

＝300.00＋200.00＋100.32＋75.00

＝675.32(元/m^2)

6)土地增值＝675.32×15%＝101.30(元/m^2)

7)土地无限年期价格＝土地成本价＋土地增值

＝675.32＋101.30＝776.62(元/m^2)

8)单位宗地价格＝$\frac{776.62}{(1-10\%)}\times\left[1-\frac{1}{(1+10\%)^{45}}\right]$＝851.07(元/$m^2$)

9)宗地总价＝851.07×3×$\frac{2000}{3}$＝1 702 140.00(元)

(2)计算建筑物价格

1)建筑物重置价格＝1500×2500＝3 750 000.00(元)

2)建筑物折旧额＝$\frac{3\ 750\ 000.00\times 3}{48}$＝234 375.00(元)

3)建筑物现值＝3 750 000.00－234 375.00＝3 515 625.00(元)

(3)计算不动产现值

1)不动产现值＝1 702 140.00＋3 515 625.00＝5 217 765.00(元)≈522(万元)

2)单位不动产现值＝5 217 765.00/2500≈2087(元/m^2)

模拟试卷(四)

一、单项选择题(共30题,题号1～30,共15分。每题有A、B、C、D 4个备选项,其中只有1个最符合题意,请选择并将答题卡相同题号对应的字母涂黑。评分说明:每题0.5分,选错不得分,不倒扣分)

1. 用地潜力属于城镇土地等级的(　　)因素。

A. 城镇规划　　B. 自然条件

C. 城镇基础设施　　D. 环境质量

2. 在进行城镇定级时,某城镇商服中心分为三级,市级中心的规模指数为100,区级中心的规模指数为50,小区级中心规模指数为20,市级中心、区级中心及小区级中心的功能分别为(　　)。

A. 100、50、20　　B. 50、30、20

C. 100、30、20　　D. 59、29、12

3. 某估价机构在承接一项土地评估业务后安排土地估价师对待估宗地周边环境进行了详细的调查,你认为该调查的主要目的是了解待估宗地的(　　)。

A. 待估地产状况　　B. 地上建筑物状况

C. 市场情况　　D. 区域因素条件

4. 从技术层面上看,土地估价仅仅是对土地价值或价格的一种推算,比如估价师可以从土地开发者的角度以(　　)为基础对土地价值进行测算。

A. 土地开发成本　　B. 市场调查

C. 房屋开发价值　　D. 风险分析

5. 土地估价时点通常不包括(　　)。

A. 既往价值时点　　B. 当前价值时点

C. 未来价值时点　　D. 临时价值时点

6. 与土地质量呈正相关关系的人口密度因子属于(　　)因素。

A. 城镇区位　　B. 城镇集聚规模

C. 区域经济发展水平　　D. 区域土地供应潜力

7. 为了对某宗商业用地进行估价,估价人员对宗地附近区域商业用房出租、买卖等市场交易情况进行了实地调查。按运用商业用地估价方法的要求,下列不需要进行交易情况修正的是(　　)。

A. 承租首层商业用房时附带承租建筑夹层,租赁合同约定租金优惠15%

B. 出租房屋的物业管理费1.2元/m^2,由承租人自行向物业公司缴纳

C. 买卖合同约定在房产过户时由买方按成交价的3%和1%分别缴纳契税和土地增值税

D. 买卖合同约定在房产过户时由卖方按成交价的5.5%和1.0%分别缴纳营业税及附加和土地增值税

8. 通常情况下,选择多因素综合评价进行分析,主要考察的影响土地因素以(　　)、区域经济发展水平为主。

A. 城镇区位　　B. 城镇基础设施

C. 区域综合服务能力　　D. 城镇集聚规模

9. 地价整体状况分析和判断是土地估价师要具备的基本能力。假定甲城镇和乙城镇相邻且规模相当,如果甲的GDP增长率为9%,乙为7%,甲的城市建设用地面积增长率为7%,乙为5%。

根据这一情况分析，以下判断中正确的是（　　）。

A. 甲城镇的地价水平一定高于乙城镇

B. 甲城镇的地价上涨速度一定高于乙城镇

C. 甲城镇的地价变动方向应与乙城镇相同

D. 由于竞争，甲城镇的地价变动方向应与乙城镇相反

10. 下列不属于农用地分等定级原则的是（　　）原则。

A. 综合分析　　B. 整体控制

C. 主导因素　　D. 土地收益差异

11. 按照我国法律规定，对于上市公司的资产状况要由专业的机构进行评估，主要是为了解决上市公司管理层与众多不定的股票持有者之间的信息（　　）与不信任问题。

A. 不真实　　B. 不对称

C. 不合理　　D. 不可靠

12. 某土地估价师拟撰写一份住宅用地抵押估价报告，在收集所需资料后进行归类分析，属于区域因素说明的内容的是（　　）。

A. 宗地红线内土地开发达到“五通一平”（通路、通电、通上水、通下水、通信及场地平整）

B. 受人民币贷款基础利率上调等因素的综合影响，在宗地所在区域拥有在建楼盘的两个房地产上市公司一季度业绩公告利润下降5%

C. 在宗地所在城区国土资源分局、房屋产权登记中心收集到的房地产抵押登记相关规定

D. 根据城市规划，该宗地所在区域将建成一个兼容居住、行政办公等功能的现代物流园区

13. 由于估价目的不同，价格类型也会存在差异。在下列情况中，（　　）的价格类型是相同的。

A. 国有土地使用权租赁与集体土地使用权转让

B. 征收有关土地税费与土地司法鉴定

C. 城镇标定地价与城镇级别基准地价

D. 国有土地使用权作价入股与清产核资

14. 城镇基准地价评估技术报告中主要的内容不包括（　　）。

A. 技术成果　　B. 技术路线选择

C. 技术程序　　D. 估价成果

15. 成果验收报告的主要内容没有（　　）。

A. 各项成果检查量、合格率及与标准的比较

B. 对成果应用的批评建议

C. 对成果的综合分析、评价并作出明确的验收结论

D. 存在的主要问题类型、性质、数量及相应处理意见

16. 下列关于基准地价更新的几种技术路线，正确的是（　　）。

A. 以土地定级为基础，以市场交易地价资料为参考，更新基准地价

B. 以均质区域为基础，以市场交易地价资料为参考，更新基准地价

C. 以土地定级为基础，以土地收益为依据，以市场交易地价资料为参考，更新基准地价

D. 以土地定级（或均质区域）为基础，以地价指数为参考，更新基准地价

17. 2008年3月，甲企业拟对其位于某开发区内一宗已出让工业用地厂房及配套建筑进行改建、加建，建设完成后宗地建筑密度和容积率指标将分别由40%、0.9提高为45%、1.2。土地估价师在为甲企业提供地价综合咨询服务时应作出的正确判断是（　　）。

A. 按规定办理规划建设条件变更审批手续，方案获得批准并经国土部门备案后，补缴因建筑

面积增加形成的土地差价

B. 按规定办理规划建设条件变更审批手续，方案批准后与国土部门重新签订建设用地使用权出让合同或补充协议，但不需要为建筑面积增加补缴土地差价

C. 改建、加建后增加的建筑面积应补缴土地差价＝容积率 1.2 条件下的市场价格－容积率 0.9 条件下的市场价格

D. 改建、加建后增加的建筑面积应补缴土地差价＝容积率 1.2 条件下的市场价格－容积率 0.9 条件下的原出让价格

18. 土地利用是一个(　　)的过程，不同的时点会出现不同的情况，估价师要及时认定。

A. 动态　　B. 变化

C. 固定　　D. 机动

19. 地产市场的核心是(　　)。

A. 基准地价　　B. 地价

C. 土地使用价值　　D. 土地收益

20. 根据《城镇土地估价规程》，毛地价与生地价的区别在于(　　)。

A. 是否完成基础设施建设　　B. 土地使用权性质不同

C. 土地交易市场条件不同　　D. 土地使用批准手续不同

21. 权属调查的主要内容不包括对(　　)的调查。

A. 宗地位置　　B. 使用者情况

C. 界线　　D. 权属状况

22. 新颁布的《中华人民共和国物权法》规定，农用地承包权一般情况下为(　　)年不变，这也是法律所规定的。

A. 30　　B. 50

C. 70　　D. 100

23. 农用地分等的技术路线是，依据全国统一制定的(　　)，以指定作物的光温(气候)生产潜力指数，通过对土地自然质量、土地利用水平、土地经济水平逐级订正，综合评定农用地等别。

A. 分等单元　　B. 标准耕作制度

C. 基准作物　　D. 标准样地

24. 市场比较法估价的程序是(　　)。

A. 收集交易资料→进行市场交易情况修正→区域、个别因素修正→期日修正→使用年限修正→容积率修正→确定比较交易案例→土地价格的确定

B. 收集交易资料→确定比较交易案例→期日修正→区域、个别因素修正→使用年限修正→进行市场交易情况修正→容积率修正→土地价格的确定

C. 收集交易资料→确定比较交易案例→进行市场交易情况修正→期日修正→区域、个别因素修正→使用年限修正→容积率修正→土地价格的确定

D. 收集交易资料→期日修正→土地价格的确定→进行市场交易情况修正→使用年限修正→区域、个别因素修正→容积率修正→确定比较交易案例

25. 农用地质量是各种自然因素、社会经济因素综合作用的结果，农用地分等定级应以造成等别差异的各种相对稳定因素的综合分析为基础，这体现了农用地分等定级的(　　)。

A. 综合分析原则　　B. 分层控制原则

C. 主导因素原则　　D. 土地收益差异原则

26. 不动产可行性研究的必要内容，具体不包括(　　)。

A. 项目概况　　B. 风险分析
C. 财务评价　　D. 成本估算

27. 营销分析是建立在对(　　)的基础上的,包括对竞争对手的分析。
A. 市场深刻理解　　B. 市场绝对熟悉
C. 市场独特见解　　D. 市场足够了解

28. 甲公司拟将土地使用权作价与乙公司成立股份有限公司,委托土地估价机构对其已出让在建办公楼用地价格进行评估。按照委托方的估价目的,经分析所收集到的资料,估价师在评估地价过程中采用的建筑面积指标应选择(　　)。
A. 出让合同约定的建筑面积　　B. 在建工程实际的建筑面积
C. 建筑施工图标志的建筑面积　　D. 房产测绘的建筑面积

29. 定性研究与定量研究结合使用的前提条件是具备(　　)的基础数据。
A. 定性研究　　B. 定量研究
C. 经济数学　　D. 数理统计

30. 农用地分等成果要求在全国范围内具有(　　)。
A. 统一性　　B. 普遍性
C. 可行性　　D. 可比性

二、多项选择题(共 20 题,题号 31～50,共 30 分。每题有 A、B、C、D、E 5 个备选项,其中至少有 2 个符合题意,请选择并将答题卡相同题号对应的字母涂黑。评分说明:每题 1.5 分,多选、有错误选项的不得分,不倒扣分;少选但均为正确选项的每项得 0.35 分)

31. 土地估价项目委托合同的内容一般包括(　　)。
A. 估价方法选择　　B. 估价服务费及支付方式
C. 估价程序　　D. 估价对象
E. 估价目的

32. 作为普通市场交易的土地估价,大多与土地或不动产的销售、(　　)有关。
A. 购买　　B. 管理
C. 融资　　D. 使用
E. 经营

33. 影响土地区位的主要因素中的社会经济因素包括(　　)。
A. 繁华程度　　B. 公园与绿地
C. 交通状况或通达程度　　D. 人口密度
E. 基础设施和公用设施的完备程度

34. 影响地价的交通条件主要有(　　)。
A. 区域交通类型　　B. 区域交通管制
C. 道路状况　　D. 区域土地利用性质
E. 区域的车流量

35. 城镇土地分等中的城镇区位因素包括(　　)。
A. 城镇非产业规模　　B. 交通口位
C. 金融状况　　D. 政策法规
E. 城镇对外辐射能力

36. 一般来说影响商业企业利润的因素有(　　)。
A. 土地等级　　B. 占用土地面积

C. 资金量
D. 劳动投入量
E. 土地肥沃程度

37. 在土地估价过程中,估价方法选择应考虑估价对象土地用途的情况。除标准厂房用地外,工业用地估价可选用(　　)、成本逼近法等估价方法。
A. 剩余法
B. 市场比较法
C. 评分估价法
D. 基准地价系数修正法
E. 路线价估价法

38. 土地的界线包括(　　)等。
A. 边界的走向
B. 基本形状
C. 长度
D. 边界的分割物
E. 转折点

39. 影响土地位置优劣的因素主要有(　　)。
A. 交通条件
B. 基础设施
C. 生活环境
D. 土地潜力
E. 人口分布

40. 基准地价评估所用数据以现实土地的(　　)为主。
A. 收益
B. 租金
C. 潜力
D. 地价
E. 取得费

41. 地价体系中地价种类的多少,取决于(　　)。
A. 土地制度
B. 地价的作用
C. 土地的等级
D. 土地市场状况
E. 政府管理土地的需要

42. 路线价估价法特别适用于(　　)或其他需要在大范围内对多宗土地进行估价的场合。
A. 土地课税
B. 土地重划
C. 耕地规划
D. 征地拆迁
E. 道路评估

43. 土地估价考虑的因素包括(　　),使土地使用价值能更简明、更精确地体现在价格上。
A. 土地质量优劣
B. 等级高低
C. 土地利用空间
D. 市场供求变化
E. 土地管理效率

44. 某工业仓储用地地处城市远郊,南临省道,所在区域无市政供水管网,供水来自企业自建水井,雨水散排到墙外荒地里,供电由企业自行投资,接自 5 km 外某变电站,现有一部电话,自有锅炉,可提供热力,无燃气。现场勘察记录不准确的是(　　)。
A. 宗地红线外“三通”(通路、通信、通水)
B. 宗地红线外“两通”(通路、通信)
C. 宗地红线外“四通”(通路、通信、通水、排水)
D. 宗地红线内“三通”(通路、通信、通电)
E. 宗地红线内场地平整

45. 非公开的市场价值包括(　　)。
A. 不动产的租赁价格
B. 不动产的抵押价值

C. 征用拆迁补偿价格　　D. 不动产的征用价值

E. 不动产的投资价值

46. 某大型国有企业因改制上市的需要，委托甲土地评估公司对涉及的多宗划拨土地进行评估，为土地资产处置（拟采用作价出资方式）提供参考依据。对此，以下观点正确的是（　　）。

A. 甲公司具有省土地估价师协会核发的省内范围执业资格，可承接该业务

B. 估价作业时应评估的土地价格为作价出资土地使用权价格

C. 估价作业时应评估的土地价格为划拨土地使用权价格

D. 土地估价结果应为正常市场价格评估值扣除土地出让金后的余额

E. 土地价格定义时土地使用年限可设定为法定最高出让年限

47. 地价监测点数据，按采集重点不同分为（　　）。

A. 初始采集数据　　B. 常规采集数据

C. 典型采集数据　　D. 特殊采集数据

E. 重点采集数据

48. 不动产项目市场分析通常包括（　　）分析。

A. 营销　　B. 回报率

C. 供求　　D. 竞争对手

E. 消费者

49. 农用地分等单元划分的方法包括（　　）。

A. 叠置法　　B. 地块法

C. 分层法　　D. 多边形法

E. 网格法

50. 在城镇土地分等中，下列分等对象的因子评价指标与其土地质量之间存在正相关关系的因子有（　　）。

A. 人口密度　　B. 城镇对外辐射能力

C. 区域农业人口人均耕地 D. 区域固定资产投入强度

E. 区域国内生产总值

三、情景分析题（共 2 题，内含 10 小题，题号 51～60，共 10 分。每小题有 A、B、C、D 4 个备选项，其中至少有 1 个符合题意，请选择并将答题卡相同题号对应的字母涂黑。评分说明：每小题 1 分，多选、有错误选项的不得分、不倒扣分；少选但均为正确选项的每项得 0.25 分）

（一）某评估机构在接受委托对位于某市两宗用途分别为工业、住宅用地的国有土地进行评估时，估价师收集到如下资料：①作为地区重要的政治、经济、文化中心和交通枢纽城市，该市进入 21 世纪后历年 GDP 平均增长率达 12%，城镇居民可支配收入平均增长率为 5%；②2005—2006 年两年间，城市旧城改造拆迁建筑面积 10 万 m^2；③制定并公布了征地区片综合地价；④该市土地出让金按基准地价的 70% 收取，最末级别工业用地出让平均价格为 270 元/m^2；⑤该市工业用地出让最低价标准为 384 元/m^2；⑥2004—2006 年，该市商品住宅价格年平均增长率为 10%。

待估价宗地有关信息如下：

（1）甲房地产开发公司 2004 年初通过拍卖方式取得待估宗地土地使用权，拍卖成交楼面地价 1200 元/m^2，当时区域相同规划条件下公开交易地块平均成交楼面价为 1000 元/m^2。2004 年末，甲公司以土地使用权作价入股方式与乙公司联合成立新公司。2006 年上半年项目建成，年末完成销售。以 2004 年为基期，宗地所在区域 2005 年、2006 年年度住宅用地环比地价指数分别为 106、105。

(2)丙企业取得的工业用地面积20亩，缴纳出让金467万元，并按该市经批准的城市规划，缴纳了因在城市规划区内取得土地使用权而应负担的城市公益用地征地成本，折合5亩共计50万元。在取得出让土地使用权后，为方便出行，丙出资50万元对外界通往宗地的道路进行了维修。另外，已知该宗地土地征收时向村集体支付的补偿费及耕地开垦费、征地管理费等相关税费为300万元，区域市政配套"五通一平"开发平均成本为12万元/亩。

请根据以上情况，回答51～55小题的问题。

51. 下列对该城市地价水平变化的分析正确的是(　　)。

A. 该市房地产市场需求的增加、投资需求的增加等拉动了地价上涨

B. 实行土地招拍挂制度是地价上涨的主要原因

C. 由于土地取得成本的提高，促使城市房地产价格逐年快速增长

D. 城市社会经济的发展对区域土地价格水平的提升起到了推动作用

52. 下列关于该市工业用地出让及地价评估观点正确的是(　　)。

A. 土地估价时可选取评估的工业用地案例进行比较

B. 以征地综合区片价为依据，运用成本逼近法评估同一区域内的工业用地，其地价水平接近

C. 协议出让工业用地也须按市场价格评估，成交价格不得低于最低价标准

D. 实行工业用地出让最低限价政策将促使土地出让价格回归到客观地价水平

53. 丙企业以资产重组为目的，运用成本逼近法评估该工业用地价格时应计算的成本费用最接近(　　)万元。

A. 590　　　　B. 467

C. 530　　　　D. 480

54. 甲公司以土地使用权作价入股时，乙方要求对土地使用权价格进行评估，则评估楼面地价最接近(　　)元/m²。

A. 1000　　　　B. 1100

C. 1200　　　　D. 1280

55. 若将上述住宅宗地作为城市地价监测点，则其在2006年末的平均地价水平为(　　)元/m²。

A. 1000　　　　B. 1110

C. 1200　　　　D. 1260

(二)某房地产开发公司于2005年10月以出让方式取得一宗地，土地面积为4000 m²，出让年期40年，出让用途为商业，规划建设一座6层商场，各层建筑面积相同，建筑容积率为3.0。2006年10月商场建成后，该房地产开发公司将第一层出售给公司乙，市场售价为6500元/m²(建筑面积)，其余建筑由该房地产开发公司出租经营，相关手续均已办理。

经调查，该商场周边区域有若干正常情况下的土地成交案例，各案例的条件见下表。

案例编号	交易类型	土地用途	楼面地价/(元/m²)	土地使用年期/年	交易时间	区域因素修正系数	个别因素修正系数
A1	出让	综合	1160	40	2009.4	2	4
A2	转让	服装批发市场	1430	40	2008.7	5	3
A3	转让	综合	1066	48	2007.6	0	−4
A4	抵押	文具商店	1248	35	2006.6	−4	−1
A5	转让	工业	890	50	2008.3	−3	4

续表

案例编号	交易类型	土地用途	楼面地价/(元/m^2)	土地使用年期/年	交易时间	区域因素修正系数	个别因素修正系数
A6	转让	公寓	1010	40	2008.6	7	0
A7	转让	高档商场	1470	39	2009.1	3	−2
A8	转让	零售商店	1390	38	2009.8	−4	−5

上表中有关系数均为比较案例与待估宗地比较所得，数值为负值表示案例的条件比待估宗地条件差，数值为正值表示案例的条件比待估宗地条件优，数值表示对宗地价格的修正幅度。

该城市商业用地价格在 2006 年 6 月至 2008 年 6 月间，平均每月比 2006 年 6 月的价格上涨 0.2 个百分点；2008 年 7 月至 2009 年 10 月间，平均每月比 2006 年 6 月的价格上涨 0.1 个百分点，土地还原率取 6%。

根据上述材料，回答 56～60 小题的问题。

56. 根据以上条件采用市场比较法(至少选择 3 个比较案例)测算公司乙于 2009 年 10 月所占用土地的总价格为(　　)万元。

A. 282.9　　B. 308.6

C. 265.8　　D. 288.4

57. 按乙公司首层建筑面积占整座商场建筑面积的比例计算的乙公司应分摊的土地面积为(　　)m^2。

A. 687.83　　B. 654.67

C. 666.67　　D. 676.83

58. 该商场第一层再出租时，测算其所占用土地的单位土地面积的市场年租金为(　　)元/m^2。

A. 290.20　　B. 325.60

C. 285.60　　D. 310.30

59. 采用市场比较法评估求得的土地价格，通常称之为(　　)价格。

A. 积算　　B. 比准

C. 交易　　D. 参考

60. 建筑物的耐用年限有(　　)耐用年限之分。

A. 主体建筑耐用年限和附属建筑　　B. 物理耐用年限和经济

C. 经济耐用年限和会计　　D. 自然耐用年限和经济

四、计算题(共 2 题，共 45 分，其中第 1 题 25 分，第 2 题 20 分。答案要求：分别列出解题思路、基本方法、分步计算公式、代入数据计算式、计算结果及单位；计算中间结果均保留两位小数，单价为元/m^2，总价为元；计算最终结果均保留整数，单价为元/m^2，总价为万元。评分说明：分项分步记分；计算式(包括代入数据计算式)和计算结果分别计分；只有计算结果的不得分)

(一)某市一综合大厦，于 2005 年 10 月底建成，用途为综合，其中 1～3 层为商场，建筑面积为 4000 m^2；4～10 层为写字楼，建筑面积为 7500 m^2，建筑总容积率为 4。该大厦用地是在 2003 年 10 月底以出让方式获得 50 年的土地使用权，出让地价为 1250 万元。2008 年该大厦所有者拟进行股份制改制，请评估出该宗土地在 2008 年 10 月 31 日现状基础设施条件下(基础设施条件略)的土地使用权价格。

据调查，目前该大厦租赁合同中商场的实际租金为 5.5 元/(m^2·日)(m^2 指建筑面积，下同)，写字楼的实际租金为 3.5 元/(m^2·日);同类物业的平均租金水平可按出租建筑面积计算为:商场 5.0 元/(m^2·日)(可出租面积占建筑面积的 75%),出租空置率为 5%;写字楼为4.0 元/(m^2·日)(可出租面积占建筑面积的 70%),空置率平均为 20%。各类物业出租的费用一般为:年管理费为租金的 5%,年维修费为重置价的 8%,每年需支付税费为 30 元/m^2(建筑面积),年保险费为重置价的 2‰,该大厦为框架结构,重置价为 3000 元/m^2(建筑面积),经济耐用年限为 50 年,残值率为 2%,该城市从 2003 年至 2008 年物价指数每年上涨 0 个百分点,当地土地还原率为 8%,综合还原率为 9%。

(二)某公司于 2007 年 10 月通过出让方式获得一块 5000 m^2 土地的使用权,出让年限为 50 年,根据规划,该地块用途为综合,容积率为 3。该公司于 2008 年 10 月动工兴建一座钢筋混凝土结构的综合大楼。由于建设资金紧张,该公司拟于 2009 年 10 月将土地使用权向银行抵押。如果以该宗土地使用权评估价的 70%贷款,请问该公司最多可贷多少款?

项目其他有关资料如下:

(1)该大楼 1~3 层为商场,建筑面积为 3000 m^2,4~15 层为办公楼。

(2)大楼开发周期预期二年,第一年投入 60%,第二年投入 40%。

(3)大楼建成后该公司计划自留 2000 m^2 用作办公用房,其余部分以出租方式经营,预计商场与办公楼的出租率分别为 90%和 80%。目前同类建筑物的建安综合造价为3000 元/m^2(建筑面积),同类物业的商场市场租金水平每月为 300 元/m^2,办公楼市场租金水平每月为 150 元/m^2。

(4)经过调查,有关参数确定为,房屋出租年经营费用中管理费为年租金的 10%,维修费为年租金的 8%,保险费为建安造价的 2‰,税金为年租金的 12%;项目投资回报率取建安造价的 30%;建筑物经济耐用年限为 70 年,残值率为 2%。另外,当地土地还原率为 8%,综合还原率为 10%,银行贷款利息率为 10%。

模拟试卷(四)参考答案

一、单项选择题

1. A	2. C	3. D	4. A	5. D
6. B	7. D	8. D	9. C	10. B
11. B	12. D	13. C	14. A	15. B
16. C	17. B	18. A	19. B	20. A
21. B	22. A	23. B	24. C	25. A
26. D	27. A	28. A	29. A	30. D

二、多项选择题

31. BDE	32. ABCD	33. ACDE	34. AC	35. BE
36. ABC	37. BD	38. ACDE	39. ABC	40. ABD
41. ABDE	42. ABD	43. ABD	44. ABC	45. ABD
46. BE	47. AB	48. DE	49. ABDE	50. ABDE

三、情景分析题

51. AD	52. BCD	53. C	54. B	55. B
56. A	57. C	58. A	59. B	60. D

四、计算题

(一)

1. 解题思路与方法选用

先运用收益还原法计算房地产总价，再利用重置成本法计算房屋现值，最后从房地产总价中扣除房屋现值即得到土地价格。

2. 解题步骤

第1步：计算大厦房地年总收益

商场年总收益＝5.0×4000×75％×(1－5％)×365＝5 201 250.00(元)

写字楼年总收益＝4.0×7500×70％×(1－20％)×365＝6 132 000.00(元)

房地年总收益＝5 201 250.00＋6 132 000.00＝11 333 250.00(元)

第2步：计算房地出租年总费用

年总管理费＝11 333 250.00×5％＝566 700.00(元)

年总维修费＝3000×(4000＋7500)×8％＝2 760 000.00(元)

年总税费＝30×(4000＋7500)＝345 000.00(元)

年保险费＝3000×(4000＋7500)×2‰＝69 000.00(元)

年折旧费＝[3000×(4000＋7500)]/48＝718 750.00(元)

年总费用＝566 700.00＋2 760 000.00＋345 000.00＋69 000.00＋718 750.00＝4 459 450.00(元)

第 3 步:计算房地年纯收益

纯收益＝11 333 250.00－4 459 450.00＝6 873 800.00(元)

第 4 步:计算目前房地产总价值

总价值＝$a/r\times[1-1/(1+r)^n]$

式中 a 为纯收益 6 873 800.00 元;r 为综合还原率 9%;n 为房地产收益年限 50－5＝45(年)。

总价值＝6 873 800.00/9%×$[1-1/(1+9\%)^{45}]$＝74 795 000.00(元)

第 5 步:计算大厦房产现值

重置价格＝3000×(4000＋7500)＝34 500 000.00(元)

房产现值＝3450－71.875×3＝32 343 750.00(元)

第 6 步:计算大厦所占用土地目前的地价

总地价＝房地产总价－房产现值＝74 795 000.00－32 343 750.00＝42 451 450.00(元)

单位地价＝42 451 450.00/2 8750 000.00＝14 766(元/m^2)

(二)

1. 解题思路

本题需要先用收益还原法估算建设完成后的房地产价值,再用剩余法估算土地使用权价格,最后估算允许贷款的额度。

2. 用收益还原法测算房地产总价

第 1 步:计算年出租总收入

房地产总建筑面积＝土地面积×容积率＝5000×3＝15 000.00(m^2)

商场建筑面积＝3000.00 m^2

办公楼建筑面积＝15 000.00－3000.00＝12 000.00(m^2)

商场年出租收入＝300×3000×12×90%

＝9 720 000.00(元)

办公楼年出租收入＝150×12 000.00×12×80%＝17 280 000.00(元)

年出租总收入＝商场年出租收入＋办公楼年出租收入

＝9 720 000.00＋17 280 000.00

＝27 000 000.00(元)

第 2 步:计算年房地费用

年管理费＝年租金×10%＝27 000 000.00×10%＝2 700 000.00(元)

年维修费＝年租金×8%＝27 000 000.00×8%＝2 160 000.00(元)

年保险费＝投资总量×2‰＝3 000.00×(3×5000)×2‰＝90 000.00(元)

年税金＝年租金×12%＝27 000 000.00×12%＝3 240 000.00(元)

年折旧＝建安造价/47＝45 000 000.00/47＝957 400.00(元)

年房地费用合计:

2 700 000.00＋2 160 000.00＋90 000.00＋3 240 000.00＋957 400.00＝9 147 400.00(元)

第 3 步:计算年房地纯收益

年房地纯收益＝年出租总收入－年房地费用

＝27 000 000.00－9 147 400.00＝17 852 600.00(元)

第 4 步:计算房地产总价

假设 P 为房地产价格，a 为年房地纯收益，r 为综合还原率，n 为使用年期，则根据有限年收益法的计算公式进行计算。

$$P=a/r[1-1/(1+r)^n]$$

在本题中，还原率即综合还原率为 10%，项目建成后使用年限应和剩余土地使用年限一致，为 50－3＝47(年)

根据已知条件，有：$P=(17\ 852\ 600.00/10\%)\times[1-1/(1+10\%)^{47}]=176\ 501\ 800.00$(元)

3. 应用剩余法计算地价

第 1 步：计算总建筑成本

项目总建筑成本＝项目建筑面积×建安综合造价

＝15 000×3000

＝45 000 000.00(元)

第 2 步：计算利息

假设：地价为 υ，银行贷款利率为 10%，则利息为

$\upsilon\times[(1+10\%)^3-1]+45\ 000\ 000.00\times60\%\times[(1+10\%)^{1.5}-1]+45\ 000\ 000.00\times40\%\times[(1+10\%)^{0.5}-1]$

$=0.33\upsilon+4\ 149\ 600.00+878\ 600.00=0.33\upsilon+5\ 028\ 200.00$

第 3 步：计算利润

利润＝建安造价×项目投资回报率＝45 000 000.00×30%＝13 500 000.00(元)

第 4 步：计算地价

根据公式　地价＝房地产价格－总建筑成本－利息－利润

$\upsilon=176\ 501\ 800.00-45\ 000\ 000.00-0.33\upsilon-5\ 028\ 200.00-13\ 500\ 000.00$

＝84 942 600.00(元)

该地价的土地使用权涉及年期为 50 年，而考虑估价时点 2009 年 10 月，尚剩余土地使用年期 48 年，需要进行年期修正，故估价时点的地价为

$84\ 942\ 600.00\times[1-1/(1+8\%)^{48}]/[1-1/(1+8\%)^{50}]=84\ 634\ 700.00$(元)

4. 计算可抵押贷款额

可抵押贷款额＝地价×70%＝84 634 700.00×70%＝59 244 290.00≈5924(万元)

模拟试卷(五)

一、单项选择题(共30题,题号1~30,共15分。每题有A、B、C、D 4个备选项,其中只有1个最符合题意,请选择并将答题卡相同题号对应的字母涂黑。评分说明:每题0.5分,选错不得分,不倒扣分)

1. 在收益还原法中,可以直接用于评估土地价格的是(　)

A. 实际收益　　B. 客观纯收益

C. 实际纯收益　　D. 实际总收益

2. 一宗土地,目前的纯收益为80万元,还原率为6%,若未来各年的纯收益将在上一年的基础上增加1万元,该土地无限年的收益价格最接近于(　)万元。

A. 1350　　B. 1533

C. 1611　　D. 1722

3. 土地价值分析的方面不包括(　)。

A. 土地权利　　B. 土地利用

C. 土地范围　　D. 土地市场

4. 一般情况下,工业用地的使用年期为(　)年,这是法定的最高年限。

A. 30　　B. 40

C. 50　　D. 70

5. 支路以下道路的影响距离,一般按市内路的疏密状况,确定在(　)km之间。

A. 0.2~0.5　　B. 0.3~0.6

C. 0.5~0.9　　D. 0.3~0.7

6. 下面是某土地估价师为某评估项目收集到的有关资料,其中,(　)不属于一般因素资料的范畴。

A. 某城市2012年度建设用地计划储备量600 hm^2、经营性建设用地计划供应量200 hm^2

B. 经地方立法机关批准,某城市即将公布执行《闲置土地处置实施办法》

C. 某房产经纪公司2012年2月共完成房地产出租、转让等交易中介业务80宗

D. 中央银行近期将人民币1~3年期贷款利率由5.58%调整为5.85%

7. 在城市建设中,当建立一个市级商服中心时,需要配置2个区级中心,6个小区级中心,这样做的依据是中心地价理论的中心地价体系为(　)体系。

A. $K=2$　　B. $K=3$

C. $K=4$　　D. $K=7$

8. 土地开发周期一般根据开发土地的面积规模和开发的难易程度确定,利息率可选用评估期日的银行贷款利息率,如果土地开发周期超过(　),通常还应考虑计算复利。

A. 1个月　　B. 3个月

C. 半年　　D. 一年

9. 下列关于农用地分等的说法中正确的是(　)。

A. 基准作物指小麦、玉米、水稻三种主要粮食作物中的一种,是理论标准粮的折算基准

B. 在实际操作上,农用地分等是在国家、省、县三个层次上展开的,县级分等成果要在本县域范围内可比,省级协调汇总成果要在全国范围内可比

C. 农用地分等中所称的农用地是指直接用于农业生产的土地,包括自然保护区和土地利用总

体规划中划定的林地、牧草地及其他农用地

D. 土壤质量越好，自然质量等指数、自然等别越高

10. 根据(　　)，初步划分土地经济系数等值区。

A. 农用地自然质量　　B. 农用地利用状况

C. 农用地经济状况　　D. 农用地经营状况

11. 收益还原法的特点不包括(　　)。

A. 收益还原法评估结果的准确度，取决于土地的纯收益及还原率的准确程度

B. 收益还原法一般适用于新开发土地估价，不适用于建成区域已开发土地估价

C. 收益还原法以收益途径评估价格，所以求得的价格称为"收益价格"

D. 收益还原法具有严格的理论基础

12. 住宅用地影响因素不包括(　　)。

A. 城市规划限制　　B. 住宅区的位置

C. 基础设施完善度　　D. 公用设施完善度

13. 已出让的国有土地，若变更原出让合同约定提高宗地建筑容积率，应向国家补交土地出让金差价。从土地估价的角度分析，符合(　　)原则。

A. 预期收益　　B. 替代

C. 贡献　　D. 变动

14. 城镇土地分等结果要符合城镇本身的(　　)，充分考虑城镇的宏观地理位置，与区域经济水平发展保持相对一致。

A. 经济特征　　B. 环境特征

C. 经济效益　　D. 利用效益

15. 经批准，某单位将征收甲乡镇 30 h m^2 的农用地。经估价人员调查，得知该乡镇人均农用地面积 1.2 亩，其中人均耕地面积 0.8 亩，政府制定的该镇人均社会保障价格为 2 万元/人，则该单位需支付的社会保障总价为(　　)万元。

A. 450　　B. 600

C. 750　　D. 1125

16. 关于征地费用各项标准《土地管理法》有明确规定，每公顷被应用耕地的安置补偿费，最高不得超过被征用前 3 年平均年产值的(　　)倍。

A. 5　　B. 7

C. 10　　D. 15

17. 根据评估目的不同，宗地地价的分类不包括(　　)。

A. 基准地价　　B. 标定地价

C. 出让底价　　D. 交易地价

18. 土地估价师在确定宗地地价评估结果时，完全听从委托方的要求，这样的行为违反了土地估价的(　　)。

A. 替代原则　　B. 最有效利用原则

C. 公开、公平原则　　D. 独立性原则

19. 基准地价的市场(　　)等作用，要求评估出的基准地价应以目前实际存在的土地利用现状为主，据此反映现实土地收益高低和支付地租、地价的能力。

A. 风险性　　B. 导向性

C. 盲目性　　D. 滞后性

20. 评估商业用地和工业用地价格，区域因素的选择主要差异是(　　)。
A. 商业用地商业繁华程度、工业用地工业区域成熟度
B. 商业用地区域在城镇中的位置、工业用地基础设施状况
C. 商业用地商业繁华程度、工业用地基础设施状况
D. 商业用地区域在城镇中的位置、工业用地工业区域成熟度

21. 土地估价师运用剩余法估价过程中，在估算不动产总价时，正确的方法是(　　)。
A. 依据委托方提供的数据
B. 根据销售广告中的报价
C. 选择三个市场案例经市场比较法修正确定
D. 采用申请销售许可证时备案的售价

22. 在估价中要特别注意估价目的、估价时点、估价对象状况和(　　)四者的内在联系。
A. 估价原则　　B. 估价方法
C. 不动产自身状况　　D. 不动产市场状况

23. 不动产估价最初的目的就是为(　　)服务，以保证税赋的公平性。
A. 国家　　B. 社会
C. 纳税人　　D. 税收

24. 土地出让转让过程中的地价评估，不包括(　　)评估。
A. 基准地价　　B. 标定地价
C. 保险地价　　D. 出让底价

25. 一般来说，城镇土地定级单元的大小以不大于(　　)hm^2 为宜。
A. 10　　B. 20
C. 25　　D. 55

26. 城镇土地分等定级采用"等"和"级"两个层次的划分体系，土地"等"反映城镇之间土地质量的(　　)。
A. 区位条件　　B. 经济活动程度
C. 利用效益　　D. 地域差异

27. 按照土地经济学理论和土地估价的要求，土地(　　)是决定土地收益和价格的最主要因素。
A. 功能　　B. 面积
C. 质量　　D. 位置

28. 样本数据的精度决定了基准地价的精度，为此，在收集样本后，应对一些(　　)数据进行剔除。
A. 偏大　　B. 偏小
C. 异常　　D. 个别

29. 由因素中的不同水平造成观察值之间存在差异的，称为(　　)误差。
A. 组内　　B. 随机
C. 组间　　D. 系统

30. 在采用市场交易资料评估基准地价的过程中，需要对样点数据进行检验。对此，以下观点正确的是(　　)。
A. 均值、方差法和 t 值检验法是对样点数据进行一致性检验的基本方法
B. 对不同交易方式计算的样点地价，可以不进行同一性检验
C. 基准地价确定时，要求样点总体呈正态或正偏态分布
D. 在进行样点总体一致性检验时，需要结合样点数据总体分布类型选择相应的检验方法

二、多项选择题（共20题，题号31～50，共30分。每题有A、B、C、D、E 5个备选项，其中至少有2个符合题意，请选择并将答题卡相同题号对应的字母涂黑。评分说明：每题1.5分，多选、有错误选项的不得分，不倒扣分；少选但均为正确选项的每项得0.35分）

31. 土地定级估价的成果资料主要包括（　　）。
A. 土地等别图
B. 土地级别图
C. 样点分布图
D. 监测点分布图
E. 地价指数表

32. 属于影响土地价格的个别因素的有（　　）。
A. 面积
B. 宽度
C. 深度
D. 高度
E. 坡度

33. 城镇土地分等中的区域土地供应潜力因素包括（　　）。
A. 区域生产总值
B. 区域人口密度
C. 区域农业人口人均耕地
D. 区域农业产业产出效果
E. 科技水平

34. 城镇土地分等的城镇用地投入产出水平因素包括（　　）。
A. 城镇对外辐射能力
B. 城镇商业活动强度
C. 城镇固定资产投资强度
D. 城镇非农产业产出强度
E. 城镇劳动力投入强度

35. 关于农用地基准地价评估方法，下列说法不正确的是（　　）。
A. 样点地价平均法中，对样点地价的修正主要包括年期、期日修正以及交易情况、开发程度和权利修正
B. 同一土地级别、同一交易方式的样点地价不用进行样点同一性检验
C. 基准地块评估法划分均质区域，采用线性回归模型检验
D. 定级指数模型法需要建立定级指数与地价关系模型，并利用模型评估级别基准地价
E. 采用基准地块评估法时，首先应广泛搜集农用地的自然条件、社会经济条件、市场交易资料以及历史地价资料等

36. 基础资料汇编内容应涉及分等对象所在区域的（　　）条件、因素因子评价指标的原始数据和标准化处理的数据、市场资料数据、有关文件和技术处理说明。
A. 自然
B. 社会
C. 人文
D. 经济
E. 政治

37. 下列有关土地估价业务受理的正确做法是（　　）。
A. 经核实，委托方提供的土地产权资料来源合法、产权清楚、面积准确，可以接受委托
B. 对委托方提出的任何目的的土地估价，土地评估机构都应该接受委托
C. 土地使用证登记面积与所附宗地图面积不一致，估价机构因此未受理该项估价业务
D. 估价机构拒绝接受一宗2003年出让至今无合法理由仍未开发建设的住宅用地评估业务
E. 就清产核资和转让两种目的，估价机构接受委托并将估价结果反映在同一份估价报告中

38. 关于我国的城镇基准地价，下列说法中正确的是（　　）。

A. 由政府负责制定并公布执行，与路线价、标定地价等同属于公示地价范畴
B. 基准地价评估属于注册土地评估机构的执业业务范围，可由机构根据需要自行组织测算
C. 基准地价是政府向公众提供区域性土地价格信息，并发挥地价对社会经济的宏观调控作用的工具
D. 基准地价可以根据市场状况即时变更
E. 基准地价要体现政府出让土地的优惠政策

39. 综合计算土地利用系数的步骤有（　　）。
A. 根据指定作物的单产量，计算标准粮实际产量
B. 计算样点的综合土地利用系数
C. 编制土地利用系数等值区
D. 计算各等值区的土地利用系数
E. 修订指定作物土地利用系数等值区

40. 一些面积较大的土地，估价师可能无法直观地进行简单判断，也需要通过勘丈进行核实，包括（　　）。
A. 对土地边界围成的形状确定
B. 地役权及权利纠纷查核
C. 土地总面积的匡算
D. 权属关系的查核
E. 土地内部各部分的面积测算

41. 资料收集分为（　　）等多种形式。
A. 普遍调查
B. 抽样调查
C. 实地调查
D. 典型调查
E. 现场询问

42. 标定地价的主要作用有（　　）。
A. 是确定土地出让价格的依据
B. 是国家行使优先购买权的依据
C. 是核定地产增值；征收土地增值税和管理地产市场的标准
D. 是企业清产核资和股份制企业中土地资产评估、作价入股的标准
E. 是明确土地所有权的依据

43. 编制路线价修正系数表考虑的因素主要有（　　）。
A. 商服繁华度
B. 区位条件
C. 土地用途
D. 深度
E. 宽度

44. 影响价格的建筑物的自身因素有（　　）。
A. 面积、结构、材料
B. 临街状况
C. 建筑物的年代
D. 设计、设备和施工质量
E. 朝向、楼层、建筑物外观

45. 某城市拟开展路线价评估工作，作为土地估价师，以下意见中你认为合理的是（　　）。
A. 可以在同一条街道的两边设定不同的路线价
B. 可以在同一条街道分段设定路线价
C. 同一条街道只能设定一个路线价
D. 两条街道不能划分为同一个路线价区段
E. 同一条街道划分路线价区段时一般从十字路口或丁字路口的中心处划分

46. 层次分析法的优点是定性与定量相结合，具有高度的(　　)，是针对大系统中多层次、多目标规划决策问题的有效决策方法。

A. 逻辑性　　B. 系统性
C. 简洁性　　D. 实用性
E. 层次性

47. 土地开发费包括相应的(　　)。

A. 土地开发利润　　B. 土地取得费
C. 土地开发利息　　D. 土地增值收益
E. 土地开发投资现值

48. 土地级别划分方法包括(　　)。

A. 网格法　　B. 数轴法
C. 剖面图法　　D. 总分频率曲线统计判断法
E. 判别法

49. 下列与地价监测点土地估价有关的说法正确的是(　　)。

A. 地价监测点价格评估方法有市场比较法、收益还原法、基准地价系数修正法、剩余法等
B. 监测点地价应根据市场变化定期评估
C. 利用地价监测成果可实现对基准地价的更新
D. 地价监测以年为固定监测周期
E. 地价监测主要工作成果是基准地价更新数据

50. 征地区片综合地价评估的基本原则包括(　　)。

A. 维护被征地农民的合法权益原则　　B. 同地同价原则
C. 底价不变原则　　D. 协调平衡原则
E. 公开听证原则

三、情景分析题(共2题，内含10小题，题号51～60，共10分。每小题有A、B、C、D 4个备选项，其中至少有1个符合题意，请选择并将答题卡相同题号对应的字母涂黑。评分说明：每小题1分，多选、有错误选项的不得分、不倒扣分；少选但均为正确选项的每项得0.25分)

(一)某企业拥有A宗地的划拨土地使用权，并于2009年9月1日与当地政府签订了该宗地的国有土地租赁协议，租期20年，实际支付的年租金为10元/m^2。A宗地土地面积为30 000 m^2，用途为工业，现已达到“五通一平”的开发程度。

经调查，A宗地周边有三宗条件相似的工业用地，具体情况如下所述。

(1)B宗地：占地45亩，于2005年9月1日通过征地方式取得，当时根据所在区域的市场行情，共支付了300万元征地及其相关税费，经开发建设，现已达到“七通一平”的开发程度，共花费土地开发费540万元。据调查，从2005年9月1日到2009年9月1日期间，征地费用和达到“七通一平”的土地开发费用分别上涨了20%和30%。

(2)C宗地：占地25 000 m^2，于2005年9月1日通过出让方式取得。宗地已达到“三通一平”的开发程度。按照2009年9月的市场行情，该宗地若出租经营，每年土地净收益可达55万元。

(3)D宗地：占地3.5 hm^2，于2009年9月以国家作价入股方式取得，40年期、“七通一平”条件下作价425元/m^2。

B、C、D三宗地与A宗地之间除开发程度等差别外，其他因素的差别如下表。

宗地	交易情况	区域因素	个别因素
B宗地	−4%	−2%	5%
C宗地	0	5%	−1%
D宗地	2%	−7%	−5%

表中数值表示B、C、D各宗地与A宗地的比较，负值表示案例宗地比A宗地的对应条件差，正值表示案例宗地的条件优于A宗地。

根据当地2009年9月的土地市场情况，从征地到完成“七通一平”的土地开发需要1年的时间，土地开发费分季度投入，每季度投资额相等，在季内均匀投入；设定土地开发资金的贷款季利率为1.5%，需按季度按复利计算利息；土地开发的投资回报率为10%；土地增值收益率为20%；土地还原率取6%。

相对A宗地而言，其50年土地使用权价格因开发程度不同而有差异：达到“七通一平”时地价比“五通一平”高100元/m²，达到“五通一平”时地价比“三通一平”高60元/m²。

根据上述材料，回答51～55小题的问题。

51. 以宗地B、C、D作为比较案例，利用市场比较法测算宗地A于2009年9月1日的单位地价为(　　)元/m²。

A. 383.86　　B. 370.57

C. 388.58　　D. 392.65

52. 市场比较法中交易案例修正的主要因素有(　　)。

A. 交易情况　　B. 个别因素

C. 期日和年期　　D. 区域因素

53. 宗地A于2009年9月1日的市场年租金为(　　)元/m²。

A. 28.56　　B. 26.45

C. 24.35　　D. 30.25

54. 宗地A于2009年9月1日的承租土地使用总价格为(　　)万元。

A. 463.54　　B. 456.06

C. 488.50　　D. 423.86

55. 应用市场比较法估价时，应具备的条件有(　　)。

A. 交易类型全面

B. 丰富的交易案例

C. 待估土地与交易案例有相关性和替代性

D. 发达的不动产市场

(二)现有某市区一栋2001年建成的办公楼需要做抵押评估，该楼在2001年开发完成时就已补办了出让手续，出让期为50年。(1)该楼建筑面积为20 000 m²，容积率为5。(2)该楼全部用于出租，出租率为80%。(3)同类物业市场租金按使用面积计为150元/(月·m²)。(4)同类物业使用面积与建筑面积之比为1∶1.5。(5)房屋重置价格为2000元/m²，耐用期为50年，残值率为0。(6)有关出租成本有：①房产税按年租金的12%计；②年折旧；③物业管理成本按使用面积计，每年100元/m²；④保险费按使用面积计，每年32元/m²。(7)房地产综合还原率为10%。

根据上述材料，回答56～60小题的问题。

56. 该土地的单位面积地价为(　　)元/m²。

A. 26 348.30　　B. 28 321.80

C. 24 364.80　　D. 27 075.20

57. 影响建筑物重置价格的因素不包括(　　)。

A. 实际租金　　B. 建筑材料

C. 物价水平　　D. 建筑结构

58. 从理论上讲,收益还原法中采用的还原率应等于与获取纯收益具有同等风险的(　　)获利率。

A. 项目　　B. 土地

C. 房屋　　D. 资本

59. 在收益还原法中,可以直接用于评估土地价格的是(　　)收益。

A. 实际纯　　B. 实际总

C. 客观纯　　D. 实际

60. 应用收益还原法评估不动产价格时,要求利用与待估宗地所在区域相同或相似不动产的客观收益来推算待估宗地的预期收益,这主要是依据土地估价中的(　　)原则。

A. 替代　　B. 协调

C. 供给与需求　　D. 报酬递增与递减

四、计算题(共2题,共45分,其中第1题25分,第2题20分。答案要求:分别列出解题思路、基本方法、分步计算公式、代入数据计算式、计算结果及单位;计算中间结果均保留两位小数,单价为元/m²,总价为元;计算最终结果均保留整数,单价为元/m²,总价为万元。评分说明:分项分步记分;计算式(包括代入数据计算式)和计算结果分别计分;只有计算结果的不得分)

(一)某市黄河大酒店所占用土地的使用权于2002年6月1日取得,年限为40年,容积率为2.00。酒店共20层,总建筑面积为30 000 m²。收集到酒店其他有关情况如下。

(1)1～5层为酒店大堂、中西餐厅、歌舞厅、娱乐场所等,建筑面积为6000 m²,平均每天总经营收入为10万元,总经营成本为6万元。

(2)6～20层为酒店客房,建筑面积为22 500 m²。其中:酒店客房有单间68间(其中普通单间有38间,118元/天,豪华单间30间,158元/天)、标准双人间158间(其中普通标间为98间,188元/天,豪华标间60间,258元/天)、套房58间(其中普通套房为38间,288元/天,豪华套房有20间,388元/天)、总统套房8间(988元/天),全部入住率为70%。

(3)该酒店取得土地使用权后2年内建成并投入使用,结构为钢混结构,经济耐用年限50年,建筑物残值率为0%。

(4)该酒店设计不合理,由于层高较低,相对于市场一般结构的建筑物,预计在剩余的使用期内,其建筑物价值每年预计减少7万元。

请以该酒店的实际经营数据和有关参数,按照剩余法的思路,计算其土地在2008年6月1日的使用权总价格和地面单位价格(假定:大堂等经营管理的利润为总收入的10%,其不动产综合还原率为8%;客房部分不考虑经营管理成本,其不动产的综合还原率为7%;该酒店建筑物重新建造综合成本为3800元/m²;未来资金贴现率固定设为7%)。

(二)一工业企业计划将其使用的一宗国有土地A,经政府批准后投入到新设立的股份公司,现委托某估价机构进行地价评估。该机构收集到下列可用资料:

(1)A宗地周围地区2006年新征地资料,征用补偿、安置及相关税费等土地取得费用为35万元/hm²。

(2)与A宗地处于同一区域中于2005年5月出租的工业用地案例一宗,宗地开发程度为“七通一平”,年出租净收益为23元/m²。

(3)与 A 宗地相邻区域中的一宗工业用地,2003 年 4 月出让,出让年期为 40 年,开发程度为"五通一平",出让地价为 224 元/m^2。

(4)当地土地"三通一平"开发费用平均为 50 元/m^2,从征地到完成"三通一平"的开发周期为一年,土地开发资金利息率为 12%,投资回报率为 10%,土地增值收益率为 20%,土地还原率为 8%。

(5)当地同一宗地开发程度不同时的地价差异情况为:"五通一平"时地价比"三通一平"时地价高 100 元/m^2,"七通一平"时地价比"三通一平"时地价高 150 元/m^2。

(6)征地、出租和出让宗地与待估宗地比较情况,除开发程度差异外,其他因素比较表如下所示。

	交易情况指数	地价指数	区域因素指数	个别因素指数
待估宗地	100	118	95	100
征地案例 比较案例(一)	80	118	95	100
出租案例 比较案例(二)	108	106	95	102
出让案例 比较案例(三)	112	100	105	105

请根据上述资料,评估该宗地在 2006 年 6 月,达到"三通一平"条件,50 年土地使用权价格。

模拟试卷(五)参考答案

一、单项选择题

1. B	2. C	3. C	4. C	5. D
6. C	7. B	8. D	9. A	10. D
11. B	12. D	13. C	14. A	15. C
16. D	17. A	18. D	19. B	20. C
21. C	22. D	23. D	24. C	25. C
26. D	27. D	28. C	29. D	30. D

二、多项选择题

31. BC	32. ABCE	33. BC	34. BCE	35. BC
36. ABD	37. AD	38. AC	39. BCD	40. ACE
41. ABD	42. ABCD	43. DE	44. ADE	45. ABE
46. ABCD	47. AC	48. BCDE	49. BC	50. ABDE

三、情景分析题

51. A	52. ABCD	53. C	54. B	55. BCD
56. A	57. A	58. D	59. D	60. A

四、计算题

(一)

计算房地产总价值:

1. 计算1～5层房地产价值

(1)经营收益＝(10－6－10×10%)×365＝10 950 000.00(元)

(2)1～5层的价值＝1095×$[1-1/(1+8\%)^{34}]/8\%$＝126 876 900.00(元)

2. 计算6～20层房地产价值

(1)单间年潜在毛收入＝(38×118＋30×158)×365＝3 366 800.00(元)

(2)标准间年潜在毛收入＝(98×188＋60×258)×365＝12 375 000.00(元)

(3)套房年潜在毛收入＝(38×288＋20×388)×365＝6 827 000.00(元)

(4)总统套房年潜在毛收入＝8×988×365＝2 885 000.00(元)

(5)6～20层年净收益＝(3 366 800.00＋12 375 000.00＋6 827 000.00＋2 885 000.00)×70%＝17 817 700.00(元)

(6)6～20层价值＝17 817 700.00×$[1-1/(1+7\%)^{34}]/7\%$＝229 028 900.00(元)

3. 计算估价对象房地产在估价基准日的收益价值

126 876 900.00＋229 028 900.00＝355 905 800.00(元)

计算房屋现值：

1. 计算建筑物重置价

建筑物重置造价＝3800×30 000＝114 000 000.00(元)

2. 计算建筑物折旧

(1)物理折旧＝4/38×114 000 000.00＝12 000 000.00(元)

(2)功能折旧＝7/7%×$[1-1/(1+7\%)^{34}]$＝899 800.00(元)

3. 房屋现值＝114 000 000.00－12 000 000.00－899 800.00＝101 100 200.00(元)

计算地价：

1. 土地总价＝355 905 800.00－101 100 200.00＝254 805 600.00(元)≈25 481(万元)

2. 土地单价＝254 805 600.00/30 000×2.00＝16 987(元/m^2)

(二)

1. 方法选用

适宜采用成本逼近法和收益还原法估价。

2. 解题步骤

第1步:根据征地资料用成本逼近法计算"三通一平"征地案例50年价格作为比较案例(一)的价格。

取得费＝35万元/hm^2＝35元/m^2

开发费＝50元/m^2

开发利息＝$35.00\times[(1+12\%)^1-1]+50.00\times[(1+12\%)^{0.5}-1]=7.12$(元/$m^2$)

开发利润＝(35.00＋50.00)×10%＝8.50(元/m^2)

地价＝$(35.00+50.00+7.12+8.50)\times(1+20\%)\times[1-1/(1+8\%)^{50}]=118.17$(元/$m^2$)

第2步:根据出租资料用收益还原法计算出租案例"三通一平"50年价格作为比较案例(二)的价格

$$(23\div 8\%)\times[1-1/(1+8\%)^{50}]-150=131.37(\text{元}/m^2)$$

第3步:用出让资料计算出让案例"三通一平"50年价格作为比较案例(三)的价格

$$224\times\frac{[1-1/(1+8\%)^{50}]}{[1-1/(1+8\%)^{40}]}-100=129.80(\text{元}/m^2)$$

第4步:进行比较修正

评估宗地价格(一)＝$118.17\times\frac{100}{80}\times\frac{118}{118}\times\frac{95}{95}\times\frac{100}{100}=147.71$(元/$m^2$)

评估宗地价格(二)＝$131.37\times\frac{100}{108}\times\frac{118}{106}\times\frac{95}{95}\times\frac{100}{102}=132.75$(元/$m^2$)

评估宗地价格(三)＝$129.80\times\frac{100}{112}\times\frac{118}{100}\times\frac{95}{105}\times\frac{100}{105}=117.84$(元/$m^2$)

第5步:估算宗地价格

评估宗地价格＝(147.71＋132.75＋117.84)/3＝132.77(元/m^2)≈133(元/m^2)